MANUTENÇÃO
FUNÇÃO ESTRATÉGICA

MANUTENÇÃO
FUNÇÃO ESTRATÉGICA

5ª EDIÇÃO REVISTA E AMPLIADA

Alan Kardec & Júlio Nascif

QUALITYMARK

Copyright© 2019 by Alan Kardec e Julio Nascif

Todos os direitos desta edição reservados à Qualitymark Editora Ltda.
É proibida a duplicação ou reprodução deste volume, ou parte do
mesmo, sob qualquer meio, sem autorização expressa da Editora.

Direção Editorial	Produção Editorial
SAIDUL RAHMAN MAHOMED editor@qualitymark.com.br	**EQUIPE QUALITYMARK**
Capa	Editoração Eletrônica
ANDRÉ FARIA NASCIF XAVIER	**PSDESIGNER**

1ª Edição: 1998 1ª Reimpressão: 1999	**2ª Edição: 2001** 1ª Reimpressão: 2003 2ª Reimpressão: 2005 3ª Reimpressão: 2006 4ª Reimpressão: 2007 **3ª Edição: 2009**	**4ª Edição: 2012** 1ª Reimpressão: 2013 2ª Reimpressão: 2015 3ª Reimpressão: 2017 4ª Reimpressão: 2019 **5ª Edição: 2019**

CIP-Brasil. Catalogação-na-fonte
Sindicato Nacional dos Editores de Livros, RJ

K27m

Kardec, Alan
    Manutenção – Função estratégica / Alan Kardec, Júlio Nascif. – 5ª ed. – Rio de Janeiro : Qualitymark Editora, 2019.
    560 p. : 23 cm.

    Apêndice
    Inclui bibliografia
    ISBN 978-85-414-0362-7

    1. Fábricas – manutenção. 2. Equipamentos industriais – Manutenção e reparos. 3. Pesquisa operacional. I. Nascif, Júlio II. Título.

12-5328   CDD: 658.202
                                                                                                                          CDU: 658.2.005.4

2019
IMPRESSO NO BRASIL

Qualitymark Editora Ltda. Rua José Augusto Rodrigues, 64 – sl. 101 Polo Cine e Video – Jacarepaguá CEP: 22275-047 – Rio de Janeiro – RJ	www.qualitymark.com.br E-mail: quality@qualitymark.com.br Tels.: (21) 3597-9055 / 3597-9056 Vendas: (21) 3296-7649

AGRADECIMENTOS

Registramos nossos agradecimentos à PETROBRAS – Petróleo Brasileiro S/A por ter acreditado e autorizado a publicação da 1ª edição em 1998.

Agradecemos aos colegas, abaixo listados, pelas sugestões, críticas, revisões e cessão de material nas diversas etapas de elaboração deste trabalho:

Albano de Souza Gonçalves

Alina Garcia Sosa

Antônio de Souza Tavares Júnior

B. Lasse Hansen

Cid Pereira Terra

Edson Kleiber de Castilho

Emiliano Braga dos Santos

Fábio Santos Dutra

Giampaolo Foschini Di Donato

Isac Prado Lacerda

João Bosco Duarte Gonçalves

João Esmeraldo da Silva

José Eduardo De Caux

Leandro Sena

Luiz Alberto Verri

Luiz Carlos Ferreira Dorigo

Luiz Fernando Sixel Juliani

Marcos Geraldo dos Santos

Sergio Luiz de Almeida

Ulysses S. Fontes

À João Batista Melado e a André Faria Nascif Xavier, pela execução de ilustrações e desenhos.

À André Faria Nascif Xavier pela execução das capas da 4ª e da 5ª Edição.

À Abraman – Associação Brasileira de Manutenção e Gestão de Ativos pela divulgação.

Dedicatória

Dedicamos aos nossos familiares:

De Alan Kardec:

À Alina Garcia e Sandra (in *memorian*), aos meus filhos Alexandre (in *memorian*), Ana Paula e Leonardo, à minha enteada Janey e aos meus netos Marco Túlio e Júlio César.

De Júlio Nascif:

À Vânia, André e Ricardo.

PREFÁCIO

Nos vinte anos de experiência em manutenção, aliado ao constante convívio com profissionais e entidades do país, pôde constatar a carência de publicações de autores brasileiros nesta área. O livro *Manutenção – Função Estratégica* vem preencher essa lacuna, apresentando conceitos inovadores com uma visão moderna da atividade sempre vinculada ao sucesso do negócio e não como um fim em si mesma. Traz o equilíbrio adequado entre o tratamento de temas de gestão e os de caráter técnico e a conjugação de visões conceituais importantes com a experiência vivenciada pelos dois autores, ao longo de suas carreiras profissionais. Além disso, adota um estilo de redação atraente, apesar de se tratar de assunto especializado, prendendo a atenção do leitor.

Entusiastas dos princípios da Gestão pela Qualidade Total, os engenheiros Alan Kardec Pinto e Júlio de Aquino Nascif Xavier são daqueles que conseguiram vencer a distância entre os conceitos teóricos e a sua adequada aplicação no dia a dia da vida empresarial. Durante suas carreiras ocupando diferentes e importantes cargos na Petrobras, não só na Manutenção mas, também, na área executiva, posicionaram-se como líderes de mudanças, privilegiando, sempre, a visão de conjunto em detrimento das partes.

E, agora, com a publicação deste livro, deixam um registro importante para a comunidade de manutenção industrial e empresarial do país.

Albano de Souza Gonçalves

Apresentação da 5ª Edição

A 5ª edição do livro *Manutenção – Função Estratégica*, que estamos lançando, foi totalmente revisada para permitir uma publicação atualizada dentro do enfoque empresarial que norteou as edições anteriores. Desse modo, foram inseridos assuntos como Indústria 4.0, Manutenção Inteligente e a Gestão de Ativos; revisados os indicadores de Manutenção, renovadas as figuras que funcionam como agente mnemônico, além de atualizado o capítulo de Técnicas Preditivas com a inserção de comentários sobre análise de motores elétricos, análise de rolamentos e engrenagens e a relação entre prêmio de seguro e a manutenção preditiva.

Para um país que tem imensos desafios a vencer, o enfoque empresarial é fator crítico de sucesso para a função manutenção, para a competitividade das organizações, para a empregabilidade das pessoas e para o desenvolvimento do Brasil.

Reforçada pela Gestão Estratégica dos Ativos, há que se ter a visão do todo e não só da atividade de manutenção, dos resultados da organização, aí incluídos os diversos indicadores empresariais, tais como *market-share*, faturamento, lucro, custo, segurança operacional e das pessoas e preservação ambiental, entre outros. Mesmo que já praticada em empresas de maior porte e/ou mais bem estruturadas, observa-se que ainda existe pouca integração, pouco conhecimento dos dados empresariais e pouca participação global para a melhoria consistente da competitividade empresarial em nosso país. Além disso, em um mercado que vem demandando pessoas mais qualificadas, o papel adicional dos profissionais de

Manutenção deve, também, se voltar para a qualificação e capacitação de modo a garantir serviços de qualidade.

Além dessa visão do todo, é fundamental entender e praticar o trabalho em equipe como sendo um dos mais importantes caminhos estratégicos, colocar foco no cliente interno e no cliente externo, estabelecer metas, indicadores e planos de ação para os principais resultados da manutenção, sendo os mais significativos àqueles ligados à disponibilidade, à confiabilidade, à segurança, ao meio ambiente, à motivação da equipe e ao custo.

É importante refletir sobre as seguintes perguntas e quais seriam as suas respostas:

- A sua empresa possui indicadores para controle das atividades e estabelecimento de metas?
- A Manutenção utiliza indicadores?
- Você conhece os indicadores e metas da sua organização?
- A sua empresa compara seus indicadores com os benchmarks?
- Você conhece os impactos da atividade Manutenção nos resultados da organização?
- As diversas áreas/departamentos trabalham em conjunto para a melhoria empresarial?
- Os diversos níveis hierárquicos da Manutenção participam efetivamente das atividades de melhoria, padronização e treinamento?
- A sua empresa e a Manutenção estão preparadas para as mudanças que estão ocorrendo com a implementação da nova revolução industrial – a Indústria 4.0?

Se a resposta a alguma destas perguntas for negativa, sugerimos preencher rapidamente esta lacuna, pois a sua atitude vai fazer uma grande diferença nos seus resultados.

Esta visão vale para todo tipo de Organização, seja ela pequena, média ou grande; permeia todos os setores industriais e empresariais; impacta significativamente a produtividade, a competitividade e é fator de sobrevivência.

Mais do que ter conhecimento de tudo isto, é preciso implementar os caminhos estratégicos com rapidez. Seja você um agente desta implementação, um agente de mudança, antes que alguém tome o seu lugar e implemente estes caminhos tão necessários e urgentes.

É para esta reflexão que estamos chamando a sua atenção.

O sucesso da função manutenção, da sua empresa e da sua empregabilidade passam por esta rota!

ALAN KARDEC Pinto e JÚLIO de Aquino NASCIF Xavier

Sumário

AGRADECIMENTOS V

DEDICATÓRIA VII

PREFÁCIO IX

APRESENTAÇÃO DA 5ª EDIÇÃO XI

CAPÍTULO 1
MANUTENÇÃO – EVOLUÇÃO E INTERFACES 1

    1.1. Introdução 1
    1.2. Evolução da Manutenção 2
        1.2.1. A Primeira Geração 2
        1.2.2. A Segunda Geração 3
        1.2.3. A Terceira Geração 3
        1.2.4. A Quarta Geração 5
        1.2.5. A Quinta Geração 6
        1.2.6 – A Sexta Geração 7
    1.3. A Interação entre as Fases do Ciclo de Vida dos Ativos 10
        1.3.1. Unidade de Alta Performance 12

Capítulo 2
Gestão Estratégica da Manutenção 15

2.1. Introdução 15
2.2. Manutenção Estratégica 17
    2.2.1. *Benchmarking* e *Benchmark* 19
    2.2.2. Melhores Práticas ou *Best Practices* 22
    2.2.3. Doenças Graves das Organizações 24
    2.2.4. Paradigma Moderno 25
    2.2.5. Competitividade 26
2.3. Produto Da Manutenção 30
2.4. Conceito Atual de Manutenção 32
    2.4.1. Redução da Demanda de Serviços 34
    2.4.2. Tipos de Manutenção × Mudança de Paradigma 39
    2.4.3. Trabalho em Equipe 42
2.5. Papel da Manutenção no Sistema da Qualidade
da Organização 44
    2.5.1. O Giro Inadequado do PDCA 45
2.6. Terceirização da Manutenção 46
2.7. Fatores Adicionais 47
2.8. Política e Diretrizes da Manutenção 48
2.9. Gestão de Ativos 50
    2.9.1. Introdução 51
    2.9.2. Ativos e Custo do Ciclo de Vida 54
    2.9.3. A Implantação da Gestão de Ativos 57
2.10. Agente de Mudança 59
    2.10.1. Características do Agente de Mudança 60
2.11. Considerações Finais 62

Capítulo 3
Tipos de Manutenção 65

3.1. Introdução 65
3.2. Manutenção Corretiva 72
    3.2.1. Manutenção Corretiva Não Planejada 73
    3.2.2. Manutenção Corretiva Planejada 75
3.3. Manutenção Preventiva 77
3.4. Manutenção Preditiva 80
3.5. Manutenção Detectiva 83
3.6. Manutenção Prescritiva 85
3.7. Engenharia de Manutenção 91
3.8. Comparação De Custos 95
3.9. Práticas de Manutenção – Evolução e Tendências 97
3.10. Considerações Finais 102

Capítulo 4
Planejamento e Organização da Manutenção 105

4.1. Introdução 105
4.2. Custos 106
4.3. Estrutura Organizacional da Manutenção 117
    4.3.1. Subordinação 117
    4.3.2. Forma de Atuação 118
    4.3.3. Estruturas de Manutenção 120
4.4. Sistemas de Controle da Manutenção 123
    4.4.1. Introdução 123
    4.4.2. Estrutura do Sistema de Controle 124
    4.4.3. Sistemas Informatizados para Manutenção 134
        4.4.3.1. Seleção do CMMS/EAM 139
        4.4.3.2. Sistema para Planejamento de Paradas 146

4.4.4. Manutenibilidade 151
4.4.5. A Atuação do Planejamento 153

CAPÍTULO 5
MÉTODOS E FERRAMENTAS PARA AUMENTO DA CONFIABILIDADE 157

5.1. Introdução – Confiabilidade, Disponibilidade
e Manutenibilidade 157
   5.1.1. Confiabilidade 157
      5.1.1.1. *Probabilidade* 159
      5.1.1.2. *Função Requerida* 160
      5.1.1.3. *Condições Definidas de Uso* 160
      5.1.1.4. *Intervalo de Tempo* 160
      5.1.1.5. *Desempenho e Falha* 161
      5.1.1.6. *Taxa de Falhas* 163
   5.1.2. Disponibilidade 165
   5.1.3. Manutenibilidade 172
      5.1.3.1. *Melhoria da Manutenibilidade* 174
   5.1.4. A Relação Entre o Aspecto Técnico e o Financeiro 181
5.2. Melhores Práticas na Manutenção 182
   5.2.1. Ferramentas para o Aumento da Confiabilidade 184
      5.2.1.1. *Análise do Modo e Efeito de Falha – FMEA* 184
      5.2.1.2. *Análise da Causa-Raiz de Falha* 190
      5.2.1.3. *Análise de Falhas Ocorridas* 193
      5.2.1.4. *Manutenção Centrada na Confiabilidade (RCM)* 200

CAPÍTULO 6
SISTEMAS DE MELHORIA E PRÁTICAS BÁSICAS 225

6.1. Introdução 225
6.2. Gestão pela Qualidade Total 225
6.3. O Papel da Manutenção no Sistema de Qualidade 229

6.4. Fatores Culturais e Gerenciais 233
6.5. Os dez Princípios Básicos da Qualidade e da Gestão 236
    6.5.1. Satisfação Total dos Clientes 237
    6.5.2. Gerência Participativa 238
    6.5.3. Desenvolvimento Humano 239
    6.5.4. Constância de Propósitos 240
    6.5.5. O Desenvolvimento Contínuo 242
    6.5.6. Gerenciamento dos Processos 245
    6.5.7. Delegação 246
    6.5.8. Disseminação das Informações 247
    6.5.9. Garantia da Qualidade – Gerenciamento da Rotina 248
    6.5.10. Não aceitação de Erros 249
6.6. Influências do Processo na Relação Empresa-Sindicato 249
6.7. Fatores Implementadores da Melhoria na Gestão 252
6.8. Fatores Restritivos às Melhorias 253
6.9. Práticas Básicas 254
    6.9.1. O Programa 5S 255
    6.9.2. TPM – Manutenção Produtiva Total
    (Total Productive Maintenance) 261
    6.9.3. Polivalência ou Multiespecialização 272
6.10. Considerações Finais 276

Capítulo 7
Terceirização de Serviços na Manutenção 279

7.1. Introdução 279
7.2. Terceirização – Conceituação 281
    7.2.1. Conceito de Terceirização 283
7.3. Modalidades Básicas das Atividades da Empresa 285
7.4. Contratação na Indústria Brasileira 287
    7.4.1. Por que Terceirizar? 287

7.4.2. Dificuldades para a Terceirização 288
7.4.3. Vantagens da Terceirização 289
7.4.4. Desvantagens da Terceirização 290
7.4.5. Condições Básicas para Terceirizar 291
7.4.6. Características Importantes da Contratada 291
7.5. Tendências da Terceirização 292
7.6. Formas de Contratação 293
   7.6.1. Contratação por Mão de Obra 295
   7.6.2. Contratação por Serviço 297
   7.6.3. Contrato por Resultados 299
      7.6.3.1. Menores Faturamento e Custo × Maior Lucro 300
      7.6.3.2. Resultados Previstos com o Contrato de Resultados 304
      7.6.3.3. Mudanças de Paradigmas 305
7.7. Aspectos Legais 306
   7.7.1. Recomendações de Aspecto Legal para a Contratante 311
   7.7.2. Prova de Capacidade 313
   7.7.3. Prova de Idoneidade Administrativa 313
   7.7.4. Principais Pontos de Questionamentos Jurídicos e Sindicais 314
7.8. A Questão da Segurança 315
   7.8.1. Recomendações Relativas à Segurança 316
   7.8.2. Sinais Visíveis de Segurança 317
7.9. Estrutura Contratual 317
7.10. Alguns Modelos De Contatos Por Resultados 319
   7.10.1. Contrato de Resultados para Manutenção de ETE – Estação de Tratamento de Efluentes 319
   7.10.2. Contrato de Médio Porte de Montagem Industrial, com Resultado para Desempenho em Segurança. 319
   7.10.3. Contrato de Parada de Manutenção 320
7.11. Considerações Finais 321

CAPÍTULO 8
TÉCNICAS PREDITIVAS 323

8.1. Introdução 323
8.2. Monitoramento Subjetivo 324
8.3. Monitoramento Objetivo 325
8.4. Monitoramento Contínuo 329
8.5. Principais Técnicas Preditivas 335
    8.5.1. Vibração 335
        8.5.1.1. Conceitos Básicos 335
        8.5.1.2. Sensores 336
        8.5.1.3. Como Medir Vibração 342
        8.5.1.4. Instrumentação para Medição, Análise e Registro da Vibração 351
    8.5.2. Temperatura 378
        8.5.2.1. Principais Métodos de Medição de Temperatura 379
    8.5.3. Inspeção Visual 388
    8.5.4. Estroboscópio 390
    8.5.5. Detecção de Vazamentos 391
    8.5.6. Medição de Espessura 395
    8.5.7. Detecção de Defeitos em Materiais Metálicos 397
    8.5.8. Medidor de Pulsos de Choque (*Schock Pulse Meter*) 410
    8.5.9. Análise do Lubrificante 412
    8.5.10. Alinhamento 417
    8.5.11. Motores Elétricos – Análise e Diagnóstico 429
    8.5.12. Rolamentos e Engrenagens – Técnicas de Análise de Vibração – *PeakVue* e Envelope 433
8.6. Manutenção Preditiva e a Redução nos Prêmios de Seguros 440
8.7. Monitoramento Remoto 443

BIBLIOGRAFIA 447

ANEXOS

ANEXO 1
VIBRAÇÃO – PADRÕES 451

1. API – American Petroleum Institute.. 451
2. ISO 452
3. Gráfico Geral de Severidade de Vibração – IRD..................... 454
4. API 610 – Bombas Centrífugas... 455
5. Ventiladores – AMCA / ISO 459

ANEXO 2
PARTE 1 – ENGENHARIA DE MANUTENÇÃO: SELOS MECÂNICOS EM BOMBAS CENTRÍFUGAS DE PROCESSO 465

Resumo 466
1. Situação Atual 466
2. Comparação com o Mundo à Procura do Benchmark............ 473
3. Situação Desejada 475
4. Plano de Ação.. 479
5. Conclusões 481
6. Resultados do Trabalho... 483
Bibliografia... 483

PARTE 2 – **PADRONIZAÇÃO DE SELOS MECÂNICOS NA REGAP**............... 485

Sinopse 485
Objetivo.. 486
Histórico 487
Metodologia 489
Resultados 497
Conclusões 499

ANEXO 3
PROCEDIMENTOS 501

Material e Condições Necessárias 501
Atividades 501
   1. Descrição Funcional 502
   2. Descrição da Tarefa 502
   3. Indicações quea Caneta de Vibração Fornece no Display: .. 503
      4. Especificações da Caneta de Vibração 503
      Resultados Esperados 504
      Disposição 504
      Material e Condições Necessárias 504
   Atividades 505
      1. Informações sobre Lubrificação a Óleo 505
      2. Inspeção do Óleo Lubrificante 505
      3. Procedimento para Completar o Nível de Óleo 506
      4. Procedimento para Troca de Óleo 506
      5. Óleo Utilizado no Equipamento 507
Resultados Esperados 507
Disposição 507

ANEXO 4
ASPECTOS MOTIVACIONAIS 509

1. Introdução 509
2. Comunicação 509
3. Valorização 510
4. Relacionamento 511

Anexo 5: Estudo de Caso
Análise das Microfalhas de Virador de Vagões: O Método ABC de Tratamento de Falhas 513

1. Introdução 513
2. A Engenharia de Confiabilidade 514
3. Operações Integradas de Produção na Cadeia de 3. Minério de Ferro do Sistema Norte 515
   3.1. Terminal Marítimo de Ponta da Madeira 515
4. Análise das Microfalhas de Virador de Vagões: 4. O Método ABC de Tratamento de Falhas 517
   4.1. Descrição do Problema 518
   4.2. Fase 1: Criação do Novo Modelo para Tratamento de Falhas 520
   4.3. Fase 2: Estabilização da Curva da Corretiva e 4.3. Consolidação da Nova Metodologia de Estratificação 522
   4.4. Fase 3: Criação do Grupo de Análise das Microfalhas 523
5. Conclusões 527
Bibliografia 528

Índice 531

Capítulo 1

Manutenção – Evolução e Interfaces

1.1. Introdução

Nos últimos 80 anos a atividade de manutenção tem passado por mais mudanças do que qualquer outra atividade.

Estas alterações são consequências de:

a) Aumento, bastante rápido, do número e da diversidade dos itens físicos (instalações, equipamentos e edificações) que têm que ser mantidos.

b) Aumento de instrumentação, automação e monitoramento "on line" nos equipamentos.

c) Projetos muito mais complexos.

d) Incremento da automação e controle nos processos industriais

e) Introdução da Indústria 4.0, apoiada na Internet das coisas e nos sistemas ciber físicos.

f) Novas técnicas de manutenção.

g) Novos enfoques sobre a organização da manutenção e suas responsabilidades.

h) Importância da manutenção como função estratégica para melhoria dos resultados do negócio e aumento da competitividade das organizações.

i) Introdução da Gestão como fator indispensável para alcançar os melhores resultados para a manutenção e para a empresa como um todo.

j) Grande evolução na forma de se fazer a Gestão da manutenção e das organizações.

k) A questão da Gestão de Ativos e como a Manutenção se insere nesta nova forma de se fazer a gestão com foco nas metas estratégicas das Organizações.

N.A. – A Internet das Coisas, em inglês Internet of Things – IoT) é uma rede de objetos físicos, veículos, prédios e outros dispositivos que, possuindo tecnologia embarcada, sensores e conectividade, são capazes de coletar e transmitir dados.

Nas empresas vencedoras, a comunidade de manutenção tem reagido rápido a essas mudanças; essa nova postura inclui uma crescente conscientização de quanto uma falha de equipamento afeta a segurança e o meio ambiente e os resultados da empresa; maior conscientização da relação entre manutenção e qualidade do produto; necessidade de garantir alta disponibilidade e confiabilidade da instalação, ao mesmo tempo em que se busca a otimização de custos. Essas alterações estão exigindo novas atitudes de habilidades dos profissionais da Manutenção, desde gerentes, passando pelos engenheiros e supervisores, até chegar aos executantes.

1.2. Evolução da Manutenção

A partir de 1930, a evolução da Manutenção pode ser dividida em seis gerações (Ver Tabela 1.1).

1.2.1. A Primeira Geração

A Primeira Geração abrange o período antes da Segunda Guerra Mundial, quando a indústria era pouco mecanizada, os equipamentos eram simples e, na sua grande maioria, superdimensionados.

Aliado a tudo isto, devido à conjuntura econômica da época, a questão da produtividade não era prioritária. Consequentemente, não era necessária uma manutenção sistematizada; apenas serviços de limpeza e lubrificação eram sistematizados e os reparos sempre ocorriam após a quebra, ou seja, a manutenção era, fundamentalmente, corretiva não planejada. A visão em relação às falhas dos equipamentos era que "todos os equipamentos se desgastavam com o passar dos anos, vindo a sofrerem falhas ou quebras". A competência que se buscava era basicamente a habilidade do executante em realizar o reparo necessário.

1.2.2. A Segunda Geração

Essa geração ocorre entre os anos 50 e 70 do século passado, portanto após a Segunda Grande Guerra. As pressões do período da guerra aumentaram a demanda por todo tipo de produtos, ao mesmo tempo em que o contingente de mão de obra industrial diminuiu sensivelmente. Como consequência, naquele período houve forte aumento da mecanização, bem como o início da complexidade das instalações industriais.

Começa a evidenciar-se a necessidade de maior disponibilidade, na busca da maior produtividade; a indústria estava bastante dependente do bom funcionamento das máquinas. Isto levou à ideia de que falhas dos equipamentos poderiam e deveriam ser evitadas, o que resultou no conceito de manutenção preventiva.

Na década de 1960 a manutenção preventiva consistia em intervenções nos equipamentos feitas a intervalos fixos.

O custo da manutenção também começou a se elevar muito em comparação com outros custos operacionais. Esse fato fez aumentar os sistemas de planejamento e controle de manutenção que, hoje, são parte integrante da manutenção moderna.

1.2.3. A Terceira Geração

A partir da década de 70 acelerou-se o processo de mudança nas indústrias. A paralisação da produção, que diminuía o volume produzido, aumentava os custos e afetava a qualidade dos produtos, era uma preocupação generalizada. Na manufatura, os efeitos dos períodos de paralisação foram se agravando pela tendência mundial de utilizar sistemas *just-in-time*, onde estoques reduzidos para a produção em andamento significavam que pequenas pausas na produção/entrega naquele momento poderiam paralisar a fábrica.

O crescimento da automação e da mecanização passou a indicar que confiabilidade e disponibilidade se tornaram pontos-chave em setores tão distintos quanto saúde, processamento de dados, telecomunicações e gerenciamento de edificações.

Maior automação também significa que falhas cada vez mais frequentes afetam nossa capacidade de manter padrões de qualidade estabelecidos. Isso se aplica tanto aos padrões do serviço quanto à qualidade do produto. Por exemplo, falhas em equipamentos podem afetar o controle climático em edifícios e a pontualidade das redes de transporte.

Cada vez mais, as falhas provocam sérias consequências na segurança e no meio ambiente, em um momento em que os padrões de exigências nessas áreas começaram a aumentar rapidamente. As exigências ligadas às condições de segurança e de meio ambiente foram de tal forma se consolidando que se as plantas não atendessem aos padrões estabelecidos, eram impedidas de funcionar.

Na Terceira Geração:

- Reforçaram-se o conceito e a utilização da manutenção preditiva.
- O avanço da informática permitiu a utilização de computadores velozes e o desenvolvimento de softwares potentes para o planejamento, controle e acompanhamento dos serviços de manutenção.
- O conceito de confiabilidade começa a ser cada vez mais aplicado pela Engenharia e pela Manutenção.
- O processo de Manutenção Centrada na Confiabilidade (MCC ou RCM em inglês), apoiado nos estudos de confiabilidade da indústria aeronáutica, tem sua implantação iniciada na década de 90 no Brasil.
- Os novos projetos iniciam a busca de uma maior confiabilidade.
- Contudo, a falta de interação entre as áreas de Engenharia, Manutenção e Operação, impedia que os resultados fossem melhores e, em consequência, as taxas de falhas prematuras (mortalidade infantil) eram elevadas.

- Consolida-se a contratação por Serviços como uma melhor forma de buscar serviços no mercado em comparação com a contratação por Mão de Obra.

1.2.4. A Quarta Geração

Algumas expectativas em relação à Manutenção existentes na Terceira Geração continuam a existir na Quarta Geração. A disponibilidade é uma das medidas de desempenho mais importante da manutenção, senão a mais importante. A confiabilidade dos equipamentos é um fator de constante busca pela Manutenção. A consolidação das atividades de Engenharia da Manutenção, dentro da estrutura organizacional da Manutenção, tem na garantia da Disponibilidade, da Confiabilidade e da Manutenibilidade as três maiores justificativas de sua existência.

A Manutenção tem como desafio a minimização das falhas prematuras ou falhas de mortalidade infantil que ocorrem em pelo menos dois padrões de falhas definidos no estudo da United Airlines e divulgados por Moubray no seu livro de RCM. A prática da análise de falhas é uma metodologia consagrada como uma prática capaz de melhorar o desempenho dos equipamentos e da empresa, por consequência.

Com o objetivo de intervir cada vez menos na planta, as práticas de manutenção preditiva e monitoramento de condição de equipamentos e do processo são cada vez mais utilizadas. Em consequência, há uma tendência de redução na aplicação da manutenção preventiva ou programada, desde que ela promove a paralisação dos equipamentos e sistemas, impactando negativamente a produção. O mesmo acontece em relação à manutenção corretiva não planejada, que se torna um indicador da ineficácia da Manutenção.

Novos projetos devem privilegiar os aspectos de confiabilidade, de disponibilidade e tem início a visão do Custo do Ciclo de Vida da instalação.

A sistemática adotada pelas empresas classe mundial privilegia a interação entre as áreas de Engenharia, Manutenção e Operação como fator de garantia dessas metas. O resultado de um bom projeto está associado a produtos com a qualidade desejada.

Finalmente, uma das grandes mudanças nas práticas da Manutenção é o aprimoramento da contratação ou da terceirização buscando contratos de longo prazo, em uma relação de parceria, com indicadores que medem os resultados que interessam ao negócio – disponibilidade e confiabilidade.

1.2.5. A Quinta Geração

As práticas adotadas na 4ª Geração são mantidas, mas o enfoque nos resultados empresariais, razão principal para obtenção da competitividade, necessária à sobrevivência da empresa, é obtido através do esforço conjunto em todas as áreas coordenadas pela sistemática da Gestão de Ativos.

Pela Gestão de Ativos (Asset Management), os ativos devem ser capazes de produzir na sua capacidade máxima, se o mercado assim o requerer, sem falhas não previstas, de modo que seja obtido o melhor Retorno sobre os Ativos (**ROA** – Return on Assets) ou Retorno sobre os Investimento (**ROI** – Return on Investment).

Em relação à Manutenção ocorre:

- Aumento da Manutenção Preditiva e Monitoramento da Condição *on-line e off-line*.
- Participação efetiva no projeto, aquisição, instalação, comissionamento, operação e manutenção dos ativos. Esse enfoque significa ter o domínio de todo ciclo de vida dos ativos.
- Monitoramento da performance de modo a garantir que os ativos operem dentro de sua máxima eficiência.
- Constante implementação de melhorias objetivando redução de falhas.
- Aprimoramento na relação entre departamentos (tratamento de interfaces) como requisito fundamental para que a Gestão de Ativos seja praticada.
- Excelência em Engenharia de Manutenção.
- Consolidação da necessidade da boa prática gerencial.
- Consolidação da contratação por Resultados.
- A distinção necessária entre o "Gerenciamento dos Ativos" e a "Gestão de Ativos". Enquanto a primeira foca no que a Organiza-

ção faz para os seus ativos, a segunda foca no que os ativos podem propiciar de valor para o atingimento das metas da Organização, fazendo com que as áreas atuem de modo definitivo no mundo das finanças e da estratégia empresarial.

1.2.6 – A Sexta Geração

Em 2010 é criado, na Alemanha o conceito de Indústria 4.0 e em 2012 torna-se um programa estratégico do governo alemão, irradiando-se para todo mundo. Trata-se da 4ª Revolução Industrial.

Considera-se que na Indústria 4.0 haverá a combinação de várias inovações importantes em tecnologia digital provocando uma grande modificação na indústria.

Essas tecnologias inovadoras incluem robótica avançada e inteligência artificial; sensores inteligentes; computação em nuvem; a internet das coisas; captura e análise de dados (Big Data); fabricação digital (incluindo impressão 3D); Smartphones, tablets e outros dispositivos móveis; plataformas que utilizam algoritmos para direcionar ações, dentre outros.

A utilização dos sistems Ciber Físicos permitirá a simulação, modelagem e virtualização no design de produtos e no estabelecimento de processos de fabricação.

A Indústria 4.0, que compreende a integração completa e a digitalização, promove a criação de valor na industria.

As tecnologias disponíveis na Indústria 4.0, a par de permitirem modificações sensíveis nos métodos de manufatura ou processamento, permitirão uma mudança também na manutenção.

Na indústria 4.0, será possível aprimorar o monitoramento / controle das máquinas e sistemas através de sensores avançados, sistemas de coleta de dados, sistemas de armazenamento e transferência de dados e algoritmos que, em conjunto, terão capacidade de prever a ocorrência e ainda mais, recomendar / sugerir que ação deverá ser tomada.

Esse conjunto de coisas tem o nome de Manutenção Inteligente e a nova forma característica de manutenção é a MANUTENÇÃO PRESCRITIVA.

> Manutenção Prescritiva se baseia na análise Prescritiva cuja diferença da Análise Preditiva está em, além de predizer, também poder oferecer alternativas de solução.

Na indústria 4.0 pode-se afirmar que a Manutenção Preditiva passa a ser o mínimo.

É evidente que todos os tipos de manutenção farão parte do *mix* a ser praticado nas empresas ou indústrias. Entretanto, a diferença está no percentual de aplicação para cada tipo.

A análise prescritiva fornece indicações / recomendações sobre as melhores ações possíveis que o usuário deve adotar. A análise prescritiva requer um modelo preditivo com dois componentes adicionais: dados acionáveis e um sistema de *feedback* que rastreia o resultado produzido pelas ações realizadas.

Assim, a partir dos dados (big data), um algoritimo sugere o que deve ser feito em função da constatação de uma degradação que já se verifica na máquina.

O aprendizado de máquinas é um elemento fundamental para as análises prescritivas e preditivas. Significa um conjunto de técnicas que extraem conhecimento de dados para que os sistemas possam tomar decisões inteligentes e até autônomas. Através de algoritmos de aprendizado de máquinas, os computadores podem reconhecer padrões, aprender e melhorar continuamente na precisão dos dados de saída.

Uma das características da Indústria 4.0 é o aprendizado de máquinas (*machine learning*) que é um elemento crucial, especialmente para dar o suporte necessário às análises preditivas e prescritivas.

O aprendizado das máquinas se dá através de um conjunto de técnicas que, extraindo conhecimento dos dados permite que sistemas inteligentes sejam autônomos ou tomem decisões. Isso se dá através de algoritimos. Os computadores reconhecem padrões e aprendem, melhorando continuamente a eficiência e a precisão dos dados de saída.

1. Manutenção – Evolução e Interfaces

EVOLUÇÃO DA MANUTENÇÃO

	1ª Geração	2ª Geração		3ª Geração		4ª Geração		5ª Geração		6ª Geração	
ano	1940 – 1950	1960	1970	1980	1990	2000	2005	2010	2015	2020	2025
Aumento das expectativas em relação à Manutenção	• Conserto após a falha	• Disponibilidade crescente • Maior vida útil do equipamento		• Maior confiabilidade • Maior disponibilidade • Melhor relação custo-benefício • Preservação do meio ambiente		• Maior confiabilidade • Maior disponibilidade • Preservação do meio ambiente • Segurança • Gerenciar os ativos • Influir nos resultados do negócio		• Gerenciar os ativos • Otimizar o ciclo de vida dos ativos • Influir nos resultados do negócio		• Elevada Confiabilidade • Elevada Disponibilidade • Otimizar o ciclo de vida dos ativos • Influir nos resultados do negócio • Manutenção inteligente	
Visão quanto à falha do ativo	• Todos os equipamentos se desgastam com a idade e por isso falham	• Todos os equipamentos se comportam de acordo com a curva da banheira		• Existência de 6 padrões de falhas (Nowlan & Heap e Moubray) Ver Capítulo 5.		• Reduzir drasticamente falhas prematuras dos padrões A e F. (Nowlan&Heap e Moubray) Ver Capítulo 5.		• Planejamento do ciclo de vida desde o projeto para reduzir falhas		• Falhas monitoradas por sensores inteligentes e algoritmos • Aprendizado das máquinas	
Mudanças nas técnicas de Manutenção	• Habilidades voltadas para o reparo	• Planejamento manual da manutenção • Computadores grandes e lentos • Manutenção Preventiva (por tempo)		• Monitoramento da condição • Manutenção Preditiva • Análise de risco • Computadores pequenos e rápidos • Softwares potentes • Grupos de trabalho multidisciplinares • Projetos voltados para a confiabilidade		• Aumento da Manutenção Preditiva e Monitoramento da Condição • Redução nas Manutenções Preventiva e Corretiva não Planejada • Análise de Falhas • Técnicas de confiabilidade • Manutenibilidade • Engenharia de Manutenção • Projetos voltados para confiabilidade, manutenibilidade e disponibilidade. • Contratação por resultados		• Aumento da Manutenção Preditiva e Monitoramento da Condição "on e off-line" • Participação efetiva no projeto, aquisição, instalação, comissionamento, operação e manutenção dos ativos. • Garantir que os ativos operem dentro de sua máxima eficiência. • Implementar melhorias objetivando redução de falhas. • Excelência em Engenharia de Manutenção • Consolidação da contratação por resultados		• Adoção da Manutenção Prescritiva • Manutenção Preditiva associada à análise complexas • Monitoramento via imagens • Redução significativa nos demais tipos de manutenção • Big Data concentra todas as informações permitindo auto diagnóstico e atuação seletiva • Capacitação do pessoal em Tecnologia da Informação e da Comunicação	

Tabela 1.1 – Evolução da Manutenção (adaptado de ref. 1, 75 e autores)

Alan Kardec & Julio Nascif

1.3. A Interação entre as Fases do Ciclo de Vida dos Ativos

Da correta realização de cada fase – projeto, aquisição, fabricação, instalação, comissionamento, operação e manutenção – dependem a confiabilidade, a disponibilidade e os resultados empresariais.

A fase de **projeto** inclui o projeto básico e o projeto detalhado onde é feita a especificação dos equipamentos, instrumentos e sistemas. Nessa fase é fundamental o envolvimento dos usuários diretos – Operação e Manutenção e de áreas com participação indireta como Suprimentos, Segurança e Meio ambiente. O somatório das experiências desses participantes redundará em um projeto mais adequado impactando diretamente as fases do ciclo de vida com consequências no desempenho e na economia.

Como desempenho podemos citar as questões ligadas a confiabilidade, produtividade, qualidade final do produto, segurança, preservação ambiental e as econômicas que se referem ao nível de custo-eficiência obtido.

A escolha dos **equipamentos** e sistemas deverá considerar a sua adequação ao projeto (correto dimensionamento), a capacidade inerente esperada (através de dados técnicos, TMEF – Tempo Médio Entre Falhas), qualidade, manutenibilidade, além do custo-eficiência.

É importante considerar, também, a padronização com outros equipamentos do mesmo projeto e/ou com equipamentos já existentes na instalação, objetivando redução de estoque de sobressalentes e facilidades de manutenção e operação.

A fase de **aquisição** tem importância capital para o ciclo de vida desde que em se tratando de um contrato de fornecimento, deverá conter as exigências técnicas que garantirão a performance esperada do que está sendo comprado. Nessa fase aspectos como embalagem, preservação, sobressalentes, expectativa de falhas (TMEF esperado), assistência técnica de montagem, comissionamento e integral atendimento aos itens dos documentos de engenharia devem ser, cuidadosamente, exigidos e verificados.

A **fabricação** deve ser devidamente acompanhada e ter garantido o cumprimento do Plano de Inspeção e Testes, detalhado nos documentos de engenharia e exigido na Ordem de Compra (aquisição). Nessa fase é elaborado o "Data-Book", livro que contém todos os documentos, certificados de material, relatórios de testes e certificados de processos e mão de obra.

Todos esses dados, aliados ao histórico de desempenho de equipamentos semelhantes, dados estes subsidiados pelo grupo da Manutenção, compõem o valor histórico do equipamento, elemento importante para uma decisão em compras e futura política de peças de reposição.

A fase de **instalação,** que inclui montagem no campo, comissionamento e partida (startup), deve prever cuidados com a qualidade da implantação do projeto e as técnicas utilizadas para essa finalidade. Quando a qualidade da instalação não é apurada, muitas vezes são inseridos pontos potenciais de falhas que se mantêm ocultos por vários períodos e vêm a se manifestar muitas vezes quando o sistema é solicitado na sua capacidade máxima, ou seja, quando o processo produtivo assim o exige e quando normalmente se necessita de maior confiabilidade. Um equipamento corretamente especificado, fabricado e testado pode ser severamente danificado por uma instalação mal feita. As falhas prematuras podem ser causadas pela baixa qualidade na instalação. Em muitos projetos é comum se prever uma fase de instalação e comissionamento acompanhadas pelo fabricante do equipamento/sistema, de modo que falhas posteriores sejam evitadas.

As fases de manutenção e operação, que representam 65 a 75% do custo do ciclo de vida, terão por objetivo garantir a função dos equipamentos, sistemas e instalações no decorrer de sua vida útil e a não-degeneração do desempenho. Nesta fase da existência, normalmente são detectadas as deficiências geradas no projeto, seleção de equipamentos e instalação. Nesse período a taxa de falhas é constante e os custos previsíveis. Na fase de envelhecimento, ambos, taxa de falhas e custos operacionais, crescem e a decisão gerencial pode determinar um rejuvenescimento, reforma ou descarte do equipamento.

Da não interação entre as fases anteriores, percebe-se que a Manutenção encontrará dificuldades no desempenho das suas atividades, mesmo que se apliquem nelas as mais modernas técnicas. A confiabilidade estará num patamar inferior ao inicialmente previsto. Além disso, falhas ou omissões ocorridas nas etapas anteriores (projeto, aquisição, instalação, comissionamento) sobrecarregam a Manutenção desde que, via de regra, caberá a ela corrigir todos os problemas oriundos daquelas fases anteriores. Em geral isso promove um descrédito da Manutenção que, não tendo estrutura montada para esse fim, passa a não ser capaz de atender convenientemente.

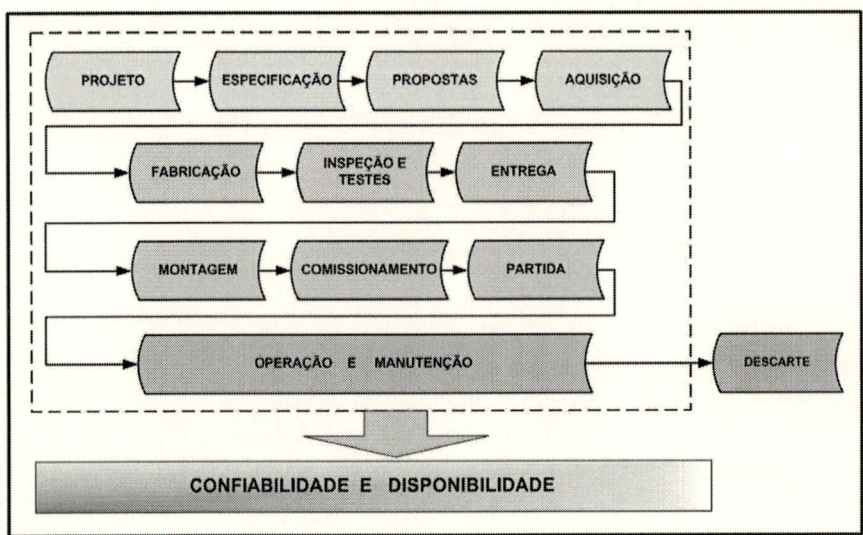

Figura 1.1 – A interação entre as fases

1.3.1. Unidade de Alta Performance

Atualmente, os negócios exigem a busca de Unidades e Sistemas de Alta Performance. Isto é fruto de uma economia mais globalizada, que induz a busca de maior competitividade, além das exigências cada vez maiores da sociedade com relação às questões de SMS – Saúde, Meio Ambiente e Segurança.

A Unidade de Alta Performance pode ser mais bem explicitada, qualitativamente, pelas seguintes variáveis:

- Alto nível de confiabilidade.
- Baixo custo de manutenção.

- Automatizadas e com controle avançado.
- Utilização de Sistemas ciber físicos
- Utilização de robôs e logística inteligentes
- Ecologicamente equacionadas.
- Intrinsecamente seguras.
- Baixa necessidade de intervenções.
- Atendimento à qualidade futura dos produtos.
- Flexibilidade operacional para atendimento das demandas do mercado, com máxima utilização das instalações.
- Baixo consumo energético.
- Uso otimizado de utilidades (água, vapor, ar comprimido e eletricidade) e tratamento adequado de efluentes.
- Com a escassez cada vez maior de água, além da busca da preservação ambiental, incrementa-se a utilização de circuitos fechados de água, minimizando a necessidade de captação
- Alto nível de desempenho, com resultados otimizados.

Para sua bem-sucedida implementação, são fundamentais as seguintes ações:

- Uso de referenciais de excelência, traduzidos por benchmarks do segmento do negócio.
- Ter um plano de ação, padrões, indicadores e procedimentos que permitam atingir os referenciais estabelecidos, nas diversas fases.
- A aplicação do conceito, de forma integrada e abrangente, desde a fase do projeto conceitual até a plena operação da Unidade, inclusive com a necessária retroalimentação para os novos projetos.
    - ✓ Atualização tecnológica de modo a estar capacitada ao enfrentar os desafios de um mercado cada vez mais competitivo.

Capítulo 2

GESTÃO ESTRATÉGICA DA MANUTENÇÃO

2.1. INTRODUÇÃO

Este capítulo descreve a importância de "pensar e agir estrategicamente", para que a atividade de manutenção se integre de maneira eficaz ao processo produtivo, contribuindo, efetivamente, para que a empresa caminhe rumo à Excelência Empresarial.

Esta nova postura é fruto dos novos desafios que se apresentam para as empresas neste novo cenário de uma economia globalizada e altamente competitiva, onde as mudanças se sucedem em alta velocidade e a manutenção, como uma das atividades fundamentais do processo produtivo, precisa ser um agente proativo.

Neste cenário não mais existem espaços para improvisos e arranjos: competência, criatividade, flexibilidade, velocidade, cultura de mudança e trabalho em equipe são as características básicas das empresas e das organizações que têm a Competitividade como razão de ser de sua sobrevivência. Para as pessoas, estas características são essenciais para garantir a sua empregabilidade.

A condução moderna dos negócios requer uma mudança profunda de mentalidade e de posturas. A gerência moderna deve estar sustentada por uma visão de futuro e regida por processos de gestão onde a satisfação plena de seus clientes seja resultante da qualidade intrínseca dos seus produtos e serviços e a qualidade total dos seus processos produtivos seja o balizador fundamental, ressaltando-se as questões de SMS – Segurança – Meio Ambiente – Saúde.

Na visão atual, a Manutenção existe para que não haja manutenção; estamos falando da manutenção corretiva não planejada. Isto parece paradoxal à primeira vista, mas, numa visão mais aprofundada, vemos que o trabalho da manutenção está sendo enobrecido onde, cada vez mais, o pessoal da área precisa estar qualificado e equipado para evitar falhas e não para corrigi-las.

Aliado a isso, cada vez mais têm amadurecido as relações de parceria entre a Manutenção e a Operação e entre as empresas e suas contratadas na área de manutenção. Neste contexto, uma nova estratégia está sendo praticada com os chamados contratos de parceria baseados em disponibilidade e confiabilidade das instalações, onde a contratada aumenta a sua lucratividade à medida que melhora a disponibilidade e a confiabilidade das instalações da empresa onde está atuando.

Neste tipo de contrato NÃO MAIS SE PAGAM "SERVIÇOS", MAS "SOLUÇÕES".

Esta mudança estratégica da manutenção tem reflexo direto nos resultados empresariais, tais como:

- Aumento da disponibilidade.
- Aumento do faturamento e do lucro.
- Aumento da segurança pessoal e das instalações.
- Redução da demanda de serviços.
- Otimização de custos.
- Redução de lucros cessantes.
- Preservação ambiental.

Ao invés de se falar em "mudança de cultura", que é um processo lento não condizente com as necessidades atuais, é preciso que a gestão implemente uma "cultura de mudanças", onde o inconformismo com a perpetuação de paradigmas e de práticas seja uma constante.

2. Gestão Estratégica da Manutenção

Está presente uma grande necessidade de mudança, sendo que o papel mais importante e estratégico do gerente é o de liderar este processo, ser um Agente de Mudança (ver item 2.10).

Uma grande variedade de instrumentos gerenciais tem sido colocada à disposição da comunidade de manutenção: CCQ, TPM, Reengenharia, Gerência da Rotina, Gerência pelas Diretrizes, Seis Sigma (6σ), Gestão de Ativos, dentre outros. É importante ter em mente que são, simplesmente, ferramentas e, como tal, a sua simples utilização não é sinônimo de bons resultados. Muitos gerentes têm transformado estas ferramentas em objetivos da Manutenção e os resultados são desastrosos. Por outro lado, o uso correto destas ferramentas tem levado a excelentes resultados.

A Figura 2.1 mostra o "cemitério" de boas ferramentas de gestão que, por terem sido mal usadas, não levaram aos resultados desejados e acabaram sendo descontinuadas.

Não há qualquer dúvida de que as causas do sucesso começam pela definição correta da Missão da Manutenção, sua Estratégia, seus Conceitos Básicos, seus novos Paradigmas e, evidentemente, da aplicação de tudo isto em alta velocidade. Dentro deste enfoque, a utilização destas ferramentas levará, certamente, a novos patamares de competitividade.

Figura 2.1 – Cemitério das Ferramentas de Gestão.

2.2. Manutenção Estratégica

Para exercer o papel estratégico, a Manutenção precisa estar voltada para os resultados empresariais da Organização. É preciso, sobretudo, deixar de ser apenas eficiente para se tornar eficaz; ou seja, não basta, apenas, reparar o equipamento ou a instalação tão rápido quanto possível, mas é preciso, principalmente, manter a função do equipamento disponível para a Operação, reduzindo a probabilidade de uma parada de produção de forma não planejada.

ESTA É A GRANDE MUDANÇA DE PARADIGMA!

É importante que seja estabelecido um Planejamento Estratégico, que passa pelas seguintes questões fundamentais:

- Situação Atual: é preciso ter um bom conhecimento de qual é o estágio em que a manutenção se encontra, à luz de indicadores.

- Visão de Futuro: a definição de metas que explicitam de maneira transparente quais são os objetivos a serem buscados, é fundamental.

- Caminhos Estratégicos: é, basicamente, a aplicação das melhores práticas dentro de um Plano de Ação.

- Definição de Indicadores adequados para que possa ser controlado, de modo objetivo, como está o andamento do processo em direção às metas estabelecidas.

A Figura 2.2 retrata esta questão.

Para definir as metas, que explicitam a Visão de Futuro, o ideal é a adoção do processo de *benchmarking*. Na falta ou mesmo na impossibilidade de adoção deste processo pode-se definir as metas conforme o cenário concorrencial que se consegue vislumbrar.

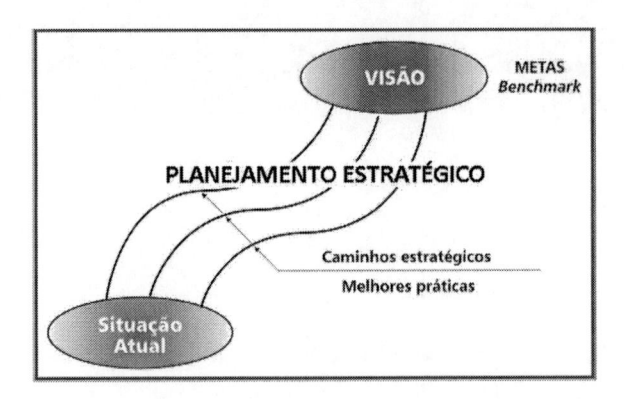

Figura 2.2 – Planejamento Estratégico.

2.2.1. *Benchmarking* e *Benchmark*

Benchmarking pode ser definido como sendo o "processo de identificação, conhecimento e adaptação de práticas e processos excelentes de organizações, de qualquer lugar do mundo, para ajudar uma organização a melhorar sua performance".

Benchmark é uma medida, uma referência, um nível de performance, reconhecido como padrão de excelência para um processo de negócio específico.

Resumindo: B*enchmarking* é um processo de análise e comparação de empresas do mesmo segmento de negócio, objetivando conhecer:

- As melhores marcas ou benchmarks das empresas vencedoras, com a finalidade de possibilitar definir as metas de curto, médio e longo prazos.
- A situação atual da sua organização e, com isso, apontar as diferenças competitivas.
- Os caminhos estratégicos das empresas vencedoras ou as "melhores práticas".
- Conhecer e chamar a atenção de toda a organização para a necessidade competitiva.

Sintetizando: *Benchmarking* é o processo de análise e *Benchmark* são os melhores indicadores de desempenho. A Figura 2.3 ilustra o que acabamos de explicitar.

BENCHMARKING
- é ação
- é a busca das práticas responsáveis pela alta performance
- é a compreensão de como essas práticas são aplicadas
- é a adaptação dessas práticas para seu uso

BENCHMARK
- são indicações de desempenho

- qual é o melhor custo?
- qual é a melhor disponibilidade?
- qual é o melhor resultado em segurança?

RESUMINDO

- BENCHMARK são fatos ou indicadores

- BENCHMARKING é um processo que proporciona melhoria na performance.

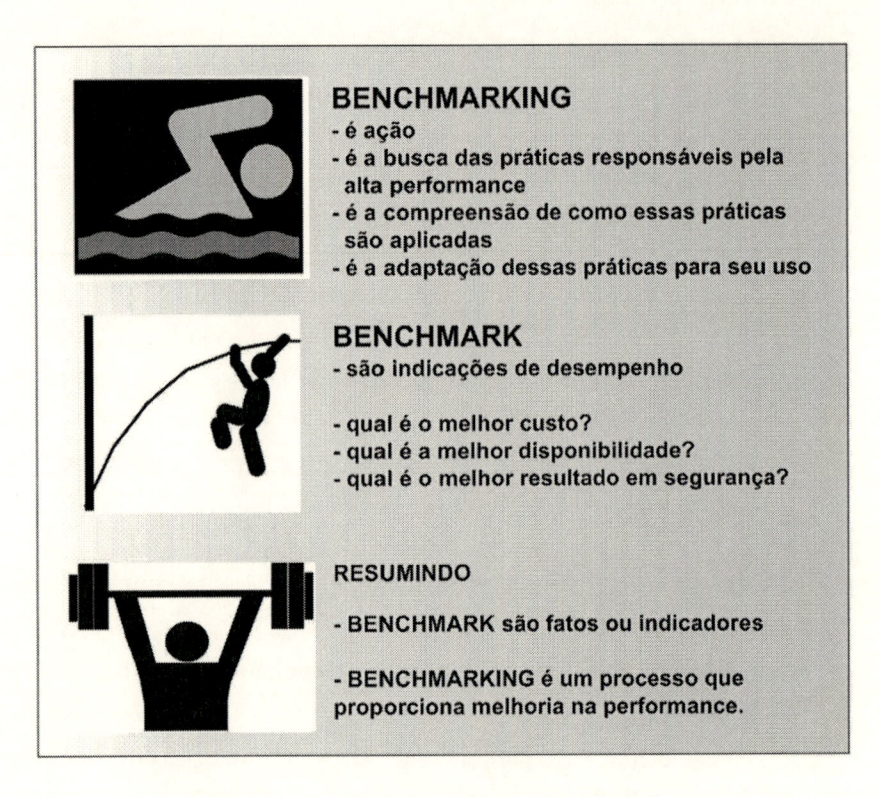

Figura 2.3 – *Benchmarking* e *Benchmark*.

A Figura 2.4 ilustra uma questão fundamental: a parte inferior retrata o Planejamento / Gestão Estratégica estruturado de uma Organização, porém sem uma visão ampla do seu segmento de negócio. É a conhecida e poderosa ferramenta denominada de P-D-C-A, onde:

P: É o Planejamento Estratégico; D-C-A: É a Gestão Estratégica, para fazer acontecer o Planejamento.

Muitas Organizações, apesar de terem um Planejamento Estratégico bem estruturado não atingem os resultados esperados por não terem uma boa Gestão Estratégica.

É preciso "rodar" o P-D-C-A ou seja, é preciso Planejar (P) e fazer a Gestão (D-C-A) do que se planejou.

2. Gestão Estratégica da Manutenção

Essa estratégia de não olhar para fora, não olhar para os seus concorrentes, pode levar ao insucesso: não basta uma Organização estar melhorando seus indicadores empresariais, ela precisa estar evoluindo mais rápido do que os seus concorrentes para poder passar à frente deles. Daí a necessidade de se incorporar ao seu planejamento estratégico a parte superior da figura, que nada mais é do que a comparação com os seus concorrentes, inclusive os internacionais.

Infelizmente, é comum encontrarmos, ainda, indicadores de manutenção que medem apenas sua eficiência, e isto é muito pouco para uma empresa moderna. O que precisa ser medido, dentre outros, é:

- Disponibilidade e confiabilidade.
- Redução da demanda de serviços.
- Otimização de custo.
- Segurança pessoal e das instalações.
- Preservação ambiental.
- Moral e motivação dos colaboradores.

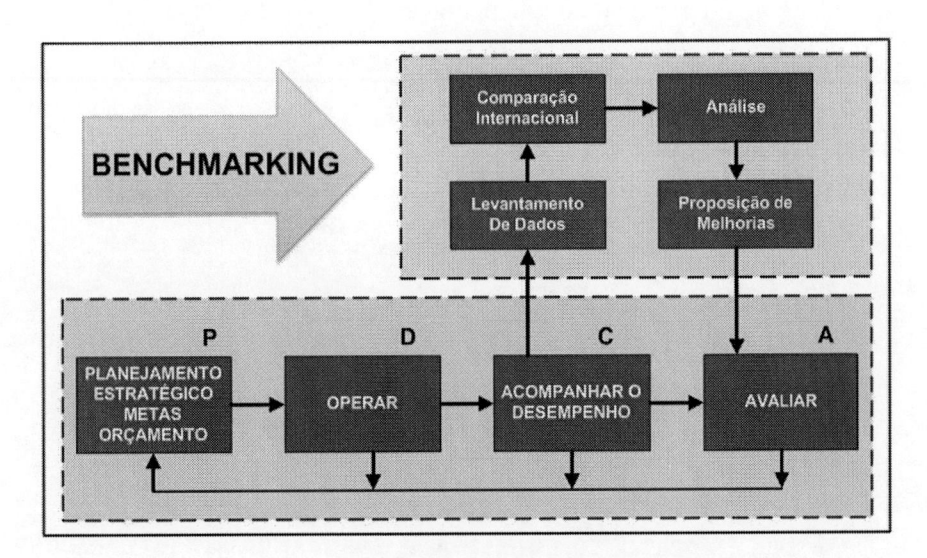

Figura 2.4 – Planejamento / Gestão Estratégica.

Alan Kardec & Julio Nascif

Tudo isso para que a Organização proporcione o melhor atendimento junto aos seus Clientes de maneira competitiva. É preciso que todas as pessoas envolvidas tenham conhecimento destes fatos e dados.

Todos esses indicadores só serão otimizados através das pessoas, daí ser importante ter, também, indicadores que meçam o Moral e a Motivação do grupo de colaboradores.

> Atuando desta forma é que a manutenção se torna uma
> **FUNÇÃO ESTRATÉGICA**.

2.2.2. Melhores Práticas ou *Best Practices*

Para se alcançar as metas planejadas, ou seja, para ir da "Situação Atual" para a "Visão de Futuro", é preciso implementar, em toda a Organização, um plano de ação suportado pelas melhores práticas, também conhecidas como caminhos estratégicos. A questão fundamental não é, apenas, conhecer quais são estas melhores práticas, mas, sobretudo, ter capacidade de liderar a sua implementação de maneira mais rápida.

Como diz Alvin Tofler:

"O mundo não se divide mais entre grandes e pequenos, esquerda e direita, mas entre rápidos e lentos."

> **O QUE FAZ A DIFERENÇA NA GESTÃO NÃO É SÓ CONHECER O QUE FAZER**
>
> **MAS FAZER ACONTECER NO TEMPO CERTO, COM QUALIDADE, SEGURANÇA RESPEITO AO MEIO AMBIENTE E À SAÚDE DAS PESSOAS**

Alan Kardec & Julio Nascif

Apresentamos, a seguir, uma relação de algumas melhores práticas de gestão da manutenção:

- Os gerentes e supervisores, nos diversos níveis, devem liderar o processo de sensibilização, treinamento, implantação e auditoria das melhores práticas de SMS – Saúde, Meio Ambiente e Segurança.
- A Gestão deve ser baseada em itens de controle empresariais: disponibilidade, confiabilidade, meio ambiente, custos, qualidade, segurança e outros específicos, com análise crítica periódica.
- A Gestão deve ser integrada ao orçamento (Manutenção e Operação) buscando, sempre, o resultado do negócio através da análise criteriosa das receitas e dos custos.
- O Planejamento e Controle da Manutenção deve, sempre, fazer a análise crítica e priorização das intervenções com base na disponibilidade, confiabilidade operacional e resultado empresarial.
- O pessoal da Manutenção deve ser qualificado e, preferencialmente, certificado.
- A Contratação, sempre que possível, deve ser feita por resultado/ parceria com indicadores de desempenho focados nas metas da Organização: disponibilidade, confiabilidade, custo, segurança, prazo de atendimento e preservação ambiental.
- Os aspectos de SMS devem ser considerados como valores básicos na contratação de serviços, contemplando, dentre outros:
    - ✓ histórico de segurança da contratada;
    - ✓ qualificação e certificação de pessoal;
    - ✓ comunicação de riscos por parte da contratante;
    - ✓ apuração e busca das causas imediatas e básicas da ocorrência;
    - ✓ bônus e ônus para resultados de segurança.
- A Manutenção deve priorizar a eliminação das falhas, ocorridas e potenciais, através da análise da causa básica, acoplada ao esforço do reparo com qualidade, atuando de forma integrada com a Operação e a Engenharia na busca das soluções definitivas.

- A Manutenção deve dar ênfase à manutenção preditiva acoplada aos softwares de diagnóstico e manter a equipe da Engenharia de Manutenção focada na melhoria.

- A adoção de programa de Manutenção Produtiva Total – TPM, com base em que o operador é a primeira linha de defesa para monitorar e maximizar a vida dos equipamentos deve ser implementada em parceria com a Operação.

- A adoção da ferramenta **MCC** – Manutenção Centrada em Confiabilidade, para os sistemas críticos, deve ser praticada.

- Os principais serviços de Manutenção devem ser precedidos pela aplicação da técnica APR – Análise Preliminar de Riscos.

- Incentivar as práticas da multifuncionalidade ou da polivalência observando os aspectos de treinamento e padronização dos serviços.

- Desenvolver, manter atualizados e garantir a aplicação de procedimentos escritos para os principais trabalhos.

- Estabelecer um programa de aplicação de auditorias, internas e externas, como ferramenta de divulgação, verificação da aplicação das melhores práticas e a tendência dos resultados.

2.2.3. Doenças Graves das Organizações

Existem três doenças nas Organizações e que se constituem nas vulnerabilidades mais graves da gestão empresarial:

- Falta *de conhecimento:* a falta de conhecimento, ou mesmo a não aquisição de conhecimentos que suportem o futuro, leva à perda de competitividade. Fala-se muito em depreciação do *"Hardware"*, mas muito pouco sobre a depreciação do conhecimento, também conhecido como *"Humanware"*.

- *Insatisfação dos colaboradores:* se a "Saúde" dos colaboradores não está bem, pode-se esperar que haja perda grave de competitividade.

- *Visão crítica da empresa pela comunidade:* a maneira como a sociedade vê as empresas e sua contribuição para a "Saúde" do planeta é, hoje, outro fator crítico de sucesso empresarial. Não existe empresa excelente empresarialmente se não for, também, excelente em questões de SMS – Saúde, Meio Ambiente e Segurança.

Estas doenças causam sérios riscos de competitividade em médio prazo mesmo que, hoje, o faturamento e o lucro estejam bem.

2.2.4. Paradigma Moderno

A Manutenção deve ser organizada de tal maneira que o equipamento ou sistema pare de produzir somente de forma planejada.

Quando o equipamento para de produzir por si próprio, sem uma estratégia gerencial, estamos diante de manutenção não planejada, ou mesmo de um fracasso da atividade de manutenção.

> **NÃO É MAIS ACEITÁVEL QUE O EQUIPAMENTO OU SISTEMA PARE DE MANEIRA NÃO PREVISTA.**
> **ISSO É O FRACASSO DA MANUTENÇÃO.**

O gerenciamento estratégico da atividade de manutenção consiste em ter a equipe atuando para evitar que ocorram falhas e não atuando, apenas, na correção destas falhas.

Analogia pode ser feita com uma brigada de combate a incêndio: quando ocorre a emergência a brigada deve atuar rapidamente, mas a principal atividade dela, a partir daí, é evitar a ocorrência de novos incêndios. Para isto, é fundamental e indispensável identificar as causas imediatas e básicas da falha para bloqueá-las. Infelizmente, apesar de ser uma necessidade amplamente conhecida ainda não é praticada por muitas empresas.

Paradigma do passado: "Os profissionais de manutenção sentem-se bem quando executam um bom reparo".

Paradigma moderno: "Os profissionais de manutenção sentem-se bem quando conseguem evitar todas as falhas não previstas".

Ainda há um número considerável de empresas brasileiras atuando como no paradigma do passado; no entanto muitas já conseguiram caminhar para o paradigma moderno e estão dando grandes saltos nos resultados empresariais.

Os profissionais da manutenção do presente e do futuro precisam ser bastante "cabeçudos", não no sentido de serem teimosos, mas no sentido de usarem muito a cabeça para evitar que os problemas aconteçam; em contrapartida terão os braços "bem curtos" para intervirem o menos possível na planta.

Sem esta mudança de paradigmas ter-se-á que fazer um grande esforço para obter uma melhoria pouco significativa nos resultados, melhoria essa que não será suficiente para que a empresa permaneça no mercado. Ver Figura 2.5.

Figura 2.5 – Profissional de Manutenção: Futuro e Passado.

2.2.5. Competitividade

A Competitividade depende, fundamentalmente, da maior produtividade de uma Organização em relação aos seus concorrentes, sendo esta produtividade medida pela equação ao mesmo tempo simples e complexa.

2. Gestão Estratégica da Manutenção

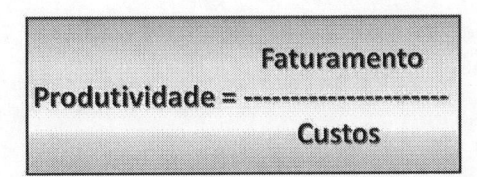

$$\text{Produtividade} = \frac{\text{Faturamento}}{\text{Custos}}$$

Para se otimizar o Faturamento é preciso, na linguagem da manutenção, otimizar a Confiabilidade e a Disponibilidade. Isto pode ser traduzido por:

- aumento da campanha das unidades produtivas,
- minimização dos prazos de parada das unidades produtivas e dos sistemas,
- minimização do tempo médio para reparo (TMPR),
- redução das perdas de produção, que devem tender a zero,
- aumento do tempo médio entre falhas (TMEF).

A otimização do Custo é consequência e se dá através da adoção das melhores práticas de manutenção, com destaque para a Engenharia de Manutenção que deve ser aplicada:

- aos novos projetos, na busca da alta performance,
- nas instalações existentes, na busca da causa raiz da falha,

Além disso, deve ser enfatizada:

- a prática da manutenção preditiva com a utilização de técnicas modernas para avaliação e diagnóstico.
- A busca da sustentabilidade ambiental que, no caso de ocorrências ambientais podem significar pesadas multas que, além de afetar o custo e a imagem da Organização, podem levar a perdas de produção e de faturamento por eventual paralisação do Ativo Operacional.
- a qualidade dos serviços que se traduz na redução do retrabalho,
- a qualidade dos materiais e sobressalentes

- a capacitação do pessoal de manutenção em relação aos ativos da planta industrial

Falando em faturamento, lucro e custos, é preciso que cada um conheça, pelo menos, o faturamento e o custo de sua empresa, além do custo de manutenção. O custo de manutenção representou 4,07%, na média, entre 1995 e 2017. Apesar de ser importante continuar otimizando os custos de manutenção, é preciso dar prioridade ao aumento da disponibilidade e da confiabilidade, já que estes fatores estão intimamente ligados ao faturamento e representam 95,93% da equação Faturamento / Custo.

Por esse motivo, uma redução de custo na manutenção, se mal conduzida, pode levar a significativas perdas de disponibilidade, confiabilidade, segurança e consequências ambientais, que irão afetar negativamente o faturamento, o lucro da organização e, até mesmo, produzir desgastes na imagem. Uma redução exagerada de custos hoje pode representar no futuro um passivo significativo pela degradação dos ativos.

A tabela a seguir mostra a relação entre o custo total de manutenção e o faturamento bruto para os diversos segmentos econômicos para o ano de 2011. (Não estão disponíveis atualizações dessa tabela, que permita comparação entre os setores, para os anos mais recentes)

Segmento Industrial	% Custo total de Manutenção em relação ao Faturamento Bruto da Empresa
Açúcar, Álcool, agropecuário e Agroindustrial	4,75
Alimentos e Farmacêuticos	2,00
Automotivo	2,17
Construção Civil e Construção Pesada	6,67
Energia Elétrica	3,00
Hospitalar e Predial	2,00
Cimento e Cerâmica	3,00

2. Gestão Estratégica da Manutenção

Segmento Industrial	% Custo total de Manutenção em relação ao Faturamento Bruto da Empresa
Maq. Equipamento Aeronáutico e Eletroeletrônica	10,00
Metalúrgico	3,45
Mineração	2,33
Papel e Celulose	5,50
Petróleo	1,50
Petroquímico e Plástico	1,67
Prestação de Serviços (Equipamentos)	4,00
Prestação de Serviços (Mao de obra)	7,25
Químico	3,00
Saneamento	8,00
Siderurgia	6,20
Têxtil e Gráfico	2,60
Transporte e Portos	6,33
MÉDIA	3,95

Fonte: Documento Nacional 2011 – Abraman

O Gráfico 2.1 mostra a evolução do custo de manutenção em relação ao faturamento bruto, ao longo do tempo. Analisando sua tendência podemos concluir que, de maneira geral, o custo médio oscila entre 3,5 e 4,5% portanto, precisamos passar a buscar não o menor custo, mas, sim, o melhor custo, aquele que resulta de uma maior disponibilidade e confiabilidade.

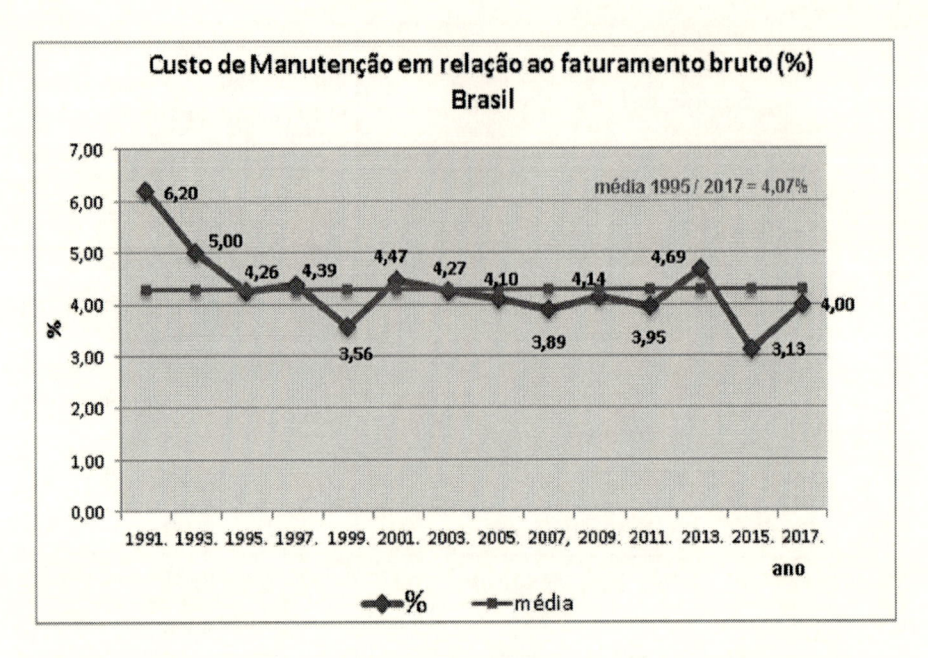

Gráfico 2.1 – Custo de Manutenção em Relação ao Faturamento Bruto.

2.3. PRODUTO DA MANUTENÇÃO

A produção é, de maneira básica, composta pelas atividades de operação, manutenção e engenharia. Existem outras atividades que dão suporte à produção: suprimento, inspeção de equipamentos, segurança industrial, entre outras.

2. Gestão Estratégica da Manutenção

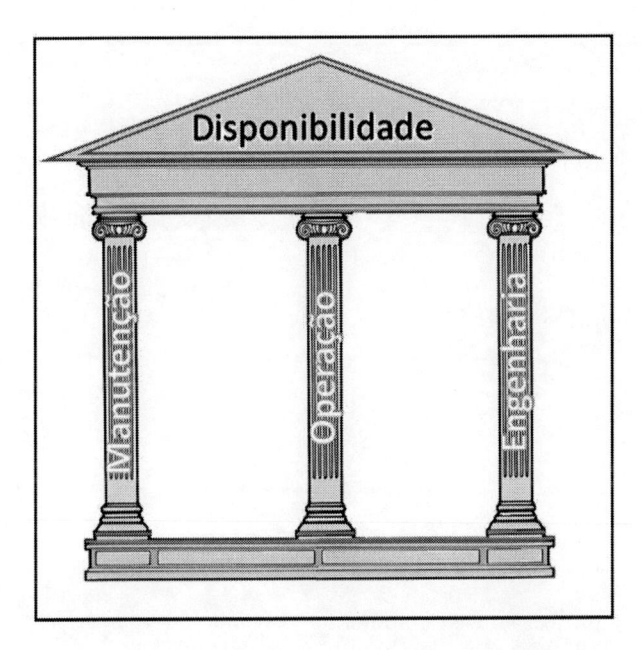

Figura 2.6 – Principais pilares da Disponibilidade

O único produto que a Operação deseja comprar da Manutenção e da Engenharia é A MAIOR DISPONIBILIDADE CONFIÁVEL, COMPATÍVEL COM AS NECESSIDADES DO MERCADO, COM CUSTOS OTIMIZADOS.

É bom ter em mente que "quanto maior a disponibilidade menor será a demanda de serviços". Pode-se medir a tendência da variação da disponibilidade de maneira indireta, medindo-se a tendência da evolução da demanda de serviços. Ver Figura 2.7

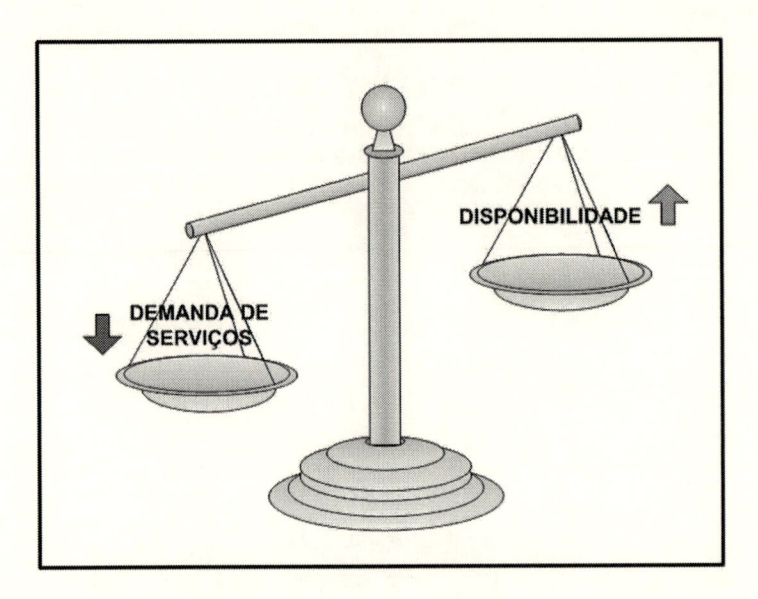

Figura 2.7– Disponibilidade × Demanda de Serviços.

É comum, na prática, se fazer certa confusão entre Disponibilidade e Confiabilidade. Embora este assunto seja tratado no Capítulo 5, o seguinte exemplo ilustra bem a questão: a disponibilidade da lâmpada que ilumina a mesa de cirurgia de um neurocirurgião é altíssima, da ordem de um milhão de horas, porém de nada adianta uma disponibilidade dessa ordem se ela apagar por 5 segundos no meio de uma cirurgia, ou seja, não tiver a adequada confiabilidade quando necessária! Para aumentar a confiabilidade, neste caso, pode ser usado um sistema redundante de iluminação, por exemplo, um *no-break*. O que se necessita é a preservação da função iluminação.

2.4. Conceito Atual de Manutenção

O conceito predominante de que a Missão da Manutenção é de restabelecer as condições originais dos equipamentos/sistemas é passado. No entanto, para algumas empresas ainda é uma realidade.

Atualmente, a Missão da Manutenção é:

2. Gestão Estratégica da Manutenção

> "Garantir a Disponibilidade da função dos equipamentos e instalações de modo a atender a um processo de produção ou de serviço com Confiabilidade, Segurança, preservação do Meio Ambiente e Custo adequado".

Voltando ao exemplo anterior, a missão não é preservar a lâmpada (equipamento), mas sim a função do sistema (iluminação). Esta mudança no conceito da Missão afeta, sobremaneira, as ações do pessoal de manutenção.

No passado era comum um gerente de Manutenção dizer que seu principal problema era falta de gente, no entanto, na maioria das vezes, o seu principal problema era o EXCESSO DA DEMANDA DE SERVIÇOS, decorrente de uma CONFIABILIDADE não adequada ou da não adoção das melhores práticas na manutenção.

Figura 2.8– Falta de Gente ou Excesso de Demanda?

A questão Falta de Gente × Excesso de Demanda pode parecer um jogo de palavras, mas não é. Se no primeiro caso a solução passa pelo simplismo de se colocar mais gente o que, diga-se de passagem, é um caminho pouco inteligente, no segundo caso os caminhos são diferentes e vão na direção de se buscar uma maior disponibilidade, desde que se tenha mercado, o que redundará em uma menor demanda de serviços, como veremos adiante.

2.4.1. Redução da Demanda de Serviços

O aumento da disponibilidade, da confiabilidade, da qualidade do atendimento, da segurança e da otimização de custos passa, necessariamente, pela redução da Demanda de Serviços, que tem as seguintes causas básicas, vide Figura 2.10

- QUALIDADE DA MANUTENÇÃO: A falta de qualidade na manutenção provoca o "retrabalho", que nada mais é do que uma falha prematura. A Figura 2.9 mostra todo o fracasso da manutenção e a frustração do cliente quando isto acontece, além das perdas de produção daí decorrentes, caso o equipamento/sistema não possua redundância.

- QUALIDADE DA OPERAÇÃO: Do mesmo modo, sua não qualidade provoca uma falha prematura, não por uma questão da qualidade intrínseca do equipamento/sistema, mas por uma ação operacional incorreta; também aqui a consequência imediata é a perda de produção caso o equipamento / sistema não possua redundância.

- PROBLEMAS CRÔNICOS: Existem problemas que são decorrentes da qualidade não adequada do projeto da instalação e do próprio equipamento (*hardware*). Devido ao paradigma ultrapassado de restabelecer as condições dos equipamentos/sistemas, o pessoal de manutenção e a própria Organização habituaram-se a promover a rápida restauração do equipamento ao invés de buscar a causa básica e dar uma solução definitiva que evite a repetição da falha. Com este procedimento, é comum conviver com problemas repetitivos, no lugar de se praticar a engenharia de manutenção. Isto traduz uma cultura conservadora que precisa ser mudada.

- **PROBLEMAS TECNOLÓGICOS:** A situação é exatamente a mesma da anterior, apenas a solução não é de todo conhecida, o que exigirá uma ação de engenharia mais aprofundada que deverá redundar em melhorias ou modernização dos equipamentos/ sistemas.

Figura 2.9– Retrabalho.

- **SERVIÇOS DESNECESSÁRIOS:** Acontecem por diversos motivos, ocasionando uma sobrecarga à Manutenção para a qual ela não está preparada nem dimensionada para atender. Dentre eles podemos citar:
  - ✓ Filosofia errada de aplicar manutenção preventiva em excesso, sem se considerar a relação Custo × Benefício.
  - ✓ Atribuir à Manutenção pequenos projetos de melhoria que não são atrativos para a atividade de Engenharia.
  - ✓ Adotar política exagerada de fabricação interna alegando menor custo para compra de sobressalentes de equipamentos.
- **EXCESSO DE MANUTENÇÃO PREVENTIVA:** O excesso de manutenção preventiva pode ocorrer pelas seguintes razões:
  - ✓ Intervalos ou frequência de intervenção menor que a recomendada ou intervalo conservador por desconhecimento das recomendações do fabricante;
  - ✓ Não aplicação de técnicas preditivas que garantem a continuidade operacional sem intervenções desnecessárias.
- **CONTRATAÇÃO DE TERCEIROS COM LACUNAS** ou **EMPREITEIRIZAÇÃO:** Quanto pior a contratação de terceiros piores os resultados. A demanda de serviços tende a crescer quando a contratação com lacunas aceita empresas não vocacionadas ou sem experiência em manutenção que, via de regra, não possuem profissionais com habilidade ou capacidade de executar serviços de qualidade.
- **FALTA DE DISCIPLINA:** Nesse item podemos citar:
  - ✓ Não cumprimento do planejamento de manutenção
  - ✓ Execução dos serviços sem seguir os procedimentos de trabalho
  - ✓ Não acatar as decisões definidas ou consensadas por serem essas diferentes do seu ponto de vista.

2. GESTÃO ESTRATÉGICA DA MANUTENÇÃO

Figura 2.10– Demanda de Serviços.

> PODE-SE AFIRMAR, QUE ESTA DEMANDA DE SERVIÇOS
> PODE SER SENSIVELMENTE REDUZIDA!

Todas estas questões só serão resolvidas, eficazmente, através de um enfoque sistêmico, ou seja, uma Gestão Estratégica.

Para otimizar a Organização como um todo, várias ferramentas estão disponíveis, mas elas só darão resultados eficazes à medida que o pessoal de manutenção internalizar uma nova cultura, sua missão estratégica, seus novos paradigmas, os tipos mais eficazes de manutenção, a prática do trabalho em equipe, a multifuncionalidade ou polivalência, enfim, o entendimento de que a manutenção deve existir para só intervir de forma planejada na planta.

Enfim, estamos diante da necessidade de um grande processo de mudança.

Figura 2.11– "Martelo de Abrir Cabeça".

Diversas ferramentas de gestão, implantada em várias Organizações, se mostraram ferramentas bastante eficazes, quando aplicadas corretamente, levando a uma grande melhoria de resultados.

De modo mais amplo, a gestão do negócio contempla o Gerenciamento da Rotina e a Implantação de Melhorias. As empresas classe mundial aplicam diversas ferramentas no seu dia a dia dentre as quais:

- Gestão pela Qualidade Total.
- Gerência da Rotina.
- Padronização.
- 5S.
- TPM: *Total Productive Maintenance*.
- *Benchmarking* e *Benchmark*.
- *Balanced Scorecard* – BSC.
- Gestão de Ativos.

2. Gestão Estratégica da Manutenção

Além disso, a certificação em relação a normas internacionais leva as empresas a melhorarem sua gestão alcançando melhores resultados. Atualmente as certificações mais representativas são:

ISO 9001 (ABNT NBR ISO 9001)	Sistema de Gestão da Qualidade (SGQ)
ISO 14001	Sistema de Gestão Ambiental (SGA)
OSHAS 18001	Sistema de Gestão de Segurança e Saúde no Trabalho
ABNT NB ISO 55000 55001 55002	Gestão de Ativos

2.4.2. Tipos de Manutenção × Mudança de Paradigma

Até o aparecimento da Indústria 4.0, eram definidos seis tipos básicos de manutenção, que estão abordados mais detalhadamente no Capítulo 3:

- CORRETIVA NÃO PLANEJADA.
- CORRETIVA PLANEJADA.
- PREVENTIVA.
- PREDITIVA.
- DETECTIVA.
- ENGENHARIA DE MANUTENÇÃO.

É importante distinguir bem os resultados obtidos com a Manutenção Corretiva Planejada daqueles obtidos com a Manutenção Corretiva Não Planejada. Enquanto na Corretiva Planejada, que ocorre a partir de uma demanda da Preditiva ou da Detectiva, a perda de produção é reduzida ou mesmo eliminada, além de o tempo de reparo e o custo serem minimizados. Na Manutenção Corretiva Não Planejada (ou Emergencial) ocorre justamente o oposto.

As razões que levam aos melhores resultados da Manutenção Corretiva Planejada são:

- Possibilidade de compatibilizar a necessidade da intervenção com os interesses da produção.
- Os serviços são feitos de forma planejada.
- Garantia da existência de sobressalentes, equipamentos e ferramental.
- Garantia da existência de recursos humanos com a qualificação necessária para a execução dos serviços e em quantidade suficiente, que podem, inclusive, serem buscados externamente à Organização.
- Aspectos relacionados com a segurança – a prevenção da falha evita situações de risco para as pessoas e para a instalação.

A Manutenção Preventiva, de uso exagerado no passado e sem uma adequada análise do custo × benefício, só deve ser adotada nos seguintes casos:

- Quando não for possível a aplicação de manutenção preditiva.
- Quando estiver envolvida a segurança pessoal ou operacional.
- Por oportunidade, em equipamentos críticos de difícil liberação.
- Em sistemas complexos e de operação contínua – por exemplo: plantas petroquímicas, siderúrgicas, indústria automobilística, usinas nucleares, dentre outros.
- Quando houver risco para o meio ambiente.

Com o evento da indústria 4.0, será possível aprimorar o monitoramento / controle das máquinas e sistemas através de sensores avançados, sistemas de coleta de dados, sistemas de armazenamento e transferencia de dados e algorítimos que, em conjunto, terão capaciade de prever a ocorrência e ainda mais, recomendar / sugerir que ação deverá ser tomada.

Esse conjunto de coisas tem o nome de Manutenção Inteligente e a nova forma de manutenção é a MANUTENÇÃO PRESCRITIVA.

Alan Kardec & Julio Nascif

Dessa forma, podemos elencar 7 tipos de manutenção, a saber:
- Manutenção Corretiva Não Planejada
- Manutenção Corretiva Planejada
- Manutenção Preventiva
- Manutenção Preditiva
- Manutenção Detectiva
- Manutenção Prescritiva
- Engenharia de Manutenção

Mas, afinal, onde ocorrem as mudanças de paradigmas na Manutenção para obtenção dos Resultados Empresariais de Maior Disponibilidade, Confiabilidade, Qualidade, Melhor Custo, Melhor Atendimento, Maior Segurança e Melhor Moral da Equipe, entre outros?

- A primeira mudança ocorre quando se passa da preventiva para a preditiva, ou seja, quando no lugar de se parar o equipamento baseado apenas no tempo, ele é mantido operando até um limite preestabelecido com base em parâmetros que podem ser acompanhados (vibração, temperatura, etc.) compatibilizando a necessidade de intervenção com a produção.

- A segunda mudança ocorre quando se passa a adotar a Engenharia de Manutenção. Não basta ter uma boa manutenção do equipamento/sistema, mas, sim, ter equipamentos/sistemas que tenham a disponibilidade de que a empresa necessita para atender o mercado e atender o CLIENTE, razão de ser da existência da empresa e da manutenção.

- A terceira mudança se dá quando, em função do monitoramento via sensores inteligentes, internet das coisas, Big Data e Algorítimos ocorre uma antecipação na detecção da falha e a recomendação (prescrição) do que deve ser feito, que é a Manutenção Prescritiva.

O Gráfico 2.2 ilustra de maneira clara o caminho da otimização dos resultados na Manutenção. Mostra, principalmente, como o resultado da disponibilidade é sensivelmente melhorado à medida que se caminha da manutenção corretiva para a engenharia de manutenção.

O aumento da Disponibilidade, da Confiabilidade, da Melhoria do Atendimento, da Segurança Operacional e Pessoal, da Preservação Ambiental e da Motivação da Equipe é, no médio e longo prazos, sempre acompanhado da otimização de custos.

Não há como estes resultados caminharem em direções opostas.

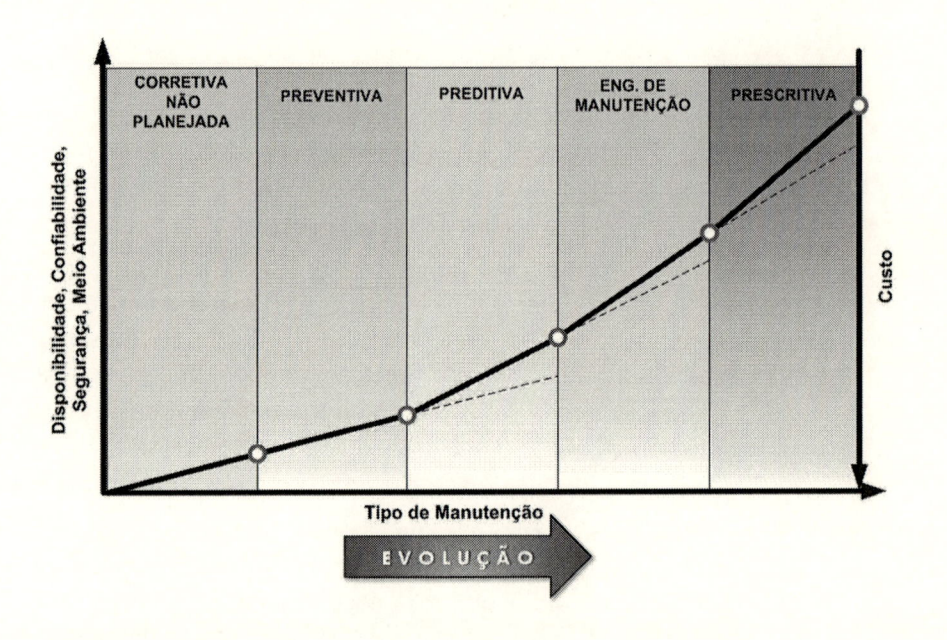

Gráfico 2.2 – Mudança de Paradigma na Manutenção.

2.4.3. Trabalho em Equipe

O trabalho em equipe é o fator crítico de sucesso tanto na Organização como na Manutenção em particular.

Esta é uma das grandes dificuldades das Organizações e uma das maiores causas que determinam o sucesso ou o fracasso empresarial. Às vezes, uma Organização com muitos talentos individuais obtém resultados inferiores aos de uma outra com menos talentos individuais e maior espírito de equipe.

Figura 2.12– Espírito de Equipe.

A importância do trabalho em equipe já foi tema de diversos cursos, seminários e congressos, tanto no Brasil quanto no exterior, alguns sob o sugestivo título "A Guerra dos Aliados", para mostrar a relação entre a Operação e a Manutenção. Entretanto, muitas empresas ainda não conseguiram que a Manutenção e a Operação formassem um verdadeiro time na busca de soluções para a organização. Até pelo contrário, é comum se encontrar especialistas em apontar o erro do outro sobre o qual ele não tem ação, esquecendo-se do seu próprio problema, sobre o qual ele pode e deve agir.

É comum, ainda, que estes times não se formem nem dentro da manutenção e nem dentro da operação, o que torna a situação ainda mais dramática.

Esta é uma questão que precisa ser encarada, pois é um dos fatores críticos de sucesso mais importante de uma organização que necessita atingir a excelência empresarial para sobreviver no mercado.

É importante, também, que cada pessoa entenda que este espírito de equipe é fator crítico de sucesso para a sua empregabilidade.

A questão é mais abrangente e envolve não só a integração da Manutenção com a Operação, mas também a Engenharia, e deve ser buscada de duas maneiras:

- **CAPACITAÇÃO:** Através de um trabalho persistente de treinamento, vivências, visitas a empresas de alta competitividade, depoimentos de pessoas reconhecidas como tendo experiências bem sucedidas, enfim, é uma nova cultura onde todos reconhecem a importância deste tema, mas poucos conseguem implementá-la. Ousamos dizer que é uma questão de sobrevivência e, como tal, uma questão estratégica.

- **ORGANIZAÇÃO:** É preciso criar mecanismos organizacionais que favoreçam a formação destas equipes mistas de manutenção e operação, trabalhando integradas para a otimização do todo. Isto pode ser conseguido através de estrutura matricial, times multifuncionais envolvendo Operação, Manutenção, Engenharia, Segurança, entre outras especialidades. As empresas que já estão no estágio da excelência têm o trabalho em equipe como um dos fatores críticos de sucesso. Por exemplo: Quando da realização de um novo projeto é muito importante a formação do "time" multifuncional para que o novo projeto já incorpore todo o conhecimento existente na Organização evitando-se, desta maneira, correções futuras dispendiosas.

2.5. Papel da Manutenção no Sistema da Qualidade da Organização

A competitividade de uma Organização depende de vários subsistemas que se interligam através de relações extremamente fortes e interdependentes.

Nesse contexto, a Manutenção tem um papel muito importante, pois, para cumprir a sua Missão, ela precisa atuar como elo das ações dos subsistemas de Engenharia, Suprimentos, Inspeção de equipamentos, dentre outros, para atender ao cliente interno, que é a Operação.

2. Gestão Estratégica da Manutenção

A Figura 2.13 ilustra uma situação comum em empresas que ainda não atingiram o estágio de excelência. Nela podemos distinguir, claramente, o profissional da Operação (motorista), o das Finanças (banco da frente) e o da Manutenção (banco de trás).

Figura 2.13– A Empresa que não Atingiu a Excelência.

Nessa situação, cada um está vendo, apenas, a sua parte, quando numa empresa excelente cada um tem que ter a visão do todo, buscando otimizar a Organização e não somente a sua área.

2.5.1. O Giro Inadequado do PDCA

Não se pretende abordar aqui a questão da Qualidade Total na Manutenção, que será tratada no Capítulo 6, mas, apenas, chamar atenção para um ponto de suma importância: tem-se observado, com frequência, mesmo em países do Primeiro Mundo, que a manutenção tem "girado" mal o ciclo PDCA – *Plan-Do-Check-Act* (Planejar-Executar-Verificar-Atuar Corretivamente).

O grande erro tem sido fazer o giro apenas em torno do "Do", ou seja, cada vez mais se tem procurado executar melhor o reparo, tornando-o mais eficiente. Conforme já visto anteriormente, é preciso buscar soluções definitivas e não conviver com problemas repetitivos, ou seja, a

Manutenção deve buscar, sempre, evitar a falha e não corrigi-la repetitivamente.

Ao se percorrer o ciclo completo do PDCA, outras maneiras podem ser encontradas de, atuando na sua causa básica, aumentar, substancialmente, o Tempo Médio Entre Falhas – TMEF, ou, até mesmo, evitar que a falha não prevista ocorra; ou seja, tornar-se eficaz.

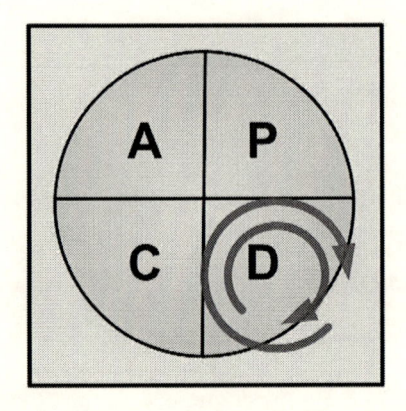

Figura 2.14 – PDCA Eficaz/PDCA Eficiente.

Exemplificando: Não basta encontrar a melhor maneira de fazer a manutenção de selos mecânicos que apresentam problemas continuamente. Será que, em determinadas situações, a substituição da bomba com selo mecânico por uma bomba de acoplamento magnético não seria a melhor solução?

2.6. Terceirização da Manutenção

A abordagem da gestão estratégica passa, também, por esta ferramenta. O nível de contratação que já se atingiu no Brasil mostra que é necessária uma ação estratégica para que a terceirização possa contribuir, de fato, para os resultados empresariais da Organização. O produto do trabalho da Manutenção é a Disponibilidade e à medida que ela cresce diminui a Demanda de Serviços. Como a maioria dos contratos no Brasil remunera o serviço prestado ou, até mesmo, a quantidade de mão de obra contratada, fica a pergunta: com estes tipos de instrumentos contratuais a Contratada será parceira da Contratante para aumentar a Disponibilidade?

A resposta é NÃO!

E a razão desta resposta é óbvia: caso a Contratada contribua para o aumento da Disponibilidade, estará reduzindo a demanda de serviços, razão de ser do seu maior faturamento e lucro.

É preciso evoluir para o Contrato de Resultados, onde os dois lados ganham com o aumento da Disponibilidade. No Capítulo 8 – Terceirização, esta questão é aprofundada.

2.7. Fatores Adicionais

Além de tudo que já foi dito sobre a Gestão Estratégica da Manutenção, alguns pontos precisam, ainda, ser considerados levando em conta as peculiaridades de cada empresa:

- Implantar uma sistemática de orçamentação para os serviços de manutenção.
- Reavaliar a frequência de problemas em equipamentos e decidir, à luz da relação custo × benefício, a viabilidade da modernização ou, até mesmo, a sua substituição.
- Evitar operar equipamentos fora das suas condições de projeto, a menos que os resultados empresariais mostrem que isso seja vantajoso, mas consciente de que a degradação do equipamento será maior em tempo reduzido.
- Identificar equipamentos que estejam operando fora das suas condições de projeto, gerando elevada demanda de serviços e analisar a conveniência de sua recapacitação ou mesmo a sua substituição.
- Rever, continuamente, os programas de manutenção preventiva, visando a otimização de sua frequência, considerando as novas tecnologias de manutenção preditiva disponíveis que são, normalmente, mais vantajosas.

- Implantar um programa de desativação de equipamentos e sistemas inoperantes, desde que a análise de custo × benefício se mostre adequada; é o 5S na instalação industrial.

- Rever a metodologia de inspeção e colocar como meta o aumento do tempo de campanha das Unidades ou Sistemas, tomando o cuidado de evitar ocorrências não planejadas.

- Incrementar o acompanhamento de parâmetros preditivos, visando trabalhar mais próximo dos limites estabelecidos e, com isso, aumentar o tempo de campanha com confiabilidade.

- Estudar métodos para aumentar a previsibilidade das inspeções antes das Paradas das Unidades, utilizando novas tecnologias de inspeção.

- Implementar tecnologias apoiadas em sensores inteligentes e algorítimos para monitoramento da operação dos ativos com vistas a permitir a introdução da manutenção prescritiva.

2.8. Política e Diretrizes da Manutenção

A seguir, são explicitadas as políticas e diretrizes para a manutenção, que podem subsidiar o leitor para aplicação no seu segmento:

POLÍTICA

Contribuir para o atendimento do programa de produção, maximizando a confiabilidade e a disponibilidade dos equipamentos e instalações das Unidades Operacionais ou Linhas de Produção, otimizando os recursos disponíveis com qualidade e segurança e preservando o meio ambiente, contribuindo para a continuidade do desenvolvimento operacional.

DIRETRIZES

- Manutenção com qualidade, tomando por referência indicadores de desempenho das melhores empresas, preferencialmente aquelas tidas como *best in class*.

- Aumento da confiabilidade e da disponibilidade das unidades industriais, através do trabalho integrado com a Operação e a Engenharia, atuando prioritariamente nas seguintes áreas:

2. Gestão Estratégica da Manutenção

- ✓ ênfase na manutenção preditiva e na engenharia de manutenção;
- ✓ solução de problemas crônicos;
- ✓ eliminação de resserviços;
- ✓ elaboração e utilização de procedimentos;
- ✓ participação na análise de novos projetos;
- ✓ participação em programas de Manutenção Produtiva Total – TPM;
- ✓ ênfase em Paradas de Manutenção de mínimo prazo, onde aplicável.

- Garantia dos prazos de execução de serviços de manutenção, especialmente das Paradas de Manutenção Programadas.
- Elaboração, aplicação e cumprimento dos planos de inspeção.
- Preservação da melhoria contínua da capacitação, através da busca, avaliação, aplicação e incorporação de novas tecnologias, da realização de programas de treinamento e do desenvolvimento de novos métodos e procedimentos. Estabelecer programa de treinamento no trabalho coordenado pela Engenharia de Manutenção.
- Redução das interdependências na execução dos serviços de manutenção e inspeção, priorizando a capacitação, a multifuncionalidade e a garantia da qualidade pelo executante, observando a capacitação e alteração das atribuições para as funções envolvidas.
- Orientação dos recursos próprios de supervisão para a gestão das atividades de manutenção, de inspeção e de suprimento, macroplanejamento, análise preditiva, engenharia de manutenção, suporte técnico, preservação da experiência e competência, e para a fiscalização dos serviços contratados.
- Utilização plena dos recursos próprios de execução orientados para os serviços de grande complexidade tecnológica ou críticos, atuando, prioritariamente, de forma multidisciplinar.

- Contratação de empresas capacitadas técnica e gerencialmente, observando os aspectos de economicidade, qualidade, preservação de tecnologia, risco operacional, riscos materiais e humanos e necessidade de conhecimento global de sistemas, viabilizando o desenvolvimento e a consolidação da experiência do mercado prestador de serviços, buscando contratos o mais próximo possível dos de parceria, através de:
    - ✓ contratação que garanta a multifuncionalidade, a otimização de métodos e de recursos e a minimização de interfaces;
    - ✓ incentivo ao aumento da produtividade dos serviços e da disponibilidade das instalações com ganhos divididos entre as partes;
    - ✓ adoção de prazos contratuais longos;
    - ✓ exigência, sempre que possível, de empregados qualificados e certificados pelo PNQC – Programa Nacional de Qualificação e Certificação, da ABRAMAN;
    - ✓ manutenção de programa de auditoria nos contratos.
- Implementação de programas de auditorias para verificação da conformidade / atendimento com o Programa de Gestão Estratégica e seu desdobramento na Manutenção.

2.9. Gestão de Ativos

Nos últimos vinte e cinco anos a gestão da Manutenção e Empresarial evoluiu, rapidamente, passando por três etapas:

- **Tecnologia:** até meados dos anos noventa, predominava, apenas, uma visão muito tecnológica como se somente o conhecimento técnico fosse garantia de sucesso. Conhecimento técnico continua sendo indispensável, mas não é mais suficiente para se buscar a excelência;
- **Gestão da Manutenção:** na virada do milênio, a comunidade passou a praticar a Gestão de cada processo, inclusive da Manutenção, ou seja, como fazer com que o conhecimento tecnológico, que é indispensável, pudesse levar à melhores resultados empre-

sariais. Com esta nova fase deu-se um novo salto nos resultados empresariais, mas não é mais suficiente;

- **Gestão de Ativos:** A partir da metade da década passada, iniciou-se a etapa da Gestão de Ativos, com um enfoque sistêmico de toda a organização.

2.9.1. Introdução

O objetivo deste item não é, de maneira nenhuma, esgotar a questão da Gestão de Ativos, mas, tão somente, destacar alguns pontos básicos importantes para a correta compreensão desta moderna e excelente ferramenta de Gestão.

A Gestão de Ativos de uma planta é uma atividade corporativa focada nos ativos tangíveis (equipamentos e sistemas). A Gestão de Ativos compõe-se de atividades e de tomada de decisões que cobrem as fases do ciclo de vida do investimento que incluem o projeto, a aquisição, a qualificação das pessoas, a pré-operação, a operação, a manutenção, a modernização ou implantação de melhorias e a fase de descomissionamento e descarte.

Observa-se que a Gestão da Manutenção é, apenas, uma das fases da Gestão de Ativos.

De acordo com a ABNT NBR ISO 55000 a gestão de ativos permite à uma organização a realização de valor a partir dos ativos no alcance de seus objetivos organizacionais. O que constitui valor dependerá destes objetivos, a natureza e finalidade da organização e as necessidades e expectativas de suas partes interessadas.

A gestão de ativos apoia a realização de valor enquanto equilibra os custos financeiros, ambientais e sociais; risco, qualidade de serviço e desempenho relacionados aos ativos.

Uma distinção importante, onde muitas Organizações, pessoas e até mesmo consultores tem se confundido, é definir, com clareza, o que é Gestão de Ativos e o que é Gerenciamento de Ativos.

GERENCIAMENTO DE ATIVOS: foca no que a Organização faz para os seus ativos. Em resumo, significa monitorar e controlar como, especialmente a

Operação e a Manutenção, estão operando e mantendo estes ativos.

GESTÃO DE ATIVOS: foca no que os ativos podem proporcionar de valor para a Organização. Em resumo, ocupa-se em assegurar que os ativos proporcionem a geração de valor pretendida pela Organização, como estratégia de negócio. Isto muda o enfoque da tomada de decisão em relação a como operar e manter os seus ativos.

É PRESICO EQUILIBRAR OPORTUNIDADE – CUSTO (FINANCEIRO, AMBIENTAL E SOCIAL) – RISCO – DESEMPENHO.

Derivados dos objetivos principais de uma empresa dentre os quais o aumento do seu valor intrínseco, que ocorre a longo prazo, são definidos planos de ação focados no desempenho operacional, na sustentabilidade e no ciclo de vida dos ativos. O alinhamento das ações engloba o valor da empresa, os recursos humanos, o meio ambiente e o ambiente social em que a Organização está inserida..

A Gestão de Ativos contribui para o sucesso econômico de uma empresa, medido através do ROA (*"Return on Assets"* ou Retorno sobre os Ativos). Esse índice mede o retorno do capital empregado e interessa sobremaneira aos acionistas.

No entanto, a Gestão de Ativos também proporciona desenvolvimento social e ambiental das empresas, além do sucesso financeiro, o que caracteriza o desenvolvimento sustentável.

> DESENVOLVIMENTO SUSTENTÁVEL passa pelo tripé: Financeiro – Ambiental – Social, que depende da boa saúde dos ativos.

Simplificadamente pode-se afirmar que a Gestão de Ativos é um conjunto de muitas ações levadas a efeito de modo eficiente. Esse conjunto

de ações permeia todas as atividades de uma Organização e garantem que o resultado final será o mais adequado. Esse resultado é fundamental para que a empresa seja competitiva e permaneça no mercado.

Do ponto de vista empresarial, a Gestão de Ativos se constitui em um conjunto de atividades associadas à:

- Identificar os ativos que serão necessários.
- Quantificar os recursos financeiros necessários e obtê-los.
- Projetar e especificar adequadamente os ativos.
- Adquirir os ativos segundo a especificação técnica.
- Fazer a instalação e montagem de acordo com as melhores práticas e recomendações dos fornecedores e normas/padrões existentes.
- Treinar o pessoal de operação e de manutenção.
- Fazer o comissionamento e a partida conforme os procedimentos,
- Prover suporte operacional, logístico e de manutenção durante a operação dos ativos.
- Providenciar as melhorias e reformas necessárias e convenientes nos ativos.
- Substituir os ativos em final de vida útil ou descartá-los.
- Descomissionar os ativos em disposição.
- Descartar os ativos descomissionados, atendendo aos requisitos ambientais, de modo que, durante todo o ciclo de vida, os ativos apresentem a performance esperada para que os objetivos definidos sejam alcançados.

A Gestão de Ativos que é um novo paradigma que o mundo desenvolvido já empunha e que as empresas brasileiras, em nível de excelência, já começam a empunhar, tendo a grande vantagem de colocar o pessoal de manutenção no mundo financeiro e junto das decisões estratégicas das Organizações.

> A MANUTENÇÃO deixa de ser um CENTRO DE CUSTOS para focar nos RESULTADOS EMPRESARIAIS
>
> ESSA É A GRANDE MUDANÇA DE PARADIGMA

Alan Kardec & Julio Nascif

Pode-se afirmar que a Gestão de Ativos é a mais atual forma de gestão empresarial, na qual a Manutenção está incluída, para ajudar a alavancar os resultados estratégicos buscados pela Organização.

2.9.2. Ativos e Custo do Ciclo de Vida

Ativo é qualquer item que tenha valor econômico ou monetário, pertença a um indivíduo ou a uma corporação, especialmente aquele que possa ser convertido em dinheiro.

A Manutenção tem seu foco voltado para os ativos físicos tais como terrenos, edificações, veículos, máquinas / equipamentos, tubulação, fiação, instrumentação e automação, sistemas de controle e sistemas de software.

Campbel, classifica os ativos nos seguintes grupos:

BENS IMÓVEIS
Terrenos, Escritórios, Escolas, Hospitais, Casas, Armazéns

PLANTAS E PRODUÇÃO
Mineração, Textil, Química, Eletrônica, Alimentícia, Petróleo

ATIVOS MÓVEIS
Militares, Públicos, Linhas aéreas, Navegação, Frotas, Trens

INFRAESTRUTURA
Estradas, Ferrovias, Transmissão e Distribuição Elétrica, Oleodutos e Gasodutos, Água, Telecomunicação

TECNOLOGIA DA INFORMAÇÃO
Hardware, Software, Redes, Roteadores, Service Desk

Figura 2.15 – Tipos de ativos

Todos os ativos físicos têm um ciclo de vida e valores financeiros a ela associados surgindo assim a expressão CUSTOS DO CICLO DE VIDA (*Life Cycle Cost* – LCC).

2. Gestão Estratégica da Manutenção

Os custos do ciclo de vida dos ativos se compõem de custos operacionais e custos de capital, assim denominados pelas suas características contábeis.

Os Custos de Capital são conhecidos pela sigla CAPEX e os custos operacionais pela sigla OPEX.

Segundo a SAE (1999), Custo do Ciclo de Vida é o custo total de propriedade de máquinas e equipamentos, incluindo o seu custo de aquisição, operação, conversão, manutenção e/ou demolição/descarte. Em outras palavras, os Custos do Ciclo de Vida (LCC) são todos os custos diretos e indiretos necessários à aquisição, instalação, operação, manutenção e descarte de equipamentos e sistemas.

A figura 2.16 mostra os custos que incidem nas fases do ciclo de vida dos ativos.

Figura 2.16– Custo do Ciclo de Vida dos Ativos (*Life Cycle Cost* – LCC)

O objetivo da análise do LCC é escolher a abordagem mais rentável a partir de uma série de alternativas para atingir o menor custo a longo prazo.

> **Os Custos Operacionais podem representar 60 a 75% do Custo do Ciclo de Vida de um ativo.**

A Manutenção deve se adequar para participar efetivamente de todas as fases do ciclo de vida dos ativos e, como os demais segmentos da empresa, unir esforços para obtenção de melhores resultados. **Nas empresas onde ainda se trabalha isoladamente** ocorrem situações como as citadas abaixo, onde cada um dos departamentos pensa exclusivamente em sí:

- Engenharia quer minimizar os custos de capital como único critério, sem avaliar as consequências para o OPEX e, consequentemente, para o custo do Custo do Ciclo de Vida.
- A Manutenção quer minimizar o seu custo, exclusivamente, sem uma avaliação correta para a disponibilidade, confiabilidade e segurança.
- A Operação quer ver maximizada a disponibilidade dos ativos, com uma visão de curto prazo.
- A Engenharia de Manutenção quer evitar falhas, e só.
- O Financeiro quer reduzir ao máximo as despesas do projeto e os custos de rotina, com uma visão de curto prazo.
- Os Acionistas querem aumentar os lucros, dentro de uma visão de curto prazo.

Cada um pensa segregadamente no seu departamento como se isso bastasse para o sucesso da Organização. Enquanto se não houver uma atuação compartilhada, como um time ou uma equipe e, sobretudo, com uma visão de curto, médio e longo prazo, os resultados da empresa não garantirão a sua sobrevivência.

> **A corrida empresarial é uma maratona e não uma corrida de 100m.**

A função de Gestão de Ativos é necessária para fornecer o conhecimento dos ativos e a capacidade de gestão e suporte à decisão de atividades relacionados ao contexto do negócio.

Alan Kardec & Julio Nascif

Na área de planejamento e orçamento de capital, ou CAPEX, isto envolve os custos de capital relativos ao investimento.

Na área de orçamento operacional ou OPEX, isto envolve:

- O planejamento e gestão de compras (consumíveis e peças de reposição)
- Custos de manutenção e de paradas.
- Custos com a terceirização
- Custos operacionais e administrativos.

2.9.3. A Implantação da Gestão de Ativos

É importante conhecer as Normas relativas à Gestão de Ativos:

ISO 55000 (Gestão de Ativos – Visão Geral, Fundamentos e Terminologia) que trata da definição de Ativos, Gestão de Ativos e Sistema de Gestão de Ativos no sentido mais amplo, bem como os termos e as definições usadas nesta área.

ISO 55001 (Requisitos para o Sistema de Gestão de Ativos) que trata dos requisitos necessários para um Sistema de Gestão de Ativos integrado.

ISO 55002 (Guia para Implantação de Sistema de Gestão de Ativos) que fornece exemplo e/ou guia para a implantação do Sistema de Gestão de Ativos.

A implantação da Gestão de Ativos necessita ser muito convenientemente estruturada para que tenha o sucesso esperado. Vamos, apenas, chamar atenção para quatro pontos, muito importantes, a serem considerados para uma bem sucedida implantação.

1. **Pilares de Sustentação:**
    - ✓ **Liderança e Cultura** do local de trabalho são fatores determinantes para a obtenção de valor.

Figura 2.17 – Liderança

- ✓ Mudança de Cultura – mudar cultura não é fácil mas é imprescindível. É um proesso que demanda tempo, energia e muita persistência por parte das lideranças.

2. **Alguns Aspectos Motivacionais:**
    - ✓ Pressão da concorrência;
    - ✓ Pressão dos acionistas e Agências Reguladoras por melhores resultados;
    - ✓ Redução de riscos (acidente da BP no Golfo do México);
    - ✓ Redução do custo de seguros;
    - ✓ Muitas lacunas em empresas que se julgavam, anteriormente, adequadas em sua Gestão;
    - ✓ Visão de longo prazo.

3. **Algumas Barreiras:**
    - ✓ Estanqueidade dos Departamentos / Processos;
    - ✓ Gestão de cada processo sem conectar aos resultados empresariais;

- ✓ Disputas entre Departamentos, principalmente entre a Operação e a Manutenção;
- ✓ Resistência à mudança;
- ✓ Falta de visão sistêmica da Organização por parte das pessoas;
- ✓ Lacunas no trabalho em equipe;
- ✓ Carência de dados e de indicadores de resultados adequados;
- ✓ Falta de Comprometimento das lideranças intermediárias;
- ✓ **Falta de Comprometimento da Alta Administração.**

d) **Alguns Obstáculos:**

- ✓ Alinhamento: todos os processos precisam estar alinhados com a estratégia, com o macro processo;
- ✓ Resultados: ninguém compra uma nova filosofia sem conhecer os seus resultados;
- ✓ Comunicação deficiente: a Estratégia Corporativa e da Gestão de Ativos precisam ser desdobradas e bem comunicadas para todos os níveis da Organização;
- ✓ Treinamento: Falta de Treinamento versus Equipe de Alta Performance.
- ✓ Ciúme.

2.10. AGENTE DE MUDANÇA

A implementação de mudanças nas organizações depende de lideranças; existe um mito para muitas pessoas que o líder é, apenas, o número "1" e que sem o patrocínio dele as mudanças tornam-se difíceis de acontecer ou mesmo impossíveis.

Fica a pergunta: quem é o número "1" da sua organização? A resposta correta é que são vários: o presidente, o diretor, os gerentes de departamento, de setor, de seção, os supervisores e, certamente vai chegar em você.

Você só conseguirá realizar alguma mudança se ela começar por você –

> Você é o número "1".

As mudanças que acontecem de cima para baixo são, principalmente, poucas e de cunho estratégico, conhecidas no jargão da gestão de "efeito chuveiro". Entretanto, as muitas mudanças que ocorrem nas organizações são realizadas nos níveis inferiores – de baixo para cima, conhecidas no jargão da gestão de "efeito bidê".

Por que a liderança é fundamental?

- Porque melhores resultados dependem, quase sempre, de mudanças;
- Mudanças dependem de lideranças;
- Lideranças correm riscos, que são inerentes a qualquer processo de mudança.

> **Fica a pergunta: você está disposto a correr riscos?**
> Se você está disposto, é muito provável que você vai se tornar um verdadeiro líder!

2.10.1. Características do Agente de Mudança

Para deflagrar um processo de mudança é necessário que se conheça as 10 condições ou características que se deve ter para liderar este processo; são elas:

- Objetivo: é preciso ter clareza o que se quer mudar – é imprescindível ter foco;
- Disciplina: estabelecer um plano de ação e disciplina para cumpri-lo;
- Conhecimento: é preciso ter clareza de propósito e, sobretudo, ser um "mestre" para transmitir para os demais envolvidos;

- Articular aliados: não se vai a nenhum lugar sozinho, sobretudo para enfrentar as naturais resistências que, inevitavelmente, surgirão pelo caminho;
- Convicção da mudança: o líder tem que transmitir confiança na mudança e que ela será benéfica para as diversas partes envolvidas;
- Comunicação das vantagens da mudança: nenhuma mudança deve ser deflagrada sem se ter uma clareza de seus benefícios e que isto seja mostrado para todos;
- Energizador: o agente de mudança tem que ser uma permanente luz e energia para aqueles que tendem a fraquejar ao longo do caminho;
- Coragem: é necessária muita garra para ir em frente, apesar de resistências que, naturalmente, ocorrerão;
- Estratégia: vários dos pontos já citados devem compor uma estratégica que garanta uma boa margem de sucesso na implantação do processo;

> E, sobretudo, persistência!

Figura 2.18– Persistência

Mudanças requerem tempo para serem consolidadas e, portanto, há que se ter persistência para "arar – semear – cuidar – crescer – colher os frutos".

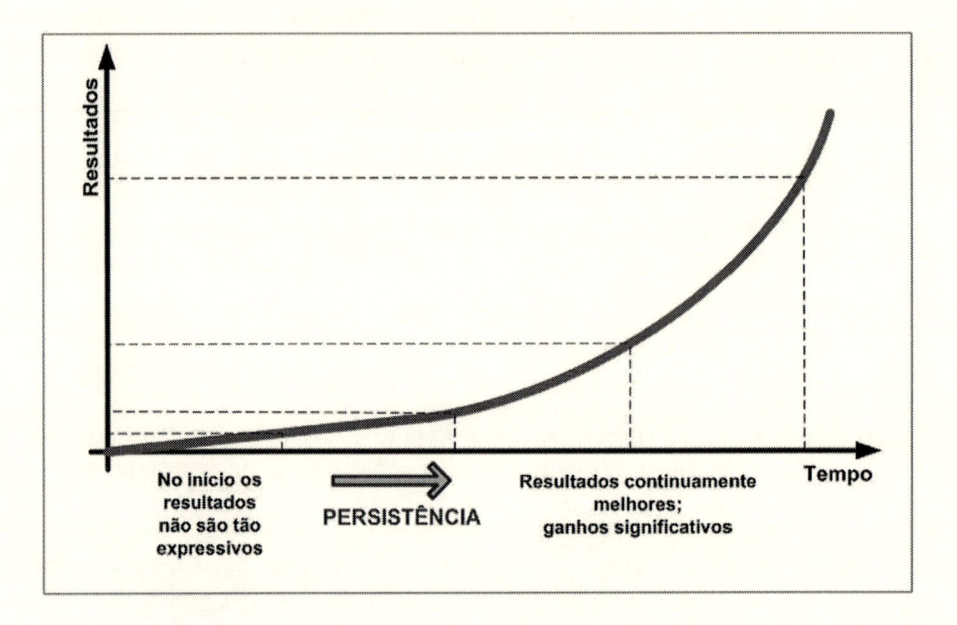

Figura 2.19– Resultados × Tempo

> **O Pessimista vê a dificuldade em cada Oportunidade;**
> **O Otimista vê a Oportunidade em cada Dificuldade.**
>
> *"Albert Flranders"*

2.11. Considerações Finais

O papel estratégico da manutenção é o grande desafio gerencial destes novos tempos. A visão sistêmica do negócio e a mudança de paradigmas e de conceitos levarão a grandes inovações.

Nesse contexto, é de fundamental importância que o gerente seja um agente de mudanças e lidere esta nova fase, que será uma caminhada cheia de novos desafios.

É fundamental também que o gerente obtenha a participação de todos os profissionais da Manutenção de modo que as ações de melhoria, cumprimento dos programas da rotina e interação com as demais áreas da empresa se deem de forma natural. Essa participação deve incluir pessoal próprio e os terceirizados.

Por outro lado, o não entendimento desta nova rota levará, certamente, a perdas incalculáveis ou, até mesmo, à perda de competitividade da empresa e, até mesmo, do seu emprego.

Esta é uma grande oportunidade. É PRECISO APROVEITÁ-LA.

> "Se queres progredir não deves repetir a história mas fazer uma história nova Para construir uma nova história é preciso trilhar novos caminhos."
> Ghandi

Capítulo 3

TIPOS DE MANUTENÇÃO

3.1. INTRODUÇÃO

Existe uma grande variedade de denominações das formas de atuação da Manutenção. Não raramente isso provoca certa confusão que, em função da variedade de nomes relacionados ao tipo de atuação, acaba influindo na conceituação do que seja cada tipo de atividade.

Inicialmente é importante mostrar que as diferenças de denominação e até de definição ocorrem, mas, conforme será mostrado adiante, o que importa é o **CONCEITO** que deve ser o mesmo para todos.

As definições para as principais atividades ou metodologias de atuação de manutenção, explicitadas na NBR 5462 são:

Tipo/Método/Atividade	Definição ou Conceituação
Manutenção Preventiva	Manutenção efetuada em intervalos predeterminados, ou de acordo com critérios prescritos, destinada a reduzir a probabilidade de falha ou a degradação do funcionamento de um Item.
Manutenção Corretiva	Manutenção efetuada após a ocorrência de uma pane destinada a recolocar um item em condições de executar uma função requerida**

**NA – A Manutenção Corretiva é efetuada após a ocorrência de uma pane ou de uma falha

Manutenção Preditiva	**Manutenção Preditiva ou Manutenção Controlada** – Manutenção que permite garantir uma qualidade de serviço desejada, com base na aplicação sistemática de técnicas de análise, utilizando-se de meios de supervisão centralizados ou de amostragem, para reduzir ao mínimo a manutenção preventiva e diminuir a manutenção corretiva.

Os diversos tipos de manutenção podem ser também considerados como políticas ou estratégias de manutenção, desde que a sua aplicação seja o resultado de uma definição gerencial ou política global da instalação, baseada em dados técnico-econômicos.

A classificação que este livro adota desde o seu lançamento inclui 6 práticas, tipos ou estratégias de manutenção que cobrem desde a restauração emergencial até a melhoria. São elas:

- **Manutenção Corretiva Não Planejada**
- **Manutenção Preventiva**
- **Manutenção Preditiva**
- **Manutenção Detectiva**
- **Manutenção Corretiva Planejada**
- **Engenharia de Manutenção**

A partir da implantação da Indústria 4.0 em 2012 na Alemanha (ver itens 1.2.6 e 2.4.2), a utilização de sensores inteligentes, Sistemas Ciber Físicos, Big Data, Internet das Coisas e de algoritmos, propiciou uma modificação sensível tanto na capacidade de detectar falhas antes de sua ocorrência como, através do aprendizado das máquinas, definir o que deve ser feito, ou seja, prescrever a solução.

Isso fez surgir um novo tipo de manutenção que é denominada MANUTENÇÃO PRESCRITIVA.

Dessa forma adotaremos, doravante, a classificação com 7 tipos de técnicas ou estratégias de manutenção, que inclui as 6 técnicas mencionadas desde a 1ª edição deste livro mais a Manutenção Prescritiva.

- **Manutenção Corretiva Não Planejada**
- **Manutenção Preventiva**
- **Manutenção Preditiva**
- **Manutenção Detectiva**
- **Manutenção Corretiva Planejada**
- **Engenharia de Manutenção**
- **Manutenção Prescritiva**

Várias ferramentas disponíveis e adotadas hoje em dia têm no nome a palavra Manutenção. É importante observar que essas não são novos tipos de manutenção, mas ferramentas que permitem a aplicação dos seis tipos principais de manutenção citados anteriormente. Dentre elas, destacam-se:

- Manutenção Produtiva Total (TPM) ou *Total Productive Maintenance*.
- Manutenção Centrada na Confiabilidade (RCM) ou *Reliability Centered Maintenance*.
- Manutenção Baseada na Confiabilidade (RBM) ou *Reliability Based Maintenance*.

As figuras 3.1 e 3.2 indicam a interação entre as diversas práticas citadas e a forma de atuação de cada uma delas.

Como pode ser observado na figura 3.1:

- A Manutenção Corretiva **PLANEJADA** é a ação de correção oriunda da definição do acompanhamento preditivo, detectivo ou da inspeção . Essa ação visa CORRIGIR uma situação diagnosticada sendo feita de forma PLANEJADA. Apesar de alguns autores a incluírem como Preventiva, julgamos que esse tipo de ação corretiva não se enquadra na definição tradicional de Manutenção Preventiva.(NA)

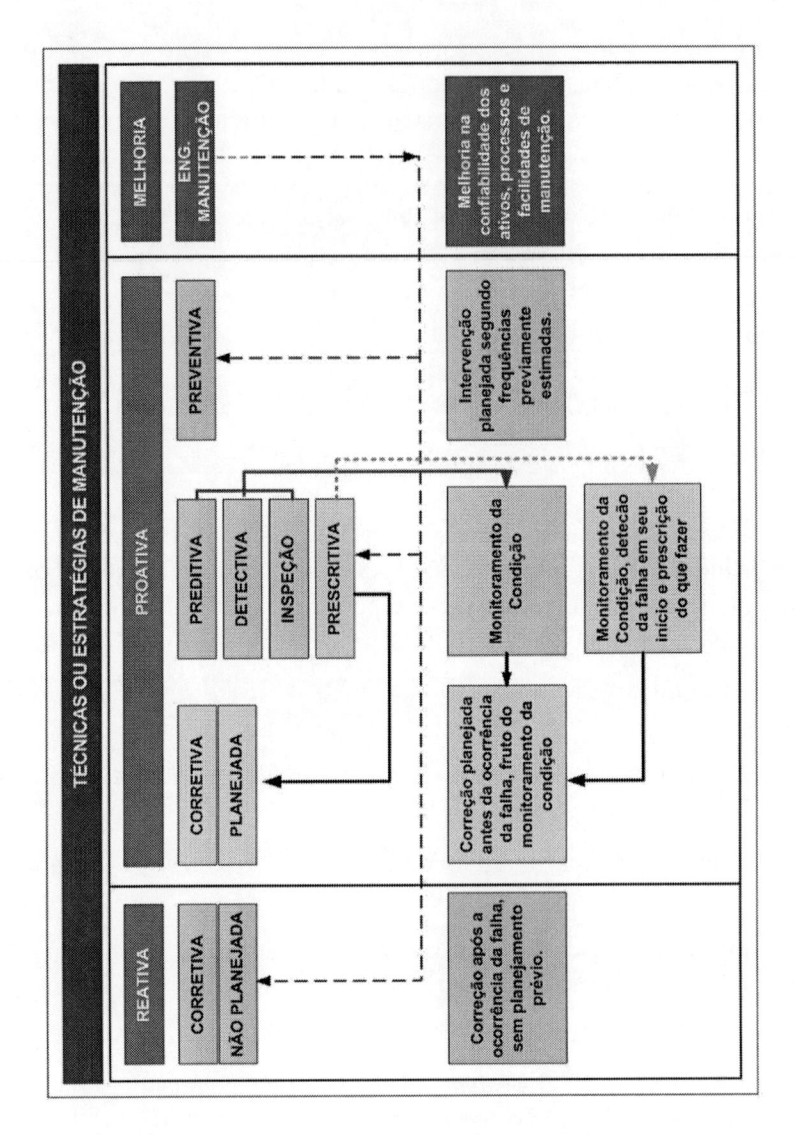

Figura 3.1 – Tipos ou Estratégias de Manutenção.

- Tanto a Preditiva como a Detectiva e a Inspeção (de Manutenção-NA) se constituem em acompanhamento da condição dos equipamentos e sistemas, independentemente da forma com que essa

3. Tipos de Manutenção

inspeção é realizada (instrumentos ou sensitiva). Assim sendo, a Inspeção de Manutenção realizada em indústrias metalúrgicas, siderúrgicas, petroquímicas, nucleares, cimenteiras, dentre outras, é um tipo de Manutenção Preditiva, pois está baseada em um plano, com rotas definidas e tem como objetivo fazer o acompanhamento da condição.

- A Manutenção Prescritiva está baseada na análise prescritiva que se diferencia da Análise Preditiva, pois além de predizer, também oferece alternativas de solução.

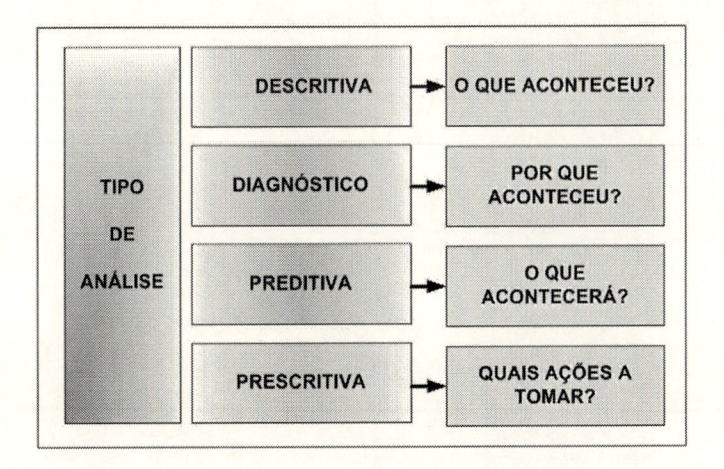

TIPO DE ANÁLISE		
	DESCRITIVA →	O QUE ACONTECEU?
	DIAGNÓSTICO →	POR QUE ACONTECEU?
	PREDITIVA →	O QUE ACONTECERÁ?
	PRESCRITIVA →	QUAIS AÇÕES A TOMAR?

Figura 3.2 – Tipos de Análises

- A Manutenção Preventiva é a ação executada com base em planos previamente elaborados baseados em intervalos definidos (tempo, quilometragem, quantidade processada, etc.).

A figura 3.3 indica, para cada tipo de metodologia de manutenção:

- A característica da ação é REATIVA para a Manutenção Corretiva Não Planejada (também conhecida como Emergencial, Reativa) e PROATIVA para os demais itens. Reativa significa reagir depois dos acontecimentos. Proativa indica atuar antes da ocorrência ou da falha.

- A forma de atuação é SEM PLANEJAMENTO para a Corretiva Não Planejada e sendo PLANEJADA nos demais tipos. O Planejamento inclui todas as etapas do PCM – planejamento, programação, coordenação e controle.

Tipo de Manutenção	Ação	Atuação	Foco	Consequências (Custo / Disponibilidade / Segurança)
Corretiva não Planejada	Reativa	Não Planejada	Correção emergencial	Ruim
Preventiva	Próativa	Planejada	Antecipação de falhas	
Preditiva/Inspeção	Próativa (monitoramento)	Planejada	Monitorar e Diagnosticar	Razoável
Detectiva/Inspeção	Próativa (monitoramento)	Planejada	Monitorar e Diagnosticar	
Prescritiva	Próativa (monitoramento)	Planejada	Monitorar, Diagnosticar e Prescrever atuação	
Corretiva Planejada	Correção indicada pelo monitoramento	Planejada	Corrigir com planejamento antecipado.	
Engenharia de Manutenção	Proativa ou Corretiva	Planejada	Melhorias	Bom

Figura 3.3 – Características das formas de atuação da Manutenção

Alan Kardec & Julio Nascif

- O foco do tipo de manutenção indica a filosofia que está por trás de cada uma das metodologias. Enquanto a CORRETIVA NÃO PLANEJADA se contenta com as correções emergenciais, a PREVENTIVA foi criada como uma alternativa que busca ATUAR ANTES DA OCORRÊNCIA DA FALHA.

- O conjunto PREDITIVA, DETECTIVA, INSPEÇÃO DE MANUTENÇÃO, PRESCRITIVA E CORRETIVA PLANEJADA, pode ser enquadrado como MANUTENÇÃO BASEADA NA CONDIÇÃO, isto é, o equipamento sofrerá intervenção, pela Manutenção, se isso for indicado por evidências objetivas. À etapa de acompanhamento, monitoramento e diagnóstico se seguirá ação corretiva para restaurar a condição original do equipamento.

- A Engenharia de Manutenção não é uma ação de execução como a Preventiva, a Corretiva Planejada e a Corretiva não Planejada. Seu foco está concentrado na melhoria. As ações de melhoria na Manutenção abrangem desde a forma de executar o serviço e a qualificação de pessoal, até o desenvolvimento de ações para a melhoria da confiabilidade através, principalmente da Análise de Falhas. Por isso suas ações influem em todas as áreas, daí a linha pontilhada na figura 3.1. As ações da Engenharia de Manutenção podem ser tanto proativas como reativas, considerando o momento de sua aplicação. No entanto isso não implica em demérito ou perda de oportunidade desde que o que conta são os resultados das melhorias. Por exemplo:

    ✓ A análise de melhoria de manutenibilidade para redução do tempo de paradas de manutenção, envolvendo tanto procedimentos de trabalho como dispositivos / facilidades é uma ação proativa.

    ✓ A análise de causa raiz de um equipamento que apresenta falhas de modo crônico (repetitivo) pode ser classificada como reativa, pois se dá após essas ocorrências.

- Em termos de custos diretos de manutenção, impacto na disponibilidade e nível de segurança, tanto para a planta como para as pessoas, constata-se que a Corretiva Não Planejada é sempre muito mais onerosa, ou seja, é aquela que apresenta os piores resultados. A Manutenção Preventiva é boa no aspecto de segurança por ser planejada, mas seus resultados em custos e disponibilidade ficam no nível médio em função da retirada do equipamento de operação. O conjunto Manutenção Sob Condição — Preditiva, Detectiva, Inspeção de Manutenção e Prescritiva — é o que apresenta os melhores resultados nos três fatores considerados. Com esse tipo de atuação os equipamentos ficam mais tempo em operação, os serviços são planejados e não são feitas intervenções desnecessárias.

3.2. Manutenção Corretiva

> Manutenção efetuada após a ocorrência de uma pane ou de uma falha destinada a recolocar um item em condições de executar uma função requerida (NBR 5462)

Ao atuar em um equipamento que apresenta um defeito ou um desempenho diferente do esperado estamos fazendo manutenção corretiva. Assim, a manutenção corretiva não é, necessariamente, a manutenção de emergência.

Convém observar que existem duas condições específicas que levam à manutenção corretiva:

a) Desempenho deficiente apontado pelo acompanhamento das variáveis operacionais ou de funcionamento do equipamento (mecânicas, elétricas, etc).

b) Ocorrência da falha.

Desse modo, a ação principal na manutenção corretiva é corrigir ou restaurar as condições de funcionamento do equipamento ou sistema.

A manutenção corretiva pode ser dividida em duas classes:

- Manutenção Corretiva Não Planejada.
- Manutenção Corretiva Planejada.

3. Tipos de Manutenção

> Manutenção Corretiva Não Planejada é a correção
> da FALHA de maneira ALEATÓRIA.

3.2.1. Manutenção Corretiva Não Planejada

É também conhecida como Manutenção Corretiva Não Programada ou simplesmente Emergencial.

Caracteriza-se pela atuação da Manutenção em fato já ocorrido, seja este uma falha ou um desempenho menor do que o esperado. Não há tempo para preparação do serviço ou não se faz planejamento, daí o seu nome.

Infelizmente, ainda é mais praticada do que deveria.

Normalmente, a manutenção corretiva não planejada implica em altos custos, pois a quebra inesperada pode acarretar perdas de produção, perda da qualidade do produto e elevados custos de manutenção, além de poder afetar a segurança e o meio ambiente.

Além disso, quebras aleatórias podem ter consequências bastante graves para o equipamento, isto é, a extensão dos danos pode ser grande. Em plantas industriais de processo contínuo (petróleo, petroquímica, cimento, etc.) estão envolvidas no seu processamento elevadas pressões, temperaturas, vazões, ou seja, a quantidade de energia desenvolvida no processo é considerável. Interromper processamentos desta natureza de forma abrupta para reparar um determinado equipamento compromete a qualidade de outros que vinham operando adequadamente, levando-os a colapsos após a partida ou a uma redução da campanha da planta. Exemplo típico é o surgimento de vibração em grandes máquinas que apresentavam funcionamento suave antes da ocorrência.

Figura 3.4 – "Consertador de Emergência" – Espécie em Extinção.

Quando o percentual de manutenção corretiva não planejada é muito maior do que dos outros tipos, seu Departamento de Manutenção é comandado pelos equipamentos (ou pelas falhas) e o desempenho empresarial da Organização, certamente, não está adequado às necessidades de competitividade atuais.

O Gráfico 3.1 mostra a representação da manutenção corretiva não planejada de um determinado equipamento ou sistema, onde se observa que o tempo até a falha é aleatório e t0 – t1 é diferente de t2 – t3.

Este gráfico e os que serão apresentados a seguir representam equipamentos que mostram uma queda de desempenho com o tempo. O aspecto das curvas é apenas didático, não devendo ser considerado que o equipamento apresenta queda de desempenho logo após ter entrado em operação. O patamar de estabilidade pode ser bastante grande, seguido de uma queda gradual ou abrupta no desempenho.

É importante observar, ainda, que existem equipamentos que não têm esse padrão de comportamento, apresentando um desempenho constante ao longo do tempo, seguido de falha instantânea. Um exemplo clássico desse tipo de equipamento são as lâmpadas.

3. Tipos de Manutenção

MANUTENÇÃO CORRETIVA NÃO PLANEJADA

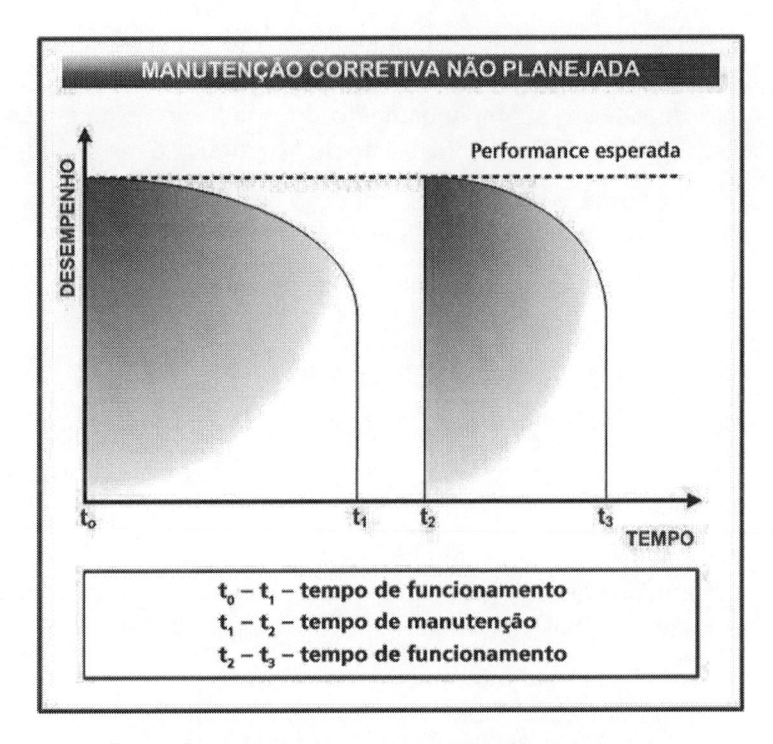

[Gráfico: eixo vertical DESEMPENHO, eixo horizontal TEMPO, com Performance esperada indicada; pontos t_0, t_1, t_2, t_3]

$t_0 - t_1$ – tempo de funcionamento
$t_1 - t_2$ – tempo de manutenção
$t_2 - t_3$ – tempo de funcionamento

Gráfico 3.1 – Manutenção Corretiva Não Planejada.

3.2.2. Manutenção Corretiva Planejada

Manutenção Corretiva Planejada é a ação de correção do desempenho menor do que o esperado baseado no

acompanhamento dos parâmetros de condição e diagnóstico levados a efeito pela Preditiva, Detectiva, Inspeção de Manutenção ou Prescritiva.

Um trabalho planejado é sempre mais barato, mais rápido e mais seguro do que um trabalho *não planejado* e será sempre de melhor qualidade.

A característica principal da Manutenção Corretiva Planejada é função da qualidade da informação fornecida pelo monitoramento da condição do equipamento. Esse acompanhamento do estado dos equipamentos é feito pela Preditiva, Detectiva, Inspeção de Manutenção ou Prescritiva.

A adoção de uma política de manutenção corretiva planejada, a partir do monitoramento da condição, pode advir de vários fatores:

- Possibilidade de compatibilizar a necessidade da intervenção com os interesses da produção.
- Aspectos relacionados com a segurança.
- Melhor planejamento dos serviços.
- Garantia da existência de sobressalentes, equipamentos e ferramental.
- Existência de recursos humanos com a tecnologia necessária para a execução dos serviços e em quantidade suficiente, que podem, inclusive, ser buscados externamente à organização.

Para exemplificar: quanto maiores forem as implicações da falha na segurança pessoal e operacional, nos seus custos intrínsecos, nos compromissos de entrega da produção, maiores serão as condições de adoção da política de manutenção corretiva planejada.

A Manutenção Corretiva Planejada é decorrente da ação de execução do monitoramento. A figura 3.5 mostra a sequência de ocorrências no tempo.

Uma das características mais importantes do conjunto Manutenção Preditiva – Corretiva Planejada é que a atuação no equipamento se dá antes da falha ocorrer.

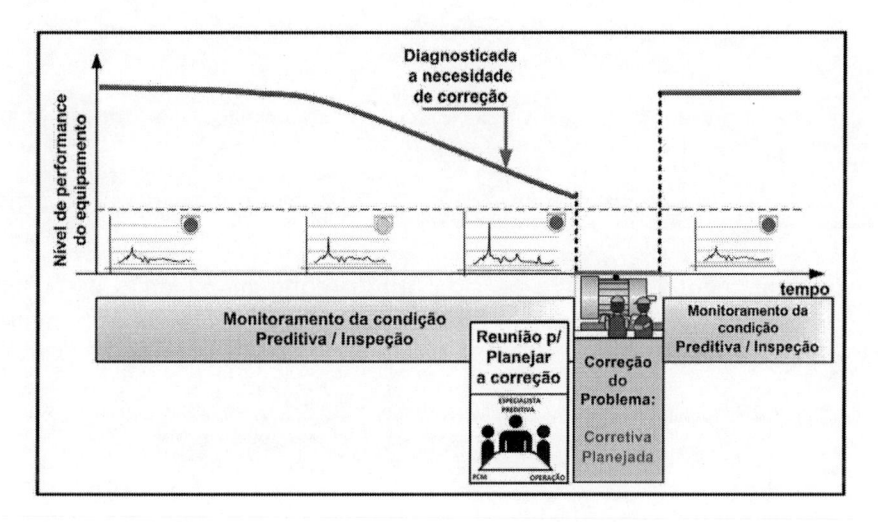

Figura 3.5– Manutenção sob condição – Preditiva + Corretiva Planejada

3.3. Manutenção Preventiva

> Manutenção efetuada em intervalos predeterminados, ou de acordo com critérios prescritos, destinada a reduzir a probabilidade de falha ou a degradação do funcionamento de um item. (NBR 5462)

Inversamente à política de Manutenção Corretiva, a Manutenção Preventiva procura obstinadamente evitar a ocorrência de falhas, ou seja, procura prevenir. Em determinados setores, como na aviação, a adoção de manutenção preventiva é imperativa para determinados sistemas ou componentes, pois o fator segurança se sobrepõe aos demais.

Como nem sempre os fabricantes fornecem dados precisos para a adoção nos planos de manutenção preventiva, além das condições operacionais e ambientais influírem de modo significativo na expectativa de degradação dos equipamentos, a definição de periodicidade e substituição deve ser estipulada para cada instalação em particular ou, no máximo, utilizando parâmetros de plantas similares operando em condições também similares.

Isso leva à existência de duas situações distintas na fase inicial de operação:

a) Ocorrência de falhas antes de completar o período estimado, pelo mantenedor, para a intervenção.
b) Abertura do equipamento/reposição de componentes prematuramente.

Evidentemente, ao longo da vida útil do equipamento não pode ser descartada a falha entre duas intervenções preventivas, o que, obviamente, implicará uma ação corretiva.

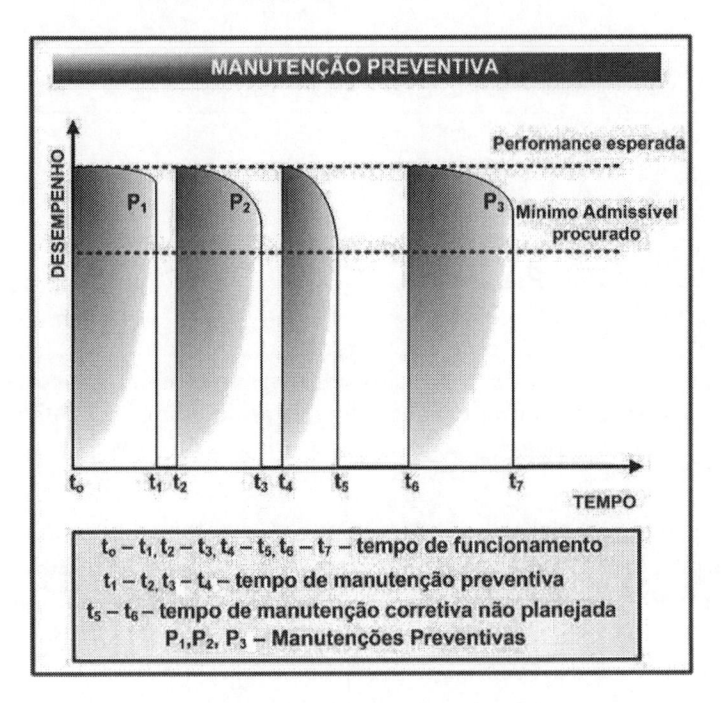

Gráfico 3.2 – Manutenção Preventiva.

Os seguintes fatores devem ser levados em consideração para adoção de uma política de manutenção preventiva:

- Quando não é possível a manutenção preditiva, detectiva ou prescritiva

- Quando existirem aspectos relacionados com a segurança pessoal ou da instalação que tornam mandatória a intervenção, normalmente para substituição de componentes.
- Por oportunidade, em equipamentos críticos de difícil liberação operacional.
- Quando houver riscos de agressão ao meio ambiente.
- Em sistemas complexos e/ou de operação contínua representado por paradas programadas nas unidades operacionais de refinarias de petróleo, petroquímicas, siderúrgicas, dentre outras.

A manutenção preventiva será tanto mais conveniente quanto maior for a simplicidade na reposição; quanto mais altos forem os custos de falhas; quanto mais as falhas prejudicarem a produção e quanto maiores forem as implicações das falhas na segurança pessoal, operacional e ambiental.

Se, por um lado, a manutenção preventiva proporciona um conhecimento prévio das ações, permitindo uma boa condição de gerenciamento das atividades e nivelamento de recursos, além de previsibilidade de consumo de materiais e sobressalentes, por outro promove, via de regra, a retirada do equipamento ou sistema de operação para execução dos serviços programados. Assim, possíveis questionamentos à política de manutenção preventiva sempre serão levantados em equipamentos, sistemas ou plantas onde o conjunto de fatores não seja suficientemente forte ou claro em prol dessa política.

Outro ponto negativo com relação à manutenção preventiva é a introdução de defeitos não existentes no equipamento devidos a:

- Falha humana.
- Falha de sobressalentes.
- Contaminações introduzidas no sistema de óleo.
- Danos durante partidas e paradas.
- Falhas dos Procedimentos de Manutenção.

3.4. Manutenção Preditiva

A Manutenção Preditiva, também conhecida por Manutenção sob Condição ou Manutenção com Base no Estado do Equipamento, pode ser definida da seguinte forma:

> É a atuação realizada com base na modificação de parâmetros de condição ou desempenho, cujo acompanhamento obedece a uma sistemática.
>
> Através de técnicas preditivas é feito o monitoramento da condição e a ação de correção, quando necessária, é realizada através de uma manutenção corretiva planejada.

A NBR 5462 define Manutenção Preditiva (que também chama de Manutenção Controlada) como a Manutenção que permite garantir uma qualidade de serviço desejada, com base na aplicação sistemática de técnicas de análise, utilizando-se de meios de supervisão centralizados ou de amostragem, para reduzir ao mínimo a manutenção preventiva e diminuir a manutenção corretiva não planejada.

A Manutenção Preditiva é a primeira grande quebra de paradigma na Manutenção e tanto mais se intensifica quanto mais o conhecimento tecnológico desenvolve equipamentos que permitam avaliação confiável das instalações e sistemas operacionais em funcionamento.

Seu objetivo é predizer falhas nos equipamentos ou sistemas através de acompanhamento de parâmetros diversos, permitindo a operação contínua do equipamento pelo maior tempo possível. Na realidade, o termo associado à Manutenção Preditiva é o de predizer as condições dos equipamentos. Ou seja, a Manutenção Preditiva privilegia a disponibilidade à medida que não promove a intervenção nos equipamentos ou sistemas, pois as medições e verificações são efetuadas com o equipamento operando e/ou produzindo.

Quando o grau de degradação se aproxima ou atinge o limite previamente estabelecido, é tomada a decisão de intervenção. Normalmente esse tipo de acompanhamento permite a preparação prévia do serviço, além de outras decisões e alternativas relacionadas com a produção. De forma mais direta, podemos dizer que a Manutenção Preditiva prediz as condições dos equipamentos, e quando a intervenção é decidida, o que se faz, na realidade, é uma manutenção corretiva planejada.

As condições básicas para se adotar a Manutenção Preditiva são as seguintes:

- O equipamento, o sistema ou a instalação devem permitir algum tipo de monitoramento/medição.
- O equipamento, o sistema ou a instalação devem merecer esse tipo de ação, em função da sua criticidade.
- As falhas devem ser oriundas de causas que possam ser monitoradas e ter sua progressão acompanhada.
- Seja estabelecido um programa sistematizado de acompanhamento, análise e diagnóstico.

Os fatores indicados para análise da adoção de política de Manutenção Preditiva são os seguintes:

- Aspectos relacionados com a disponibilidade, segurança pessoal e operacional.
- Redução de custos pelo acompanhamento constante das condições dos equipamentos, evitando intervenções desnecessárias.
- Manter os equipamentos operando, de modo seguro, por mais tempo.

A redução de acidentes por falhas "catastróficas" em equipamentos é significativa. Também a ocorrência de falhas não esperadas fica extremamente reduzida, o que proporciona, além do aumento de segurança pessoal e da instalação, redução de paradas inesperadas da produção que, dependendo do tipo de planta, implicam consideráveis prejuízos.

Os custos envolvidos na Manutenção Preditiva devem ser analisados por dois ângulos:

- O acompanhamento periódico através de instrumentos/aparelhos de medição e análise não é muito elevado e quanto maior o progresso na área de microeletrônica, maior a redução dos preços. A mão de obra envolvida não apresenta custo significativo, haja vista a possibilidade de acompanhamento, também, pelos operadores.

- A instalação de sistemas de monitoramento contínuo *online* apresenta um custo inicial relativamente elevado. Entretanto, um programa de monitoramento de equipamentos bem gerenciado apresenta uma relação de custo/benefício de, aproximadamente, 1/5.

No tocante à produção, a Manutenção Preditiva é a que oferece melhores resultados, pois intervém o mínimo possível na planta, conforme mencionado anteriormente.

É fundamental que o pessoal da manutenção responsável pela análise e diagnóstico seja bem treinado. Não basta medir; é preciso analisar os resultados e formular diagnósticos. Embora isso possa parecer óbvio, é comum encontrar-se, em algumas empresas, sistemas de coleta e registro de informações de acompanhamento de Manutenção Preditiva que não produzem ação de intervenção com a qualidade equivalente aos dados registrados. Gráfico 3.3 mostra a Manutenção Preditiva.

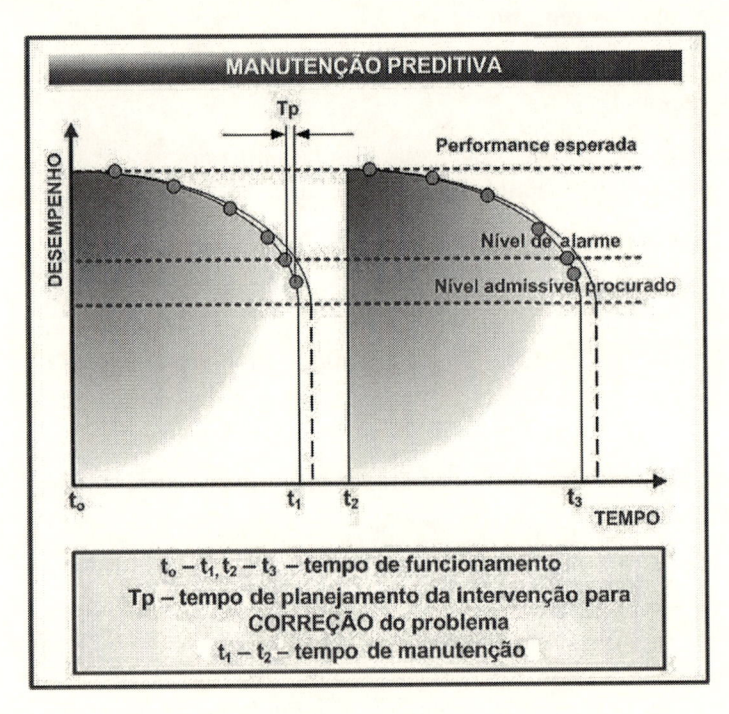

Gráfico 3.3 – Manutenção Preditiva.

3.5. Manutenção Detectiva

A Manutenção Detectiva começou a ser mencionada na literatura a partir da década de 1990. Sua denominação – Detectiva – está ligada à palavra Detectar – em inglês *Detective Maintenance*. Pode ser definida da seguinte forma:

> Manutenção Detectiva é a atuação efetuada em sistemas de proteção, comando e controle, buscando detectar FALHAS OCULTAS ou não perceptíveis ao pessoal de operação e manutenção.

Desse modo, tarefas executadas para verificar se um sistema de proteção ainda está funcionando representam a Manutenção Detectiva. Um exemplo simples e objetivo é o botão de teste de lâmpadas de sinalização e alarme em painéis.

A identificação de falhas ocultas é primordial para garantir a confiabilidade. Em sistemas complexos essas ações só devem ser levadas a efeito por pessoal da área de manutenção, com treinamento e habilitação para tal, assessorado pelo pessoal de operação.

É cada vez maior a utilização de computadores digitais em instrumentação e controle de processo nos mais diversos tipos de plantas industriais.

"São sistemas de aquisição de dados, controladores lógicos programáveis, Sistemas Digitais de Controle Distribuído – SDCD, *multi-loops* com computador supervisório e outra infinidade de arquiteturas de controle somente possíveis com o advento de computadores de processo. Sistemas de *shut-down* ou sistemas de *trip* garantem a segurança de um processo quando esse sai de sua faixa de operação segura. Esses sistemas de segurança são independentes dos sistemas de controle utilizados para otimização da produção. Equipamentos eletrônicos programáveis estão sendo utilizados para essas aplicações."

Enquanto a escolha deste ou daquele sistema ou de determinados tipos de componentes é discutida pelos especialistas com um enfoque centrado basicamente na confiabilidade, é importante que estejam bastante claras as seguintes particularidades:

- Os sistemas de *trip* ou *shut-down* são a última barreira entre a integridade e a falha. Graças a eles as máquinas, equipamentos, instalações e até mesmo plantas inteiras estão protegidos contra falhas e suas consequências menores, maiores ou catastróficas.
- Esses sistemas são projetados para atuar automaticamente na iminência de desvios que possam comprometer as máquinas, a produção, a segurança no seu aspecto global ou o meio ambiente.
- Os componentes dos sistemas de trip ou shut-down, como qualquer componente, também apresentam falhas.
- As falhas desses componentes e, em última análise, do sistema de proteção, podem acarretar dois problemas::
    - ✓ Não atuação.
    - ✓ Atuação indevida.

    A não-atuação de um sistema de *trip* ou *shut-down* é algo que jamais passa despercebido. É evidente que existem situações onde é possível contornar ou fazer um acompanhamento, mas em outras isso é definitivamente impossível.

    O *trip* por alta vibração em máquinas rotativas pode deixar de atuar, desde que haja um acompanhamento paralelo e contínuo do equipamento pela equipe de manutenção. Na maior parte dos casos ocorre uma progressão no nível de vibração que permite um acompanhamento. Entretanto, o aumento na temperatura de mancal pode ser muito rápido, ou seja, se o sistema não atuar comandando a parada da máquina, as consequências podem ser desastrosas.

    A atuação indevida de um sistema de *trip* ocasiona, obviamente, a parada do equipamento e, consequentemente, a cessação da produção, na maioria dos casos. O que se segue, imediatamente à ocorrência (indevida) do *trip* é um estado de ansiedade generalizada para entender a ocorrência. Isso normalmente leva algum tempo, pois vários *checks* devem ser feitos. O ideal seria não colocar uma máquina, um sistema ou uma unidade para operar sem que as razões que levaram à ocorrência do trip sejam descobertas e/ou confirmadas.

Em resumo, se a confiabilidade do sistema não é alta, teremos um problema de disponibilidade a ele associado, traduzido por excessivo número de paradas, não cumprimento da campanha programada e outros.

- Finalmente, no caso de plantas de processo contínuo, como indústrias químicas, petroquímicas, nucleares, fábricas de cimento e outras, a intervenção na planta ou unidade específica é feita em períodos previamente programados, que são as *Paradas de Manutenção*. "A grande parte dos elementos que compõem uma malha de intertravamento tem alto índice de confiabilidade, mas essa característica sofre distorção com o tempo, devido ao desgaste natural, vibrações etc., provocando um aumento de probabilidade de falha ao longo do tempo. Como a verificação de funcionamento é realizada somente na Parada de Manutenção podemos garantir que a probabilidade de falha é alta no final da campanha e baixa no início da campanha."

Fica evidente que a mudança do *status quo* é ter o domínio da situação. Essa modificação é obtida com a Manutenção Detectiva. Neste tipo de Manutenção, especialistas fazem verificações no sistema, sem tirá-lo de operação, são capazes de *detectar* falhas ocultas, e preferencialmente podem *corrigir* a situação, mantendo o sistema operando.

Tal como a Manutenção Preditiva, a Manutenção Detectiva pode ser enquadrada também como um sistema de inspeção de manutenção, acompanhamento de parâmetros ou monitoramento da condição dos equipamentos e sistemas.

3.6. Manutenção Prescritiva

Conforme mencionado anteriormente, com a chegada da Indústria 4.0 surge a análise prescritiva que estabelece a Manutenção Prescritiva. Essa capacidade analítica nas máquinas e sistemas é capaz de não somente prever o que está por ocorrer, mas oferecer alternativas que possam modificar o resultado. Para isso acontecer há que se ter, podemos assim dizer, um pacote de tecnologia onde estão presentes a Internet das Coisas na Indústria, um grande conjunto de dados (Big Data) e, através de algoritmos, indicar ou recomendar as ações / atividades de manutenção (ou de operação), prescrevendo o que pode dar o melhor resultado.

Uma das grandes diferenças é que os próprios ativos irão "dizer" o que eles precisam se não conseguirem se auto reparar.

Quando ocorre uma mudança no equipamento, a manutenção prescritiva não só mostrará o que e quando uma falha acontecerá, mas por que isso está acontecendo, dando um passo adiante do que se obtém com a Manutenção Preditiva.

Alguns autores consideram a manutenção prescritiva como um componente do IIoT – Internet das Coisas da Indústria (Industry Internet of Things). Esta disciplina usa o aprendizado da máquina e a revisão automatizada de dados para evitar falhas nos equipamentos ou dispositivos. Alguns especialistas da indústria chamam de manutenção preditiva com inteligência interna.

Essa estratégia basicamente permite que os modelos de computação "pensem" por si mesmos, otimizando a eficiência em uma indústria.

As análises prescritivas buscam quantificar o efeito das decisões a serem tomadas de modo a fornecer recomendações aos gestores.

As análises prescritivas usam uma combinação de técnicas e ferramentas, como regras de negócios, algoritmos, aprendizado de máquina e procedimentos de modelagem computacional. Essas técnicas são aplicadas contra a entrada de vários conjuntos de dados diferentes, incluindo dados históricos e transacionais, dados em tempo real (monitoramento on line), dentre outros.

A partir dessas análises e à medida que as empresas estiverem cada vez mais capacitadas e aparelhadas para sua utilização, a otimização da cadeia produtiva, o agendamento e o inventário da cadeia de suprimentos e a atuação eficaz da manutenção estarão presentes.

Os tipos de análises estão mostrados na figura 3.6.

3. Tipos de Manutenção

DESCRITIVA	O QUE ACONTECEU?
DIAGNÓSTICO	POR QUE ACONTECEU?
PREDITIVA	O QUE ACONTECERÁ?
PRESCRITIVA	QUAIS AÇÕES DEVEM SER TOMADAS?

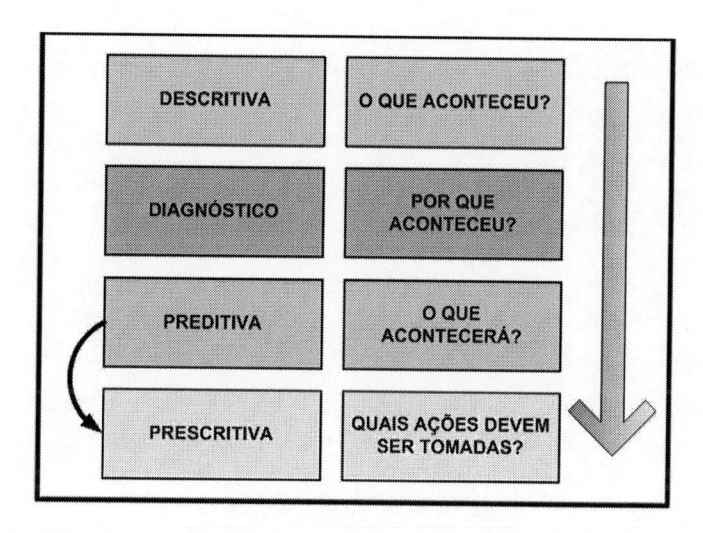

Figura 3.6 – Tipos de Análise

A evolução da manutenção caminha no sentido de buscar a antecipação às possíveis ocorrências, ou seja, adotar uma postura proativa. A Análise Descritiva verifica o que ocorreu, isto é, analisa um fato consumado. Por mais simples que isso possa parecer é de importância capital para formação do histórico de Manutenção.

O diagnóstico aprofunda a pesquisa e busca as causas da ocorrência. É um avanço significativo, pois como preconiza a análise de falhas, a busca pela causa raiz permite que medidas mitigadoras sejam adotadas e a confiabilidade do equipamento possa ser melhorada.

A análise Preditiva é sem dúvida um dos maiores avanços que pode ser aplicado a diversas áreas da sociedade: Manutenção, Operação, Saúde, Segurança, dentre outras. A Preditiva detecta o que pode ocorrer e as análises, via softwares experts ou especialistas experientes, apontam que solução deve ser adotada.

Já a Análise Prescritiva, que é fortemente ligada à Preditiva, pois também inclui as previsões para estimar o efeito de possíveis ações.

Por outro lado, uma análise prescritiva geralmente envolve dois aspectos:

- exploração de ações possíveis e
- geração da prescrição.

"Isso leva a uma receita complexa, como a prescrição de combinações ou sequências de ações, que requer previsões mais complexas. Normalmente, o espectro de decisão para análises prescritivas tende a ser maior; situações com muitas variáveis, opções e restrições são levadas em consideração."

A manutenção prescritiva requer que vários sistemas de gerenciamento de ativos e manutenção estejam bem integrados. Por exemplo, uma solução de manutenção preditiva pode recomendar que uma peça de equipamento seja revisada com base na análise de leituras de vibração e temperatura, mas um sistema prescritivo iniciará uma ordem de trabalho para os técnicos de campo com base nessas informações e supervisionará a totalidade dos fluxos de trabalho de manutenção.

A Manutenção Prescritiva deverá ocorrer da seguinte forma:

- Instalação de novos sensores nos equipamentos;
- Utilização dos dados dos sensores já existentes;
- Carregamento dos dados em nuvem e tratamento desses por Inteligência Artificial.
- Essa inteligência artificial aprende as características de funcionamento do equipamento e identifica os padrões de risco.
- O somatório de dados que é carregado (Big Data) permite que essa inteligência artificial faça previsões precisas sobre se, e quando os equipamentos/componentes falharão.
- Isso permite que sejam mantidos no tempo certo e não antes do necessário.
- Também, com base nesse conjunto de informações é projetada a aquisição de componentes (se necessário) ou informada a existência em estoque.
- A recomendação, cerne da prescritiva, aconselha/recomenda sobre reparar ou substituir com base na previsão da vida útil remanescente.

3. Tipos de Manutenção

Alguns "componentes" existentes na Indústria 4.0 e em consequência na Manutenção Prescritiva:

Sensores: capturam vários tipos de dados de ativos operacionais. A tecnologia de sensores avançou significativamente e os preços caíram substancialmente, tornando os sensores econômicos e práticos.

Internet das Coisas (*IoT – Internet of Things*) compreende uma variedade de tecnologias que permitem que dispositivos e recursos equipados com sensores transmitam seus dados de forma segura para sistemas analíticos e transacionais *on-line*, outros dispositivos ou diretamente para pessoas através de serviços de comunicação.

Big Data – é uma metodologia pela qual quantidades maciças de informações, potencialmente em muitos formatos diferentes, podem ser limpas, normalizadas, indexadas e armazenadas, para facilitar a análise.

Análises (*Analytics*) refere-se a um conjunto de tecnologias que permitem que os dados de ativos sejam categorizados, agrupados e resumidos para fornecer informações sobre o seu significado.

Inteligência Artificial (*AI – Artificial Intelligence*) é uma tecnologia que permite aos computadores resolver problemas que normalmente exigiriam inteligência humana. Como os computadores processam informações muito rapidamente, eles podem produzir soluções muito mais rápidas do que qualquer pessoa. Muitas Inteligências Artificiais foram criadas para vários problemas.

Aprendizagem de Máquinas amplia a Inteligência Artificial, permitindo que essas construam seus conhecimentos sobre qualquer assunto e encontrem padrões que sejam significativos. Quanto mais uma Inteligência Artificial AI aprende o assunto, melhor se torna ao oferecer soluções para problemas e previsões de resultados relacionados a ele.

Nuvem (*Cloud*) – "O armazenamento em nuvem é uma maneira simples e escalável de armazenar, acessar e compartilhar dados na Internet. Os provedores de armazenamento em nuvem detêm e mantêm o *hardware* e o *software* conectados à rede, enquanto o usuário provisiona e utiliza o que precisa por meio de uma aplicação web. O uso do armazenamento em nuvem elimina a aquisição e o gerenciamento de custos de compra e manutenção da sua própria infraestrutura de armazenamento, aumenta a agilidade, disponibiliza uma escala global e dá acesso a dados "de qualquer local, a qualquer momento".[95]

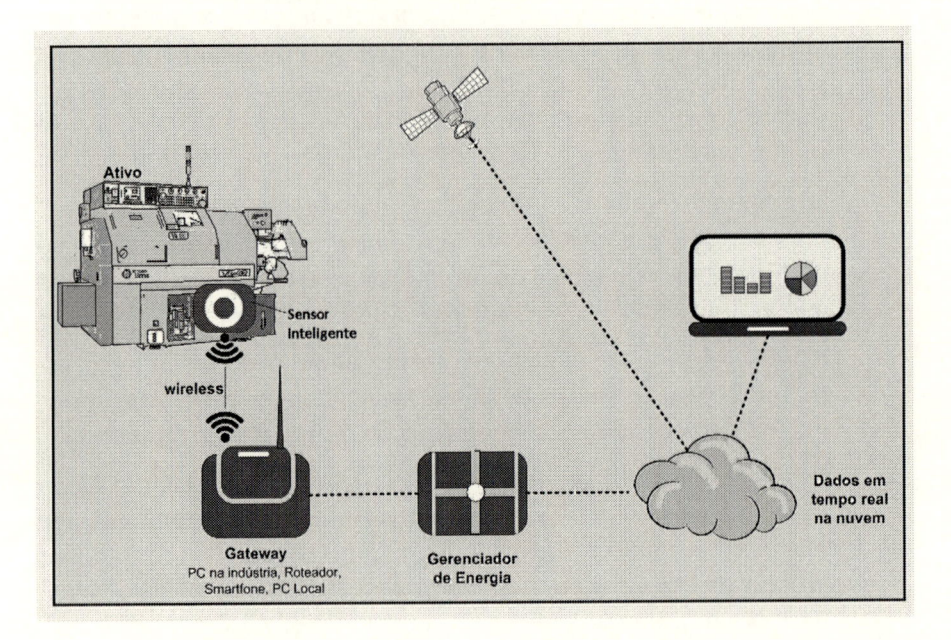

Figura 3.7 – Arquitetura típica de plataforma na indústria 4.0

A figura 3.8 apresenta um resumo dos tipos de atuação / técnicas de manutenção.

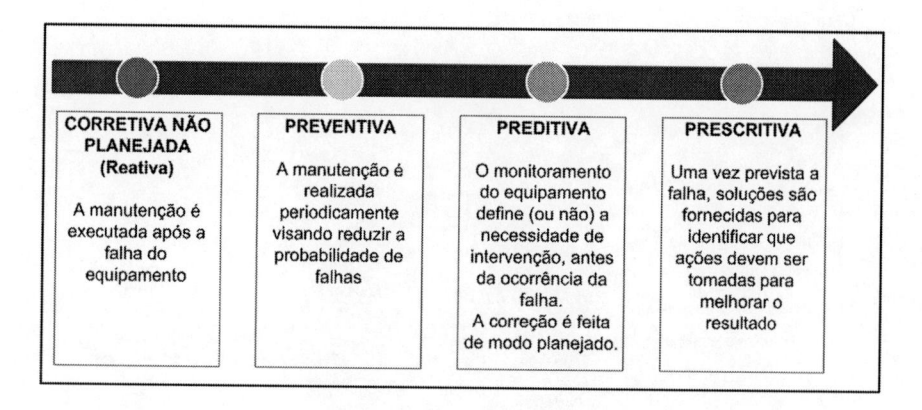

CORRETIVA NÃO PLANEJADA (Reativa)	PREVENTIVA	PREDITIVA	PRESCRITIVA
A manutenção é executada após a falha do equipamento	A manutenção é realizada periodicamente visando reduzir a probabilidade de falhas	O monitoramento do equipamento define (ou não) a necessidade de intervenção, antes da ocorrência da falha. A correção é feita de modo planejado.	Uma vez prevista a falha, soluções são fornecidas para identificar que ações devem ser tomadas para melhorar o resultado

Figura 3.8– Tipos de manutenção

3.7. Engenharia de Manutenção

Foi a segunda quebra de paradigma na Manutenção. Praticar a Engenharia de Manutenção significa uma mudança cultural.

A Engenharia de Manutenção é o suporte técnico da manutenção que está dedicado a:

- Consolidar a Rotina.
- Implantar a Melhoria.

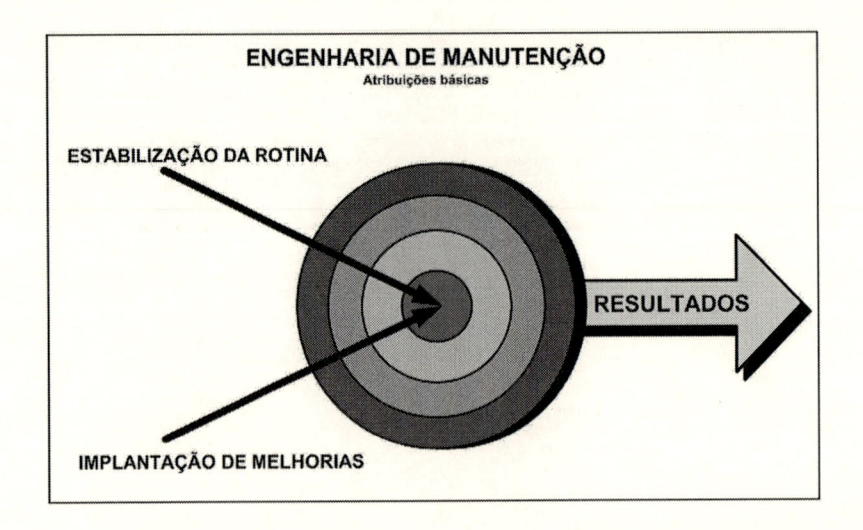

Figura 3.9 – Engenharia de Manutenção – Atribuições básicas

Dentre as principais atribuições da Engenharia de Manutenção estão:

- Aumentar a confiabilidade.
- Aumentar a disponibilidade.
- Melhorar a manutenibilidade.
- Aumentar a segurança.
- Eliminar problemas crônicos.
- Solucionar problemas tecnológicos.
- Coordenar a capacitação do pessoal.
- Gerir materiais e sobressalentes fazendo a interface com Suprimentos
- Participar de novos projetos fazendo a interface com a Engenharia.
- Dar suporte à Execução.
- Fazer Análise de Falhas e estudos.

- Elaborar/Coordenar a revisão dos planos de manutenção e de inspeção e fazer sua análise crítica periódica
- Acompanhar os indicadores.
- Zelar pela Documentação Técnica.

Engenharia de Manutenção significa perseguir *benchmarks*, aplicar técnicas modernas, estar nivelado com a manutenção do Primeiro Mundo.

A figuras 3.10 mostra uma evolução, uma melhoria nos resultados à medida que melhores técnicas vão sendo introduzidas. Convém notar que entre a Corretiva não planejada e a Preventiva ocorre uma melhora contínua, mas discreta. Em outras palavras, a inclinação da reta não varia.

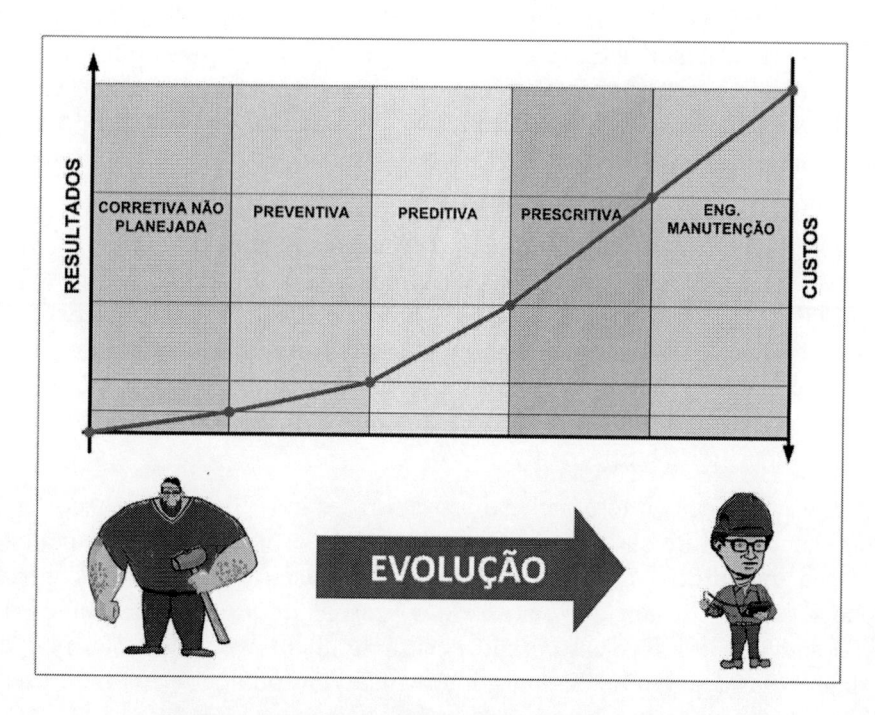

Figura 3.10– Resultados × Tipos de Manutenção.

Entretanto, quando se muda de Preventiva para Preditiva, ocorre um salto positivo nos resultados, em função da 1a quebra de paradigma. Salto mais significativo ocorre quando se adota tanto a Manutenção Prescritiva como a Engenharia de Manutenção. O exemplo a seguir ajudará a clarear essa afirmativa:

Suponha que uma determinada planta adota Manutenção Preventiva para um conjunto de redutores de uma torre de refrigeração. Sabemos que a estimativa mais acertada de tempo para as intervenções é extremamente difícil, porque nesse tipo de equipamento a vida dos diversos componentes é diferente, apesar do pequeno número deles. Os rolamentos têm uma vida diferente dos retentores que, por sua vez, têm vida diferente das engrenagens. A experiência indica que mais intervenções do que o necessário serão feitas e/ou um número elevado de troca de peças com "meia vida" ainda em bom estado será processado. Há que se compatibilizar aqui as vantagens e desvantagens entre custo desnecessário de utilização de alguns sobressalentes contra sucessivas intervenções nos equipamentos.

Quando a manutenção dessa planta passar a adotar a Preditiva para o acompanhamento do conjunto de redutores, estará auferindo ganhos sensíveis, com melhores resultados globais. O número de intervenções cairá drasticamente, o consumo de sobressalentes também e o número de homens-hora alocado a esses equipamentos, consequentemente, também será reduzido. A Preditiva permite alcançar a máxima disponibilidade para a qual os equipamentos foram projetados, proporcionando aumento de produção e de faturamento.

Outro aspecto interessante e inovador é que o Sistema de Acompanhamento Preditivo fornecerá todos os dados pertinentes ao acompanhamento, incluindo dados instantâneos, curvas de tendência, e tantos outros dados quantos sejam de interesse das pessoas que formam a Manutenção dessa planta. Esse sistema fornecerá, também, valores de alarme que guiarão as recomendações para intervenção em qualquer dos redutores, num tempo anterior à ocorrência da falha.

No momento em que a estrutura de Manutenção dessa planta estiver utilizando para análises os estudos e proposição de melhorias, todos os dados que o Sistema de Preditiva colhe e armazena, estará praticando Engenharia de Manutenção e, além disso, deve ficar claro que a Manutenção Prescritiva utiliza as informações da Preditiva também. A Engenharia de Manutenção utiliza dados adquiridos pela Manutenção, para melhorar sempre.

Se a Manutenção estiver vivendo o estágio de intervir corretivamente nas plantas, comandada pela quebra aleatória dos equipamentos, certamente não estará fazendo Manutenção Preditiva. E, infelizmente, com muito mais razão, possivelmente não terá ninguém para pensar em Engenharia de Manutenção.

3.8. Comparação De Custos

A tabela seguinte mostra qual é o custo para os tipos de atuação direta de manutenção: Corretiva não Planejada, Preventiva e Preditiva + Corretiva Planejada. Os custos apresentados na tabela reforçam o que indica o Gráfico 3.4, ou seja, os resultados são dependentes do tipo de manutenção aplicado.

Verifica-se que o custo da Corretiva não Planejada é, no mínimo, o dobro da Manutenção Preditiva + Corretiva Planejada.

Observar que o custo está expresso em *US$ por HP instalado por ano*, quando estiver calculando qual seria o custo para sua planta.

A otimização de custos na Manutenção é muitas vezes mais efetiva pela adoção de melhores práticas do que a aplicação de cortes indiscriminados.

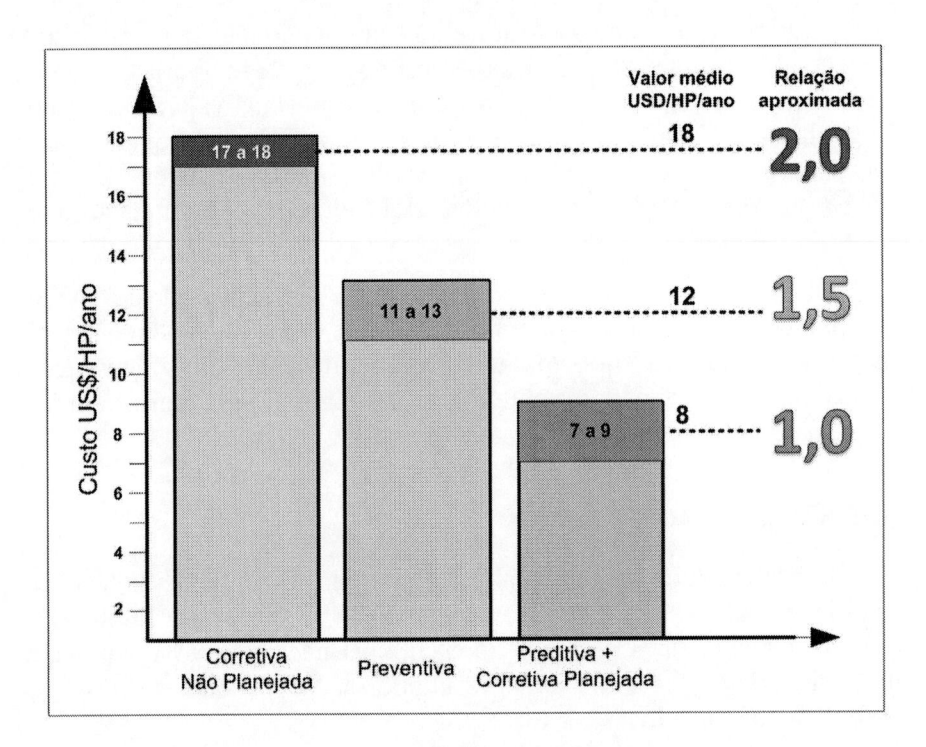

Gráfico 3.4 – Comparação de Custos

Vale ressaltar, ainda, que muito mais impactante que o maior custo direto decorrente da Corretiva Não Planejada, é a redução da disponibilidade e, consequentemente, do faturamento. Como já explicitado anteriormente, o custo da manutenção representa, apenas, em média 4,07% do faturamento das empresas (média entre 1995 e 2017). Daí há que se ter muito mais atenção para o impacto no faturamento.

3.9. Práticas de Manutenção – Evolução e Tendências

A utilização dos tipos de manutenção vem evoluindo, aproximadamente, da seguinte maneira:

A Manutenção Corretiva não Planejada apresenta uma tendência de queda ao longo do tempo. A partir dos anos 60, verifica-se uma tendência de aumento no nível de Corretiva Planejada, causada principalmente pelo incremento da manutenção sob condição – Preditiva.

As intervenções originadas pelas indicações da Manutenção Preditiva são, como mostrado anteriormente, Manutenções Corretivas Planejadas.

A Manutenção Preditiva que começou incipiente a partir da década de 40 ganha força a partir dos anos 60 e é, sem dúvida, a que apresenta maior desenvolvimento motivado pelo progresso na área da eletrônica. Esse tipo de manutenção continuará a se desenvolver e deverá ser a prática cada vez mais adotada. Uma razão adicional para essa permanência é que a Preditiva está intimamente ligada à Manutenção Prescritiva que, a partir de agora, ainda incipiente, será cada vez mais utilizada.

A Manutenção Detectiva apareceu no início da década de 90, ainda muito incipiente, mas apresenta uma tendência de utilização crescente com o tempo. Sua importância cresce a cada dia, em virtude da maior automação das plantas e utilização de microprocessadores.

A distribuição da aplicação dos tipos de manutenção no Brasil pode ser vista no Gráfico 3.5, obtido a partir dos dados fornecidos no Documento Nacional – A Situação da Manutenção no Brasil, produzido pela Abraman – Associação Brasileira de Manutenção e Gestão de Ativos.

Pelo gráfico, que abrange o período entre 1990 e 2017, portanto em 27 anos, observa-se que:

- Os níveis de Manutenção Corretiva, Preventiva e Preditiva estão, em média, praticamente estáveis. Esse fato é preocupante, pois para o período analisado que ultrapassa 2 décadas, esses números indicam que não há uma atuação buscando reduzir a corretiva não planejada e aumentar a preditiva.

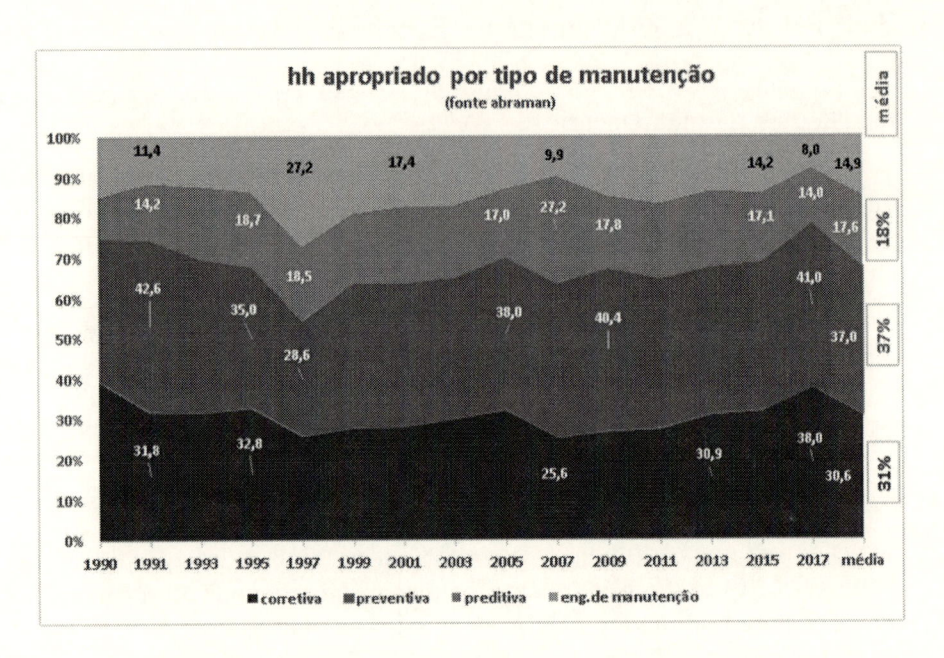

Gráfico 3.5 – h/h apropriado por tipo de manutenção

- Os valores médios de aplicação de h/h nos diversos tipos de manutenção mostrados no gráfico indicam o seguinte:

Tipo de Manutenção aplicado	% médio hh apropriado
Manutenção Corretiva não Planejada	30,6
Manutenção Preventiva	37,0
Manutenção Preditiva + Corretiva Planejada	17,6
Engenharia de Manutenção (outros)	14,9

- Pelo Gráfico 3.5, ainda é possível verificar que a relação entre a aplicação de Manutenção Preventiva e Preditiva ao longo de 27 anos não mudou. Ou seja, enquanto a Manutenção Preditiva se situa entre 14 e 17% do total de hh apropriados a Preventiva e Corretiva não planejada, juntas, atingem a valores médios aproxima-

3. Tipos de Manutenção

dos de 68%. Como os resultados da Produção (Operação + Manutenção) são extremamente dependentes das práticas adotadas, com esses níveis de h/h em Corretiva **não planejada** e Preventiva, o nível de intervenção nas plantas é elevado. Isso aumenta, sobremaneira, o tempo de paradas de produção (*downtime*) afetando os resultados negativamente.

Essa afirmação se justifica desde que:

- ✓ A Manutenção Preventiva é uma atuação que implica a parada do equipamento/sistema. O nível de h/h aplicado em Manutenção Preventiva é o mais alto de todos – 37,0%

- ✓ Os níveis de Manutenção Corretiva **Não Planejada**, da ordem de 30%, também estão elevados e esse valor reflete muito mais o nível de manutenção corretiva não planejada ou emergencial.

- ✓ As atuações em Corretiva não Planejada, portanto manutenção reativa, implicam em paradas imprevistas, acarretando prejuízos à Produção e, consequentemente, ao faturamento, lucros e competitividade da empresa.

- As empresas *best-in-class* já atingiram patamares onde o nível de Manutenção Corretiva não Planejada (Reativa) está entre 5 e 10% do total.

- A Manutenção Preditiva permite que, através do acompanhamento de suas variáveis, o equipamento fique em operação pelo maior tempo possível. Além disso, através de análise sistemática de dados objetivos, fica garantido o planejamento prévio da intervenção, evitando-se os prejuízos decorrentes de:

    - ✓ Falta de planejamento do serviço.
    - ✓ Extensão de defeitos quando o equipamento opera até falhar.
    - ✓ Atos inseguros na manutenção pela pressa em promover o retorno do equipamento que falhou inesperadamente.

- A análise da aplicação de Manutenção Preventiva nos equipamentos deve levar em conta:

    - ✓ A possibilidade de introduzir defeitos nos equipamentos.

- ✓ Substituição de componente por outro defeituoso retirado do estoque.
- ✓ Contaminações introduzidas nos sistemas de óleo (lubrificante ou hidráulico).
- ✓ Danos durante as partidas e paradas.
- ✓ Falhas nos procedimentos de Manutenção.
- ✓ **Possibilidade de substituição precoce de componentes cuja falha ainda é remota.**

- Ainda em relação à Preventiva:
  - ✓ Segundo a Organização Forbes, um em cada três dólares gastos em Manutenção Preventiva é desperdiçado.
  - ✓ Segundo a Boeing 85% de equipamentos falham apesar da manutenção de calendário (preventiva) [MNB]
  - ✓ De acordo com a Emerson, 63% da manutenção preventiva é desnecessária [97]
  - ✓ Dados mundiais estabelecem que as práticas normais de manutenção e as práticas-modelo apresentavam uma relação como a mostrada no Gráfico 3.6.

O Gráfico 3.6, que analisa a situação, projeta para onde devem caminhar as práticas de manutenção e aponta um crescimento vertiginoso da Manutenção Preditiva, um pequeno decréscimo na Preventiva e uma redução na Corretiva não Planejada.

Isso pode ser mais bem entendido a partir das seguintes considerações:

- Considera-se que rotinas como troca de filtros, limpeza de filtros ou quaisquer outros tipos de limpeza, lubrificação, ajustes, calibrações, nas quais são realizadas tarefas, fazem parte da Manutenção Preventiva. Esse tipo de trabalho é realizado em intervalos previamente definidos, podendo ser executado pelo pessoal de operação. Algumas empresas ainda têm pessoal de Manutenção fazendo isso, mas sua cultura certamente é reativa. O TPM – Manutenção Produtiva Total –, que mostra como isso deve ser modificado dentro da empresa, será descrito no Capítulo 7.

APLICAÇÃO DAS PRÁTICAS DE MANUTENÇÃO
Normal x Modelo

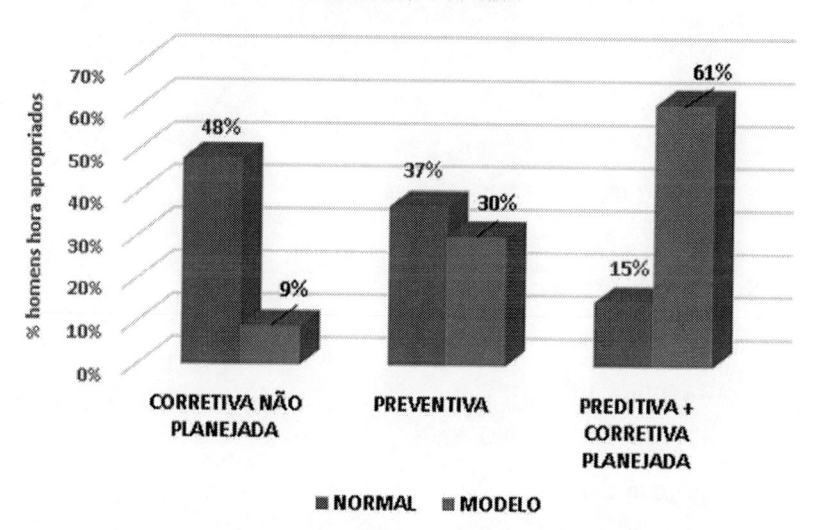

- CORRETIVA NÃO PLANEJADA: 48% / 9%
- PREVENTIVA: 37% / 30%
- PREDITIVA + CORRETIVA PLANEJADA: 15% / 61%

■ NORMAL ■ MODELO

Gráfico 3.6– Aplicação das Práticas de Manutenção – Normal × Modelo

Observação: Alguns autores citam Manutenção Proativa como sendo aquela baseada na análise da origem dos problemas. E na sua caracterização consideram como sendo seu escopo:

> "Análise da causa real da falha, precisão de alinhamento e balanceamento, especificações de compra bem feitas, instalação de comissão para verificação de performance, engenharia confiável e análise de óleos".

Para fins de classificação, julgamos mais adequada a abordagem feita no início deste capítulo, entendendo que o escopo da Manutenção Proativa abrange um somatório de processos e/ou ferramentas, que a rigor não definem um novo tipo de manutenção, mas a forma de atuação, ou seja, aquela que se antecipa à ocorrência de falhas.

3.10. Considerações Finais

Em qualquer planta ou instalação sempre haverá lugar para os diversos tipos de manutenção. O tipo de manutenção a ser adotado é uma decisão gerencial, que está baseada nos seguintes fatores:

a) Na importância do equipamento para:
- ✓ o processo produtivo;
- ✓ a segurança pessoal;
- ✓ a segurança da instalação;
- ✓ o meio ambiente.

b) Nos custos envolvidos:
- ✓ no processo;
- ✓ no reparo/substituição;
- ✓ nas consequências da falha.

c) Na oportunidade.

d) Na capacidade de adequação do equipamento/instalação favorecer a aplicação deste ou daquele tipo de manutenção (adequabilidade do equipamento).

Desse modo, um compressor de ar, de campo, pode ter Manutenção Preventiva não Planejada ao passo que um circuito que comanda a entrada do gerador em um hospital deve ter manutenção Detectiva.

A definição do tipo ou metodologia de Manutenção a ser adotada para os ativos de uma planta industrial é estabelecida na Matriz de Criticidade, elaborada pelo Planejamento da Manutenção juntamente com a Operação e com participação pontual da Segurança e Meio Ambiente.

A Matriz de Criticidade é montada a partir da avaliação do impacto da falha em:

1. Segurança;
2. Meio Ambiente;
3. Qualidade;

4. Produção;
5. Custos.

Nessa ordem, permitindo definir um fluxograma que remete ao tipo de manutenção mais adequado em função da criticidade do equipamento.

Os dados fornecidos a seguir fornecem material para uma reflexão sobre a aplicação dos métodos de manutenção:

- Enquanto para serviços planejados a produtividade da mão de obra de manutenção pode atingir 60%, estudos indicam que essa produtividade em serviços de manutenção reativos ou emergenciais fica entre 25 e 30%.

- Mesmo não sendo a Preventiva um programa ótimo de manutenção, ele apresenta diversas vantagens sobre a manutenção corretiva não planejada. Estudos indicam que a redução em custos de manutenção pode chegar a mais de 18% pela troca de metodologia de reativa para preventiva.

- Estudos estimam que um programa de manutenção preditiva funcionando adequadamente proporciona uma economia de 12% sobre um programa de manutenção preventiva. Dependendo da planta, a economia que a preditiva proporciona quando relacionada com a corretiva não planejada, ultrapassa a 40%.

- Pesquisas independentes estimam os benefícios de um programa de manutenção preditiva em:

    ✓ Retorno sobre o investimento – 10 vezes. ou seja, para cada dólar investido o retorno é de 10 dólares.

    ✓ Redução dos custos de manutenção – 25 a 30%.

    ✓ Eliminação de falhas (*breakdowns*) – 70 a 75%.

    ✓ Redução da indisponibilidade – 35 a 45%.

    ✓ Aumento na produção – 20 a 25%.

Capítulo 4
Planejamento e Organização da Manutenção

4.1. Introdução

A organização da Manutenção era conceituada, até há pouco tempo, como planejamento e administração dos recursos (pessoal, sobressalentes e equipamentos) para adequação à carga de trabalho esperada. Essas atividades fazem parte da organização da Manutenção, mas a conceituação se tornou mais ampla:

a) A organização da Manutenção de qualquer empresa deve estar voltada para a gerência e a solução dos problemas na produção, de modo que a empresa seja competitiva no mercado.

b) A Manutenção é uma atividade estruturada da empresa, integrada às demais atividades, que fornece soluções buscando maximizar os resultados.

O que se verifica, atualmente, é uma mudança no perfil estrutural das empresas dentro de um nítido enfoque no que está conceituado acima, traduzido por modificações na relação de empregados de cada área bem como no perfil funcional. Outros aspectos que vêm motivando essas mudanças são a forte automação e digitalização do processo produtivo, que leva à redução de operadores e as modificações do perfil funcional causadas por ações como o TPM e a Polivalência. Por outro lado, há uma tendência de aumento relativo de mantenedores, além de sua maior especialização, decorrente do aumento e da complexidade do hardware.

Nota-se, também, uma maior participação de pessoal contratado no efetivo total da manutenção, em função do desenvolvimento das formas de contratação e de empresas voltadas para a esta atividade.

Outra tendência que se verifica, até porque os paradigmas da manutenção atual assim o exigem (veja Capítulo 2), é ter equipes mais enxutas formadas por pessoal com maior grau de qualificação. Atualmente é imperativo que o profissional de manutenção seja bem qualificado.

Um grande passo para corrigir as deficiências existentes foi a criação dos CEQUAL – Centros de Qualificação de Mão de Obra de Manutenção, que funcionam, na grande maioria, no SENAI – Serviço Nacional de Aprendizagem Industrial – em parceria com a ABRAMAN – Associação Brasileira de Manutenção e Gestão de Ativos, dentro do PNQC – Programa Nacional de Qualificação e Certificação de Mão de Obra de Manutenção.

Além disso, deve ser responsabilidade da Empresa manter programas de capacitação do pessoal nos ativos e fazer as reciclagens pertinentes às mudanças de tecnologia.

4.2. Custos

Antigamente, quando se falava em custos de manutenção a maioria dos gerentes achava que:

- Não havia meios de controlar os custos de manutenção.
- A manutenção, em si, tinha um custo muito alto.
- Os custos de manutenção oneravam, e muito, o produto final.

Em síntese, a Manutenção era considerada, tão somente, um Centro de Custo, o que é uma visão inteiramente distorcida desta importante e estratégica atividade.

Em termos de Brasil, essas afirmações eram muito intuitivas, desde que a mensuração desses custos era meramente contábil, ou seja, não havia indicadores técnico-gerenciais que fossem representativos. Por outro lado, alguma verdade se escondia sob essas afirmações, pois a performance global da manutenção deixava a desejar.

Isso ocorria por dois motivos:

- A gerência julgava que as atividades de manutenção não eram tão importantes, logo os investimentos nessa área não deveriam ser altos;

4. Planejamento e Organização da Manutenção

- A manutenção, na qual não se investia, não tinha nem representatividade nem a competência necessária para mudar a situação.

Ainda hoje é possível encontrar esse quadro em um número razoável de empresas brasileiras.

Dois indicadores são comumente utilizados para analisar o custo da manutenção em nível empresarial macro:

- Custo da Manutenção em relação ao faturamento bruto da empresa (%).
- Custo da Manutenção em relação ao patrimônio (ou Valor Estimado dos Ativos) (%).

O Custo da Manutenção em relação ao faturamento bruto é o indicador macro mais utilizado no Brasil. O faturamento bruto é o valor global do qual ainda não foram descontadas as taxas e os impostos pertinentes.

O Gráfico 4.1 mostra a evolução desse indicador entre 1991 e 2017 baseado nos dados do Documento Nacional elaborado pela Abraman.

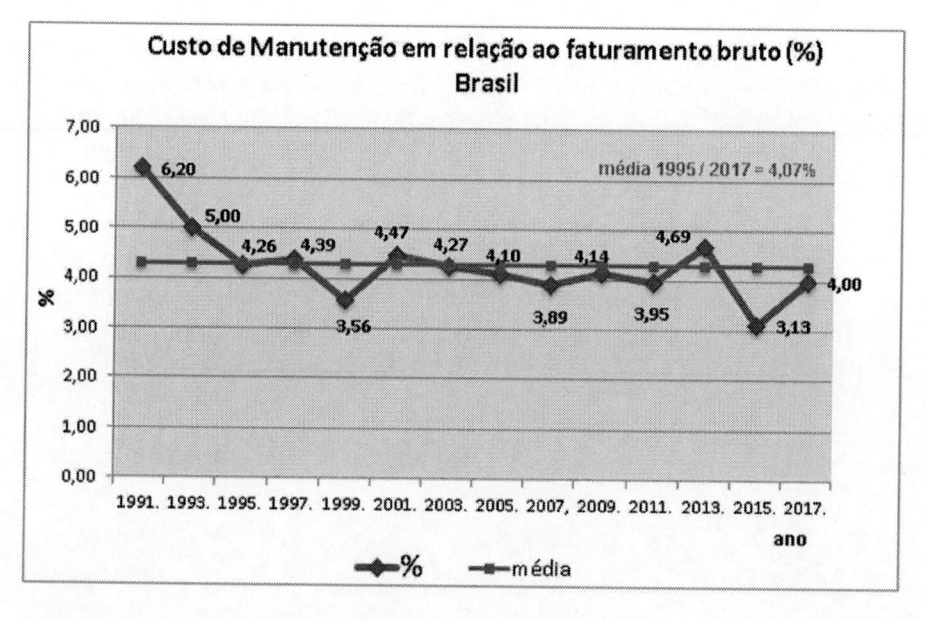

Gráfico 4.1 – Custo total de Manutenção em relação ao Faturamento Bruto

Observa-se que entre os anos de 1995 e 2017 esse percentual apresenta uma oscilação discreta em torno da média que é 4,07% para esse período.Convém frisar que essa relação, obtida do Documento Nacional, representa a média dos valores informados pelas empresas que responderam ao questionário enviado pela Abraman, dentre as quais predominam empresas de maior porte (diversas unidades da Petrobras, empresas de transporte ferroviário, empresas do setor elétrico e empresas do setor siderúrgico – ferrosos e não-ferrosos). No entanto, nesse grupo aproximadamente 20% das empresas não informam esse indicador.

Um indicador equivalente, utilizado fora do Brasil, é o Custo de Manutenção / Total de Vendas, em inglês, *Maintenance Cost (ou Expenditure) / Total Sales*. Diversos autores apontam que os valores, entre 2004 e 2018 estão entre 2% e 8%.

Terry Wireman considera que esse indicador na média das Organizações está em 5% enquanto naquelas que apresentam melhores resultados está em 2%.

A tabela 4.1 mostra os valores percentuais da relação Custo de Manutenção / Faturamento Bruto e Custo de Manutenção / Imobilizado, obtido no Documento Nacional 2017 editado pela Abraman. Fazemos uma ressalva em relação à necessidade que a Abraman teve de reunir duas ou mais áreas em função do número de formulários respondidos não ser compatível com uma amostra desejável. Isso, por outro lado, pode implicar em valores díspares da realidade, principalmente no que tange ao Custo de Manutenção / Imobilizado, particularmente para as áreas Aeronáutica / Automotiva, Petróleo e Petroquímica.

4. Planejamento e Organização da Manutenção

Setores	Custo de Manutenção / Faturamento Bruto (%)	Custo de Manutenção / Imobilizado (%)
Açúcar, Álcool, Alimentos e Bebidas	4	6
Aeronáutico e Automotivo	3	13
Eletroeletrônicos e Energia Elétrica	7	6
Químico e Saneamento	5	5
Mineração e Siderúrgico	5	10
Petróleo e Petroquímico	4	15
Papel e Celulose e Plástico	3	8
Predial e Prestação de Serviços (equipamentos e mão de obra)	4	4
Máquinas e Equipamentos e Metalúrgico	4	7
Média	4	7

Tabela 4.1 – Custo de Manutenção em relação ao faturamento bruto e ao imobilizado (Abraman 2017)

O Gráfico 4.2 mostra o Custo de Manutenção em relação ao Imobilizado (Patrimônio). Esse indicador, conhecido em inglês como *Maintenance Cost versus Estimated Replacement Value (ERV), Replacement Asset Value (RAV)* ou ainda *PRV (Plant Replacement Value)*, tem grande utilização no mundo, sendo inclusive mais utilizado do que o Custo de manutenção / Faturamento Bruto.

Gráfico 4.2 – Custo de manutenção / Imobilizado (fonte Abraman)

Segundo diversas fontes, o valor classe mundial para esse indicador é 2 a 3% e os valores para empresas atrasadas pode chegar entre 5 e 6%.

No gráfico 4.2, elaborado a partir das informações do Documento Nacional da Abraman, o valor para o ano de 2017 está muito defasado dos valores até então encontrados desde 1995 e, dessa forma, recomendamos que seja adotado o valor médio de 3,86% para esse indicador, elaborado a partir das respostas de empresas brasileiras ao questionário da pesquisa.

O custo de manutenção se relaciona com o PIB (Produto Interno Bruto) do Brasil em função do indicador Custo de Manutenção/Faturamento Bruto que, O gráfico 4.3mostra o aumento do PIB e, em consequência do custo de Manutenção que atingiu em 2017 o valor de R$ 252,4 bilhões de reais.

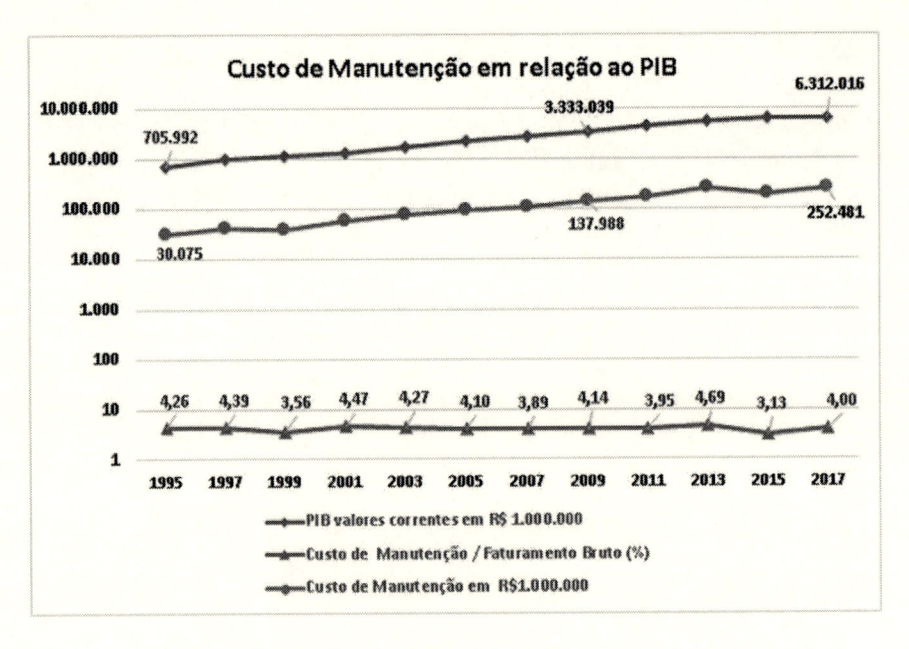

Gráfico 4.3 – Custo de Manutenção em relação ao PIB

A composição dos custos de Manutenção inclui basicamente:

- Custo da Mão de Obra Própria.
- Custo de Serviços de Terceiros.
- Custo de Material.

No entanto, é comum encontrarmos o título "Outros Custos" que aloca à Manutenção custos de Melhorias ou *Sustaining*, que são pequenos projetos e obras levadas a efeito para a melhoria da produção ou da manutenibilidade, bem como custos decorrentes da aquisição, pela Manutenção, de Ferramentas e Instrumentos. Desse modo, quando forem feitas comparações, esses aspectos devem ser levados em consideração.

O Custo de Serviços de Terceiros pode incluir:

- Contratação de empresas para prestação de serviço de manutenção na planta da contratante.
- Serviços de recuperação de peças, balanceamento, cromagem, etc., prestados por empresas externas.
- Contratação de serviços de consultoria, de assessoria, de planejamento e administrativos.

O Gráfico 4.4, a seguir, mostra a evolução dos itens que compõem os custos de manutenção no Brasil no período 1995/2017 (Documento Nacional Abraman).

Gráfico 4.4 – Distribuição dos custos de manutenção (fonte Abraman)

Os custos de pessoal próprio e de serviços contratados (terceiros) representam a parcela mais significativa dos custos de manutenção, contribuindo com 58%, em média, do custo total (Gráfico 4.5).

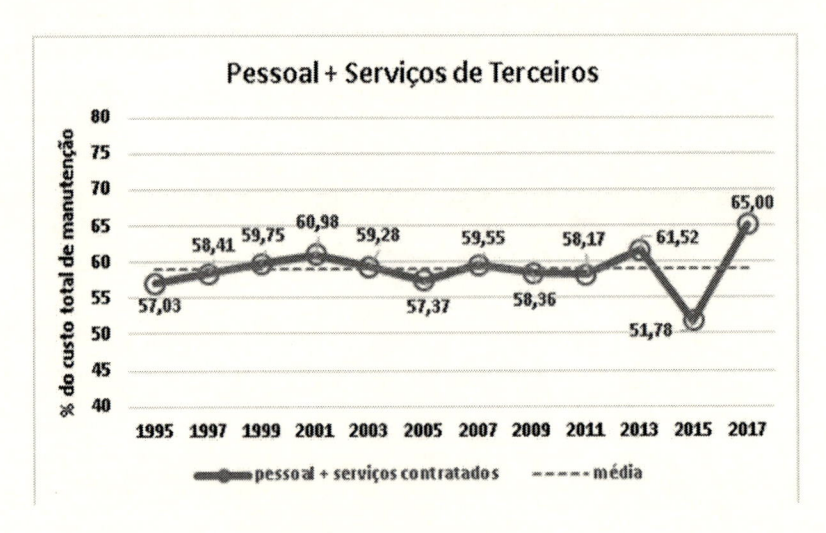

Gráfico 4.5 – Custo Total de Pessoal (próprio + terceirizado) em relação ao custo total de manutenção

Obviamente, esses custos podem ser mais ou menos significativos, dependendo do tipo de empresa ou setor da economia. Por exemplo, no setor de mineração, os custos de materiais são bastante representativos, chegando a igualar ou a superar os custos de pessoal próprio e serviços de terceiros somados.

Já em aeroportos, shoppings, hotéis e hospitais, os custos de pessoal próprio somados aos custos de serviços contratados podem chegar a 90% do custo total da manutenção.

Para fins de controle, podemos classificar os custos de manutenção em três grandes famílias:

CUSTOS DIRETOS:

São aqueles necessários para manter os equipamentos em operação. Neles se incluem: Manutenção Preventiva, inspeções regulares – lubrificação, por exemplo, Manutenção Preditiva, Manutenção Detectiva, custo de reparos ou revisões e Manutenção Corretiva de uma maneira geral. Os custos de paradas de manutenção, ou grandes serviços de reforma/modernização, comumente designados como *revamps*, apesar de serem custos diretos, devem ser classificados separadamente, em rubrica específica.

CUSTOS DE PERDA DE PRODUÇÃO:

São os custos oriundos de perda de produção, causados:

- ✓ Pela falha do equipamento principal sem que o equipamento reserva, quando existir, estivesse disponível para manter a unidade produzindo.

- ✓ Pela falha do equipamento, cuja causa determinante tenha sido ação imprópria da Manutenção ou da Operação.

- ✓ Os custos de perda de produção não são alocados à Manutenção pois o Orçamento da Manutenção não contempla esse tipo de custo. No entanto, o controle das ocorrências e o seu custo são fundamentais para que seja criada uma cultura voltada para as consequências das falhas.

CUSTOS INDIRETOS:

São aqueles relacionados com a estrutura gerencial e de apoio administrativo, custos com análises e estudos de melhoria, Engenharia de Manutenção e supervisão, dentre outros.

Nessa rubrica devem ser alocados custos com a aquisição de equipamentos, ferramentas e instrumentos da manutenção, devidamente caracterizados para fins de acompanhamento. Fazem parte, ainda, os custos de amortização, depreciação, iluminação, energia elétrica e outras utilidades.

É importante observar que são classificados como custo indireto estudos que não possam ser alocados a um equipamento ou posto de serviço específico, ou seja, tenham caráter mais geral. Caso contrário, é custo direto. No balanço final pode-se fazer o rateio dos custos indiretos, de caráter genérico, nos equipamentos que sofreram manutenção em um determinado período.

Os componentes do CUSTO DIRETO de manutenção são os seguintes:

✓ Custos de mão de obra direta – para uma dada função é:

mão de obra própria – número de horas alocadas ao serviço ×

salário médio mensal, incluindo encargos sociais.

✓ Custo de materiais

Custo de sobressalentes – custo da peça aplicada que pode ser dado pela nota fiscal, se a compra for para aplicação imediata, ou pelo valor corrigido, se a peça foi retirada do estoque e já tenha sido comprada há mais tempo.

Custo de materiais de consumo – óleo, graxa, produtos químicos, lixa e similares. Em algumas empresas esses custos são considerados como indiretos e rateados por todos os equipamentos que tiveram manutenção num determinado período. Atentar para a observação do item anterior quanto à correção do custo.

4. Planejamento e Organização da Manutenção

✓ Custo de serviços de terceiros

Serviços executados externamente – são aqueles relativos a serviços executados por terceiros, como balanceamento, aplicação de revestimentos como cromo-duro, *stellite*, enrolamento de motores elétricos, usinagens especiais, testes específicos, etc. O custo é dado pelo valor da nota fiscal, que inclui impostos e taxas. Já os serviços executados internamente (pela terceirizada) são aqueles feitos na própria instalação da Contratante.

O acompanhamento de custos, um dos itens de controle na manutenção, deve ser colocado na forma de gráfico para fácil visualização, mostrando, pelo menos:

- Previsão de custos mês a mês.
- Realização – quanto foi efetivamente gasto em cada mês.
- Realizado no ano anterior (ou anos anteriores).
- Benchmark – qual a referência mundial, isto é, valores da empresa que têm o menor custo de manutenção nesse tipo de instalação.

É fundamental que cada especialidade da Manutenção faça um controle de custos, independente do modo como a estrutura organizacional as agrupa ou divide. A apropriação do custo de uma especialidade envolve seu próprio custo e de outras especialidades agregadas pela polivalência.

Exemplificando: Na área de laminação de tiras a quente de uma siderúrgica é importante saber quanto está sendo gasto na manutenção mecânica, elétrica, instrumentação/automação, e serviços diversos – limpeza, pintura, conservação.

O dinheiro é a linguagem dos negócios, e os custos são a forma de mensurá-lo. Outro aspecto importantíssimo nos custos de manutenção é:

MAIS MANUTENÇÃO NÃO SIGNIFICA MELHOR MANUTENÇÃO.

O Gráfico 4.6 representa bem esta afirmação e mostra que existe um compromisso entre o nível de manutenção, a disponibilidade operacional e os custos.

Podemos observar no gráfico que:

a) O custo total mínimo pode ser obtido com alta taxa de disponibilidade mas deve ser levado em consideração que, quanto maior a disponibilidade desejada, maior o custo total (Monchy estima que esse valor de custo ótimo se situa entre (96 e 98%);

b) Os custos de Manutenção crescem de modo inverso aos custos de parada de produção, desde que se espera que esse aumento de custos com a manutenção se traduza em redução de paradas de emergência. No limite máximo – manutenção em excesso –, podemos imaginar uma manutenção que em intervalos muito pequenos de tempo esteja intervindo no equipamento e substituindo componentes desnecessariamente. No outro extremo, a falta de manutenção provocará paradas cada vez mais longas, traduzidas por intervalos cada vez maiores de perda de produção.

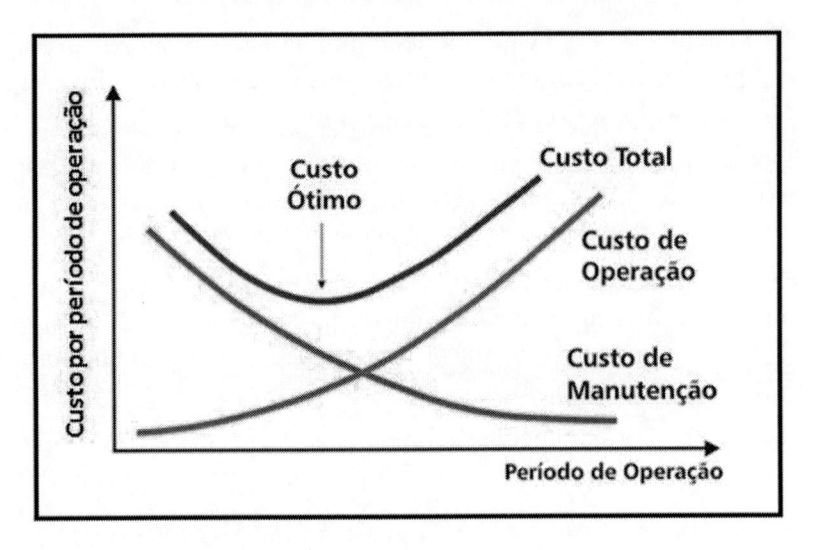

Gráfico 4.6. Relação custos de produção e de manutenção

Desse modo, pode-se estabelecer um nível ótimo de intervenção que varia para cada tipo de instalação ou equipamento.

O Gráfico 4.6 ao mesmo tempo em que alerta para o aspecto da intervenção, nos alerta para uma modificação entre essas duas opções de intervir mais ou menos: a de intervir justamente na hora necessária. Isso é possível com a adoção da Manutenção Preditiva, que está tratada no Capítulo 3, e favorece sensivelmente o aumento da disponibilidade da instalação sem aumento nos custos diretos de manutenção.

4.3. ESTRUTURA ORGANIZACIONAL DA MANUTENÇÃO

A atividade de manutenção é encontrada em todos os lugares e situações. Por isso, tanto a sua estruturação quanto sua subordinação na empresa podem ter alguma variação em virtude da diversificação das atividades e do porte das empresas, características dos serviços e/ou produtos.

Não é difícil imaginar os diferentes aspectos que envolvem a manutenção dentro de um grande hospital, numa usina siderúrgica ou a bordo de um navio. No entanto, a filosofia básica é a mesma e, de certo modo, algumas relações estruturais ou organizacionais são muito semelhantes.

4.3.1. Subordinação

A subordinação da Manutenção nas empresas varia de acordo com:

- Tamanho da empresa;
- Política organizacional;
- Impacto das atividades de manutenção nos resultados.

Nas empresas pequenas, as funções técnicas ficam reunidas, estando nelas incluídas manutenção, engenharia, inspeção e serviços gerais.

A função suprimentos pode ficar na manutenção, porém, mais comumente, está ligada à área administrativa.

No decorrer dos últimos 40 anos, em função de alguns "movimentos" como a *Reengenharia, Downsizing,* Redução de Níveis Hierárquicos, Mudança do Perfil Tecnológico nas empresas, dentre outros, a subordinação da Manutenção à Diretoria e Superintendência foi reduzida enquanto crescia a sua consolidação no nível gerencial, conforme observado nas pesquisas da Abraman entre 1995 e 2015.

4.3.2. Forma de Atuação

A primeira abordagem no aspecto estrutural, que depende do tamanho e dos produtos da planta, é a definição da forma de atuação da Manutenção, isto é, se centralizada, descentralizada ou mista. Se a decisão for descentralizar, é necessário caracterizar se é por área, linha de produto, unidade de negócios ou departamento, ou ainda uma combinação destes.

Obviamente que na maioria das pequenas e médias empresas, grandes edifícios e hospitais, a manutenção é centralizada pelas características, digamos, geográficas. Em grande parte das indústrias de processamento, como fábricas de cimento, refinarias e plantas petroquímicas, por exemplo, a manutenção é centralizada pelas características do *layout* que proporciona uma grande concentração de equipamentos numa área relativamente pequena.

Entretanto, em grandes usinas siderúrgicas, por exemplo, as características do processo e a grande distância entre as diversas linhas de produção promovem uma tendência pela manutenção descentralizada.

A terceira forma de atuação da manutenção é a mista, que combina as duas anteriores. A manutenção mista tem sido muito bem aplicada em plantas grandes ou muito grandes, pois proporciona as vantagens da manutenção centralizada e da descentralizada.

No Brasil, a forma de atuação da manutenção é mostrada no Gráfico 4.7 a seguir.

Verifica-se que no período de 20 anos, compreendido entre 1995 e 2015, apesar de não ter ocorrido uma mudança significativa no percentual das três formas de atuação, o decréscimo verificado na manutenção descentralizada foi ocupado pela forma de atuação mista. Na média, 35% da manutenção é centralizada, 27% é descentralizada e 38% é mista.

4. Planejamento e Organização da Manutenção

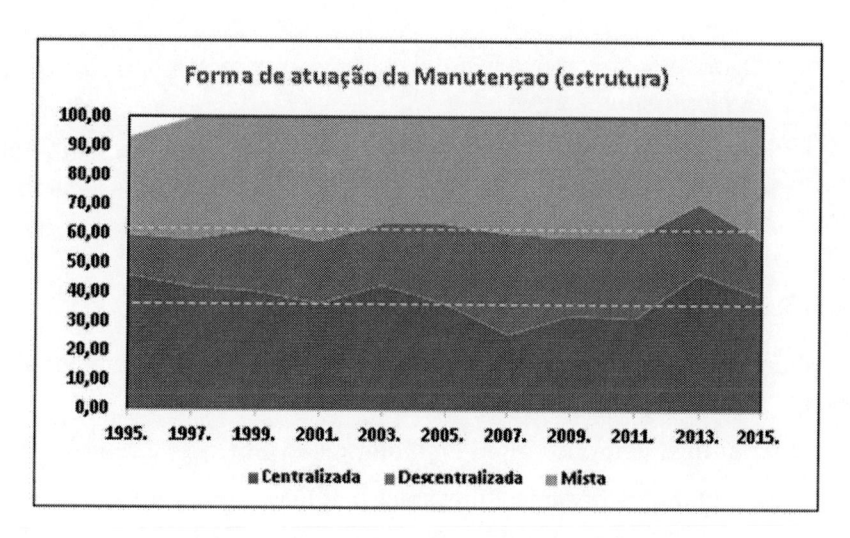

Gráfico 4.7 Forma de atuação da Manutenção

A Manutenção Centralizada apresenta as seguintes vantagens:

- A eficiência global é maior do que a da manutenção descentralizada, pela maior flexibilidade na alocação da mão de obra em vários locais da planta.
- O efetivo de manutenção tende a ser bem menor.
- A utilização de equipamentos e instrumentos é maior e normalmente eles podem ser adquiridos em menor número do que na manutenção descentralizada.
- Favorece a aplicação de polivalência.
- A estrutura de supervisão é muito mais enxuta.

Entretanto, apresenta as seguintes desvantagens:

- A supervisão dos trabalhos costuma ser mais difícil pela necessidade de deslocamentos a várias frentes de serviço, por vezes distante uma das outras.
- O desenvolvimento de especialistas que entendam os equipamentos com a profundidade necessária demanda mais tempo do que na descentralizada.

- Maiores custos com facilidades como transporte em plantas que ocupam maiores áreas.
- Menor cooperação entre a Operação e a Manutenção. Na manutenção descentralizada o espírito de equipe pela convivência diária das mesmas pessoas favorece o espírito de cooperação.

4.3.3. Estruturas de Manutenção

A estrutura da Manutenção nas empresas tem aspectos distintos em função das atividades que lhe são pertinentes.

Se tomarmos como exemplo uma fábrica de cimento, teremos:

- Manutenção mecânica: mecânica, caldeiraria, soldagem, lubrificação, equipamentos rotativos e estacionários, incluindo equipamentos de mineração e correias.
- Manutenção de caminhões.
- Manutenção elétrica.
- Manutenção da instrumentação/automação.
- Manutenção complementar: pintura, limpeza, refratários, montagem de andaimes, isolamento.
- Planejamento da manutenção: inclui o dia a dia e o planejamento de paradas.

Entretanto, também podem fazer parte da manutenção:

- Inspeção de equipamentos.
- Suprimentos – inclui administração do almoxarifado, previsão e compra de material.
- Ferramentaria.
- Segurança no trabalho.
- Engenharia de manutenção – inclui pequenos projetos, condução de obras mais simples, estudos e análises, Manutenção Preditiva (que pode ficar também alocada às especialidades).

- Contratação: elaboração de contratos, fiscalização, apropriação.
- Manutenção de prédios e pátios.

A estruturação organizacional da Manutenção pode apresentar-se de diversas formas, sendo as mais comuns:

a) Em estrutura Centralizada – Figura 4.1.
b) Em estrutura matricial – Figura 4.2.
c) Em estrutura mista.

A estrutura centralizada ou em linha preserva a identidade da Manutenção desde que ela funciona como um grupamento coeso com subordinação tanto técnica como hierárquica ao mesmo gerente.

Apresenta as vantagens de garantir o domínio tecnológico e incorporação de novas tecnologias, além de efetivo menor pela possibilidade e facilidade de remanejamento dos recursos. A desvantagem é que, por vezes, a Manutenção pode-se tornar um fim em si mesmo.

A estrutura matricial apresenta duas linhas de autoridade: uma vertical-funcional que, normalmente, define o que e quando fazer, e outra horizontal – técnica que define o como e com quem executar a intervenção. Ou seja, o grupamento de manutenção da unidade está hierarquicamente ligado à Gerência de Operação e tecnicamente ligado à Gerência de Manutenção.

Embora a estrutura matricial privilegie a formação de um grupamento preocupado com o funcionamento daquela Unidade, gerando um grau maior de cooperação entre a Operação e a Manutenção, ela pode apresentar as seguintes distorções:

- Descentralização dos arquivos da Manutenção.
- Resistência do pessoal de manutenção em adaptar-se à dupla gestão.
- Maior inércia na ajuda mútua entre grupos de unidades diferentes, provocando uma forte tendência de aumento do efetivo global da planta.
- Procedimentos diferentes para serviços iguais (falta de padronização de procedimentos).

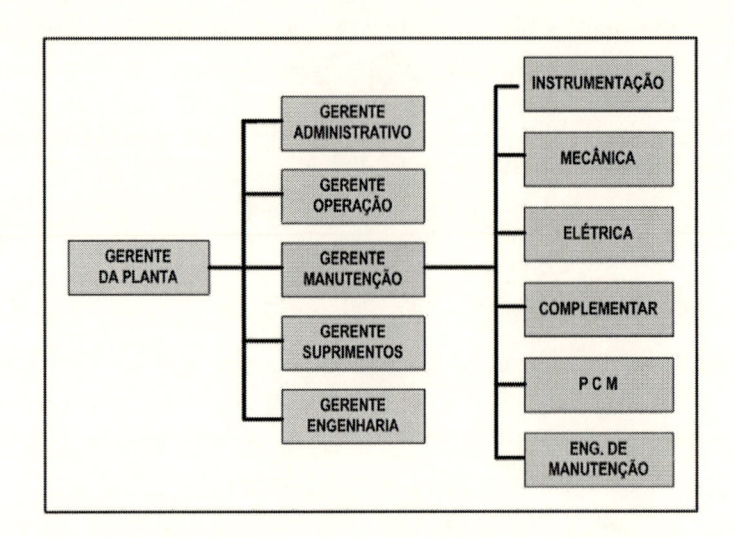

Figura 4.1 – Estrutura centralizada ou em linha

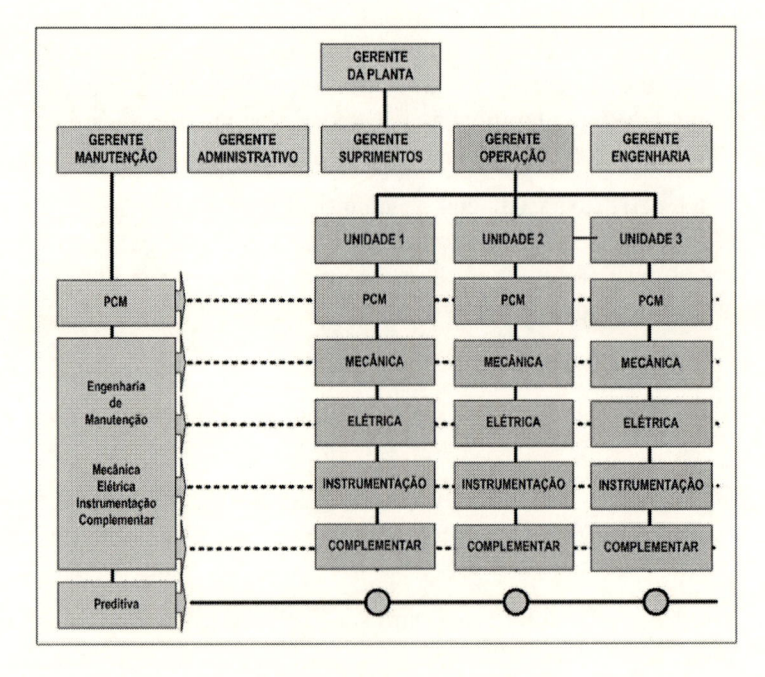

Figura 4.2 – Estrutura matricial

Os grupos de estudo e preditiva devem ser centralizados e subordinados à manutenção, prestando serviço para todas as unidades. Isso permite melhor planejamento e cumprimento de programação das medições e análises, além de maximizar a utilização dos instrumentos.

De modo geral, o que se verifica, hoje em dia, é uma busca por estruturas organizacionais cada vez mais leves. Isso significa:

- Eliminar níveis de chefia e supervisão.
- Adotar polivalência, tanto na área de manutenção quanto na área de operação.
- Contratação de serviços por parceria.
- Fusão de especialidades como, por exemplo, eletricidade e instrumentação.

4.4. SISTEMAS DE CONTROLE DA MANUTENÇÃO

4.4.1. Introdução

Para harmonizar todos os processos que interagem na Manutenção, é fundamental a existência de um Sistema de Controle da Manutenção. Ele permitirá, entre outras coisas, identificar claramente:

- que serviços serão feitos;
- quando os serviços serão feitos;
- que recursos serão necessários para a execução dos serviços;
- quanto tempo será gasto em cada serviço;
- quais serão o custo de cada serviço, o custo por unidade e o custo global;
- que materiais serão aplicados;
- que máquinas, dispositivos e ferramentas serão necessários

- Além disso, o sistema possibilitará:
- nivelamento de recursos – mão de obra;
- programação de máquinas operatrizes ou de elevação de carga;
- registro para consolidação do histórico e alimentação de sistemas especialistas;
- priorização adequada dos trabalhos.

Pode-se afirmar que até 1970 os Sistemas de Planejamento e Controle da Manutenção, no Brasil, eram todos manuais. A partir dessa data teve início a utilização de computadores de grande porte, como os IBM, que eram utilizados para aplicações corporativas em empresas de grande porte.

Até 1983, os softwares para controle da manutenção existentes eram desenvolvidos dentro das grandes empresas e processados em máquinas de grande porte. A partir do desenvolvimento de microcomputadores, aliado à disponibilidade de novas linguagens, cresceu sensivelmente a oferta de softwares tanto por empresas nacionais como por empresas estrangeiras.

4.4.2. Estrutura do Sistema de Controle

Com base nos processos ou atividades atribuídas à Manutenção, já comentados no Item 4.3.3, foi desenvolvido o Diagrama de Fluxo de Dados da Figura 4.3. O diagrama apresentado permite visualizar, de modo global, os processos que compõem a estrutura do controle e planejamento da manutenção.

A seguir, estão detalhados os principais processos, constantes do diagrama, que costumam ser referidos nos *softwares* disponíveis no mercado como "módulos".

a) Processamento das Solicitações de Serviço

   É a entrada (*input*) do sistema em relação aos serviços do dia a dia. Os serviços, independente de sua origem, devem ser pedidos através da Solicitação de Serviços. Serviços de curta duração e de maior prioridade devem ser programados via sistema utilizando uma Ordem de Serviço que admite diversos serviços desse tipo para uma mesma especialidade. Exemplos:

   ✓ Reajustar uma gaxeta de bomba – serviço de curta duração (máximo duas horas), fácil de executar e que pode ter várias implicações no processo.

   ✓ Reajustar um instrumento.

   ✓ Trocar um manômetro (PI).

   Normalmente, as Solicitações de Serviços podem ser oriundas da área operacional de produção, da inspeção de equipamentos e da própria manutenção. Antes da inclusão da solicitação no sistema, deve haver uma sistemática de verificação que, dentre outras coisas, deve questionar:

   ✓ A solicitação é procedente? Verificação pela manutenção.

   ✓ Qual a sua prioridade? Negociação com a Operação ou outro solicitante.

   ✓ O serviço se enquadra na manutenção do dia a dia ou é serviço de parada ou ainda serviço especial?

   ✓ O serviço é atividade de manutenção?

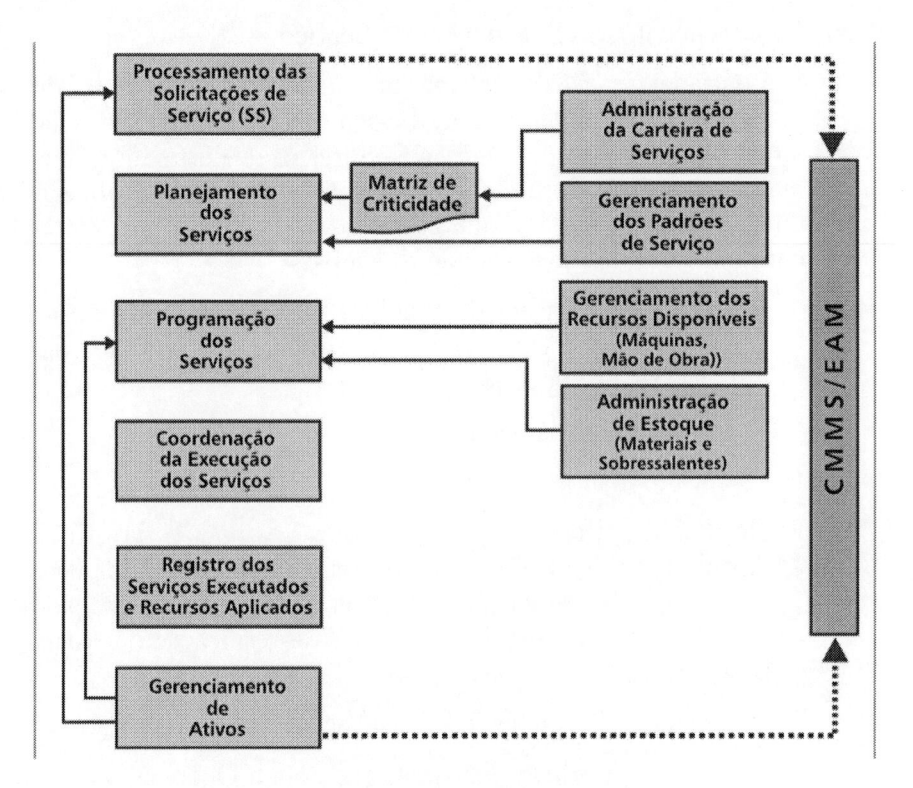

Figura 4.3– Diagrama de Fluxo de Dados
(baseado no **DFD** – referência bibliográfica 36)

É importante que o planejamento atue "filtrando" os serviços solicitados, e somente programe aqueles que se justifiquem.

Uma vez resolvido esse aspecto, a solicitação de serviço é incluída no sistema, e:

✓ Recebe um número.

✓ Sua prioridade, já definida, é registrada.

✓ O serviço é detalhado (programação-padrão ou desenvolvida em conjunto com a especializada)

✓ São definidos os recursos necessários (inclui materiais, máquinas, ferramentas e mão de obra).

- ✓ É registrado o centro de custo (contábil).
- ✓ Recebe um código para fazer ligação com equipamento ou posto de serviço, objetivando alimentar o histórico de equipamento e fornecer dados para análise de falha.

b) Planejamento dos Serviços

O planejamento dos serviços é uma etapa importantíssima, independente do tamanho e da complexidade deles. Pode ser feito em um tempo muito curto (quando existe padrão definido pela própria repetição de serviços rotineiros, ou demandar meses de trabalho de uma equipe – planejamento de uma parada ou *revamp* de unidade).

Normalmente, o planejamento executa as seguintes atividades:

b1) Detalhamento do Serviço

Nessa fase são definidas as principais tarefas que compõem o trabalho, os recursos necessários, e qual o tempo estimado para cada uma delas. Define-se também a dependência entre as tarefas. No exemplo, só é possível executar a tarefa 4 após executadas as tarefas 2 e 3 (Figura 4.4).

Exemplo: Revisão Geral de uma Bomba Centrífuga de Processo.

O exemplo mostra um serviço relativamente simples. À medida que os serviços vão ficando mais complexos aumenta a necessidade de maior detalhamento, também conhecido por microdetalhamento.

REVISÃO GERAL DE UMA BOMBA CENTRÍFUGA HORIZONTAL DE PROCESSO 1 ESTÁGIO *BACK PULL OUT*					
Tarefa	Descrição	Dependência	Recurso	Quantidade	Tempo (h)
1	Desenergizar, drenar e liberar o equipamento		Operador	1	0,5
2	Soltar flanges, retirar tubulações auxiliares e desacoplar	1	Mecânico	2	1,0
3	Retirar instrumentos	1	Instrumentista	1	0,5
4	Remover bomba da base e levar para a Oficina	2,3	Mecânico	2	1,0
5	Lavar o equipamento, desmontar e inspecionar componentes	4	Mecânico	2	2,0
6	Pintar base conforme recomendação da Inspeção	4	Pintor	1	3,0
7	Substituir peças, balancear e montar	5	Mecânico	2	3,0
8	Transportar bomba para base e montar	7	Mecânico	2	1,5
9	Montar instrumentos	8	Instrumentista	1	0,5
10	Testar, fazer relatório de manutenção e apropriação	9	Mecânico	1	1,0

Figura 4.4 – Exemplo de um detalhamento de serviços.

b2) Microdetalhamento

No microdetalhamento são incluídas ferramentas, máquinas de elevação de carga e máquinas operatrizes, que podem se constituir em gargalos ou caminhos críticos na cadeia da programação. Para que isso seja possível, deve-se cadastrar, no módulo correspondente do sistema (*software*), as máquinas, equipamentos, ferramentas e dispositivos.

Por exemplo: supondo que temos somente uma mandrilhadora na Oficina Central da Manutenção, que além de atender aos serviços do dia a dia atenderá, também, aos serviços de parada de uma determinada unidade, será necessário identificar os serviços que necessitarão dessa máquina, cadastrá-la no sistema e definir as prioridades para que o sistema programe adequadamente e os serviços aconteçam de forma ordenada.

b3) Orçamentação dos Serviços

Normalmente, os sistemas possuem um módulo de orçamentação e apropriação de custos. O usuário fornece as tabelas com os valores de custo de recursos humanos, hora/máquina e materiais e o sistema fornece a orçamentação do serviço a partir do detalhamento, ou o custo do serviço a partir da apropriação.

O custo, além de ser utilizado na área contábil da empresa, realimenta o módulo de planejamento de serviço, ficando disponível para utilizações futuras.

b4) Facilitação de Serviços

A Facilitação de Serviços é uma sistemática que visa aumentar a produtividade nos serviços de manutenção; ver Figura 4.5. Consiste na análise prévia do serviço a ser executado, fornecendo informações básicas aos executantes, de modo que eles não percam tempo indo e vindo do local de trabalho para buscar ferramentas, analisar desenhos ou consultar catálogos. Os principais pontos, previamente analisados, são os seguintes:

- ✓ Ferramentas necessárias que não fazem parte da caixa de ferramentas do executante. Por exemplo, mesmo que um mecânico tenha um jogo de chaves-de-boca, dificilmente ele terá uma chave para parafusos de maior diâmetro necessária para soltar, por exemplo, os parafusos de fixação dos pés de um motor elétrico.

- ✓ Facilidades existentes no local do serviço. Caso seja necessária a instalação de um painel elétrico de campo, que fará alimentação de uma bomba para esgotamento de um tanque ou de um poço, a análise prévia fornecerá um croqui de onde e como deve ser "puxada" a ligação, evitando que o executante "descubra" esses detalhes na hora do serviço.

- ✓ Aspectos ligados à segurança – recomendações importantes, aos executantes, relacionadas com as condições do serviço.

- ✓ Dados sobre o equipamento – informações sobre o produto, temperatura, pressão, vazão, entre outros.

- ✓ Recomendações especiais.

Várias dessas informações podem estar contidas em módulo específico do *software*, a pedido do usuário, para que sejam impressas no momento da entrega do serviço ao executante.

Entretanto, outras informações vão depender de uma análise prévia pelo supervisor ou pelo facilitador.

Figura 4.5 – A Importância da Facilitação de Serviços.

c) Programação dos Serviços

A programação dos serviços é a etapa que define quais são os serviços no dia seguinte, em função das prioridades já definidas, data de recebimento da solicitação de serviços, recursos disponíveis (mão de obra, material, máquinas) e liberação pela operação.

A programação dos serviços segue algumas regras já consagradas pelo uso, que são utilizadas tanto na programação feita manualmente quanto nos *softwares*:

✓ Prioridades – normalmente são definidos quatro tipos de prioridades para os serviços:

1. Emergência (já estamos diante de uma situação de fato).
2. Urgência (a situação indesejada está por acontecer).
3. Normal Operacional.
4. Normal Não-operacional.

- ✓ Os serviços de maior prioridade são programados primeiro, seguidos pelos de prioridade imediatamente inferior, até os recursos disponíveis, naquela data, se esgotarem.

- ✓ Data de recebimento da Solicitação de Serviços – dentro de uma mesma prioridade, o sistema programa primeiro as solicitações mais antigas.

- ✓ Serviços com data marcada – é um artifício utilizado para que os serviços se iniciem em uma data determinada. Os serviços com data marcada têm prioridade sobre a antiguidade da solicitação.

- ✓ Bloqueios – quando ocorre falta de material, falta de informação, falta de ferramentas, necessidade de serviço externo ou falta de liberação, o sistema permite fazer um bloqueio para que a programação do serviço seja interrompida até que a causa do bloqueio seja resolvida.

d) Gerenciamento da Execução dos Serviços

O gerenciamento da execução dos serviços, do ponto de vista do planejamento, está voltado para o seguinte:

- ✓ Acompanhamento das causas de bloqueio de serviços.

- ✓ Controle do *back-log*, que é a carteira de serviços da manutenção.

    Esse controle contempla a carga de serviço global e por especialidade. Assim, o sistema deve informar, por exemplo, qual a carga de trabalho para a manutenção complementar e, dentro dela, qual a carga para montador de andaime. Com isso é possível auxiliar no dimensionamento das equipes de manutenção.

- ✓ Acompanhamento da execução no tocante ao cumprimento da programação, isto é, se os serviços programados estão sendo executados e, se não, por que.

- ✓ Acompanhamento dos desvios em relação ao tempo de execução previsto. Caso haja desvios significativos, o tempo deve ser alterado para que o sistema continue programando o serviço.

e) Registro dos Serviços e Recursos

O registro dos serviços e recursos objetiva informar ao sistema:

- ✓ Quais recursos foram utilizados (executantes), quantos homens/ hora foram gastos no serviço e se o serviço foi concluído ou não. Este processo é conhecido como apropriação.
- ✓ Que materiais foram aplicados.
- ✓ Gastos com serviços de terceiros.

f) Gerenciamento de Equipamentos

Consiste em fornecer informações relevantes para o histórico dos equipamentos. Como mencionado anteriormente, o código ou TAG incluído no sistema faz a ligação com o histórico do equipamento, permitindo a inserção desses dados.

Do ponto de vista do planejamento, o detalhamento deve ser arquivado para utilização numa próxima programação. Do ponto de vista da especializada, dados relativos ao serviço e dados para análise da falha devem ser registrados.

g) Administração da Carteira de Serviços

Administrar a carteira de serviços da Manutenção significa fazer o acompanhamento e a análise visando ter:

- ✓ Acompanhamento orçamentário – previsão × realização global, e separado por especialidade, por área ou por unidade operacional.
- ✓ Cumprimento da programação pelas diversas áreas e especialidades.
- ✓ Tempos médio de execução de serviços.
- ✓ Índices de atendimento, incluindo demora entre solicitação e início dos serviços.
- ✓ *Back-log*, por especialidade e por área.

- ✓ Composição da carteira de serviços – percentual por especialidade, percentual por prioridade, percentual por área, percentual por unidade, etc.
- ✓ Índices de ocupação por mão de obra disponível.
- ✓ Índices de bloqueio de programação separados por causa.

h) Gerenciamento dos Padrões de Serviço

Apesar de os serviços de manutenção apresentarem uma característica de diversidade muito grande, é possível e importante o estabelecimento de padrões de manutenção. Por exemplo, a manutenção em trocadores de calor tem uma sequência conhecida, que pode ser colocada sob a forma de detalhamento de serviço, com recursos necessários e tempo previsto. Isto se torna um padrão que poderá ser tomado como base nos próximos planejamentos de serviços.

Além disso, os padrões podem incluir detalhes e particularidades relativos aos equipamentos, que muitas vezes passam despercebidos nos detalhamentos feitos às pressas, ou criados novamente a cada serviço.

Outra aplicação do Gerenciamento dos Padrões de Serviço é a interligação com os programas de Preventiva e Preditiva, que na realidade dependem do Detalhamento-Padrão para sua execução.

i) Gerenciamento dos Recursos

O Gerenciamento dos Recursos é consequência do Registro de Recursos, abordado anteriormente. Dentre os recursos, a mão de obra é a que mais necessita de gerenciamento, visando a otimização de sua aplicação. Desse modo, o planejamento deve ter uma visão global da distribuição da mão de obra por toda a planta, com os quantitativos definidos por cada área de atuação.

Deve estar informado, também, da indisponibilidade de mão de obra, por afastamentos médicos, férias, licenças e outros, de modo que a programação de serviços seja confiável.

A disponibilidade de todas as máquinas cadastradas no sistema – máquinas operatrizes, máquinas de elevação de carga etc. – deve ser de conhecimento do planejamento pelos mesmos motivos.

j) Administração de Estoques

Em virtude da interface manutenção-suprimentos, os *softwares* disponíveis no mercado incorporam um módulo de Gestão de Estoques. Entretanto, como via de regra a informatização da área de Suprimentos das empresas se deu antes da informatização da manutenção, existe uma tendência de cada qual permanecer com o seu *software*, e providenciar o desenvolvimento de interface, de modo que um sistema "converse" com o outro. Isso era muito comum quando cada área tinha o seu *software* específico tendo sido minimizado com a utilização dos ERP (*Enterprise Resources Planning*) como o SAP, TOTUS, APTEAN e outros.

A informação de estoque, o acompanhamento de compra e o recebimento de materiais são fundamentais para que o planejamento administre bem a carteira de serviços.

4.4.3. Sistemas Informatizados para Manutenção

Os primeiros sistemas informatizados para planejamento e controle da manutenção foram desenvolvidos pelas próprias empresas. Na época, somente grandes empresas podiam se dar ao luxo de pensar em um sistema informatizado, porque somente elas possuíam grandes computadores e pessoal especializado em processamento de dados. Hoje, o desenvolvimento de softwares dentro da empresa não é viável, desde que fica mais caro, leva mais tempo para ser desenvolvido e não tem *up-grade* automático por não se constituir em atividade-fim da área de T.I. (Tecnologia da Informação).

O mercado disponibiliza uma grande variedade de *softwares* conhecidos como CMMS – *Computer Maintenance Management System*, EAM – *Enterprise Asset Management* e módulos específicos de gerenciamento da Manutenção dentro dos ERP (*Enterprise Resource Planning*).

Os CMMS foram introduzidos na década de 80 e enfatizam o processamento das Ordens de Serviço. Ao longo do tempo, os CMMS foram se tornando mais sofisticados e passaram a agregar funções de controle dos indicadores, nivelamento de recursos e compartilhamento de banco de dados (Oracle, SQL).

EAM é uma classe de *software* mais recente que foi desenvolvida para se integrar com outros *softwares* da empresa, como o financeiro, RH e suprimentos. Grande parte dos CMMS já sofreu *up-grade* de modo a se tornarem EAM.

Além disso, há uma consolidação em nível mundial para a instalação dos *softwares* denominados ERP que visam integrar todos os dados e processos de uma organização em um sistema unificado. Os ERP nasceram em 1990 no ambiente de administração de recursos humanos e financeira, incorporaram rapidamente funções de controle de material e manufatura e a seguir incluíram outros módulos que permitiam o controle e troca de informações em nível empresarial global. Os módulos de Manutenção inicialmente disponibilizados receberam muitas críticas dos usuários e não tinham a mesma qualidade dos CMMS/EAM, mas os desenvolvedores corrigiram essas deficiências. Adicionalmente, os fornecedores de *softwares* EAM vêm desenvolvendo plataformas de integração com ERP de outros fornecedores, buscando assim aliar produtos com maior grau de especificidade à soluções de gerenciamento global das empresas.

A maioria dos *softwares* disponíveis permite a comunicação através de periféricos com ou sem fio. A tecnologia de comunicação sem fio (*wireless*), feita através de equipamentos portáteis, proporciona um aumento substancial na produtividade das funções de coordenação, lubrificação, inspeção, dentre outras, traduzido pela economia de tempo dedicado a entrada, transferência e/ou consulta de dados.

As tabelas a seguir listam alguns *softwares* disponíveis no mercado, atualmente. A tabela 4.2 mostra os ERP e os *softwares* nacionais. A tabela 4.3 mostra os *softwares* de outros países.

ORIGEM	ERP	CMMS/EAM	SOFTWARE	WEB / NUVEM	NOME COMERCIAL	EMPRESA (DESENVOLVEDOR)
BR	X		X		TOTUS	TOTUS
US	X		X		APTEAN	APTEAN
DE	X		X		SAP	SAP
BR		X	X	X	ENGEMAN	ENGEMAN ENTERPRISE ASSET MANAGEMENT
BR		X	X	X	SE MAINTENANCE	SOFT EXPERT
BR		X	X		SIGMA	REDE INDUSTRIAL
BR		X	X		I10	PRAXIS
BR		X		X	SISUM	MATUM
BR		X	X		SADEGE	MAXIMIZA
BR		X	X	X	PRISMA EAM	SISTEPLANT SMART SOLUTIONS
BR		X	X		SIEM	M&F PLANEJAMENTO INFORMÁTICA
BR		X	X		SIM	ASTREIN
BR		X	X		LS MAESTRO	LOGICAL SOFT
BR		X	X		ENGEFAZ PRO	ENGEFAZ
BR		X		X	GIMES	ECCO
BR		X	X		SGS	WRC ENGENHARIA
BR		X	X	X	SMI	SPES

Tabela 4.2 – ERP e *Softwares* de Gestão da Manutenção nacionais

4. Planejamento e Organização da Manutenção

NOME COMERCIAL	EMPRESA (DESENVOLVEDOR)	ORIGEM	ERP	CMMS/EAM	SOFTWARE	WEB/NUVEM	NOME COMERCIAL	EMPRESA (DESENVOLVEDOR)
FIXD	FIXD	AU		x	x	x	MANWINWIN	NAVALTIK MANAGEMENT
AMPRO	AMPRO SOFTWARE	AU		x	x	x	VALUEKEEP	VALUE KEEP CMMS SOLUTION
LOCB	LOCB	AU		x	x		AGILITY	SOFTSOLS GROUP
MAINPAC EAM	MAINPAC PTY LTD	AU		x		x	SMARTSPANNER	SMART SPANNER
FIIX	FIIX INC	CA		x	x	x	FLEOMAINT	XETEC
TAG	CAPTERRA - VEROSOFT DESIGN	CA		x	x	x	FRONT LINE CMMS	SHIRE SYSTEMS
MAINTSCAPE	GRANDRAVINE SOFTWARE	CA		x	x	x	WORKMATE	CAYMAN VENTURE
INTERAL MAINTENANCE	CONCEPTION INTERAL	CA		x		x	E-MAINT (NO BRASIL E-MANHUT)	FLUKE
DIRECT LINE	MEGAMATION	CA		x	x	x	FACILYWORKS CMMS	CYBERMETRIS
KEXA MAINT	KEXA SOFT	CA		x		x	INDYSOFT	INDYSOFT
MAINBOSS CMMS	THINKAGE	CA		x	x	x	CORRIGO	CORRIGO ENTERPRISE
SENERGY	IFCS	CA		x		x	LIMBLE CMMS	LIMBLE CMMS
FRACTAL	FRACTAL	CH		x	x	x	INFOR EAM	INFOR
PRODUCTOO	PRODUCTOO s.r.o.	CZ		x	x	x	BLUE MOUNTAIN EAM	BLUE MOUNTAIN QUALITY RESOURCES
CARE OFFICE INDUSTRY	SOGEM SOFTWARE	DE		x	x	x	MAINTENANCE COORDINATOR	SIMPLICITY SOFTWARE TECHNOLOGIES
APPPRO	API MAINTENANCE SYSTEMS	DK		x	x		CWORKS	CWORKS SYSTEMS
CMMS EAM	MANZOMA	EG		x		x	EPAC	EPAC SOFTWARES TECHNOLOGIES
LINX 7.0	SPI	ES		x	x	x	EZ MAINTENANCE	PINACIA
MW CMMS	MOBILITY WORK	FR		x		x	AVANTIS EAM	SCHNEIDER ELECTRIC
DIMO MAINT	DIMO MAINT	FI		x	x	x	GURU CMMS	CEDESTA
CARL SOURCE	CARL SOFTWARE	FR		x	x	x	I MAINT	DPSI
COSWIN 8I	SIVECO BENELUX	FR		x	x		MAXIMO	IBM
COMMA CMMS	COMMA CMMS	HK		x	x	x	TRANSCENDENT	MINTEK MOBILE DATA SOLUTIONS
INTELLI CMMS	IC GROUP	HU		x		x	AMMS	MICROWEST SOFTWARE SYSTEMS
TRACKPLAN	TRACKPLANSOFTWARE	IE		x	x	x	COGZ CMMS	COGZ SYSTEMS
ICMMS	ICMMS	IN		x	x	x	CALEM EAM	CALEM EAM
SERVICE MAINTENANCE SOFTWARE	FUCHSIA SOFTWARE TECHNOLOGIES	IN		x		x	FAMS	PSI WEBWARE
PROMAINT	PROCESS MASTER	IN		x	x	x	FINCIO CMMS	FINCIO SOFTWARE SOLUTIONS
SOMA CMMS	KVS SYSTEMS	IN		x	x	x	TRANSCENDENT	MINTEK
OPEN MAINT	TECNOTECA	IT		x	x	x	SOMAX EAM	SOMAX
MAINSIM	MAINSIM	IT		x		x	TABWARE	ASSET POINT
MP	MP SOFTWARE	MX		x	x		THE MAINTENANCE MANAGER	MANAGE WEAR
MP	TECNICA APLICADA INTERNACIONAL	MX		x	x	x	THE CMMS	MASS GROUP
ULTIMO MAINTENANCE MANAGEMENT	ULTIMO SOFTWARE SOLUTIONS	NL		x	x	x	AZZIER CMMS	TERO CONSULTING LTD
		ZA		x	x	x	MOMENTA CMMS	MOMENTA

Tabela 4.3 – *Softwares* de Gestão da Manutenção estrangeiros

Alan Kardec & Julio Nascif

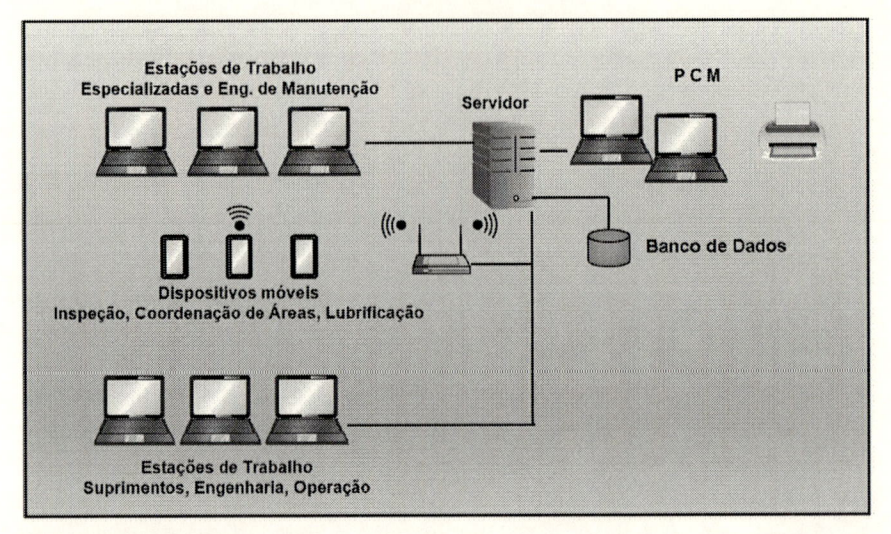

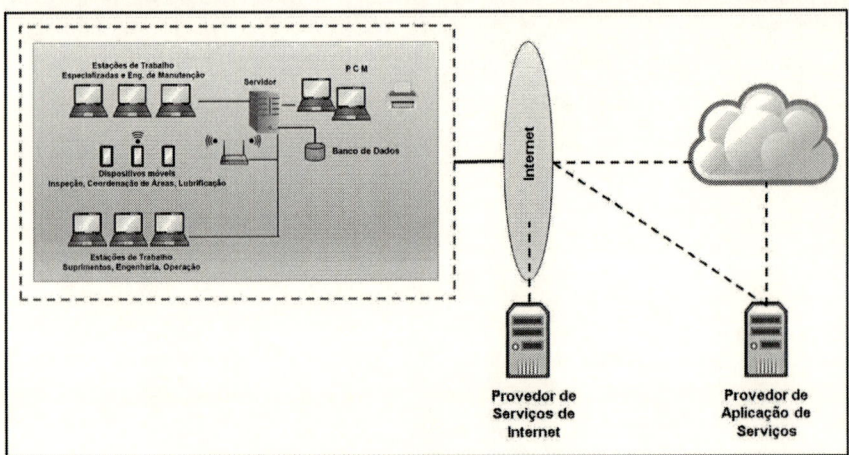

Figura 4.6 – **CMMS/EAM** – Configuração de Rede
e Acessos Internet, Sem Fio e Nuvem.

A última geração de CMMS, lançada há poucos anos, está habilitada para computação em nuvem.

Este tipo de sistema possui uma arquitetura multi-usuário, permitindo que todos acessem o mesmo aplicativo. Cada usuário faz *login* no sistema com uma conta exclusiva, mas tem acesso à mesma segurança básica, atualizações e recursos. Desta forma, os fornecedores podem oferecer suporte rápido e os clientes não precisam de uma equipe dedicada de TI.

A computação em nuvem traz alguns benefícios como:

- Implementação mais rápida
- Acesso móvel
- Relatórios preditivos

Os *softwares* de gestão da Manutenção (CMMS/EAM/PM-ERP) podem apresentar as seguintes características / facilidades:

- Gerenciamento dos ativos: histórico (data de aquisição, garantia, informações durante a vida do item); contratos de serviços, sobressalentes, monitoramento da performance.
- Inventário ou Controle do estoque – relacionada a sobressalentes e materiais, pode ter sistema de controle, emissão de requisição;
- Controle de Manutenção Preventiva e Preditiva
- Gestão das Ordens de Trabalho e Solicitações de Trabalho
- Acesso a outros sistemas para aquisição de dados como custos – notadamente nos CMMS/EAM, pois nos ERP/PM o sistema é integrado.
- Utilização com equipamentos móveis (*smartphones* e *tablets*) além de funções remotas.

O *software* de gerenciamento da Manutenção é uma ferramenta fundamental para a otimização dos recursos. Desse modo, a escolha do *software* e sua plena utilização são decisivas para o desempenho do PCM e da Manutenção.

4.4.3.1. Seleção do CMMS/EAM

Entre os critérios de seleção para aquisição de um CMMS/EAM devem ser priorizados:

- Existência dos programas-fonte e suporte técnico pelo fornecedor.
- Sistemas multiusuário e multiempresa.

- Facilidade de alteração de *layout* e tamanho de campo, pelo usuário (customização).
- Interface com outros sistemas existentes (ou acesso a banco de dados).
- Adicionar texto de forma ilimitada (isso é fundamental para instruções em OS, por exemplo).
- Programação automática a partir de agendamento.
- Nivelamento de recursos (primordial para otimização da programação e utilização dos recursos disponíveis).
- Interface com outros aplicativos, como o Excel, MS Project e Word.
- Possibilidade de inserção de gráficos, fotos e figuras em documentos do sistema (OS, Histórico de Equipamentos, Relatórios de Falha...).
- Acesso e controle de materiais e sobressalentes.
- Controle e emissão de dados para o pagamento de serviços de terceiros.
- Emissão de Relatórios Gerenciais (customizados).
- Controle e emissão de gráficos dos kpi (*key performance indicators*).
- Registro de ocorrências codificadas, associadas à causa (análise de falha).
- Controle do *back-log* total, por especialidade e por área.
- Controle da mão de obra disponível e sua ocupação durante o dia.
- Emissão da programação com horizonte definido pelo usuário (mínimo 3 dias).

NA – OS-Ordem de Serviço, OT-Ordem de Trabalho, OM-Ordem de Manutenção são nomes diferentes para o mesmo documento que contem o planejamento e orientação dos serviços de manutenção

Além desses critérios, alguns aspectos devem ser também considerados:

- Facilidade de utilização.
- Possibilidade de customização.
- Facilidade de aprendizado.
- Suporte ao gerenciamento.
- Interface com outros *softwares*/banco de dados existentes na empresa (apenas no caso de CMMS/EAM desde que os módulos PM de ERPs fazem parte de uma plataforma)
- Possibilidade de computação em nuvem
- Interface para utilização de equipamentos móveis (*smartfones* e *tablets*)

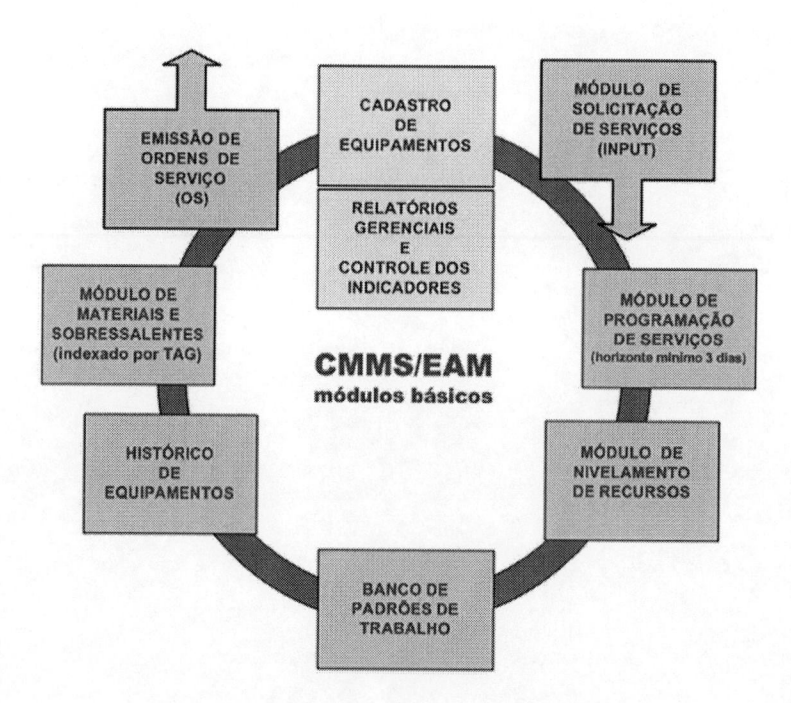

Figura 4.7 – CMMS/EAM – módulos básicos

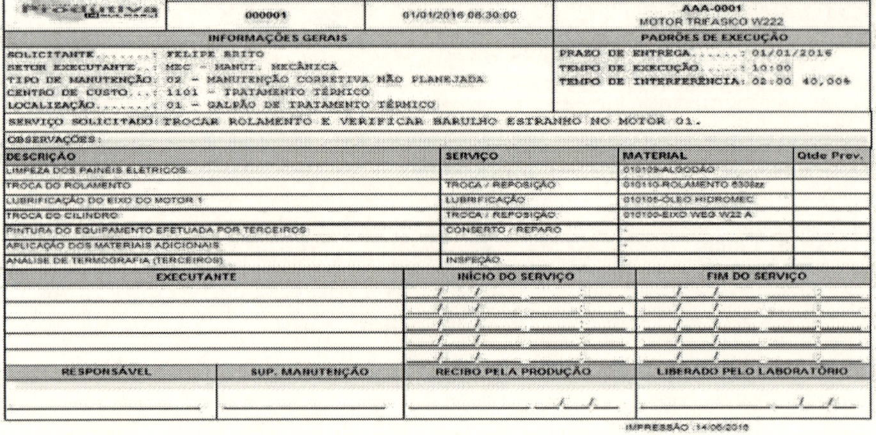

	ORDEM DE SERVIÇO	DATA PROGRAMADA	Equipamento
Produtiva	000001	01/01/2016 08:30:00	AAA-0001 MOTOR TRIFASICO W222

INFORMAÇÕES GERAIS	PADRÕES DE EXECUÇÃO
SOLICITANTE........: FELIPE BRITO SETOR EXECUTANTE...: MEC – MANUT. MECÂNICA TIPO DE MANUTENÇÃO: 02 – MANUTENÇÃO CORRETIVA NÃO PLANEJADA CENTRO DE CUSTO...: 1101 – TRATAMENTO TÉRMICO LOCALIZAÇÃO........: 01 – GALPÃO DE TRATAMENTO TÉRMICO	PRAZO DE ENTREGA......: 01/01/2016 TEMPO DE EXECUÇÃO......: 10:00 TEMPO DE INTERFERÊNCIA: 02:00 40,00%

SERVIÇO SOLICITADO: TROCAR ROLAMENTO E VERIFICAR BARULHO ESTRANHO NO MOTOR 01.

OBSERVAÇÕES:

DESCRIÇÃO	SERVIÇO	MATERIAL	Qtde Prev.
LIMPEZA DOS PAINÉIS ELÉTRICOS		010109-ALGODÃO	
TROCA DO ROLAMENTO	TROCA / REPOSIÇÃO	010110-ROLAMENTO 6308zz	
LUBRIFICAÇÃO DO EIXO DO MOTOR 1	LUBRIFICAÇÃO	010105-ÓLEO HIDROMEC	
TROCA DO CILINDRO	TROCA / REPOSIÇÃO	010100-EIXO WEG W22 A	
PINTURA DO EQUIPAMENTO EFETUADA POR TERCEIROS	CONSERTO / REPARO	-	
APLICAÇÃO DOS MATERIAIS ADICIONAIS		-	
ANALISE DE TERMOGRAFIA (TERCEIROS)	INSPEÇÃO	-	

EXECUTANTE	INÍCIO DO SERVIÇO	FIM DO SERVIÇO
	__/__/__ __:__	__/__/__ __:__
	__/__/__ __:__	__/__/__ __:__
	__/__/__ __:__	__/__/__ __:__
	__/__/__ __:__	__/__/__ __:__
	__/__/__ __:__	__/__/__ __:__

RESPONSÁVEL	SUP. MANUTENÇÃO	RECIBO PELA PRODUÇÃO	LIBERADO PELO LABORATÓRIO
________	________	________ __/__/__	________ __/__/__

IMPRESSÃO: 14/06/2016

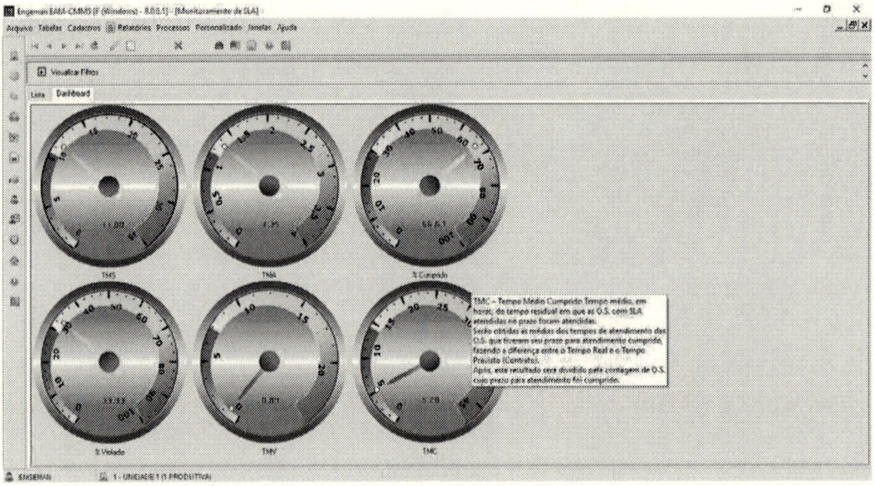

4. Planejamento e Organização da Manutenção

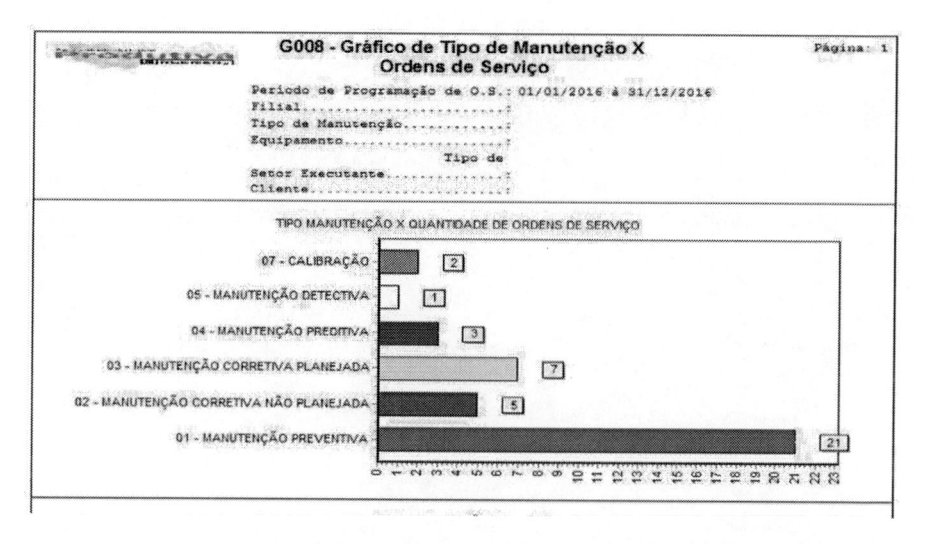

Figura 4.8 – Telas de CMMS/EAM (Cortesia ENGEMAN)

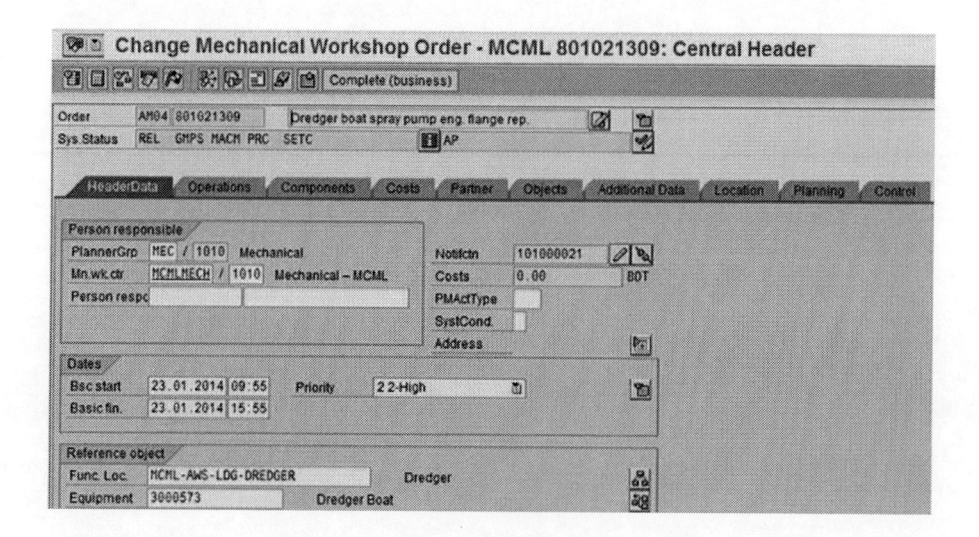

Exibir nota PM: Nota de Ação

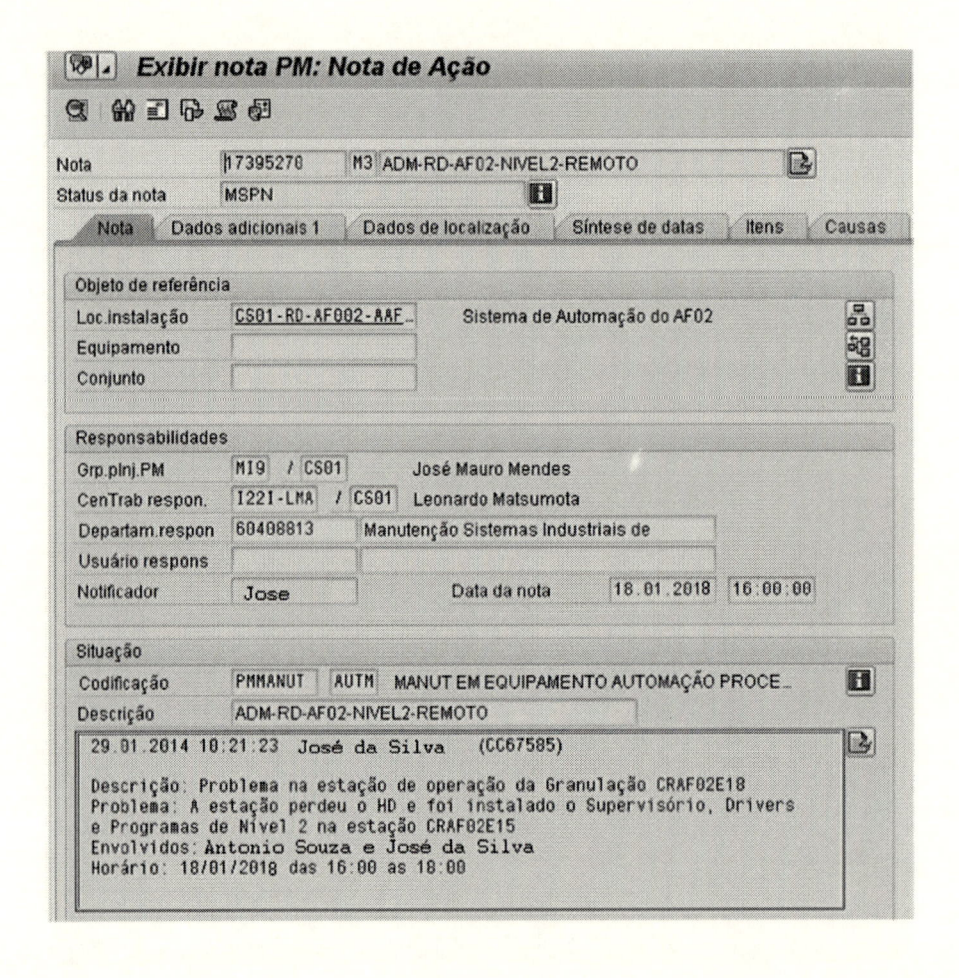

Nota	17395270	M3 ADM-RD-AF02-NIVEL2-REMOTO	
Status da nota	MSPN		

Nota | Dados adicionais 1 | Dados de localização | Síntese de datas | Itens | Causas

Objeto de referência

Loc.instalação	CS01-RD-AF002-AAF	Sistema de Automação do AF02
Equipamento		
Conjunto		

Responsabilidades

Grp.plnj.PM	MI9 / CS01	José Mauro Mendes	
CenTrab respon.	I221-LMA / CS01	Leonardo Matsumota	
Departam.respon	60408813	Manutenção Sistemas Industriais de	
Usuário respons			
Notificador	Jose	Data da nota	18.01.2018 16:00:00

Situação

Codificação	PMMANUT AUTM	MANUT EM EQUIPAMENTO AUTOMAÇÃO PROCE...
Descrição	ADM-RD-AF02-NIVEL2-REMOTO	

```
29.01.2014 10:21:23  José da Silva   (CC67585)

Descrição: Problema na estação de operação da Granulação CRAF02E18
Problema: A estação perdeu o HD e foi instalado o Supervisório, Drivers
e Programas de Nível 2 na estação CRAF02E15
Envolvidos: Antonio Souza e José da Silva
Horário: 18/01/2018 das 16:00 as 18:00
```

4. Planejamento e Organização da Manutenção

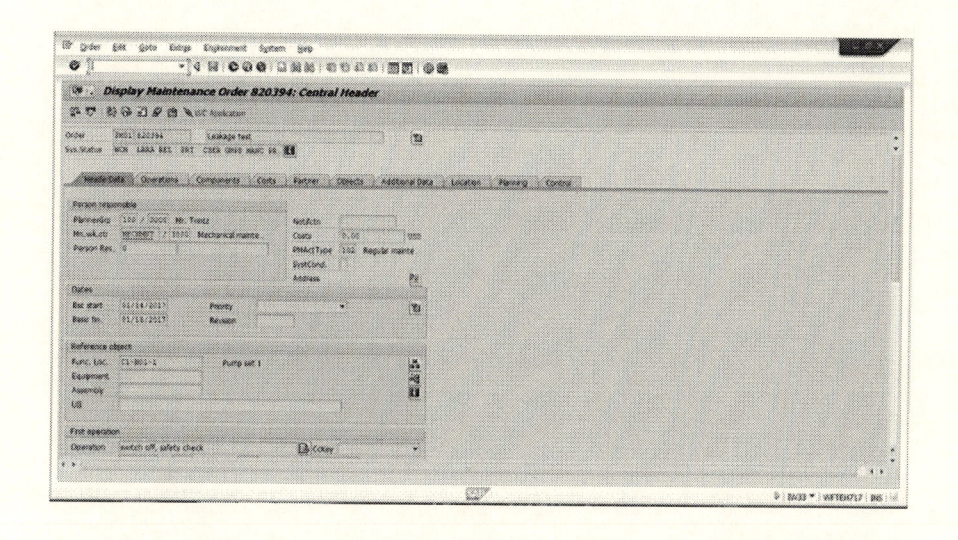

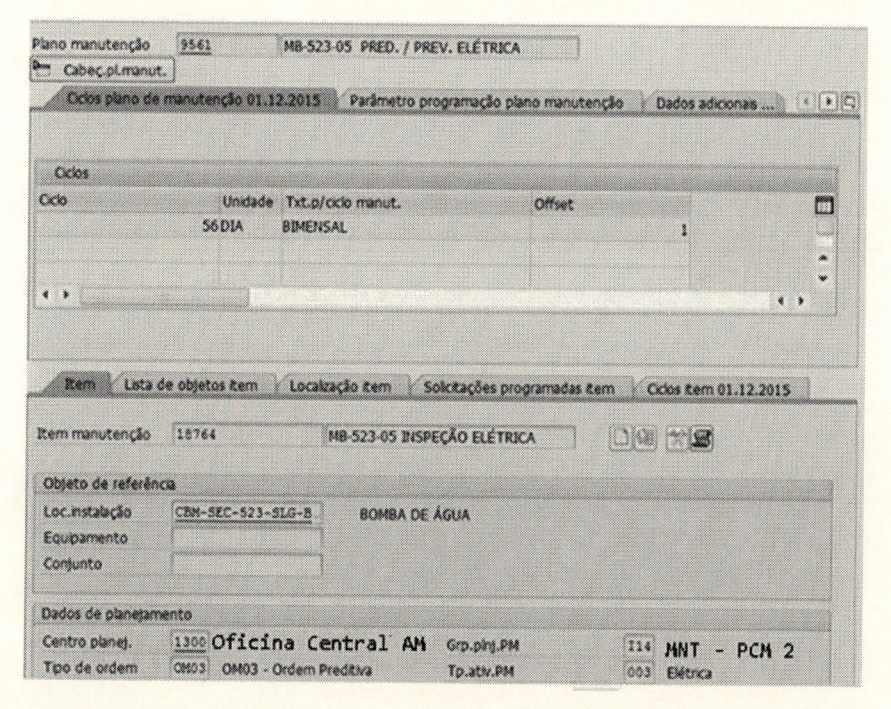

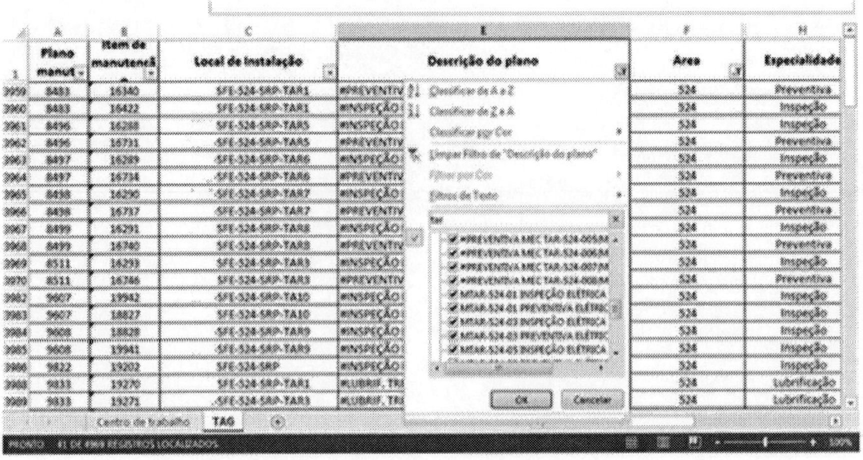

Figura 4.9 – Telas do módulo PM do ERP da SAP (Cortesia SAP)

4.4.3.2. Sistema para Planejamento de Paradas

Parada de manutenção é um tipo de manutenção cíclica levada a efeito nas instalações industriais, visando restaurar e/ou melhorar as condições dos equipamentos e das instalações. É a atividade preventiva mais importante no ciclo de operação da planta ou instalação, montada a partir de dados da Operação, Manutenção, Inspeção de Equipamentos e da Engenharia no caso de modificações de projeto.

Podemos comparar a parada de manutenção a uma montagem industrial, que é a concretização de um projeto. Entre o projeto e a montagem tem que existir a função de planejamento. Isso também é verdade na Parada de Manutenção, com uma pequena diferença: o "projeto", nesse caso, é assumido também pelo planejamento.

4. Planejamento e Organização da Manutenção

A maioria das empresas, principalmente em grandes instalações, adota a figura do "Grupo de Paradas", que é um grupo multidisciplinar composto de, pelo menos, um participante de cada área cujo envolvimento é mais significativo na parada:

- Manutenção – planejamento/programação.
- Suprimento – materiais/sobressalentes.
- Inspeção de equipamentos (área de ensaios não destrutivos e materiais).
- Operação ou Produção.
- Engenharia – modificações de projeto.
- Segurança e Meio Ambiente.

A coordenação do grupo deve ser exercida por um gerente da área de produção ou manutenção ou pelo superintendente das duas áreas.

O sistema de planejamento de paradas deve, preferencialmente, ser capaz de interagir com outros sistemas existentes na empresa, como *softwares* da área de suprimento, por exemplo.

Dentre as várias atividades do planejamento de uma parada de manutenção, listamos, a seguir, as mais significativas:

1. Cronograma Geral de Paradas de Unidades da Planta.
2. Cronograma Específico de Parada de uma determinada Unidade Operacional.
3. Constituição do Grupo de Paradas, que terá, entre outras, as seguintes atribuições:

    3.1. Relacionar, analisar e definir os serviços da parada.

    3.2. Discutir as interfaces existentes em nível local, na empresa e com terceiros.

    3.3. Definir a filosofia da parada – tempo mínimo, custo mínimo ou os dois.

    3.4. Definir estratégias globais que incluem aspectos de compras, contratação, regime de trabalho, etc.

4. Delineamento dos Serviços de Parada.
5. Programação.
6. Emissão de Ordens de Serviço (ou Ordens de Trabalho).
7. Determinação do Caminho Crítico.
8. Nivelamento de Recursos.
9. Projeto de Facilidades de Manutenção e dispositivos para melhoria da manutenibilidade e melhoria da segurança geral na Parada.
10. Contratação de Pessoal Externo.
11. Compra de Material.
12. Preparativos Preliminares – incluem preparação da área, montagem de dispositivos, preparação de rotas de fuga (quando necessária), construção de acessos alternativos, montagem de andaimes, montagem de painéis elétricos para ligação de máquinas de solda, montagem de containers na área etc.
13. Acompanhamento dos Serviços.
14. Atualização das Tarefas Programadas e Inclusão de Novos Serviços.
15. Apropriação e lançamento no programa.
16. Catalogação das recomendações de inspeção.
17. Registro fotográfico e documental das condições dos equipamentos (relatórios técnicos).
18. Acompanhamento dos testes finais.
19. Acompanhamento da partida da unidade.
20. Avaliação da parada e emissão de relatórios técnicos e gerenciais.

Em virtude do grande número de tarefas e da variedade de recursos, duas ferramentas são fundamentais no planejamento e na programação de paradas de manutenção: O Pert-**CPM** e o Nivelamento de Recursos. Após as definições, toda a estrutura da empresa aguarda que o planejamento emita o cronograma, com base no qual a parada irá se desenvolver.

O PERT – *Program Evaluation and Review Technique* ou Técnica de Avaliação e Revisão de Programa, encomendado pela NASA à Booz Allen and Hamilton, foi usado pela primeira vez em 1958 pela Marinha Americana no programa Polaris.

Paralelamente, a Dupont desenvolvia o método conhecido por CPM – *Critical Path Method* ou Método do Caminho Crítico, para controle de suas atividades de Manutenção.

Pela metodologia do PERT, todo e qualquer empreendimento deve ter uma sequência ótima de suas atividades, de tal modo que permita um perfeito entrosamento entre o controle e a execução. Segundo B. W. Niebel, PERT pode ser definido como "um prognóstico do método de planejamento e controle que mostra, graficamente, o melhor caminho para se alcançar um objetivo predeterminado, geralmente em termos de tempo".

No mercado mundial há, relativamente, poucos *softwares* específicos para Planejamento e Controle de Paradas de Manutenção. Em geral esses *softwares* são considerados uma "suite" por conterem vários aplicativos. Entre esses aplicativos destacam-se:

- Definição e otimização do escopo.
- Monitoramento de soldagem.
- Análise de risco.
- Permissão de trabalho.
- Preparação de "pacotes" de trabalho.
- Programação e controle do andamento dos serviços.
- Controle da qualidade.
- Registro de tempo.
- Custo e estimativas.
- Interfaces de agendamento e gestão de material.

A tabela 4.4 mostra alguns desses *softwares*.

Software	Desenvolvedor	
Roser Software Suite	Roser Consys BV	NL
ATC Professional	Interplan Systems	US
Impact	Impact Software	UK
Iplan STO	IAM Technology Ltd	UK
TARS-OP	Nexus Global Business Solution	US
Primavera STO	Oracle	US

Tabela 4.4 – *Softwares* de Planejamento e Controle de Paradas de Manutenção

Pela semelhança entre os grandes serviços de paradas de manutenção e projetos, podem ser utilizados *softwares* que permitem elaborar o planejamento, nivelamento de recursos e fazer o acompanhamento de serviços. Dessa forma a sistemática do PMI (*Projet Management Institute*), válidas para projeto, são aplicáveis às paradas de manutenção.

Alguns dos *softwares* para projetos de engenharia encontrados no mercado estão mostrados na tabela 4.5:

Project on line professional	Microsoft	US
Project (Standard ou Professional)	Microsoft	US
Primavera P6 Project Management	Oracle	US
Wrike	Wrike Inc	US
Easy Project	Logic Software Inc	CA
Workzone	Workzone	US
Zoho	Zoho Corporation Pvt Ltd	US
Azana	Azana	US
Team Gantt	Team Gantt	US
Mavelink	Mavelink Inc	US

Tabela 4.5 – *Software* para projetos de engenharia

4.4.4. Manutenibilidade

Manutenibilidade ou Mantenabilidade (do inglês *Maintainability*) é a característica de um equipamento ou conjunto de equipamentos que permite, em maior ou menor grau de facilidade, a execução dos serviços de manutenção.

A NBR 5462-1994 define Mantenabilidade como a capacidade de um item ser mantido ou recolocado em condições de executar suas funções requeridas, sob condições de uso especificadas, quando a manutenção é executada sob condições determinadas e mediante procedimentos e meios prescritos.

Alguns princípios podem ser considerados como fundamentais em busca da melhoria da manutenibilidade:

a) A manutenibilidade deve, sempre, estar associada aos seguintes conceitos fundamentais: qualidade, segurança, custos, tempo:

- ✓ qualidade do serviço a ser executado (e entregue);
- ✓ segurança do pessoal que executa o serviço e da instalação;
- ✓ custos envolvidos, incluindo perdas de produção;
- ✓ tempo ou indisponibilidade do equipamento.

b) A manutenibilidade será melhor se os seguintes critérios relacionados à área de suprimentos forem adotados:

- ✓ intercambiabilidade;
- ✓ padronização de sobressalentes;
- ✓ padronização de equipamentos na planta.

c) Sistemas de detecção e indicação de desgaste, condições anormais ou falhas (monitoramento) fazem parte da melhoria da manutenibilidade da planta, pois permitem atuação orientada do pessoal de manutenção.

d) A manutenibilidade será tanto maior quanto mais sejam adotadas técnicas comuns, clássicas ou de domínio geral, que não exijam habilidades especiais do pessoal da manutenção.

e) Os equipamentos devem apresentar facilidade de montagem e desmontagem, incluindo:

- ✓ utilização de ferramentas universais (não especiais);
- ✓ acesso (escadas, passarelas, bocas de visita, portas de inspeção, espaço suficiente para fazer regulagens ou colocar ferramentas). Este é o item menos observado no projeto e que mais problemas causam à manutenção;
- ✓ fácil retirada e colocação de subconjuntos, instrumentos ou acessórios que exijam manutenção, aferição ou inspeção com frequência elevada;
- ✓ paus de carga, "turcos", macaquinhos e dispositivos que permitam movimentação de peças ou componentes de maior peso, principalmente em locais onde o acesso de máquinas de elevação de carga é prejudicado;
- ✓ simplicidade de projeto, evitando regulagens e verificações complexas após desmontagem;
- ✓ alternativas para que a atuação do pessoal de manutenção ocorra em local seguro e longe de exposição a ambiente agressivo.

f) As informações relativas à manutenção devem ser claras, concisas e de fácil compreensão. Tais informações devem permitir:

- ✓ treinamento do pessoal;
- ✓ estabelecimento de política de manutenção;
- ✓ estabelecimento de padrões simplificados de manutenção;
- ✓ inserção de dados, desenhos e diagramas em computador (solicitar ao fabricante a entrega dos dados em meio digital ou CD-ROM).

A inclusão do item Manutenibilidade neste capítulo deve-se aos seguintes fatores:

- ✓ Nem sempre todas as etapas descritas anteriormente são observadas no projeto, fabricação e montagem de uma instalação.
- ✓ Sempre é possível melhorar a manutenibilidade de uma instalação.
- ✓ As melhorias podem surgir das dificuldades encontradas pelo pessoal da manutenção ou pela análise dos serviços pelo planejamento.

4. Planejamento e Organização da Manutenção

- ✓ O ganho que se obtém com melhorias de manutenibilidade durante paradas de manutenção é significativo.
- ✓ O planejamento da manutenção e a engenharia de manutenção devem ter constante preocupação com a melhoria da manutenibilidade.

4.4.5. A Atuação do Planejamento

O diagrama a seguir, Figura 4.10, representa a atuação do planejamento de modo global. A coluna da esquerda apresenta os insumos, dentre os quais está a manutenibilidade. Todos os insumos atuam sobre a metodologia, ou seja, "como fazer". Observar que enquanto o microplanejamento está direcionado para o cumprimento dos prazos, o macroplanejamento deve visar a redução dos prazos, daí estar a manutenibilidade ligada diretamente a esse processo.

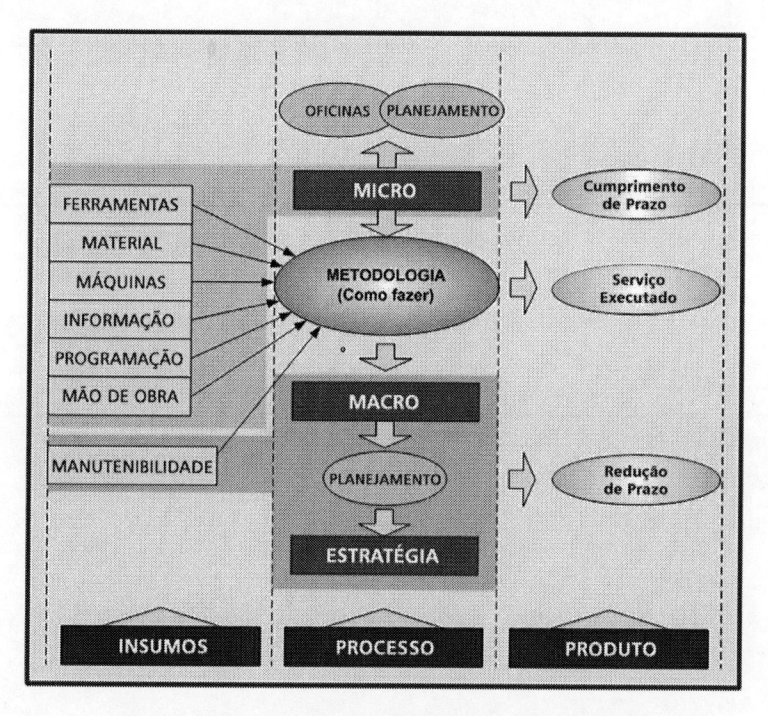

Figura 4.10– Atuação do Planejamento – Geral.

Do ponto de vista específico, o planejamento atua conforme mostra o diagrama a seguir, Figura 4.11

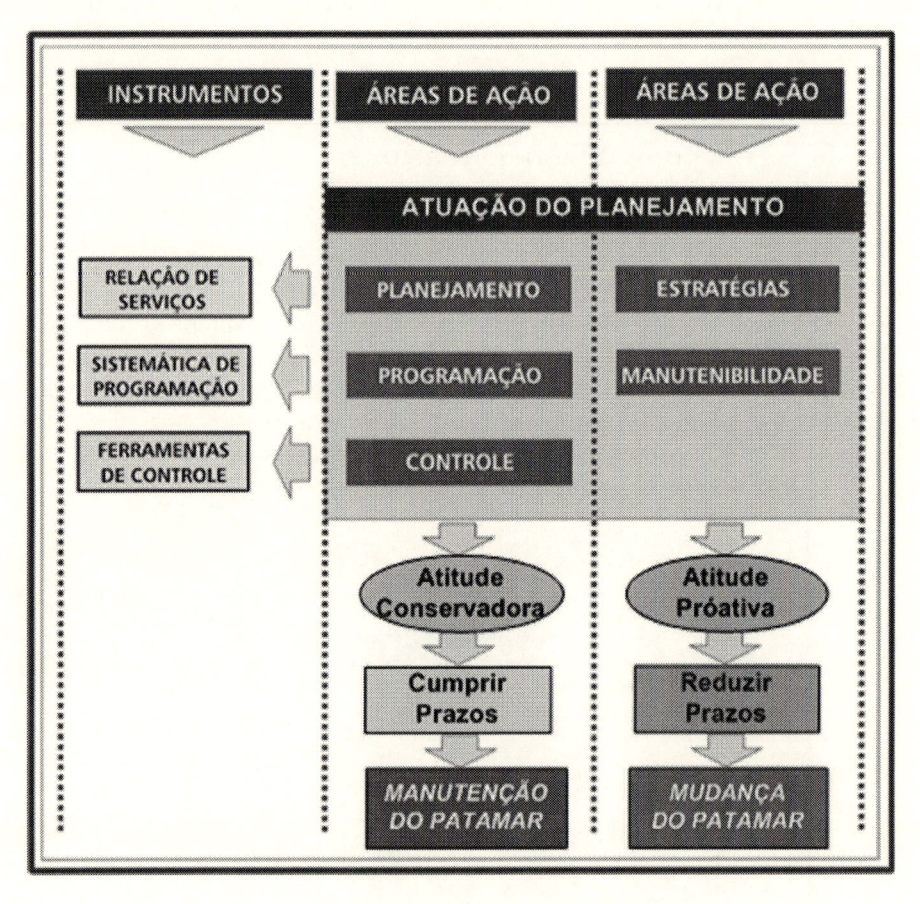

Figura 4.11– Atuação Específica do Planejamento.

4. Planejamento e Organização da Manutenção

Se o planejamento atuar somente como indicado na coluna do meio, apenas manterá o patamar onde se encontra. Entretanto, se incorporar as ações indicadas na coluna à direita – estratégias e manutenibilidade –, estará tendo uma atuação proativa, buscando a melhoria, a mudança de patamar.

Ao planejamento, principalmente de paradas, cabe analisar a melhor maneira de executar o serviço. Desse modo, soluções que melhorem a manutenibilidade e tornem a execução dos serviços mais fácil, mais rápida e mais segura devem ser uma preocupação da função planejamento.

Capítulo 5

MÉTODOS E FERRAMENTAS PARA AUMENTO DA CONFIABILIDADE

5.1. INTRODUÇÃO – CONFIABILIDADE, DISPONIBILIDADE E MANUTENIBILIDADE

Confiabilidade, Disponibilidade e *Manutenibilidade* são palavras que fazem parte do cotidiano da manutenção. Se analisarmos a conceituação de manutenção, verificaremos que a Missão da Manutenção é "Garantir a Disponibilidade da função dos equipamentos e instalações de modo a atender a um processo de produção ou de serviço com Confiabilidade, segurança, preservação do meio ambiente e custo adequado".

A conceituação de Confiabilidade, Disponibilidade e Manutenibilidade está mostrada nos itens a seguir.

5.1.1. Confiabilidade

O termo confiabilidade na Manutenção, do inglês *Reliability*, teve origem nas análises de falha em equipamentos eletrônicos para uso militar, durante a década de 50, nos Estados Unidos.

Em 1960, foi criado pela Federal Aviation Administration um grupo para estudo e desenvolvimento de um programa de confiabilidade para a indústria aeronáutica.

Das várias conclusões a que o grupo chegou, duas delas provocaram uma reorientação nos procedimentos até então em vigor:

- Se um item não possui um modo predominante e característico de falha, revisões programadas afetam muito pouco o nível de confiabilidade.
- Para muitos itens, a prática da manutenção preventiva não é eficaz.

Desde que, atualmente, o emprego da palavra confiabilidade tem sido muito grande na indústria, de modo geral, é importante que seja bem caracterizada.

> Confiabilidade, do inglês *Reliability*, é a capacidade de um item desempenhar uma função requerida, sob condições especificadas, durante um intervalo de tempo. O termo confiabilidade R(t) é usado como uma medida de desempenho de confiabilidade (NBR 5462-1994).

A Confiabilidade é a *probabilidade* de um item desempenhar uma *função requerida* sob *condições definidas* de uso durante um *intervalo de tempo* estabelecido.

Os Itens 5.1.1.1 a 5.1.1.4 detalham os quatro conceitos grifados na definição de confiabilidade: **Probabilidade, Função Requerida, Condições Definidas de Uso e Intervalo de Tempo**.

Barringer afirma que "Nós falamos de confiablilidade, mas medimos falhas". Desse modo, a confiabilidade de um equipamento ou produto pode ser expressa pela seguinte expressão, segundo a distribuição exponencial (taxa de falhas constante):

$$R(t) = e^{-\lambda t}$$

Onde:

R(t) = confiabilidade a qualquer tempo t.

e = base dos logaritmos neperianos (e = 2,718).

λ = taxa de falhas (número total de falhas por período de operação). Ver Item 5.1.1.6.

t = tempo previsto de operação.

Os quatro conceitos, destacados na definição de confiabilidade acima, podem ser mais bem caracterizados como se segue.

5.1.1.1. *Probabilidade*

É um conceito da estatística e pode ser definida como:

Relação entre o número de casos favoráveis e o número de casos possíveis, para um intervalo de tempo t, ou seja:

> Número de casos favoráveis/número de casos possíveis ≤ 1

Ou seja, a probabilidade é expressa, quantitativamente, entre 0 e 1. A probabilidade igual a 1 exprime a certeza de que um evento ocorrerá.

A probabilidade igual a 0 exprime a certeza de que um evento não ocorrerá.

> POR SER UMA PROBABILIDADE, A CONFIABILIDADE É UMA MEDIDA NUMÉRICA QUE VARIA ENTRE 0 E 1 (ou 0 e 100%).

Praticamente, considera-se que a confiabilidade é a probabilidade estatística de não ocorrer falha, de um determinado tipo, para certa missão, com um dado nível de confiança.

5.1.1.2. Função Requerida

É o limite de admissibilidade abaixo do qual a função não é mais satisfatória. É o mesmo que cumprir a missão, realizar o serviço esperado.

5.1.1.3. Condições Definidas de Uso

São as condições operacionais às quais o equipamento está submetido. O mesmo equipamento submetido a duas condições diferentes apresentará confiabilidade diferente.

Diferenças de temperatura, presença de poeira no ambiente, impurezas no produto e uma série de outros fatores influenciam sobremaneira a confiabilidade de equipamentos e nem sempre são levados em consideração quando são feitas comparações com indicadores de equipamentos instalados em outras plantas ou outros locais.

Por condições definidas de uso deve ser entendido, também, como o equipamento é operado. A má operação danifica os equipamentos, fazendo baixar sua confiabilidade (e disponibilidade).

Um estudo da WCP Consulting para o Ministério da Indústria e Comércio da Inglaterra indicou que 45% das perdas estavam relacionados a práticas inadequadas de operação dos equipamentos; 30 a 40% eram relativos a projeto e condições inadequadas e 10 a 30% das perdas eram causados por práticas inadequadas de manutenção.

5.1.1.4. Intervalo de Tempo

O período de tempo definido e medido é fundamental, desde que a confiabilidade varia com o tempo.

Um exemplo bastante intuitivo pode ser considerado para os carros de Fórmula-1. Suponha que o tempo da prova seja alterado de 2 horas para 4 horas. É de se esperar que a confiabilidade dos carros caia drasticamente.

5.1.1.5. Desempenho e Falha

Todo equipamento é projetado segundo uma especificação. Ou seja, todo equipamento é projetado segundo a função básica que irá desempenhar. Normalmente, o desempenho de um equipamento pode ser classificado como:

- *Desempenho Inerente* – desempenho que o equipamento é capaz de fornecer.
- *Desempenho Requerido* – desempenho que queremos obter do equipamento.

> A Manutenção é capaz de restaurar o desempenho inerente do equipamento. Se o desempenho do equipamento não é o desejado, ou se reduz a expectativa ou se introduzem modificações.

Não se consegue modificar o desempenho inerente dos equipamentos, tentando obter um desempenho dos equipamentos (diferente do desempenho inerente), à custa de revisões, modificações de folgas, melhorias de acabamento interno e outras soluções "quixotescas" que de nada adiantam e consomem excessivos recursos. Faz-se mister que a Manutenção conheça o desempenho dos equipamentos e seja inclusive capaz de indicar quais modificações serão necessárias se o desempenho desejado não é mais o inerente ao equipamento.

Quando um equipamento não apresenta o desempenho previsto, usamos o termo *falha* para identificar essa situação. A falha pode representar:

- Interrupção da produção.
- Operação em regime instável.
- Queda na quantidade produzida.
- Deterioração ou perda da qualidade do produto.

Figura 5.1 – Baixa Confiabilidade.

Falha, segundo a NBR 5462, significa o término da capacidade de um item desempenhar a função requerida. Desse modo, falha pode ser definida como a cessação da função de um item ou incapacidade de satisfazer a um padrão de desempenho previsto.

Quanto maior o número de falhas menor a confiabilidade de um item, para as condições estabelecidas *a priori*.

Quanto maior a confiabilidade, melhores serão os resultados para o cliente ou usuário. Entretanto, a confiabilidade só começa a ter sentido quando o lado financeiro está em questão.

O gráfico da Figura 5.2 expressa a relação entre a confiabilidade e os custos de produção e de manutenção.

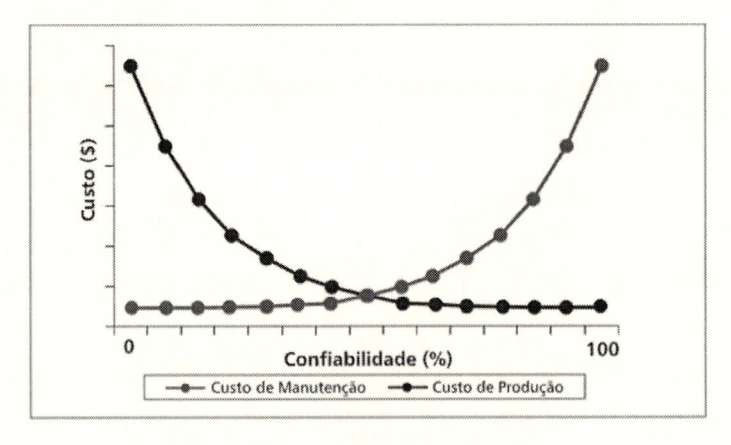

Figura 5.2 – Confiabilidade × Custos.

5. Métodos e Ferramentas para Aumento da Confiabilidade

Quanto maior a confiabilidade, menores serão os custos de produção. Por outro lado, os custos de manutenção aumentam significativamente à medida que o índice de confiabilidade tende a 100%.

5.1.1.6. Taxa de Falhas

Taxa de Falhas é definida como a frequência com que as falhas ocorrem, num certo intervalo de tempo, medida pelo número de falhas para cada hora de operação ou número de operações do sistema ou componente.

De modo resumido, a Taxa de Falhas é definida como o número de falhas por unidade de tempo. Usualmente é expressa em unidades de falha por milhão de horas (10^6 horas).

A Taxa de Falhas (λ) é representada pela equação:

$$\lambda = \frac{\text{Número de falhas}}{\text{Número de horas de operação}}$$

A Figura 5.3 apresenta uma curva característica típica da vida de um produto, equipamento ou sistema. Veja também o Item 5.2.1.4.3. A curva expressa a taxa de falhas (número de falhas por unidade de tempo) em função do tempo (vida).

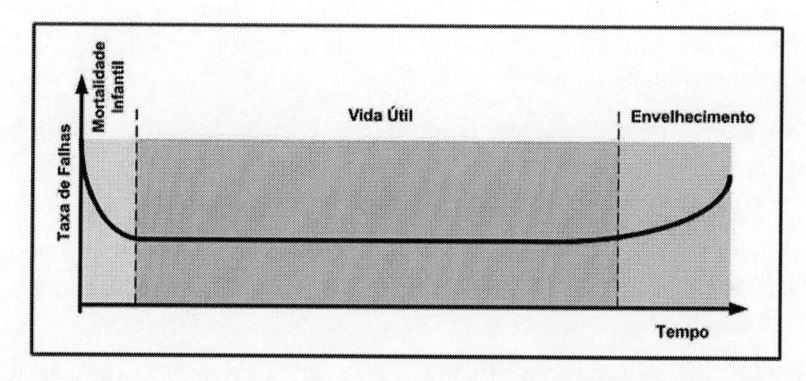

Figura 5.3 – Curva Característica da Vida de Equipamentos (Curva da Banheira).

A curva mostrada é também conhecida como "curva da banheira", pelo seu formato. É válida para uma série de componentes elétricos, mecânicos e sistemas, sendo determinada a partir de estudos estatísticos.

Tem três períodos distintos:

- Mortalidade Infantil – Há grande incidência de falhas causadas por componentes com defeitos de fabricação ou deficiências de projeto. Essas falhas também podem ser oriundas de problemas de instalação.

- Vida Útil – A taxa de falhas é sensivelmente menor e relativamente constante ao longo do tempo. A ocorrência de falhas decorre de fatores menos controláveis, como fadiga ou corrosão acelerada, fruto de interações dos materiais com o meio. Assim, sua previsão é mais difícil.

- Envelhecimento ou Degradação – Há um aumento na taxa de falhas decorrente do desgaste natural, que será tanto maior quanto mais passar o tempo.

Esta curva foi considerada, por muito tempo, como um padrão para o comportamento de equipamentos e sistemas, mas a partir do estudo de confiabilidade elaborado pela United Airlines – ver Figura 5.11 – e da possibilidade de uma boa atuação nas fases que antecedem a entrada em operação dos equipamentos, não deve ser considerada como tal.

Do ponto de vista de manutenção, deve ser considerado que a taxa de mortalidade infantil será tanto maior quanto pior for o trabalho desenvolvido nas fases que antecedem a entrada em operação de qualquer equipamento ou sistema.

Normalmente, a manutenção arca com todo o ônus do trabalho malfeito nas etapas anteriores, mas, independentemente disso, as consequências se traduzirão em baixa confiabilidade e lucros cessantes para a planta.

Outra forma de calcular a taxa de falhas é considerar o número de **FALHAS** por unidades testadas multiplicado pelo número total de horas de teste.

Esta forma de cálculo é utilizada pelos fabricantes de componentes:

$$\lambda = \frac{\text{Número de falhas}}{\text{(unidades testadas)} \times \text{(número de horas de teste)}}$$

O inverso da taxa de falhas é conhecido como Tempo Médio entre Falhas (TMEF) (em inglês MTBF – *Mean Time Between Failures*)

TMEF = 1 / l

5.1.2. Disponibilidade

Disponibilidade, do inglês *Availability*, é a capacidade de um item estar em condições de executar uma certa função em um dado instante ou durante um intervalo de tempo determinado, levando-se em conta os aspectos combinados de sua confiabilidade, mantenabilidade e suporte de manutenção, supondo que os recursos externos requeridos estejam assegurados. O termo "disponibilidade" é usado como uma medida do desempenho de disponibilidade (NBR 5462-1994).

A Disponibilidade pode ser classificada em:

- Disponibilidade Inerente (*Inherent Availability*)

Pode ser calculada pela fórmula:

$$\text{Disponibilidade Inerente (\%)} = \frac{\text{TMEF}}{\text{TMEF} + \text{TMPR}} \times 100$$

Onde:

TMEF = Tempo médio entre falhas (em inglês MTBF – *Mean Time Between Failures*).

TMPR = Tempo médio para reparos (em inglês MTTR – *Mean Time to Repair*).

O termo "inerente" (ou intrínseca) implica o fato de somente se levar em conta o tempo de reparo, excluindo do TMPR todos os demais tempos

- tempo de logística, tempo de espera de sobressalentes, deslocamentos, etc. Reflete o percentual do tempo que seria disponível se não ocorressem perdas de tempo ou atrasos (*delay time*). A sigla TMPR na disponibilidade inerente leva em consideração apenas as manutenções corretivas.

Uma distinção importante deve ser feita:

O TMEF (MTBF) é uma medida básica de confiabilidade de itens reparáveis e, em geral, se refere à vida média de uma população.

O TMPF – tempo médio para a falha (em inglês MTTF – *Mean Time To Failure*) – é uma medida básica de confiabilidade de itens NÃO reparáveis. Normalmente se refere a uma peça ou componente de um equipamento. Exemplo típico são as lâmpadas.

- **Disponibilidade Técnica** (*Achieved Availability*)

Também conhecida por Disponibilidade Obtida ou Encontrada, é dada pela fórmula:

$$\text{Disponibilidade Técnica (\%)} = \frac{\text{TMEM}}{\text{TMEM} + \text{TMPRativo}} \times 100$$

Onde:

TMEM = Tempo médio entre manutenções (em inglês MTBM – *Mean Time Between Maintenance*).

TMPRativo = Tempo médio para reparos – corretivos e preventivos (em inglês MTTRactive – *Mean Time to Repair Active*).

A sigla TMPR na disponibilidade técnica também não considera os tempos adicionais de logística, esperas, atrasos, etc., mas inclui as manutenções tanto corretivas quanto preventivas.

5. Métodos e Ferramentas para Aumento da Confiabilidade

- **Disponibilidade Operacional (*Operational* Availability)**

Calculada pela fórmula:

$$\text{Disponibilidade Operacional (\%)} = \frac{\text{TMEM}}{\text{TMEM} + \text{TMP}} \times 100$$

Representa a avaliação mais real da disponibilidade, ou seja, aquela que de fato interessa à empresa. A Disponibilidade Operacional é também denominada Disponibilidade Física e tem larga aplicação na área de mineração.

TMP – Tempo médio de paralisações (em inglês MDT – *Mean Down Time*), inclui tempo do reparo propriamente dito e todos os demais tempos: esperas, atrasos, paradas para manutenções preventivas ou inspeções, deslocamentos e outros que contribuem para que os equipamentos ou os sistemas fiquem indisponíveis ou fora da condição de operação.

De modo simplificado, é o tempo médio de intervenções de manutenção tanto corretivas quanto preventivas incluído nesse tempo atrasos por motivos administrativos ou logísticos.

TMEM – Tempo médio entre manutenções (em inglês MTBM – Mean Time Maintenance) é o tempo médio de operação entre uma ação de manutenção e outra ação de manutenção para um ativo ou componente. Esse indicador é aplicado somente para atividades de manutenção que requerem ou resultem em interrupção da função do ativo.

A grande diferença do MTBF para o MTBM é que o MTBF só computa as falhas enquanto o MTBM computa todas as intervenções que levam à indisponibilidade, sejam oriundas de preventiva ou corretiva.

Seja o exemplo a seguir:

> **HORAS CALENDÁRIO (HC) = 365 dias x 24 horas = 8760 horas**
>
> | 1400 | 40 | 980 | 44 | 1270 | 32 | 1200 | 36 | 860 | 39 | 1050 | 25 | 850 | 34 | 890 |
>
> ▢ Equipamento disponível para operar
>
> ▪ Manutenção corretiva não planejada (a falha ocorrida demandou o reparo)
>
> ▪ Manutenção corretiva planejada recomendada peça Preditiva ou pela Inspeção
>
> ▢ Manutenção preventva (intervenção obedece a um plano que definiu a ação e a frequência)

TMEM = (1400+980+1270+1200+860+1050+850+890) / 8 = 8500 / 8 = 1062,5 horas

TMP = (40+44+32+36+39+25+34) / 7 = 35,7 horas

A Disponibilidade Operacional (DO) ou Disponibilidade Física será:

DO = 1062,5 / (1062,5 + 35,7) = 1062,5 / 1098,2 = 0,967 ou 96,7%

Outra forma de calcular a Disponibilidade Operacional (ou Física) é:

$$DF = \frac{HC - HM}{HC}$$

Onde:

HC – Horas Calendário

HM – Horas de manutenção

Horas Calendário (HC) são as 24 horas do dia multiplicadas pelo período considerado: 30 dias para 1 mês ou 365 / 366 dias para 1 ano. (obviamente se a empresa funcionar 24 horas por dia)

Horas de manutenção (HM) é tempo total em que o equipamento se encontra indisponível para operar por estar sob a intervenção da Manutenção.

Logo:

> **Horas Calendário (HC) = Horas Disponíveis (HD) + Horas de Manutenção (ou horas indisponíveis)(HM)**

Dessa forma se

$$DF = \frac{HC - HM}{HC}$$

e HC = HD + HM

DF = HD / HC

Exemplo:

HC – horas calendário

HM– horas de manutenção

HD – horas disponíveis

HC = 8760 horas

Supondo

HM = 120 horas

HD = HC – HM = 8760 – 120 = 8640 horas

DF = (8760 – 120) / 8760 = 0,986 ou 98,6%

Um outro aspecto que deve ser considerado é o que se refere às HORAS OCIOSAS.

Horas Ociosas se constituem o tempo total, dentro do TEMPO DISPONÍVEL, em que o equipamento não produziu. Essa não produção, estando o equipamento disponível para tal, pode ser oriunda de impedimentos de origem interna ou externa, alheio ao processo propriamente dito.

Assim, deduzindo-se as Horas Ociosas do Tempo Disponível, obtém-se as Horas Trabalhadas

Apenas por suposição, seja uma ocorrência externa de falta de energia elétrica causada por problemas no fornecimento da concessionária / distribuidora, por exemplo. A planta industrial (ou parte dela) irá parar e isso afetará a produção possivelmente paralisando totalmente a produção. Conceitualmente, os equipamentos estavam disponíveis para operar, mas não operaram por uma ocorrência interna ou externa que não tem nada a ver com a Manutenção.

Isso é tanto verdadeiro como o fato de que, em um hospital, a alimentação elétrica de um centro cirúrgico é feita tanto pela rede da concessionária como por um motor-gerador que garante a continuidade em caso de queda no fornecimento pela concessionária de energia elétrica. Logicamente, isso está ligado à continuidade operacional e é um critério definido no projeto ou pela gerência em função de uma série de fatores, dentre eles mercado, segurança, etc. No entanto, se houve queda da energia fornecida pela concessionária e o gerador (backup) não entrar, isso passa a ser um problema de manutenção

$$\boxed{TMEF = \frac{1}{\lambda}}$$

Desde que a taxa de falhas exprime a relação entre o número de falhas e o tempo total de funcionamento (operação) do equipamento, podemos representar o TMEF como sendo o inverso da taxa de falhas.

Analogamente à definição de taxa de falhas, é também definida a taxa de reparos, que é dada por:

$$\boxed{\mu = \frac{\text{Número de reparos efetuados}}{\text{tempo total de reparo da unidade}}}$$

Em consequência, pode-se definir o TMPR como sendo o inverso da taxa de reparos:

$$\boxed{TMPR = \frac{1}{\mu}}$$

O diagrama da Figura 5.4, mostra os tempos envolvidos na conceituação de disponibilidade.

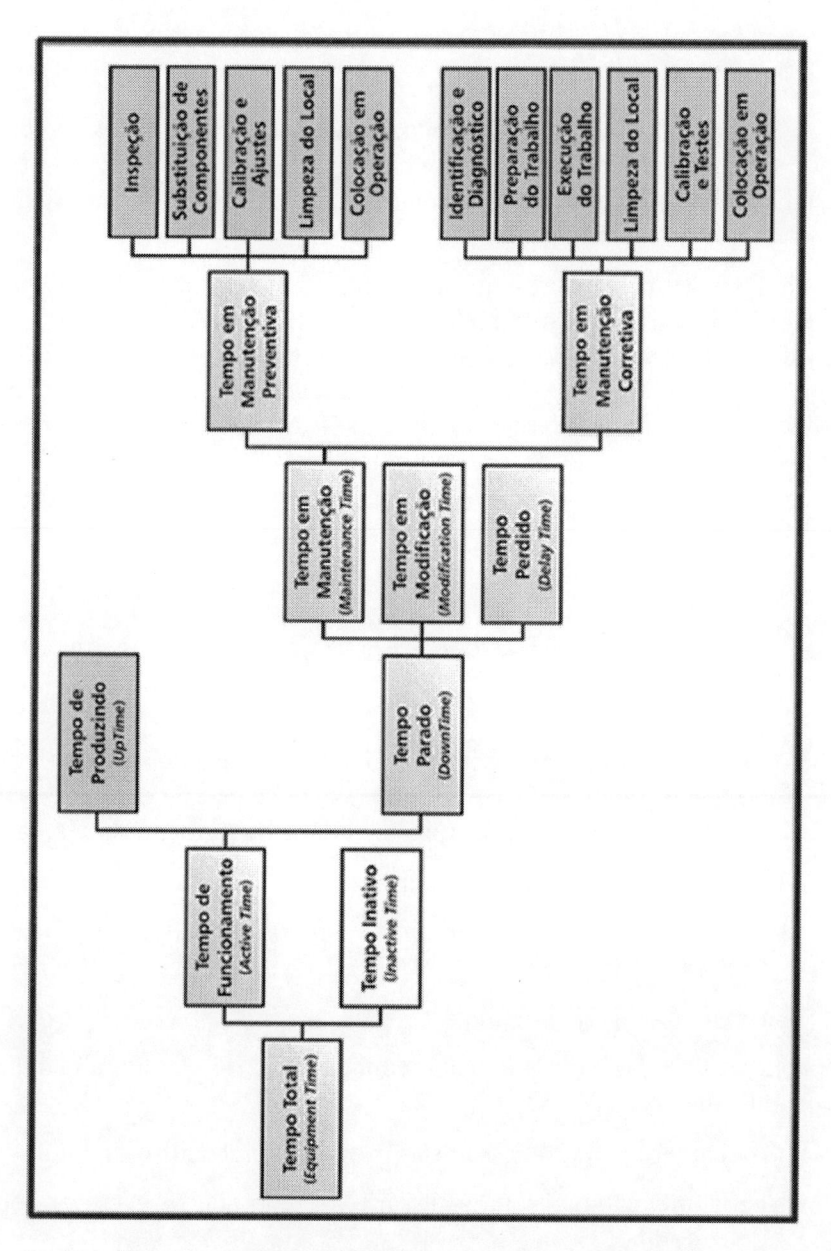

Figura 5.4 – Disponibilidade – Diagrama de Tempos.

5.1.3. Manutenibilidade

A Manutenibilidade (ou Mantenabilidade), do inglês *Maintainability*, pode ser conceituada como sendo a característica de um equipamento ou instalação permitir um maior ou menor grau de facilidade na execução dos serviços de manutenção.

François Monchy[5] apresenta a seguinte definição probabilística para Manutenibilidade: "É a probabilidade de restabelecer a um sistema suas condições de funcionamento específicas, em limites de tempo desejados, quando a manutenção é conseguida nas condições e com meios prescritos". Ou, mais simplesmente, é a probabilidade de que um equipamento com falha seja reparado dentro de um tempo t.

De modo análogo à Confiabilidade, a Manutenibilidade pode ser definida pela expressão:

$$M(t) = 1 - e^{-\mu t}$$

Onde:

M(t) = a função manutenibilidade, que representa a probabilidade de que o reparo comece no tempo t = 0 e esteja concluído, satisfatoriamente, no tempo t (probabilidade da duração do reparo).

e = base dos logaritmos neperianos (e = 2,718).

μ = taxa de reparos ou número de reparos efetuados em relação ao total de horas de reparo do equipamento.

t = tempo previsto de reparo.

Podemos considerar ainda como conceituação de Manutenibilidade, a probabilidade de que:

- o item terá restaurado seu *status* operacional dentro de t horas;
- a manutenção não será necessária mais do que N vezes por período de tempo;
- o custo de Manutenção não excederá a X R$ por período de tempo.

5. Métodos e Ferramentas para Aumento da Confiabilidade

Como visto anteriormente, a Manutenibilidade está associada ao parâmetro TMPR – Tempo Médio para Reparo. No item 5.1.2 foi verificado que o TMPR não incluía os tempos de espera (*delay time*). Entretanto, na literatura disponível são muito comuns as seguintes considerações:

- O TMPR estaria associado ao tempo gasto efetivamente no reparo.
- Todo tempo além desse, causado por esperas de ferramentas, sobressalentes e tempos mortos, costuma ser retirado do TMPR.
- O somatório do TMPR com os demais tempos constitui o que é normalmente denominado *downtime* por alguns autores. Outros costumam denominar esse tempo total de MFOT – *Mean Forced Outage Time*.

Normalmente, os tempos relativos às ações que se sucedem entre a parada e o retorno de um equipamento ou sistema à operação são os seguintes:

Tempo	Ações ou ocorrências
t0	Instante em que ocorreu a falha
t1	Localização do defeito
t2	Diagnóstico
t3	Desmontagem
t4	Remoção
t5	Espera de sobressalentes
t6	Substituição de peças
t7	Montagem
t8	Ajustes e testes
tf	Instante de retorno à operação

O somatório desses tempos constitui o *downtime* (tempo de paralisação) que está diretamente ligado à manutenção. Poderíamos acrescentar outros tempos que agravam ainda mais o *downtime*:

Tempo	Ações ou ocorrências
t9	Espera por falta de informações
t10	Deficiências de planejamento
t11	Demora na liberação pela Operação
t12	Falta de capacitação do pessoal
t13	Aguardando máquinas de elevação de carga
t14	Aguardando transporte
t15	Aguardando operador para testes

A maioria dos itens relacionados é de responsabilidade direta da Manutenção e alguns poucos envolvem negociação entre Manutenção, Operação e Suprimentos.

5.1.3.1. *Melhoria da Manutenibilidade*

O conceito de manutenibilidade, que atua diretamente no indicador de efetividade operacional, engloba:

- características do projeto;
- suporte de especialistas à engenharia de projetos;
- vetor para redução de custos;
- atuação eficaz da Engenharia de Manutenção;
- planejamento da Manutenção;
- capacitação da mão de obra de execução.

A ocasião mais adequada para analisar os aspectos de manutenibilidade de um equipamento, sistema ou instalação é na fase de projeto. As características do projeto impactam diretamente a manutenibilidade. Por isso, é fundamental que haja um suporte dos especialistas da área de Manutenção à Engenharia de Projetos, de modo que essas questões sejam verificadas no seu nascedouro. Essa forma de trabalhar integrada permite que o Custo do Ciclo de Vida (*Life Cycle Cost*) seja o mais adequado para a instalação por isso a Manutenibilidade é considerada um vetor para a redução de custos.

Independentemente da atuação no projeto,

> **SEMPRE É POSSÍVEL MELHORAR A MANUTENIBILIDADE.**

Nesse sentido, é necessário que a Engenharia de Manutenção atue de modo constante, utilizando o conhecimento e a vivência do pessoal de chão de fábrica.

As Figuras 5.5 e 5.6 mostram alguns exemplos de melhoria da manutenibilidade que, além de atuarem reduzindo o TMPR, provocam menor dispêndio de esforço do pessoal da execução e garantem maior segurança na realização dos serviços.

A Figura 5.5 mostra passarelas montadas entre as torres de destilação a vácuo, destilação atmosférica e forno de uma Unidade de Destilação Atmosférica e a Vácuo na Refinaria Gabriel Passos da Petrobras.

Além de permitirem ganho de tempo na movimentação de pessoal podem ser utilizadas como rota de fuga.

Figura 5.5 (Cortesia Petrobras – Refinaria Gabriel Passos).

A Figura 5.6 mostra a instalação de pisos em uma torre durante a parada para manutenção, o que permite várias frentes de trabalho simultâneas. Além de encurtar o tempo de manutenção garante maior segurança na realização dos serviços, pois isola completamente uma frente da outra. Os dispositivos possuem identificação e ficam armazenados em local adequado para posteriores utilizações.

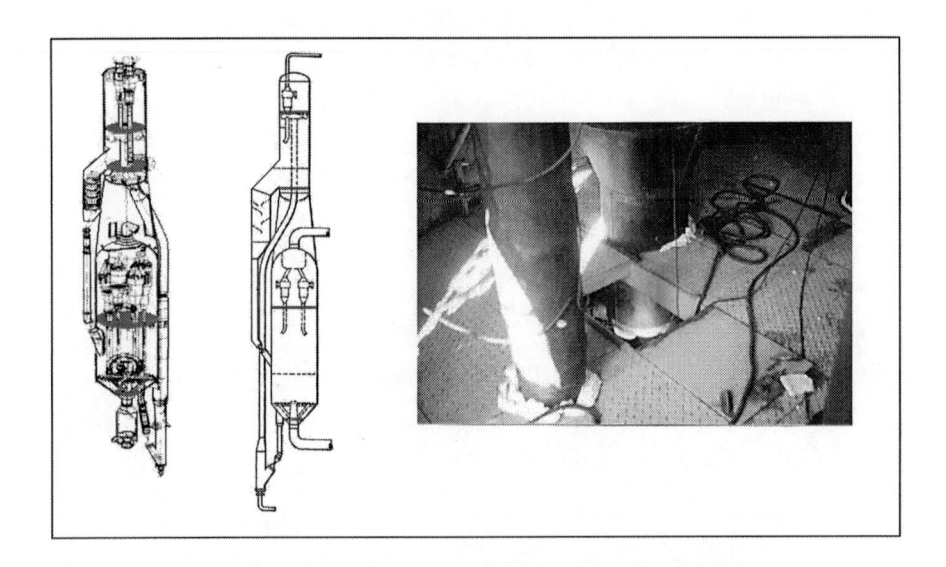

Figura 5.6 (Cortesia Petrobras – Refinaria Gabriel Passos).

Esses dois exemplos são típicos da atuação da Engenharia de Manutenção.

A análise da manutenibilidade de um equipamento ou de uma instalação deve levar em conta:

- Requisitos qualitativos.
- Requisitos quantitativos.
- Suporte logístico.
- Capacitação do pessoal de manutenção.

REQUISITOS QUALITATIVOS

a) Facilidade de acesso (acessibilidade).

b) Modularidade.

c) Padronização.

d) Intercambiabilidade.

e) Manobrabilidade.

f) Possibilidade de regulagem e ajustes (alinhamento, calibração).

g) Simplicidade de operação.

h) Necessidade de ferramentas, dispositivos e instrumentos especiais.

i) Visibilidade das partes que terão manutenção.

j) Peças e componentes *standard*.

REQUISITOS QUANTITATIVOS

a) Tempo médio para intervenções do tipo corretivo, preventivo e preditivo.

b) Tempos máximos admissíveis para os trabalhos típicos de manutenção.

c) Expectativa de recursos de manutenção (**x** homens/hora para cada **y** horas de funcionamento).

d) Números médio e máximo de recursos técnicos necessários em cada intervenção típica de manutenção.

e) Tempos médio e máximo de indisponibilidade (histórico/comparativo).

f) Tempo de manutenção por cada produto novo.

g) Expectativa de consumo de componentes (sobressalentes e materiais diversos).

h) Quantidade recomendada de sobressalentes em estoque.

Na fase de cotação para a aquisição dos equipamentos e instrumentos é possível exigir dos fornecedores informações pertinentes a diversos itens listados nos aspectos qualitativos e quantitativos. Isso pode ser um fator determinante para a seleção, desde que incluída na garantia dada pelo fabricante.

SUPORTE LOGÍSTICO

Logística é uma palavra que tem sido cada vez mais utilizada nas indústrias e deriva do termo usado pelos militares para definir a "ciência que trata do alojamento, equipamento e transporte de tropas, produção, distribuição, transporte e manutenção de material e de outras atividades não combatentes relacionadas" (Dicionário da Língua Portuguesa – Melhoramentos, 8a edição, 1994). Analogamente, a indústria utiliza o termo "logística", que engloba todas as atividades que dão apoio e/ou suporte à produção.

Analisada pela ótica da Manutenção, logística é o conjunto de meios que devem ser colocados à disposição para o cumprimento da missão da manutenção: manter a disponibilidade do sistema. Esses meios são: ferramental, sobressalentes, materiais de consumo, meios de levantamento de carga, transporte e movimentação de carga, pessoal e materiais.

Suporte Logístico é providenciar aquilo de que se necessita, no momento adequado e no local apropriado, de tal modo que a disponibilidade do sistema seja mantida.

CAPACITAÇÃO DE PESSOAL

É um dos itens mais importantes na Manutenção e seguramente um dos mais negligenciados. No Brasil, constata-se que:

- Aproximadamente 50% das empresas nacionais não têm plano de treinamento formalizado para seus empregados.
- O levantamento das necessidades individuais não é sistematizado
- Os planos de treinamento (quando existem) são sistematicamente descumpridos (prioridade, cortes nos custos, excesso de corretiva).
- Para a grande maioria das empresas nacionais o treinamento formalizado no trabalho não é praticado.

- Quando se pensa em cortar custos, a primeira área atingida é treinamento.
- Há uma aceitação conformada, em grande parte das empresas, de que a mão de obra contratada não tenha qualificação ou que o problema de capacitá-la é somente da contratada.
- Não há medição do desperdício causado pela baixa qualificação.
- De modo geral, não se prevê treinamento para novos empreendimentos.

No entanto,

- A maioria das grandes empresas nacionais investe em treinamento, sendo que:
  - ✓ O índice de treinamento externo é acentuadamente maior para os gerentes e os supervisores.
  - ✓ O PNQC (Programa Nacional de Qualificação e Certificação) conduzido pela Abraman, vem sendo gradativamente aplicado tanto para pessoal próprio como para terceirizados.
  - ✓ Empresas de grande porte mais organizadas prevêm treinamento para operação e manutenção em novos empreendimentos
- As ameaças externas às empresas nacionais estão provocando uma reanálise pelos gerentes em relação ao treinamento/capacitação.
- Existe uma tendência efetiva de admitir pessoal com maior nível de escolaridade

> .. e o fator de produção absolutamente decisivo atualmente não é nem o capital, nem a terra, nem o trabalho.
> **É o conhecimento (Peter Drucker).**

O profissional despreparado gasta, no mínimo, um tempo muito maior para executar o serviço, e ainda "é capaz" de introduzir defeitos ou provocar sérios problemas pela falta de qualificação para executar o serviço, podendo, inclusive, provocar problemas de segurança pessoal e operacional.

A capacitação é fundamental para que o pessoal de manutenção desenvolva as habilidades que estão diretamente ligadas a:

- Qualidade do serviço prestado.
- Redução do tempo necessário para execução do serviço.
- Oportunidades de melhorias nos equipamentos e instalações.
- Maior segurança pessoal e operacional.

Figura 5.7 – Necessidade de Treinamento do Pessoal de Manutenção.

O mantenedor deve ser um especialista, de modo que:

- Conheça detalhadamente os equipamentos, os sistemas e o seu funcionamento.
- Conheça detalhes de operação, pois só assim será possível executar uma boa manutenção, quando necessário.
- Seja capaz de definir e utilizar instrumentos, necessários ao acompanhamento, e emitir diagnóstico.
- Possa transmitir conhecimentos para seus companheiros.

5.1.4. A Relação Entre o Aspecto Técnico e o Financeiro

A confiabilidade impacta a segurança, o meio ambiente, a produção e os custos. A baixa confiabilidade em qualquer planta, unidade ou sistema impacta diretamente o orçamento da Manutenção (custos) e da empresa, em última instância. Em um ambiente de elevada competitividade, a confiabilidade é fator primordial para a redução dos custos operacionais.

Há necessidade de se adequar a linguagem entre os vários estratos da Organização. Enquanto a alta gerência fala a língua do dinheiro, as áreas de Operação, Manutenção e Engenharia utilizam a linguagem técnica. A linguagem técnica é excelente para o nível tático e operacional, mas ininteligível para a alta gerência. Temos que falar a língua dos negócios!

Figura 5.8 – Devemos Falar a Língua dos Negócios.

Especialistas em implantação de programas de aumento de confiabilidade costumam concordar que as ferramentas a serem aplicadas dependem do estágio em que a manutenção se encontra, e, de modo geral, a utilização das ferramentas tem uma evolução.

Isso significa que algumas ferramentas extremamente simples oferecem grandes ganhos em tempo curto, daí ser recomendada sua implantação em primeiro lugar.

Um exemplo do que vem a ser isso está ilustrado a seguir:

- Inicie o programa de melhoria da confiabilidade com formulários simples e operações aritméticas. Quantifique custos importantes e número de falhas.
- Ganhe ímpeto com boas práticas de manutenção.
- Melhore a sistemática de manutenção introduzindo o TPM – Manutenção Produtiva Total ou Polivalência.
- Utilize ferramentas para resolver problemas de modo eficaz:
    ✓ RCM – Manutenção Centrada na Confiabilidade ou *Reliability Centered Maintenance*; FMEA – Análise do Modo e Efeito de Falha ou *Failure Mode and Effects Analisys*; RCFA – Análise das Causas-Raízes da Falha ou *Root Cause and Failure Analisys*; MASP – Método de Análise e Solução de Problemas, e outras.
- Estimule programas de melhoria pelo uso de estatística para quantificar e compreender os resultados.
- Forneça todos os resultados de confiabilidade em moeda corrente (faturamento, lucro, redução de custos, etc.).

5.2. Melhores Práticas na Manutenção

Melhores práticas são aquelas que se têm mostrado superiores em resultados; selecionadas por um processo sistemático e julgadas como exemplares, boas ou de sucesso demonstrado.

O processo de *benchmarking* está apoiado em Melhores Práticas e Indicadores, conforme visto no Capítulo 2, Item 2.2.2.

Desse modo, fazer *benchmarking* significa:

- Trabalhar segundo as melhores práticas.
- Acompanhar os resultados através de (poucos) indicadores representativos.

As melhores práticas são, então, adaptadas para se ajustarem a uma organização, desde que cada organização é particularmente diferente.

Os resultados para a Manutenção que aplica as melhores práticas, atualmente, inclui:

- 100% do tempo dos executantes cobertos por ordens de serviço.
- 90% de cumprimento da programação de serviços.
- 100% da confiabilidade requerida é atingido 100% do tempo.
- Falta de sobressalentes no estoque são raros (menos que 1 por mês).
- Horas extras não passam de 2% em relação ao tempo total de manutenção.
- Os custos de Manutenção estão dentro de ± 2% do orçamento.

Esses resultados não se atingem sem a aplicação das melhores práticas. E a aplicação das melhores práticas deve estar inserida em um Programa de Gestão senão da Manutenção, mas de toda a Organização. Entretanto, para que os resultados sejam conquistados é necessário:

- Comprometimento de toda a estrutura organizacional.
- Perseverança ou constância de propósitos.
- Que o programa independa das pessoas, ou seja, deve ser sistematizado e se constituir em um programa da organização.

NO BRASIL,

- a maioria das pessoas pensam que os programas de melhoria têm começo e fim;
- no entanto, programas de melhoria só têm começo;
- a melhoria deve ser permanente;
- os gerentes querem colocar a sua marca e, em geral, mudam tudo que estava feito (vaidade maior do que a razão);
- o gerente sábio aproveita as coisas boas já implantadas e trabalha em cima das coisas que necessitam de melhorias.

As melhores práticas não serão implementadas se não houver investimento nas pessoas. É fundamental que as pessoas sejam treinadas em vários níveis e haja um programa de reciclagem à medida que as melhorias nos processos ou a introdução de novos métodos e/ou instrumentos sejam incorporadas. Concomitantemente, os procedimentos devem ser atualizados (e praticados) de modo que representem o estado da arte.

Finalmente, nada funcionará se não houver a real participação de todos os segmentos da estrutura organizacional, através das pessoas.

Nos itens a seguir serão mostradas algumas ferramentas para melhoria da confiabilidade.

A aplicação dessas ferramentas pressupõe:

- O envolvimento e a participação das pessoas dos diversos segmentos da empresa (Operação, Manutenção, Engenharia...).
- Um programa sistematizado.
- Perseverança na aplicação, acompanhamento e implementação das recomendações, a partir do exemplo de todas as gerências.

5.2.1. Ferramentas para o Aumento da Confiabilidade

5.2.1.1. *Análise do Modo e Efeito de Falha – FMEA*

Mais conhecida pela sigla em inglês FMEA (*Failure Mode and Effect Analysis*), é uma abordagem que ajuda a identificar e priorizar falhas potenciais em equipamentos, sistemas ou processos. FMEA é um sistema lógico que hierarquiza as falhas potenciais e fornece as recomendações para ações preventivas. É um processo formal que utiliza especialistas dedicados a analisar as falhas e solucioná-las.

Especialistas indicam três níveis de FMEA: projeto, processo e sistema.

FMEA no projeto dedica-se a eliminar as causas de falha durante o projeto do equipamento, levando em consideração todos os aspectos, desde manutenibilidade até aspectos ligados à segurança.

FMEA no processo focaliza como o equipamento é mantido e operado.

FMEA no sistema se preocupa com as falhas potenciais e gargalos no processo global, como uma linha de produção.

O pessoal de Manutenção está mais envolvido na FMEA de processo, pois nessa fase os equipamentos estão instalados e operando. Além disso, os especialistas em equipamentos são da Manutenção.

Sugere-se que o grupo de FMEA, na fase de processo, orientado para Manutenção, tenha engenheiros e técnicos de manutenção e de operação. Os grupos devem ser multidisciplinares pela complementaridade de conhecimentos, além da vantagem de decisões colaborativas. Está mais do que comprovado que esse tipo de grupo apresenta maior produtividade, além de eficiência no aspecto de custos.

FMEA é fundamentalmente a medida do risco de falha. Desse modo, quanto mais pessoas estiverem envolvidas na definição da taxa de risco, mais preciso será o resultado.

Além da sigla FMEA é comum se ouvir a sigla FMECA.

FMECA é a sigla que significa *Failure Mode Effects and Critically Analisys*, ou seja, Análise do Modo, Efeito e Criticidade de Falhas.

A principal diferença entre FMEA e FMECA reside no fato de que FMEA é uma técnica mais ligada ao aspecto qualitativo, sendo muito utilizada na avaliação de projetos, enquanto a FMECA inclui o que se denomina análise crítica – CA – Critically Analisys. A análise crítica é um método quantitativo que é utilizado para classificar os modos de falhas levando em consideração suas probabilidades de ocorrência.

Alguns dos principais conceitos necessários para a análise são:

- CAUSA – é o meio pelo qual um elemento particular do projeto ou processo resulta em um Modo de Falha.

- EFEITO – é uma consequência adversa para o consumidor ou usuário. Consumidor ou usuário pode ser a próxima operação ou o próprio usuário.

- MODOS DE FALHA – são as categorias de falha que são normalmente descritas.

- FREQUÊNCIA – é a probabilidade de ocorrência da falha.

- **GRAVIDADE DA FALHA** – indica como a falha afeta o usuário ou cliente.
- **DETECTABILIDADE** – indica o grau de facilidade de detecção da falha.
- **ÍNDICE DE RISCO OU NÚMERO DE PRIORIDADE DE RISCO – NPR** – é o resultado do produto da Frequência pela Gravidade da Falha e pela Detectabilidade (facilidade de detecção). Esse índice dá a prioridade de risco da falha.

NPR = Frequência × Gravidade × Detectabilidade

SEQUÊNCIA DE TRABALHO

Na determinação da taxa de risco de falha de um componente particular de um equipamento, o grupo deve adotar a seguinte sequência:

a) Isolar e descrever o modo da falha potencial:

Sob que condições o equipamento falha?

Descrever o efeito potencial da falha: *Ocorre parada ou redução de produção? A qualidade do produto é afetada? Quais os prejuízos?*

b) Determinar a frequência, a gravidade e a detectabilidade da falha:

Qual a frequência de ocorrência da falha? Qual o grau de gravidade da falha?

Qual a facilidade da falha ser detectada?

Para indicar a gravidade da falha, adota-se uma escala de 1 a 10, sendo 10 para a falha mais grave. Idem para a frequência e para a detectabilidade.

Para que todos os membros do grupo tenham o mesmo entendimento do que é uma falha e o que ela significa para uma operação em particular, essas definições devem ser dadas antes do grupo iniciar seus trabalhos.

Determinar o Número da Prioridade do Risco – NPR.

c) Desenvolver planos de ação para eliminar ou corrigir o problema potencial.

Para determinação dos pesos das parcelas que compõem o NPR, existem algumas recomendações, normalmente baseadas em experiências de empresas, como mostrado a seguir:

Componente do NPR	Classificação	Peso
FREQUÊNCIA DA OCORRÊNCIA F	Improvável	1
	Muito pequena	2 a 3
	Pequena	4 a 6
	Média	7 a 8
	Alta	9 a 10
GRAVIDADE DA FALHA G	Apenas perceptível	1
	Pouca importância	2 a 3
	Moderadamente grave	4 a 6
	Grave	7 a 8
	Extremamente grave	9 a 10
DETECTABILIDADE D	Alta	1
	Moderada	2 a 5
	Pequena	6 a 8
	Muito pequena	9
	Improvável	10
ÍNDICE DE RISCO NPR	Baixo	1 a 50
	Médio	50 a 100
	Alto	100 a 200
	Muito alto	200 a 1.000

Um modelo de formulário para registro e acompanhamento da análise de FMEA está mostrado a seguir.

EMPRESA X	FMEA – Análise do Modo e Efeito da Falha	revisão 0			
		data 22/07/09			
	(X) MANUTENÇÃO ( ) OPERAÇÃO ( ) SISTEMAS	resp. ABC			

Identificação	Local	U 431	Setor	Britagem	Sistema	Primário	Equipamento	Britador	TAG	431-BT-02

SUB ITEM	COMPONENTE/ PROCESSO	FUNÇÃO	POSSÍVEIS FALHAS			CONTROLES ATUAIS	ÍNDICES ATUAIS			AÇÕES CORRETIVAS		ÍNDICES MELHORADOS			
			MODO	EFEITO	CAUSAS		F	G	D	NPR	Recomendada	Adotada	F	G	D	NPR

CONCLUSÃO

A FMEA focaliza falhas potenciais e suas causas. Desse modo, as ações necessárias podem ser tomadas com vista a evitar problemas futuros e prejuízos, antes que eles aconteçam. Para a Manutenção, a aplicação mais vantajosa de FMEA ocorre na análise de falhas já ocorridas.

Para falhas e falhas potenciais mais importantes os gastos no desenvolvimento de ações de FMEA são pagos muitas vezes pela economia obtida evitando as falhas.

Exemplo: Suponhamos um misturador vertical, composto por motor elétrico, mancal externo, misturador, instalado em um tanque vertical, com produto corrosivo; figura 5.9.

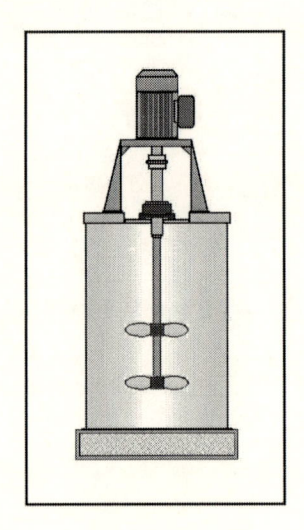

Figura 5.9.

A FMEA procede à análise partindo da causa para chegar ao efeito. Então, podemos analisar o conjunto mostrado no croqui por partes. Isso está mostrado, muito simplificadamente, somente para passar a ideia de como deve ser a sequência de análise.

a) Isolar e Descrever o Modo Potencial de Falha

1. Componente:
    ✓ Mancal intermediário.
2. Função do Componente:
    ✓ Centrar e suportar lateralmente o eixo do misturador.
3. Falhas Possíveis:
    ✓ Fratura da caixa de mancal.
    ✓ Folga excessiva no mancal.
4. Efeitos:
    ✓ Aumento da vibração.
    ✓ Danos ao mancal e ao eixo.
    ✓ Danos à estrutura do tanque (chapa superior).
5. Causas:
    ✓ Mancal subdimensionado.
    ✓ Fixação inadequada.
    ✓ Chapa-suporte de baixa espessura.
6. Controles Atuais:
    ✓ Nenhum.

b) Efeito Potencial da Falha:
    ✓ Ocorre parada parcial de produção na Unidade X.

- ✓ A qualidade do produto é afetada pela injeção do produto nãohomogeneizado, contido no tanque.

  Prejuízos: Refugo da produção obtida nessas condições.

c) Grau de Gravidade da Falha: 5

d) Frequência de Ocorrência da Falha: 2

e) Detectabilidade: 2

f) Número de Prioridade de Risco – NPR = 20

g) Ação Corretiva

  - ✓ Fazer análise de vibração no local para decidir pelo reforço da estrutura de suportação do mancal.
  - ✓ Verificar, em função da carga, se o mancal selecionado é adequado.

5.2.1.2. Análise da Causa-Raiz de Falha

A Análise das Causa(s) Raíz(es) de Falha (*Root Cause Failure Analysis* – RCFA) é um método ordenado de buscar as causas de problemas e determinar as ações apropriadas para evitar sua reincidência. É originário dos "5 Porquês" associado com o TPM/TQM *(Total Productive Maintenance / Total Quality Management)*.

A análise das falhas que determinaram a causa, além de um exercício bastante rigoroso de investigação, é relativamente fácil quando comparado a outros processos de análise de falhas.

De maneira sucinta, os principais passos para o processo de Análise das Causas-Raízes de Falha são os seguintes:

Passo	Principais Passos	Responsável
1	Levantamento das informações no histórico do equipamento	Manutenção
2	Organização do Grupo de Análise	Manutenção
3	Fazer as análises em reuniões periódicas	Grupo de Análise
4	Fazer as recomendações e submetê-las à aprovação	Grupo de Análise
5	Implementar as modificações	Manutenção
6	Acompanhar os resultados	Manutenção /Operação
7	Fazer o relatório e tomar as medidas de padronização e correções necessárias	Manutenção, Operação, Suprimentos

METODOLOGIA

RCFA baseia-se no questionamento: POR QUÊ?

Cada etapa deve sempre responder a esta questão: Por quê? A técnica recomendada é que se faça tantas vezes a pergunta até que a questão não faça mais sentido.7

Exemplificando:

Por que	Pergunta	Resposta
1	Por que a bomba falhou?	O selo falhou
2	Por que o selo falhou?	Desgaste excessivo das faces de vedação
3	Por que ocorreu o desgaste?	Houve superaquecimento
4	Por que houve superaquecimento?	O *flushing* não estava alinhado
5	Por que o *flushing* não estava alinhado?	O operador se esqueceu de abrir a válvula
6	Por que ele se esqueceu?	Ele é novo na área e não tinha operado, ainda, uma bomba desse tipo
7	Por que ele não tinha operado esse tipo particular de bomba	O seu treinamento não contemplou esse tipo de bomba

No caso hipotético, acima, houve uma falha mecânica ocasionada por um superaquecimento. O fato de o *flushing* não estar aberto pode até remeter a ação para a eliminação da válvula de *flushing* e/ou colocação de um dispositivo automático – válvula de controle, por exemplo, para evitar a ocorrência. Mas a causa raiz, neste exemplo, é a falta de treinamento adequado do operador.

Para prevenir a ocorrência desta falha, neste e em outros equipamentos similares, o treinamento formal de operadores deve ser melhorado.

REGISTRO DA ANÁLISE DE RCFA

Toda análise de RCFA deve ser documentada para servir de apoio à decisão de implementação de melhorias e modificações e servir de referência futura, seja como memória seja para revisão da situação.

Apresentamos, adiante, sugestão de formulário básico para registro de RCFA, que pode ser em papel ou em microcomputador. Convém observar que algumas informações são fundamentais, já que serão referências em qualquer tempo. São elas:

- Data de início e conclusão da análise.
- Identificação do equipamento, sistema ou planta que está sendo analisado.
- Descrição da ocorrência, falha ou incidente.
- Dados que caracterizam as consequências da falha sobre:
  - ✓ a produção;
  - ✓ a qualidade do produto;
  - ✓ o meio ambiente;
  - ✓ a segurança pessoal e da planta;
  - ✓ os custos.

- Identificação das causas-raízes.

A sequência utilizada (perguntas) para se chegar às causas-raízes deve ser registrada, à parte, e anexada.

- Recomendações para prevenir nova ocorrência.
- Acompanhamento das ações recomendadas.

5.2.1.3. Análise de Falhas Ocorridas

Se por um lado a FMEA e a RCFA têm a vantagem de trabalhar, também, na prevenção de falhas que ainda não ocorreram, elas apresentam um problema, que é o emprego de muitos homens/hora.

A indústria aeroespacial adota a FMEA como técnica de análise de problemas em aeronaves antes que elas saiam do chão. Desse modo, está se analisando o futuro e buscando determinar falhas potenciais.

No item anterior, foi enfatizada a necessidade da utilização da RCFA em problemas crônicos e os formulários a seguir podem ser utilizados para análise de falhas já ocorridas. O exemplo mostrado no formulário preenchido é o de uma falha ocorrida.

A análise de falhas já ocorridas apresenta um enorme potencial de ganho e a utilização de ferramentas como FMEA, RCFA, para esse fim, não representa um desvio na filosofia básica dessas ferramentas, mas uma adaptação bastante interessante para a área de Manutenção.

O MASP – Método de Análise e Solução de Problemas, da GQT – Gestão pela Qualidade Total, que incorpora Análise de Pareto, é outra ferramenta excelente para esse tipo de análise.

Praticamente a Análise de Falhas Ocorridas segue a Lei de Pareto:

> **20% ou menos dos eventos de falhas representam 80% das perdas (ou custos)**

EMPRESA _____ X	Relatório ANÁLISE DAS CAUSAS-RAÍZES DE FALHA (RCFA)		Data / /
Cliente	PETRÓLEO ORIENTAL S.A.		
Planta	REFINARIA CENTRAL		
Unidade	Craqueamento	Local	CRACAT
Equipamento (TAG)	Bomba 03-P-04-B	Sistema	FUNDO FCC
Identificação da Falha		Impacto da Falha	
Falha Futura Ocorrida ■		Perda de Produção	( )
Preencha os campos abaixo, se a falha já ocorreu		Parada de Unidade	Sim ■ Não
Data 20/03/01 Hora 02:40		Total Horas Paradas	4
Empregados que podem descrever a ocorrência		Parada Equipamento	Sim ■ Não
Antonio Silveira – operador		Impacta a Segurança?	Sim ■ Não
Alfredo Campos Martins – supervisor		Meio Ambiente?	Sim Não ■
Classificação da Falha		Custo Total da Falha	US$ 835.000
Oper.___ Manut. X Projeto___ Master___ Outras___		Custo Melhoria Estim.	US$ 15.000
Tipo de Falha		Prazo Execução	35 dias
Mec. X Elet.___ Quim.___ Outro___		NPR	30
Descrição da possível falha ou falha ocorrida – Citar equipamentos envolvidos: Quebra da ponta do eixo, na zona de transição de seção provocou roçamento rotor carcaça provocando desgaste acentuado. Carcaça já apresentava erosão acentuada e o produto vazou para a atmosfera. Não ocorreu incêndio pela intervenção imediata.			
Causas-Raízes: Deficiência de projeto do eixo Programa de inspeção de bomba não-adequado			
Recomendações: 1 – Reprojetar o eixo 2 – Substituir os eixos em estoque 3 – Modificar a sistemática de inspeção de equipamento			
Acompanhamento das Recomendações			
Ação – Reprojetar eixo		Responsável: J. Ferrer	
Data Receb. 12.06.01	Prev. Conclusão: 22.06.01	Data Conclusão: 21.06.01	
Ação – Substituir eixos do estoque		Responsável: A. Salgado	
Data Receb. 25.06.01	Prev. Conclusão: 25.09.01	Data Conclusão: 22.09.01	
Ação – Modificar plano de inspeção		Responsável: J. Antonio Dietrich	
Data Receb. 12.06.01	Prev. Conclusão: 30.06.01	Data Conclusão: 29.06.01	
Custo Real Melhoria (US$)	Aprovação	Data	

Formulário RCFA Preenchido.

Isso indica que as técnicas de análise de falha devem ser aplicadas, tão somente, nos itens "mais importantes" segundo essa classificação, o que motiva pela aplicação de recurso em coisas prioritárias.

MASP – MÉTODO DE ANÁLISE E SOLUÇÃO DE PROBLEMAS

O MASP é uma sistemática de análise e solução de problemas adotada na Gestão da Qualidade Total. Segundo Falconi, é conhecido pelos japoneses como *QC Story*.

PDCA	Fluxo	Fase	Objetivo
P	1	Identificação do problema	Definir claramente o problema e reconhecer sua importância
P	2	Observação	Investigar as características específicas do problema com uma visão ampla e sob vários pontos de vista
P	3	Análise	Descobrir as causas fundamentais
P	4	Plano de ação	Conceber um plano para bloquear as causas fundamentais
D	5	Ação	Bloquear as causas fundamentais
C	6	Verificação	Verificar se o bloqueio foi efetivo
C	N ? S	Bloqueio foi efetivo	
A	7	Padronização	Prevenir contra o reaparecimento do problema
A	8	Conclusão	Recapitular todo o processo de solução do problema para trabalho futuro

MASP – Método de Análise e Solução de Problemas

Os principais passos do MASP estão mostrados no quadro acima.

As principais tarefas de cada fase do quadro acima estão mostradas a seguir. O Apêndice 3 do livro "Controle da Qualidade Total (No Estilo Japonês)", do Prof. Vicente Falconi mostra com detalhes todo o processo de MASP.

PROCESSO	FLUXO	TAREFAS
	P – *PLAN* – PLANEJAMENTO	
IDENTIFICAÇÃO DO PROBLEMA	1	Escolher o problema.
	2	Levantar o histórico do problema.
	3	Mostrar perdas atuais e ganhos possíveis.
	4	Fazer Análise de Pareto – para priorizar e estabelecer metas numéricas.
	5	Definir grupo para análise do problema, definindo líder.
OBSERVAÇÃO	1	Descobrir as características do problema através da pesquisa de dados. Usar Estratificação, 5W1H – o Gráfico de Pareto.
	2	Descobrir as características do problema através de observação no local (na área, campo, etc.).
	3	Fazer cronograma, orçamento e definir as metas a serem atingidas.
ANÁLISE	1	Definir as causas que influem no problema. Fazer *brainstorm* e diagrama de Ishikawa.
	2	Escolher as causas mais prováveis, identificadas pelo diagrama de Ishikawa.
	3	Análise das causas mais prováveis, colhendo dados no local. Usar lista de verificação e fazer a estratificação dos dados.
	? N/S	Alguma das causas mais prováveis foi confirmada?
	? N/S	Teste de consistência da causa fundamental. É possível bloquear?
PLANO DE AÇÃO	1	Definir o plano de ação com o grupo que analisou o problema.
	2	Elaborar plano de ação para bloqueio, revisão do cronograma e elaboração do orçamento final.

Tarefas em Cada Fase do MASP.

D – DO – AÇÃO		
AÇÃO	①	Divulgar o plano e o treinamento para todo o pessoal.
	②	Executar as ações definidas no plano.
C – CHECK – VERIFICAÇÃO		
VERIFICAÇÃO	①	Comparar os resultados utilizando Gráfico de Pareto, cartas de controle e histogramas.
	②	Listar os efeitos secundários, positivos ou negativos.
	N ? S	O problema continua? (O bloqueio foi efetivo?).
	*	Retornar ao item 2 do Processo OBSERVAÇÃO.
	Prosseguir	Vá para o processo de padronização.
A – ACT – AVALIAÇÃO		
PADRONIZAÇÃO	①	Elaborar o novo padrão ou revisar o padrão existente.
	②	Comunicação e treinamento para todo o pessoal.
	③	Fazer o acompanhamento da utilização do novo padrão.
AVALIAÇÃO DO PROCESSO	①	Relacionar os problemas remanescentes.
	②	Planejar programa para os problemas remanescentes.
	③	Fazer avaliação do Processo de MASP.

Tarefas em Cada Fase do MASP (*cont.*)

O Anexo 2 mostra um trabalho desenvolvido na Petrobras-Regap, para análise de falhas em equipamentos rotativos utilizando MASP.

A experiência de aplicação do Método de Análise e Solução de Problemas na Manutenção mostra que:

a) O método será tanto mais consistente quanto melhor for o histórico da Manutenção.

b) Na formação do grupo de MASP é importante a multidisciplinaridade, ou seja, a participação de pessoas da Manutenção e da Operação. Ainda nesse grupo, é interessante convidar pessoas que possuam conhecimento ou experiência em determinadas áreas ou processos, para participar de algumas reuniões. A participação de pessoal de execução (mecânicos, eletricistas) é importante pelo resgate da informação muitas vezes não escrita, mas em poder dessas pessoas e, também, como elemento motivador pela simples participação.

c) O período de observação é diferente para atividades diversas. Por exemplo: Seja uma linha de produção de panelas de alumínio, onde vai se aplicar MASP para corrigir um problema de baixa espessura. Na etapa de VERIFICAÇÃO, que se segue à AÇÃO, o período de tempo é bastante curto, pois tão logo seja introduzida a modificação na linha, teremos panelas sendo produzidas imediatamente, e a verificação também é imediata.

Na Manutenção, de modo contrário, o tempo de verificação pode ser bastante longo. Pode variar de meses a anos. Daí ser fundamental que o processo seja documentado, para ser independente desta ou daquela pessoa.

Pelo que foi visto até agora, já é possível notar que existe uma semelhança muito grande entre os vários métodos de analisar falhas. Independente de qual delas seja a escolhida, devemos ter:

- um grupo, preferencialmente multidisciplinar;
- uma metodologia a ser seguida;
- registro do progresso e resultado das análises;
- recomendações;
- acompanhamento.

Quando se faz a análise de falhas já ocorridas, duas coisas são de capital importância:

- Um bom histórico de manutenção (histórico de equipamentos). A manutenção tem que ter uma boa memória, que independa de pessoas.

- Participação de executantes, para resgatar dados que nem sempre se encontram no histórico, além do importante aspecto motivador. Mesmo que se tenha um bom histórico, é comum verificar-se que as anotações em relatórios e fichas de manutenção nem sempre suportam o terceiro "Por quê?"

Exemplificando:

Suponhamos que estamos fazendo a análise de falha de uma bomba centrífuga de uma estação de tratamento de água. Buscando os relatórios de manutenção na pasta do equipamento ou na tela do computador, podemos obter as seguintes informações, para uma determinada intervenção:

- Data: 12/03/11. Ocorrência: Falha da bomba.
- Componente que falhou: Rolamento.
- Não se consegue mais informações além dessas.

Num outro relatório dessa mesma bomba, obtemos o seguinte:

- Data: 21/09/11. Ocorrência: Falha da bomba.
- Componente que falhou: Rolamento.
- Causa da falha: Faltou lubrificação. E nada mais além disso.

Se as fichas ou os relatórios de manutenção deixam, apenas, para o executante a iniciativa do que deve ser descrito, não conseguiremos um histórico de boa qualidade. É importante que a Supervisão analise as informações da execução e, em caso de adicionar ou complementar as informações, o faça juntamente com o executante de modo a disseminar a necessidade e um histórico de qualidade.

> A grande mudança ocorre quando sistematizamos.

A sistematização é premissa da qualidade. A necessidade de analisar está ligada à existência de dados confiáveis, que sejam corretamente colhidos, classificados e inseridos nos sistemas. Os sistemas informatizados de controle da manutenção permitem esse tipo de arquivo e classificação. Entretanto, o cliente pode definir sua necessidade, em função das peculiaridades da sua planta, instalação ou profundidade de análise.

5.2.1.4. Manutenção Centrada na Confiabilidade (RCM)

Se definirmos que Manutenção é a garantia de que os itens físicos continuam a cumprir as funções desejadas, *a Manutenção Centrada na Confiabilidade é um processo usado para determinar os requisitos de manutenção de qualquer item físico no seu contexto operacional.*

Manutenção Centrada na Confiabilidade (em inglês *Reliability Centered Maintenance* – RCM) é uma metodologia que estuda um equipamento ou um sistema em detalhes, analisa como ele pode falhar e define a melhor forma de fazer manutenção de modo a prevenir a falha ou minimizar as perdas decorrentes das falhas.

É importante ressaltar que, como os demais processos citados nos itens anteriores, a Manutenção Centrada na Confiabilidade – RCM é uma ferramenta de suporte à decisão gerencial.

A abordagem clássica da Manutenção Centrada na Confiabilidade inclui:

a) Seleção do Sistema.

b) Definição das Funções e Padrões de Desempenho.

c) Determinação das Falhas Funcionais e de Padrões de Desempenho.

d) Análise dos Modos e Efeitos das Falhas.

e) Histórico de Manutenção e Revisão da Documentação Técnica.

f) Determinação de Ações de Manutenção – Política, Tarefas, Frequência.

5. Métodos e Ferramentas para Aumento da Confiabilidade

Para se enquadrar qualquer item no processo da Manutenção Centrada na Confiabilidade, recomenda-se a aplicação das sete perguntas abaixo:

> **AS SETE QUESTÕES BÁSICAS DA RCM**

1. Quais são as funções e os padrões de desempenho do item no seu contexto operacional atual?
2. De que forma ele falha em cumprir suas funções?
3. O que causa cada falha operacional?
4. O que acontece quando ocorre cada falha?
5. De que forma cada falha tem importância?
6. O que pode ser feito para prevenir cada falha?
7. O que deve ser feito, se não for encontrada uma tarefa preventiva apropriada?

A razão destas perguntas está mostrada a seguir.

5.2.1.4.1. *Funções e Padrões de Desempenho*

Cada equipamento ou sistema tem uma função definida na instalação e deve apresentar um padrão de desempenho tal como foi projetado. A Manutenção é a responsável pela continuidade das funções e pelo padrão de desempenho de um dado equipamento, devendo, para tal, ter esses dados quantificados.

Como regra geral, deve-se quantificar os padrões, quando possível, no que se refere a variáveis de produção e/ou desempenho, características da qualidade do produto, aspectos ligados à segurança, ao meio ambiente e aos custos operacionais. O exemplo abaixo, citado por J. Moubray, ilustra claramente o que é a função de um item:

Suponhamos uma bomba centrífuga que alimenta uma caixa-d'água, Figura 5.10. A capacidade nominal da bomba é de 400 litros/minuto e a caixa-d'água abastece um sistema que necessita de 300 litros/minuto.

Qualquer programa de manutenção para essa bomba deverá garantir que seu desempenho não seja menor do que 300 litros/minuto. O programa de manutenção deve procurar assegurar que a caixa não fique vazia, e não garantir que a bomba forneça 400 litros/minuto.

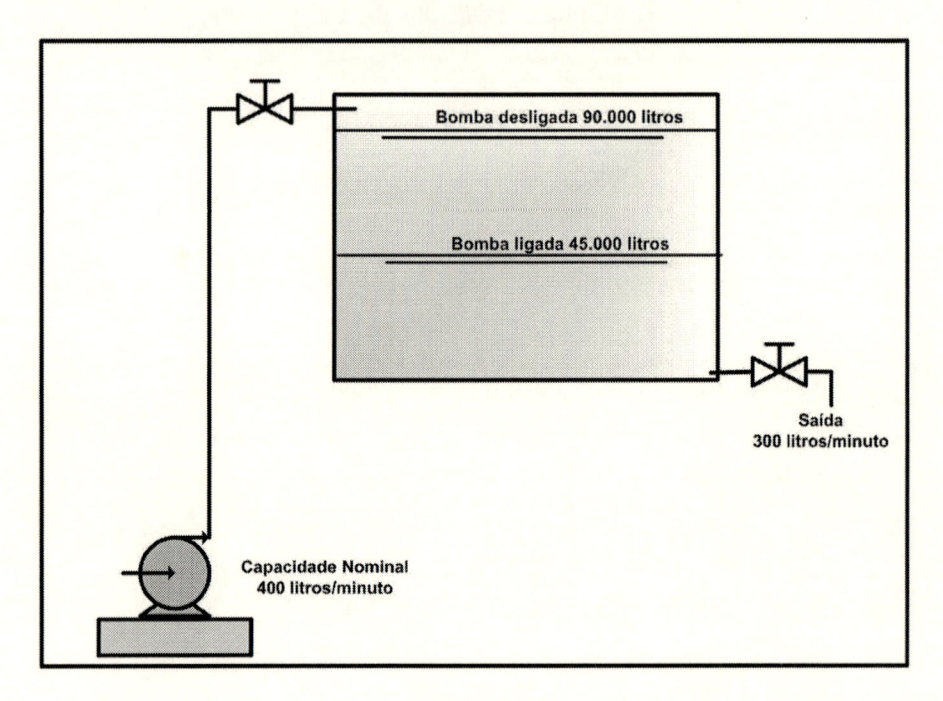

Figura 5.10.

Se para alimentar a caixa-d'água existe apenas uma bomba, ou seja, não há equipamento reserva, a outra preocupação da manutenção será com o tempo de reparo ou substituição do equipamento por outro semelhante até que aquele seja reparado. No exemplo, a bomba sempre é ligada quando o volume de água chega a 45.000 litros. Na pior situação, se houver uma falha da bomba quando o volume estiver em 45.000 litros, o tempo disponível antes que a caixa esvazie totalmente será de, apenas, 150 minutos, ou seja, 2 horas e meia.

Caso essa bomba seja transferida para outra caixa-d'água cuja saída seja de 350 l/min, sua FUNÇÃO principal também muda, e o programa de manutenção deverá mudar para assegurar a expectativa de um desempenho diferente (350 l/min e não 300 l/min). O tempo disponível para reparo ou substituição do equipamento, antes que a caixa-d'água se esvazie, será menor, ou seja, 2 horas e oito minutos.

A gerência deverá decidir, à luz da relação custo × benefício, a necessidade de preservação da função do equipamento em razão das prioridades de utilização – ou produção.

Um item é colocado em serviço para cumprir determinada função. Cabe à manutenção preservar esse estado para que o item possa cumprir a função que os usuários esperam.

5.2.1.4.2. Falha Operacional

Falha, conforme visto anteriormente, pode ser definida como a cessação da função requerida de um item ou incapacidade de satisfazer a um padrão de desempenho definido.

Se o equipamento tem uma função, conforme mencionado na 1a questão básica da RCM, a Falha pode ser considerada Perda dessa Função.

A RCM faz a abordagem inicial do gerenciamento das falhas do seguinte modo:

- COMO o item pode falhar.
- O QUE pode causar a falha.

Uma vez analisados estes dois aspectos, parte-se para a identificação dos Modos de Falha, de vez que só a compreensão exata desse processo pode levar a ações que impeçam sua ocorrência.

Essa análise busca identificar, com detalhes:

- as causas da falha e, ao mesmo tempo, registrar os seus efeitos.

O registro dos efeitos da falha indica o que poderia ocorrer se o modo de falha acontecesse em termos de cessação ou queda de produção, qualidade do produto, segurança, meio ambiente, enfim, permite identificar de que forma cada falha tem importância.

Com esse conjunto de informações é possível o estabelecimento de ações de manutenção preventiva, preditiva e detectiva, em função do nível de importância de cada falha. Se a falha não provoca qualquer efeito ou se tem um efeito sem importância, o grau de prevenção será pequeno; entretanto, se provoca consequências sérias demandará ações significativas na tentativa de evitar sua ocorrência.

A RCM reconhece que evitar as consequências das falhas é a motivação principal, e classifica essas consequências em Falhas Evidentes e Falhas Ocultas.

Falhas Evidentes são aquelas perceptíveis ao pessoal de operação e são de três categorias:

- Falhas com consequências sobre a segurança ou meio ambiente.
- Falhas com consequências operacionais – afetam a produção, qualidade do produto e custos operacionais, incluído o custo do reparo.
- Falhas não-operacionais – não afetam segurança, meio ambiente e operação, restringindo-se ao custo direto do reparo.

Falhas Ocultas são aquelas que não são percebidas pelo pessoal da operação, estando, em geral, associadas a dispositivos e sistemas de proteção que não são à prova de falhas.

Para exemplificar falha oculta, suponhamos que em um hospital, além da alimentação elétrica da concessionária, exista um grupo motor-gerador no subsolo que garante a continuidade de fornecimento de energia elétrica para o centro cirúrgico bem como para a iluminação de emergência. Havendo falha no fornecimento da concessionária, o sistema de controle detecta essa falha e envia um comando para ligar o grupo motorgerador. Caso o sistema de controle esteja com uma falha, o grupo motor-gerador não receberá o comando criando uma situação que pode ter sérias consequências. A falha no sistema de controle não será notada por ninguém por ser tipicamente uma falha oculta.

5.2.1.4.3. Curvas de Falha

O processo de RCM foi desenvolvido no setor de aviação comercial nos anos 70. Na época, a indústria de aviões comerciais experimentava cerca de 60 quedas (acidentes) por milhão de decolagens. Cerca de 40% desses acidentes eram atribuídos a falhas em equipamentos. As empresas estavam no início do desenvolvimento do Boeing 747, Douglas DC10 e Lockheed L1011. Com receio de que esse nível de acidentes impactasse, negativamente, o crescimento da oferta, decidiram aumentar a quantidade de manutenção. Entretanto, elas acabaram descobrindo que, em muitos casos, o aumento da manutenção trazia resultados piores.

O processo de Manutenção Centrada na Confiabilidade adota o modelo em que seis tipos de curvas de falha são utilizados para caracterizar a vida dos equipamentos, e não apenas a curva da banheira, que incluía a mortalidade infantil, além da suposição de uma vida por um certo intervalo de tempo, além do qual se tornavam desgastados.

O conceito de que quanto mais velhos mais os equipamentos falham não é verdadeiro. Acreditava-se nisso pela frequente associação do aumento de número de ciclos e desgaste com o tempo. Quando temos partes em contato com o produto, como em bombas, correias transportadoras e refratários, é que esse conceito se torna verdadeiro. Mas esse é um modo de falha.

Em dezembro de 1978 foi publicado um Relatório denominado *Reliabilit Centered Maintenance* de autoria *de F. Stanley Nowlan e Howaed F Heap* para a *United Airlines*. Nesse estudo foram apresentadas as seis curvas, mostradas na Figura 5.11.

Padrão de Falha	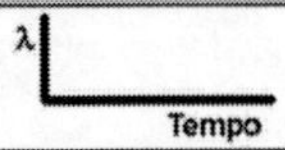 λ | Tempo	UAL 1978	Broberg 1973	MSDP 1982	SSMD 1993	SUBMEPP 2001
A	╲___╱	4%	3%	3%	6%	2%
B	___╱	2%	1%	17%		10%
C	___╱	5%	4%	3%		17%
D	▄▄▄	7%	11%	6%		9%
E	 ▄▄▄	14%	15%	42%	60%	56%
F	╲__	68%	66%	29%	33%	6%

PERFIL DE TAXA DE FALHAS EM CASOS REAIS

Figura 5.11 Tipos de Curvas de Falhas

Nota: UAL, que se refere ao relatório da *United Airlines* e o relatório Broberg (Suécia) foram baseados em dados da aeronaves. O relatório MSDP (*Marine Sciences Diving Program*) e o relatório SUBMEPP (*Submarine Maintenance, Engineering, Planning and Procurement*) foram baseados em componentes de navios da marinha e o relatório SSMD, também da US Navy, foi baseado em componentes eletrônicos.

As seis curvas apresentam as seguintes características indicadas na figura 5.12:

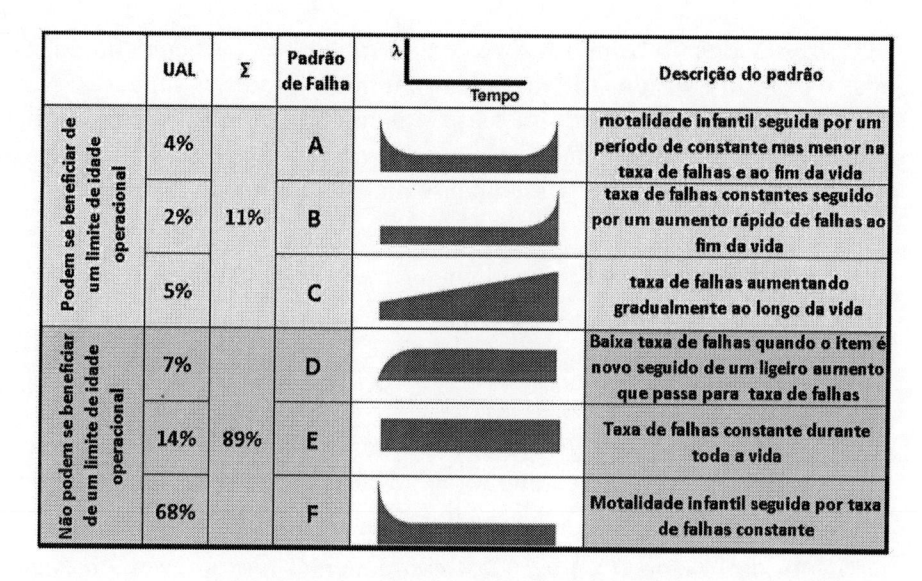

5. Métodos e Ferramentas para Aumento da Confiabilidade

	UAL	Σ	Padrão de Falha	λ (Tempo)	Descrição do padrão
Podem se beneficiar de um limite de idade operacional	4%	11%	A		motalidade infantil seguida por um período de constante mas menor na taxa de falhas e ao fim da vida
	2%		B		taxa de falhas constantes seguido por um aumento rápido de falhas ao fim da vida
	5%		C		taxa de falhas aumentando gradualmente ao longo da vida
Não podem se beneficiar de um limite de idade operacional	7%	89%	D		Baixa taxa de falhas quando o item é novo seguido de um ligeiro aumento que passa para taxa de falhas
	14%		E		Taxa de falhas constante durante toda a vida
	68%		F		Motalidade infantil seguida por taxa de falhas constante

Figura 5.12 – Características das curvas

Das 6 curvas apresentadas, apenas as curvas A e B apresentam características de desgaste (*wear out*).

"A curva A representa equipamentos mecânicos sujeitos à falhas prematuras, por exemplo caixas de engrenagens e transmissões.

A curva B representa equipamentos mecânicos com taxa de falhas relacionadas com a idade como bombas, válvulas, tubulações.

No caso da curva C as falhas ocorrem onde há corrosão, estrutura e fadiga.

Para a curva D, sugere-se a ocorrência em sistemas hidráulicos e pneumáticos.

A curva E representa equipamentos eletromecânicos sem um modo dominante de falha ou equipamentos sujeitos a forças excessivas. Como as falhas são aleatórias ou randômicas, ocorre em lâmpadas ou elementos rodantes de rolamentos, onde não é possível a manutenção.

A curva F representa equipamentos complexos, notadamente os eletrônicos como computadores e PLCs e hidráulicos."

Os resultados da United Airlines e da Broberg são praticamente idênticos e os resultados da US Navy mostram muitos padrões similares. Nos três estudos, as falhas randômicas se situam entre 77 e 92% do total de falhas da população e falhas relacionadas ao tempo de serviço (idade) para o restante (8 a 23%). Uma análise mais apurada indica que:

- Somente uma pequena fração de componentes (3 a 4%) apresenta comportamento da curva da banheira (padrão A).

- Somente 4 a 20% de componentes apresentam uma região de envelhecimento durante sua vida útil, como indicam as curvas A e B (para aviões).

- Se considerarmos que a curva C apresenta um padrão de envelhecimento, isto significa que somente entre 8 e 23% de componentes apresentam essa característica.

- Por outro lado, 77 a 92% dos componentes não apresentam qualquer envelhecimento ou mecanismo de desgaste desenvolvido ao longo da sua vida útil para aviões (curvas D, E e F). Daí, enquanto a percepção generalizada é de que 9 entre 10 componentes apresentam comportamento da curva da banheira, a análise indica justamente o contrário.

- Entretanto, convém notar que muitos componentes experimentam o "fenômeno" de mortalidade infantil (Curvas A e F).

5.2.1.4.4. O que Deve Ser Feito

Enquanto na "2a fase da Manutenção" se acreditava que o aumento de disponibilidade era garantido por algum tipo de manutenção preventiva, ou, ainda, quanto mais era revisado menor a probabilidade do equipamento apresentar falhas, a caracterização dos padrões de falha para equipamentos complexos (curvas E e F) contradiz essa crença.

Na realidade, o que se verifica, para equipamentos complexos, é que:

- Limites de idade não proporcionam aumento da confiabilidade.
- A adoção de revisões programadas pode introduzir defeitos.

Entretanto, ao verificar os aspectos das curvas A e B, conclui-se que a manutenção preventiva faz sentido para esses padrões. Isso é válido para máquinas mais simples e padrões de falha com idade de desgaste identificável.

Convém ainda lembrar que, conforme mencionado anteriormente, as consequências das falhas influem decisivamente na definição sobre a adoção ou não de ações preventivas. Se as consequências da falha são significativas alguma coisa deve ser feita para evitar sua ocorrência ou minimizá-las.

As três formas de atuação são:

- Manutenção Preditiva ou Manutenção sob Condição.
- Manutenção Preventiva com tarefas programadas de restauração.
- Manutenção Preventiva com tarefas programadas de descarte. Nas tarefas programadas sob condição, ou seja, manutenção preditiva, está embutido o conceito de que a maioria das falhas fornece algum tipo de aviso. Costuma-se chamar esses avisos de falhas potenciais, as quais normalmente antecedem uma falha funcional.

Como o desenvolvimento da falha pode ocorrer no período que varia desde microssegundos até anos, a frequência de acompanhamento deve ser compatível, de modo a não haver desperdício de recursos.

As tarefas da manutenção sob condição devem estar baseadas no desenvolvimento do período da falha — também conhecido como *lead time to failure* ou intervalo P-F1. O gráfico a seguir (Figura 5.13) mostra a curva P-F.

A MCC define:

Falha potencial como sendo uma condição identificável e mensurável de uma falha funcional pendente ou em processo de ocorrência.

Falha funcional como sendo a incapacidade de um item desempenhar uma função específica dentro de limites desejados de performance.

As unidades mais críticas devem ser verificadas com mais frequências do que as não-críticas. Assim, numa planta petroquímica a frequência de acompanhamento de bombas centrífugas, cujo posto de serviço tenha duas bombas – uma principal e uma reserva, será menor do que a de um compressor centrífugo de grande porte que não tem reserva e é uma máquina mais complexa e de alto custo.

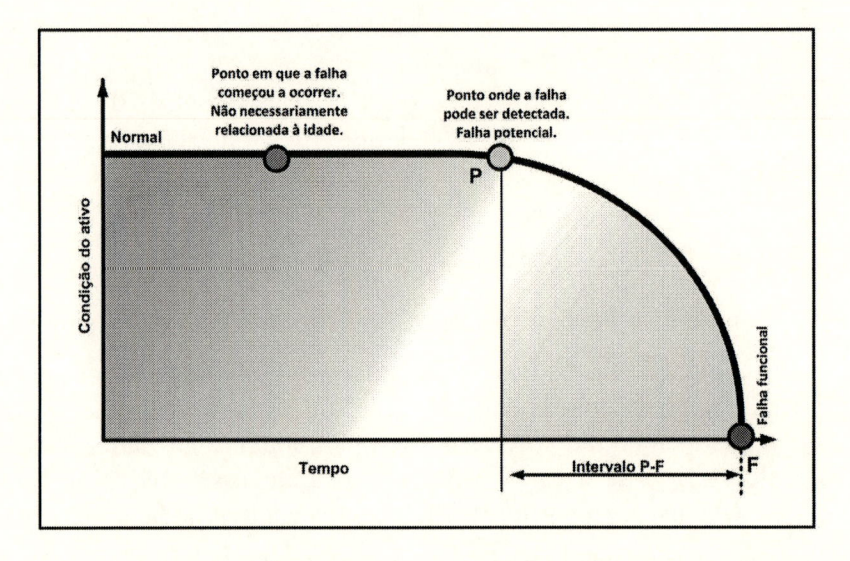

Figura 5.13 – Curva P-F.

O intervalo de verificação deve ser menor do que o intervalo P-F, pois assim se pode detectar a falha potencial antes que ela atinja seu estágio de falha funcional.

A manutenção baseada na condição é mais eficaz e mais barata do que a preventiva – revisões a intervalos prefixados ou substituição.

A manutenção preventiva com tarefas programadas de restauração pode incluir a reforma ou a restauração de um item ou componente, sua refabricação ou ainda uma revisão a intervalos previamente definidos, independente da condição em que se encontre.

Manutenção preventiva com tarefas programadas de descarte inclui a substituição de um item ao final de uma vida útil definida, independente do estado desse item.

Esse tipo de manutenção é bastante adotado na aviação, embora venha sendo minimizada pela adoção da manutenção baseada na condição.

5.2.1.4.5. Aplicação da Manutenção na Visão da RCM

"O estudo das consequências de falhas e a escolha das funções significantes de uma instalação são os requisitos exigidos pela Manutenção Centrada na Confiabilidade".

Em função da análise são definidos os tipos de manutenção que serão aplicados, incluindo-se a inspeção como tarefa de manutenção.

Utilizando a curva PF pode-se estimar que características indicam uma redução de resistência à falha e quais os intervalos de inspeção ou acompanhamento preditivo, por exemplo. No caso de um mancal de rolamento, as características que indicam a redução de resistência à falha são: vibração, contaminação do óleo lubrificante, ruído e aquecimento.

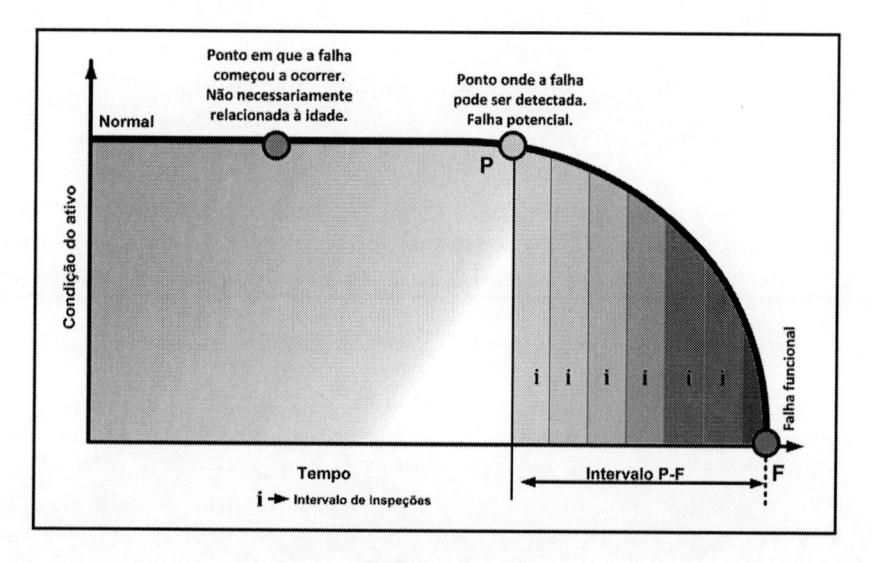

Figura 5.14

No intervalo PF (Figura 5.14) nos interessa identificar quais as características que indicarão a redução da resistência à falha e, paralelamente, verificar se o intervalo da tarefa (no caso de inspeção/preditiva) é viável.

A tarefa de manutenção só tem sentido em ser executada se provocar resultados bastante positivos relacionados às consequências da falha.

Dentro desse prisma, uma tarefa de manutenção preventiva é tecnicamente viável, dependendo da sua característica técnica e da falha a que se destina a evitar.

Algumas observações devem ser levadas em consideração:

- Uma tarefa destinada a prevenir falha de função oculta é válida se conseguir reduzir o nível de falha associada à função. Se não houver meios de executar uma preventiva, deve ser executada tarefa de localização da falha, ou seja, revisões periódicas para verificar se o item consegue cumprir sua função.

- Outra solução seria reprojetar o item.

- Uma tarefa destinada a prevenir falha que tenha consequências sobre a segurança ou o meio ambiente só é válida se reduzir a um nível baixo ou eliminar o risco da falha. Caso contrário, a melhor solução é reprojetar o item ou alterar o processo.

- Uma tarefa destinada a prevenir falhas operacionais só terá sentido se for economicamente viável. Em outras palavras, o custo da tarefa deve ser menor do que o custo das consequências da falha somado ao custo do reparo. Caso contrário, é melhor não fazer nada. Convém lembrar que essa situação é uma decisão gerencial que define, em cima de dados econômicos, que a manutenção de um item só ocorrerá após falha e isso caracteriza uma manutenção corretiva planejada.

Finalmente, uma tarefa destinada a prevenir falhas (manutenção preventiva) de consequências não-operacionais só tem sentido em ser realizada se o seu custo, durante um período de tempo, for menor do que o custo do reparo nesse mesmo período. Caso contrário, é melhor deixar falhar e fazer a corretiva planejada, como no caso anterior.

Disso resulta que a manutenção preventiva só deve ser aplicada em situações onde sua necessidade esteja perfeitamente identificada e justificada.

5.2.1.4.6. Implantação da RCM

A implantação de qualquer processo nas organizações deve ser apoiada pela alta gerência, de modo que haja comprometimento e sejam aportados os recursos necessários. Também como em outros processos, é necessária a participação de todos os níveis da Organização.

Diversos autores recomendam que a implantação da RCM tenha um Coordenador Geral ou Gestor, que atue nas diversas plantas. O grupo ou equipe de análise de RCM é uma equipe multidisciplinar que deve contar com profissionais de Operação, Manutenção, Inspeção e Segurança. A participação da Engenharia, tal qual a participação de fabricantes ou especialistas em inspeção ou ensaios especiais, deve se dar sob demanda.

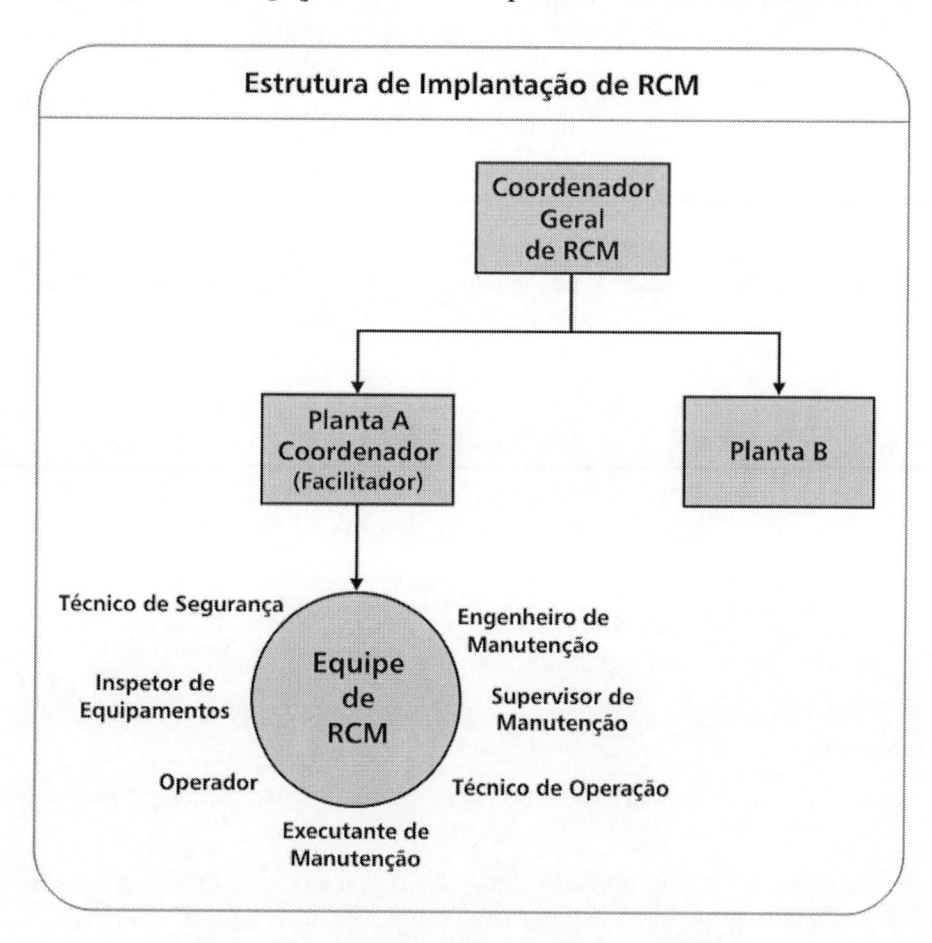

Figura 5.15 – Equipe Multidisciplinar para RCM.

Fundamentalmente, esse grupo possui as seguintes características:
- Grupo pequeno.
- Habilidades complementares.
- Propósito comum.
- Conjunto de objetivos de performance, normalmente traduzidos por indicadores.
- Conjunto de princípios comuns a outros grupos da planta.
- Responsabilidade mútua.

Tanto o Coordenador Geral como o Coordenador da Planta (Facilitador) devem ser especialistas em Manutenção e possuírem treinamento em RCM. Entre as suas atribuições estão:

- Orientação e garantia de que a filosofia da RCM seja aplicada corretamente. Deve estar atento para o uso das perguntas na ordem correta e, ainda, que essas sejam devidamente compreendidas por todos os componentes do grupo.
- Busca da fórmula de consenso entre os elementos do grupo na definição das respostas às perguntas.
- Garantia de que todos os equipamentos, sistemas ou componentes significativos não sejam esquecidos ou tenham sua importância minimizada.
- Garantir a eficácia da reunião – objetividade e tempo.
- Verificar que a documentação necessária seja feita.

Recomendam-se, ainda, as seguintes atitudes de modo a garantir bons resultados:

- Os participantes do grupo não devem ser substituídos enquanto a análise estiver sendo feita. As razões são óbvias.
- Seja elaborado um calendário das reuniões e distribuído aos participantes e a seus respectivos gerentes. Muitas vezes quem está fora de sintonia é o gerente.

- As reuniões não devem ter duração maior do que quatro horas. É recomendável um intervalo, para café, de 10 a 15 minutos após as duas primeiras horas de reunião.

5.2.1.4.7. Resultados da Análise pela RCM

A implantação da análise pela RCM gera quatro resultados principais:

1. Melhoria da compreensão do funcionamento do equipamento ou sistema, proporcionando uma ampliação de conhecimentos aos participantes de especialidades diversas.

2. Desenvolvimento do trabalho em grupo, com reflexos altamente positivos na análise, solução de problemas e estabelecimento de programas de trabalho.

3. Definição de como o item pode falhar e das causas básicas de cada falha, desenvolvendo mecanismos de evitar falhas que possam ocorrer espontaneamente ou causadas por atos das pessoas.

4. Elaboração dos planos para garantir a operação do item em um nível de performance desejado. Esses planos englobam:

    ✓ Planos de Manutenção.

    ✓ Procedimentos Operacionais.

    ✓ Lista de modificações ou melhorias, normalmente a cargo da Engenharia, que fogem ao escopo de trabalho da Operação e da Manutenção, e são necessárias para que o item atinja e permaneça no patamar de performance desejado.

5.2.1.4.8. Benefícios da RCM

A prática da Manutenção Centrada na Confiabilidade proporciona às empresas que a adotam uma série de benefícios, os quais listamos a seguir:

- *Aprimoramento do desempenho operacional*

    A RCM não descarta qualquer dos tipos de manutenção e através de sua metodologia fornece a possibilidade da aplicação mais adequada de cada tipo. Ou seja, a RCM ajuda a adotar o(s) tipo(s) mais eficaz(es) de manutenção para cada máquina, em cada situação.

- *Maior custo × benefício*

    A adoção do tipo de manutenção mais adequado, determinado em função de análises detalhadas, garante que o capital investido na manutenção se dará onde o efeito é maior. Estima-se que se pode obter uma redução de 40 a 70% nas tarefas rotineiras de manutenção e uma redução de trabalhos de emergência entre 10 e 30% do total deles.

- *Melhoria das condições ambientais e de segurança*

    As influências da falha sobre o meio ambiente e a segurança são priorizadas pela RCM. As consequências da falha no aspecto operacional são verificadas após a análise das consequências sobre a segurança e o meio ambiente.

- *Aumento da vida útil dos equipamentos*

    A adoção da Manutenção Preditiva, notadamente para equipamentos complexos e dispendiosos, é fator de aumento da vida útil dos equipamentos, além do controle da condição e atendimento ao processo.

- *Banco de dados de manutenção*

    A análise pela equipe multidisciplinar, também conhecida como Revisão na RCM, proporciona a obtenção de um excelente banco de dados para uso tanto pela Manutenção como pela Operação e Inspeção. Isso possibilita a criação de uma memória, disponível a todos em qualquer tempo, que minimiza os efeitos da rotatividade de pessoal e facilita a adaptação dos planos existentes em função de modificações ou adaptações no processo, nos sistemas ou nos equipamentos.

Desenhos e manuais atualizados, além de recomendação de sobressalentes contendo quais itens devem ser mantidos no estoque e qual o estoque de segurança para cada item, são outros dois produtos obtidos.

- *Maior motivação do pessoal*

   Quanto maior a participação das pessoas na análise e solução dos problemas que afetam o seu dia a dia, maior a motivação que se estabelece no seu ego. Hoje, está mais do que comprovado que a participação efetiva e o envolvimento propiciam uma mudança significativa no estado de espírito das pessoas, e uma das melhores ferramentas para que isso se realize se dá através de reuniões de grupos multifuncionais.

- *Maior compartilhamento dos problemas de manutenção*

   À medida que pessoas da produção, da engenharia e de outras especialidades participam dos grupos multifuncionais para análise de problemas, aumenta o grau de comprometimento, percepção e entendimento de problemas que afetam, em última instância, a empresa. A participação e a compreensão estabelecem um comportamento de comprometimento e compartilhamento dentro da organização.

- *Geração de maior senso de equipe*

   À medida que é adotada a prática da maior participação do pessoal através de grupos de análise, desenvolve-se nas pessoas maior senso de trabalho em equipe. A partir daí, observam-se iniciativas informais, no dia a dia, apresentando resultados cada vez melhores.

5.2.1.4.9. *Diagramas da RCM*

a) Diagrama Global da Aplicação da RCM:

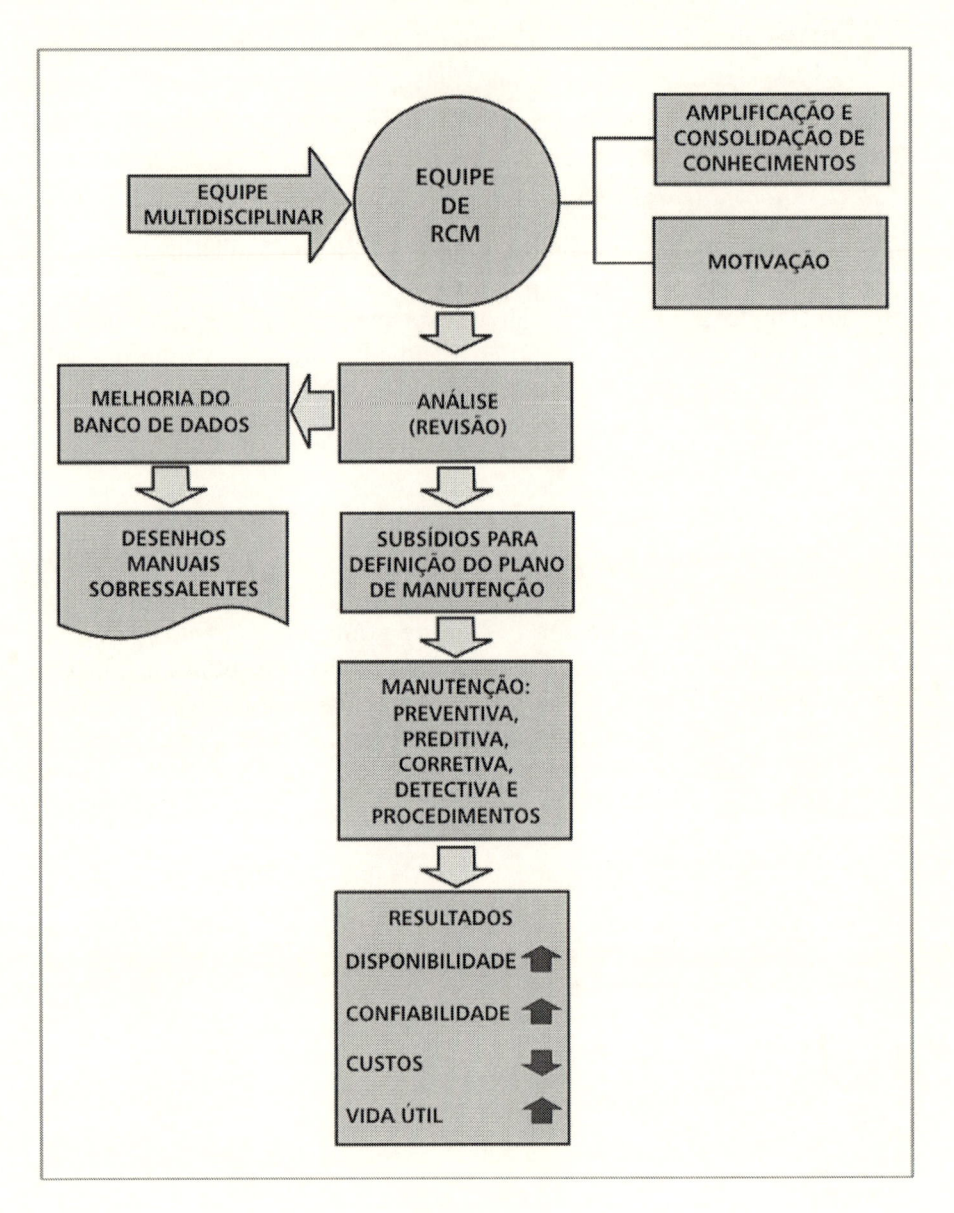

Figura 5.16

5. Métodos e Ferramentas para Aumento da Confiabilidade

b) Etapas do Processo da RCM:

- Escolha do sistema
- Definição de fronteiras
- Definição de interfaces

⬇

- Definição das funções
- Análise das falhas funcionais

⬇

FMEA

⬇

- Classificação das falhas
- Priorização

⬇

- Preparação do Plano de Manutenção

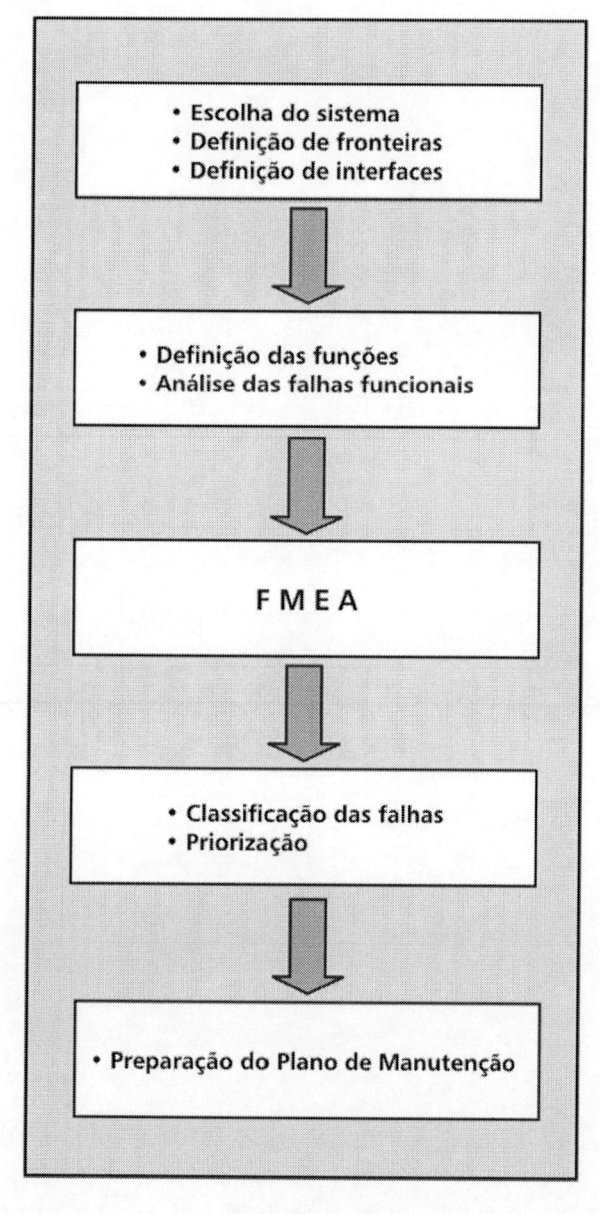

Figura 5.17.

c) Classificação dos Modos de Falha, Segundo a RCM:

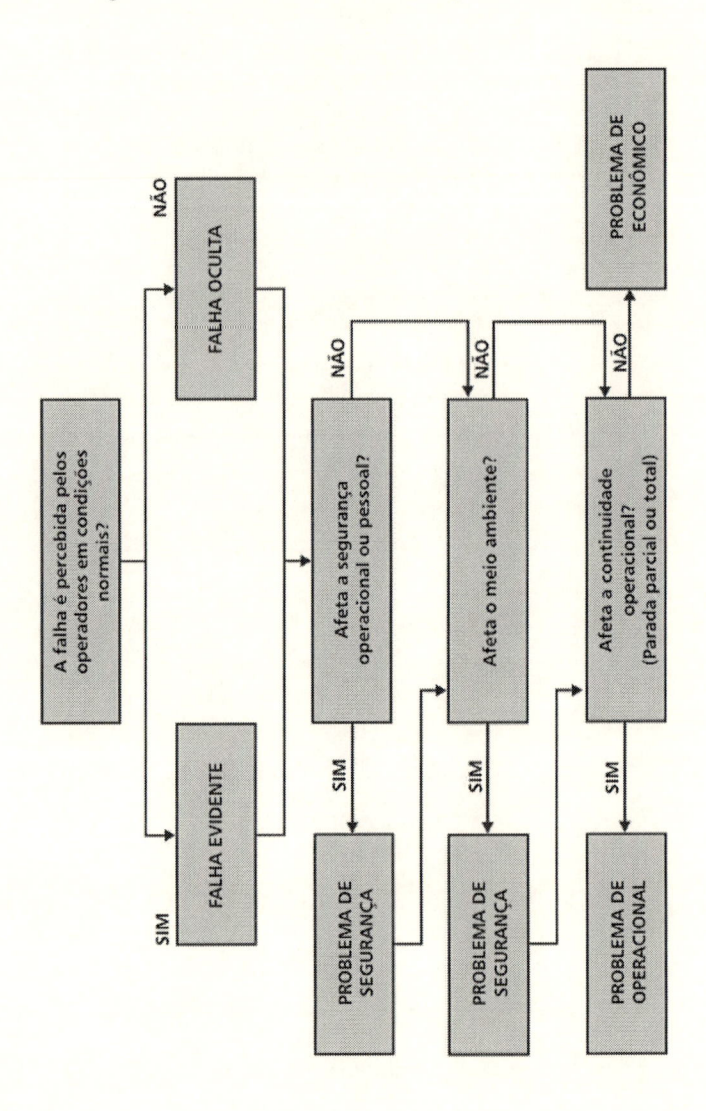

d) Diagrama de Seleção dos Tipos de Manutenção a Serem Aplicados:

5. MÉTODOS E FERRAMENTAS PARA AUMENTO DA CONFIABILIDADE

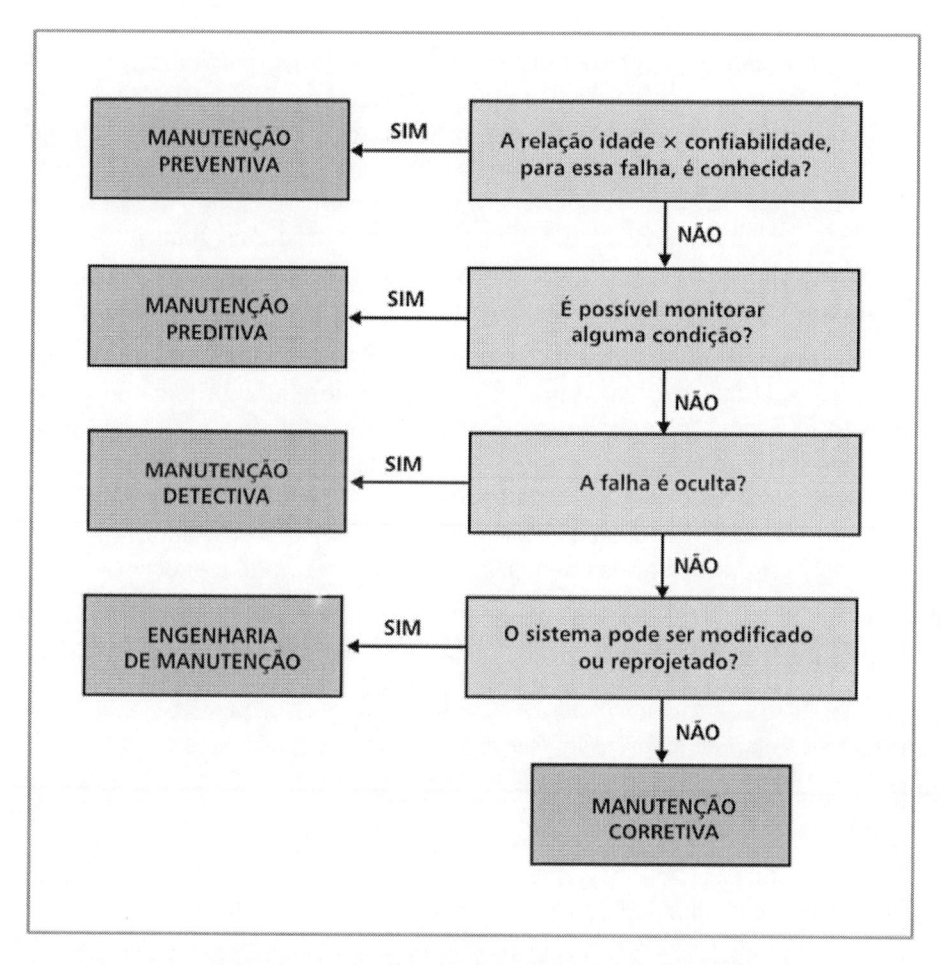

```
                    SIM    ┌─────────────────────────────┐
┌─────────────┐ ◄────────── │ A relação idade × confiabilidade,│
│ MANUTENÇÃO  │             │ para essa falha, é conhecida?    │
│ PREVENTIVA  │             └─────────────────────────────┘
└─────────────┘                       │ NÃO
                                      ▼
                    SIM    ┌─────────────────────────────┐
┌─────────────┐ ◄────────── │ É possível monitorar         │
│ MANUTENÇÃO  │             │ alguma condição?             │
│ PREDITIVA   │             └─────────────────────────────┘
└─────────────┘                       │ NÃO
                                      ▼
                    SIM    ┌─────────────────────────────┐
┌─────────────┐ ◄────────── │ A falha é oculta?            │
│ MANUTENÇÃO  │             └─────────────────────────────┘
│ DETECTIVA   │                       │ NÃO
└─────────────┘                       ▼
                    SIM    ┌─────────────────────────────┐
┌─────────────┐ ◄────────── │ O sistema pode ser modificado│
│ ENGENHARIA  │             │ ou reprojetado?              │
│ DE MANUTENÇÃO│            └─────────────────────────────┘
└─────────────┘                       │ NÃO
                                      ▼
                           ┌─────────────┐
                           │ MANUTENÇÃO  │
                           │ CORRETIVA   │
                           └─────────────┘
```

Figura 5.19.

5.2.1.4.10. *Aplicação e Interação com CMMS/EAM/PM-ERP*

Os resultados obtidos com a RCM a colocam no rol das melhores práticas. A relação entre os recursos aplicados em RCM e o retorno que se obtém nas empresas é excelente.

Entretanto, "é uma ferramenta 'pontual' e usualmente mais bem aplicada em áreas selecionadas ao invés de em toda a planta".

O processo de implementação de RCM envolve participação de diversas pessoas e alocação de tempo razoável para cumprir todas as suas etapas. Basta lembrar que é necessário entender como a planta funciona, analisar as causas das falhas, documentar, modificar planos existentes, trabalhar com indicadores para verificar os resultados, dentre outros. Relembrando Pareto, a RCM deve ser aplicada aos sistemas mais importantes, prioritariamente, ou seja, naqueles que dão o maior retorno ou cuja falha implique em maiores custos.

Manutenção Centrada na Confiabilidade atua diretamente na politica ou forma de atuação da Manutenção e a Manutenção influencia diretamente os aspectos vitais do negócio – disponibilidade, segurança, meio ambiente e integridade. Definida a área, sistema ou equipamentos nos quais será aplicada a RCM, é necessário a coleta de dados para as análises pertinentes. O CMMS ou módulo PM do ERP é (ou deveria ser) a fonte principal de dados para as análises da RCM, pois pode fornecer:

Dados de Interesse da RCM	Dados que o CMMS/EAM/PM-ERP pode fornecer
Os custos mais elevados de manutenção	Relatório de Custo por OS, Área ou Equipamento
Serviços realizados em emergência	Gráficos e Relatórios de OS
Frequência de falhas	Relatórios de TMEF e TMPR
Downtime	Analise das Ordens de Serviço Relatórios de indicadores por tipo de equipamento ou sistema
Causas das falhas	Relatórios de Falhas (padronizado)
Componentes que mais falharam	Apropriação nas OS Requisição de material indexada por equipamentos, Sistemas, Unidades Operacionais ou Linhas de Produção

Além disso, o CMMS/EAM/PM/ERP pode disponibilizar as informações relativas aos Planos de Inspeção e Manutenção, de modo que sejam analisadas as frequências e ações indicadas.

NA:

CMMS – *Computer Maintenance Management System* = Sistema Computadorizado de Gerenciamento da Manutenção

EAM – *Enterprise Asset Management* = Sistema computadorizado de Gestão de Atrivos

PM/ ERP – ERP = *Enterprise Resource Planning* – Planejamento dos Recursos Empresariais – Sistema computadorizado de gestão empresarial
PM – Módulo de Manutenção do ERP.

Capítulo 6

Sistemas de Melhoria e Práticas Básicas

6.1. Introdução

Alguns movimentos ocorridos no mundo objetivaram promover a melhoria em todos os aspectos na indústria, comércio, serviços e outras áreas. A melhoria é uma característica essencial da humanidade e isso tem tornado as plantas industriais mais produtivas, o trabalho mais seguro, os produtos mais adequados à utilização, maior consciência ambiental, sem mencionar a inovação que hoje ocorre em taxas exponenciais.

Este capítulo aborda como a Manutenção participa desse processo; aborda também algumas práticas que, atualmente, são consideradas básicas como a Qualidade Total, 5S, TPM e a Polivalência na Manutenção.

6.2. Gestão pela Qualidade Total

Gestão pela Qualidade Total (GQT) ou Total Quality Management (TQM) pode ser considerada como o processo de gerenciamento que se originou na indústria japonesa a partir da década de 50 e se tornou popular no Ocidente no início da década de 80. Atualmente, a TQM é parte integrante do processo de gerenciamento em todos os ramos de atividade – indústria, comércio, educação, governo, etc.

É uma ferramenta eficaz para se obter a satisfação do cliente e alcançar a competitividade empresarial.

O conceito e a aplicação da Qualidade tiveram desenvolvimento a partir da segunda década do século passado e, atualmente, em função da incorporação dessas práticas / técnicas ao Sistema de Gestão das Organizações, podemos afirmar que houve uma ampliação no escopo com a incorporação de diversas Normas ISO, como mostra na tabela a seguir, na linha do tempo.

Ano	Ator	Ação
1924	A. Shewhart	Criação do Controle Estatístico do Processo (CEP) na Bell Laboratories
1924	A. Shewhart	Criação do Ciclo PDCA na Bell Laboratories
1935	British Standard	Norma com critérios para recebimento de material
1946	ASQC	Fundação da Sociedade Americana para Controle da Qualidade
1946	JUSE	Fundação da União Japonesa de Engenheiros e Cientistas
1946/1970	Taiichi Ohno	Sistema Toyota de Produção
1950	Edward Deming	Levou aos japoneses os conceitos de Controle da Qualidade
1951	Armand V. Feigenbaum	Lança o livro *Quality Control: Principles, Practice, and Administration*
1953	Joseph M. Juran	Mostrou aos gerentes japoneses o seu papel no Controle da Qualidade
1957	Kaoro Ishikawa	Lança o livro Controle de Qualidade por Toda a Empresa
1958	Kaoro Ishikawa	Adota o CQT (Controle de Qualidade Total) no Japão
1960	Shigeo Shingo	Introduz os conceitos de Poka Yoke e Inspeção na Fonte.
1961	Armand V. Feigenbaum	Revisa o livro lançado em 1951 e o intitula *Total Quality Control*

6. Sistemas de Melhoria e Práticas Básicas

Ano	Ator	Ação
1977	Shigeo Shingo	Lança o conceito de Zero Defeito (Toyota)
1986	Richard J. Schonberger	Lança o livro *World Class Manufacturing* a partir das técnicas utilizadas pela indústria japonesa
1986	Vicente Falconi	Inicia a disseminação do GQT no Brasil através da Fundação Christiano Otoni – MG
1987	Motorola	Adota a denominação Seis Sigma para o processo que garante o nível de conformidade em 99,99966%.
1987	ISO	Lançamento da Norma ISO 9000 – Garantia da Qualidade
1990	Governo Federal	Lançamento do Programa Brasileiro da Qualidade e Produtividade (PBQP)
1990	Abraman	Lançamento do Programa Nacional de Qualificação e Certificação de Pessoal na área de Manutenção (PNQC)
1990	James Womack	Lança o livro A Máquina que Mudou o Mundo e cunha a expressão *"Lean Manufacturing"* (Fabricação Enxuta) inspirada no modelo Toyota de Produção.
1991	FNQ	Criação da Fundação Nacional da Qualidade e do PNQ – Prêmio Nacional da Qualidade
1991	PMI	O "rascunho" do PMBOK se torna norma ANSI cujo foco é a gestão e qualidade dos projetos de engenharia associada à certificação de pessoal
2000	ISO	Revisão da Norma ISO 9000 /ISO 9001-2000
2008	ISO	Revisão da Norma ISO 9001 que tem maior compatibilidade com a ISO 14000

Ano	Ator	Ação
2011	ISO	Lançamento da ISO 50001 – Sistema de Gestão de Energia (Energy Management)
2014	ISO	Lançamento da ISO 55000 Norma de Gestão de Ativos
2014	ABNT/ ABRAMAN	Lançamento da ABNT NBR ISO 55000, 55001 e 55002..
2015	ISO	Revisão da Norma ISO 9001:2015

Atualmente, a Qualidade Total é parte integrante do sistema gerencial da maioria das empresas, independentemente do seu porte. Cada segmento da Organização contribui para o desempenho da organização, que culmina na satisfação dos clientes, redução do desperdício e melhoria global dos resultados.

De modo simplificado, a TQM busca a melhoria contínua dos processos e o zero defeito através da interação entre os diversos segmentos da empresa –Projeto, Operação, Manutenção, Controle, Entrega/Distribuição e Assistência pós-venda.

Esse processo implica:

- a aplicação de cima para baixo (*top-down*);
- a disciplina na aplicação e quantificação dos resultados;
- o treinamento e a capacitação dos colaboradores.

Existem, também, algumas experiências de aplicação de baixo para cima com resultados razoáveis e que podem "contaminar" toda a Organização transformando, com o passar do tempo, em aplicação *top-down*.

Como se trata de um processo de mudança de cultura, existem as naturais resistências às mudanças. Estas resistências são ainda mais fortes na atividade de Manutenção que, até por força da palavra "manutenção", historicamente trabalhou para MANTER as condições dos equipamentos e instalações, criando, com isso, um paradigma de estabilidade, que hoje está totalmente ultrapassado.

É preciso sair, com urgência, do estágio de mudança de cultura, que é lento e inadequado ao cenário atual, para o novo paradigma que é a cultura de mudança, ou seja, é preciso estar permanentemente receptivo e ser proativo na quebra dos paradigmas que já fizeram sucesso no passado, mas já não se aplicam aos tempos atuais.

> **MUDANÇA DE CULTURA:** processo lento e ultrapassado.
> **CULTURA DE MUDANÇA:** estágio das empresas modernas.

6.3. O Papel da Manutenção no Sistema de Qualidade

O Sistema de Qualidade de uma Organização é formado por vários subsistemas que se interligam através de relações extremamente fortes e interdependentes. Nesse contexto, a Manutenção tem um papel preponderante. Como a sua missão é garantir a disponibilidade da função dos equipamentos e instalações, de modo a atender a um programa de produção ou de serviço com preservação do meio ambiente, confiabilidade, segurança e custos adequados, cabe à Manutenção fazer a coordenação dos diversos subsistemas fornecedores, aí incluídos a engenharia e o suprimento de materiais, entre outros, de modo que o cliente interno principal, que é a operação, tenha a instalação de acordo com as necessidades da Organização para atingir suas metas empresariais. A integração destes subsistemas atuando como verdadeiros times é, com certeza, o fator crítico de sucesso mais importante de uma empresa.

> **O TRABALHO EM EQUIPE É O GRANDE DIFERENCIAL COMPETITIVO.**

Conforme explicitado no Capítulo 2 – Gestão Estratégica da Manutenção, a disponibilidade da instalação, vista pelo lado da demanda de serviços, pode ser impactada por diversos fatores, conforme mostra a Figura 6.1:

Por essa figura, pode-se concluir que o processo de qualidade implantado apenas na Manutenção, mesmo trazendo melhorias na Qualidade da instalação, é de alcance limitado, daí por que a necessidade de o Processo ser sistêmico, ou seja, implantado em toda a Organização. Não se pode perder de vista que a Manutenção exerce forte influência nos demais segmentos da Organização.

A evolução dessa garantia de disponibilidade, ou da redução da demanda de serviços, será tanto maior quanto mais sistêmica for a forma de trabalho adotada pela Manutenção, como ilustrado na Figura 6.2.

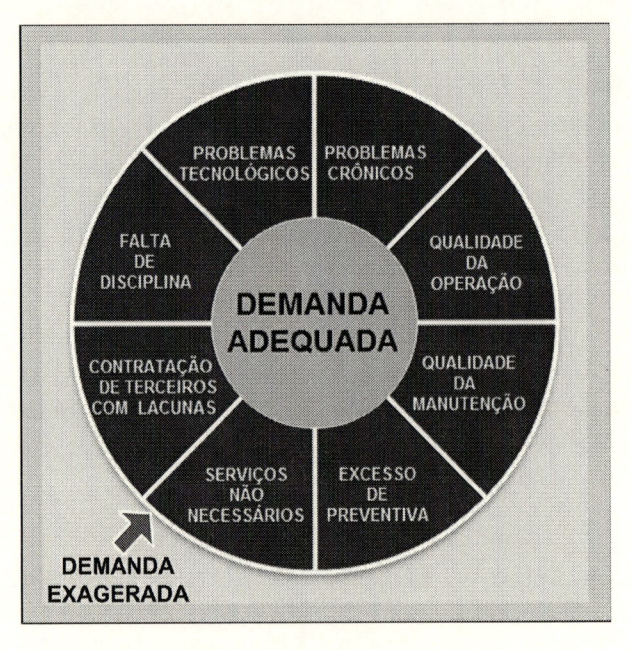

Figura 6.1 – Demanda de Serviços

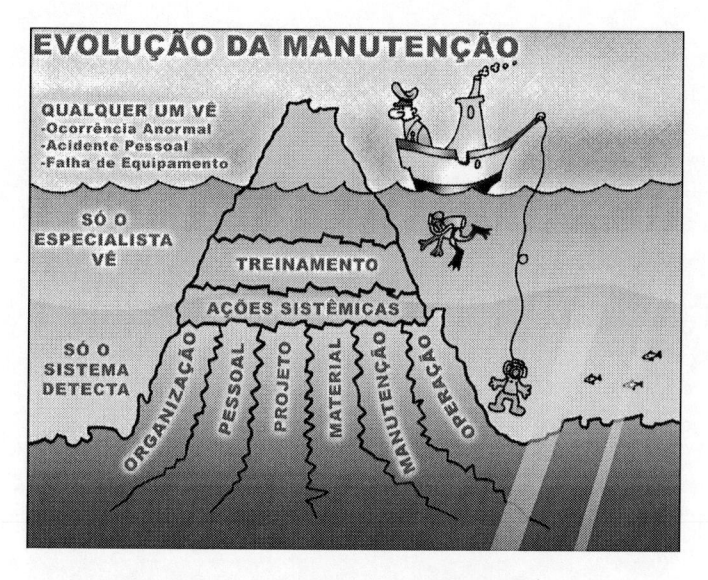

Figura 6.2 – Visão Sistêmica da Qualidade.

A manutenção de um compressor centrífugo de grande porte, por exemplo, ilustra melhor esta questão:

- FAIXA "A": QUALQUER UM VÊ – uma falha neste equipamento que leve à sua vibração fora dos parâmetros adequados, por exemplo, após a sua ocorrência, pode ser percebida por qualquer pessoa, tal a instabilidade que ocorre na máquina e, até mesmo, na estrutura de sua suportação. Não é preciso ser um especialista para perceber esta ocorrência anormal. Acontecida esta anormalidade, segue-se a manutenção corretiva não planejada, que é, ainda, a forma de atuar de boa parte das empresas brasileiras, com todos os inconvenientes advindos desse tipo de intervenção.

    Atuar na falha visível, quer seja uma ocorrência anormal no equipamento quer seja um acidente pessoal, quer seja uma ocorrência ambiental, de forma competente é o mínimo que a gerência pode fazer.

    Atuar de forma competente não é apenas reparar a falha ou socorrer o acidentado rapidamente, ou minimizar os impactos ambientais, mas ir à causa básica do problema e tomar providências definitivas para evitar a sua repetição.

> **A MANUTENÇÃO PODE SER COMPARADA A UMA BRIGADA DE INCÊNDIO:**
>
> QUANDO O INCÊNDIO OCORRE, A BRIGADA DEVE EXTINGUI-LO DA FORMA MAIS RÁPIDA POSSÍVEL; A PARTIR DAÍ, O PRINCIPAL PAPEL DA BRIGADA É EVITAR A OCORRÊNCIA DE NOVOS INCÊNDIOS.

Analogamente, a manutenção moderna não existe para reparar falhas de equipamentos ou sistemas da forma mais rápida possível, mas, também, para evitar falhas e riscos de paradas de produção não planejadas ou mesmo a ocorrência de um acidente pessoal ou ambiental.

> Grande parte das empresas trabalha, apenas, na correção da causa imediata, o que é um erro estratégico.

- FAIXA "B": SÓ O ESPECIALISTA VÊ – a execução, por exemplo, de um alinhamento errado que daria origem a uma falha no equipamento só pode ser detectada, previamente, por especialistas. A prevenção desta ocorrência depende da existência de pessoas qualificadas e de procedimento escritos.

> Diversas empresas já trabalham com este enfoque.

- FAIXA "C": SÓ O SISTEMA DETECTA – ainda que se disponha de especialistas, podem ocorrer falhas devidas, por exemplo, a sobressalentes inadequados, instrumentos não aferidos e não calibrados, documentação técnica incorreta, entre outros motivos. Daí porque a importância de se adotar um Sistema de Qualidade, pois só este sistema é capaz de detectar e prevenir a ocorrência de falhas sistêmicas.

6. Sistemas de Melhoria e Práticas Básicas

> Esta é a estratégia correta e mais e mais empresas devem adotá-la.

Devido ao grau não adequado de competitividade de boa parte das empresas brasileiras, com perdas ainda não compatíveis com o nível de excelência empresarial necessário num cenário altamente competitivo e globalizado, o crescimento da produção será obtido menos com novos investimentos em novas instalações e muito mais com o aumento da Qualidade e da Produtividade, que redundam em aumento da Disponibilidade que vai proporcionar um aumento da produção.

Resumindo: é possível conseguir sensíveis aumentos de produção sem investir em novas instalações e, sim, em novos métodos de trabalho, na modernização das instalações existentes e, sem dúvida, implantando um Sistema de Qualidade na Manutenção e em toda a empresa.

> ESTE É O RUMO DA EMPRESA EXCELENTE!

6.4. Fatores Culturais e Gerenciais

As pessoas participam do processo como um todo, contribuindo, efetivamente, para a sua melhoria. Esse envolvimento lhes rende, por outro lado, um ganho na qualidade de sua vida profissional, lhes garante maior empregabilidade e, certamente, maiores ganhos financeiros, à medida que a empresa se torna mais competitiva.

Com a sistemática utilizada, há uma valorização das pessoas pelo grau de certeza na maneira de executar as tarefas, pelos resultados que são alcançados e pela motivação que advém disso. O Sistema prevê ainda um tal grau de capacitação que promove a adoção da polivalência.

O maior bloqueio para o sucesso do Sistema de Qualidade e, em última instância para o Sistema de Gestão das Organizações, encontra-se, justamente, nas gerências. Toda pesquisa sobre o assunto aponta que a causa de falência do Sistema é a falta de comprometimento da alta administração. Entretanto, ocorrendo este comprometimento da alta administração, o maior entrave para a implementação do Sistema é a média gerência.

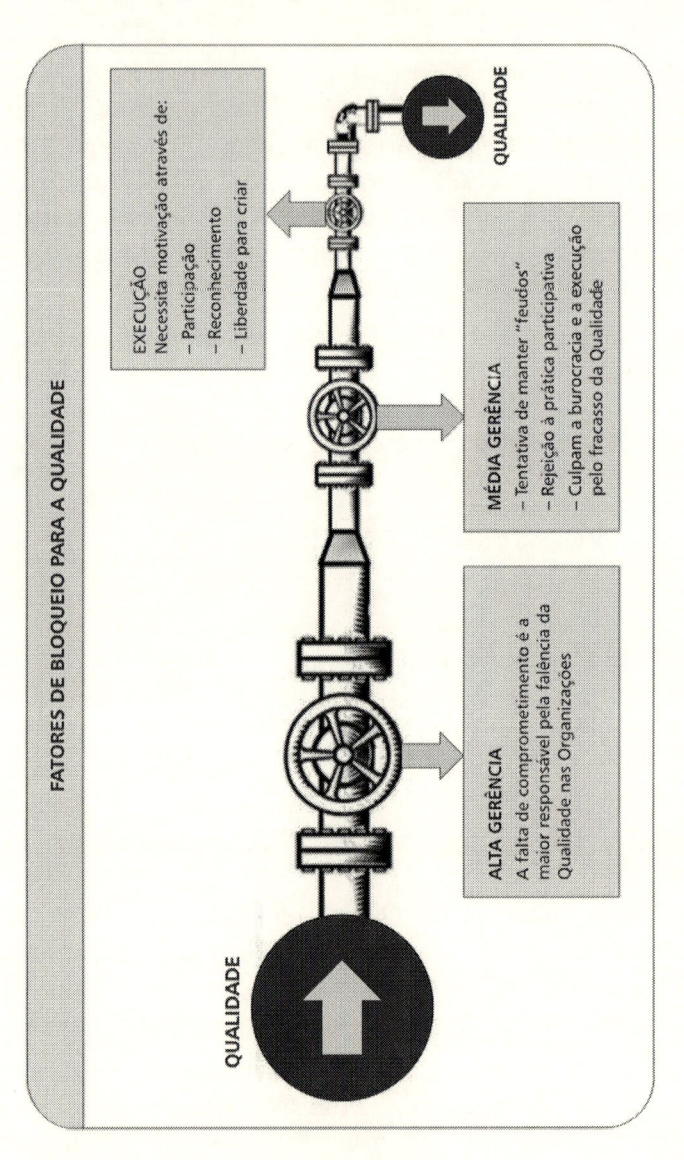

Figura 6.3 – Fatores de bloqueio para a Qualidade

6. Sistemas de Melhoria e Práticas Básicas

Sendo tanto o Sistema de Qualidade como novas técnicas de melhoria como a Gestão de Ativos, por exemplo, processos de mudança de cultura, é fundamental que se desenvolvam em um ambiente onde haja gerência participativa; tanto quanto a gerência participativa, o bom relacionamento interpessoal dentro da organização é um fator fundamental para o sucesso do processo

Para um salto efetivo de competitividade, é necessário um estado permanente de mudanças, de quebra constante de paradigmas. Um processo que se perpetua sem melhorias se torna improdutivo, pois qualquer ganho de resultado só é conseguido com um grande gasto de energia. Por outro lado, a adoção de novos processos leva à obtenção de melhores resultados com menor dispêndio de energia, tornando a |Organização mais competitiva. A Figura 6.4 ilustra de maneira cartesiana esta afirmativa.

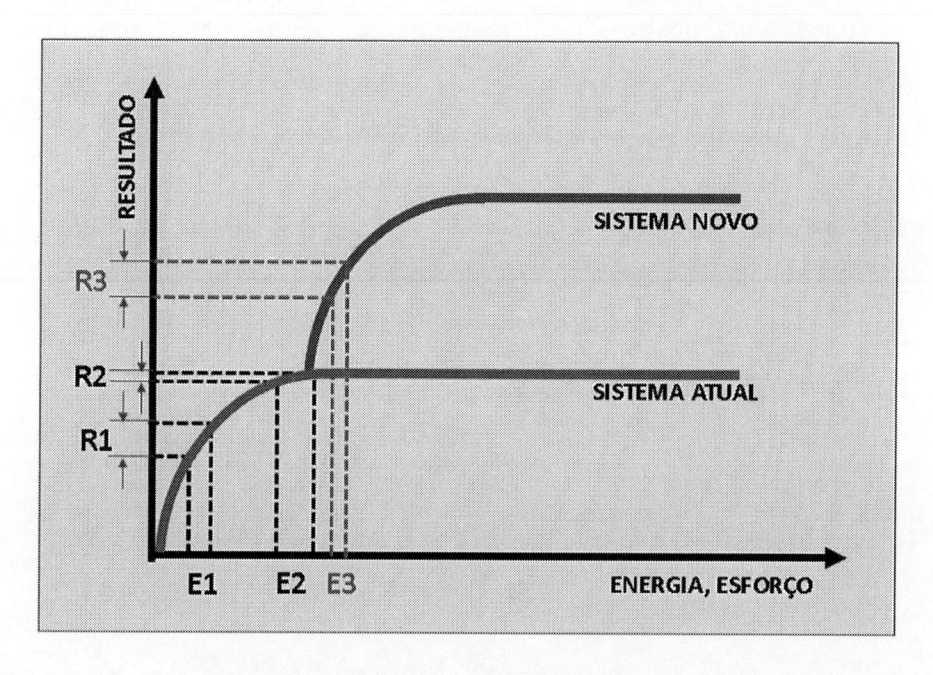

Figura 6.4 – Gráfico da Mudança de Processo.

O gráfico explicita o que ocorre com as empresas *best in class*. À medida que novas técnicas como Qualidade, Benchmarking, Gestão de Ativos, dentre outras são incorporadas ao Processo de Gestão, a empresa muda de patamar e passa a auferir ganhos significativos, colocando-a em uma posição de relevância em relação às demais.

6.5. Os dez Princípios Básicos da Qualidade e da Gestão

Os mesmos princípios que se aplicam à Gestão pela Qualidade Total em toda a organização também se aplicam à atividade de Manutenção; é preciso ter sempre em mente que cada atividade de uma empresa faz parte de um conjunto e que precisa se constituir num verdadeiro "TIME" na busca dos resultados empresariais.

A Figura 6.5 mostra o que é uma empresa ou um sistema, ou, melhor ainda, uma ORGANIZAÇÃO HUMANA.

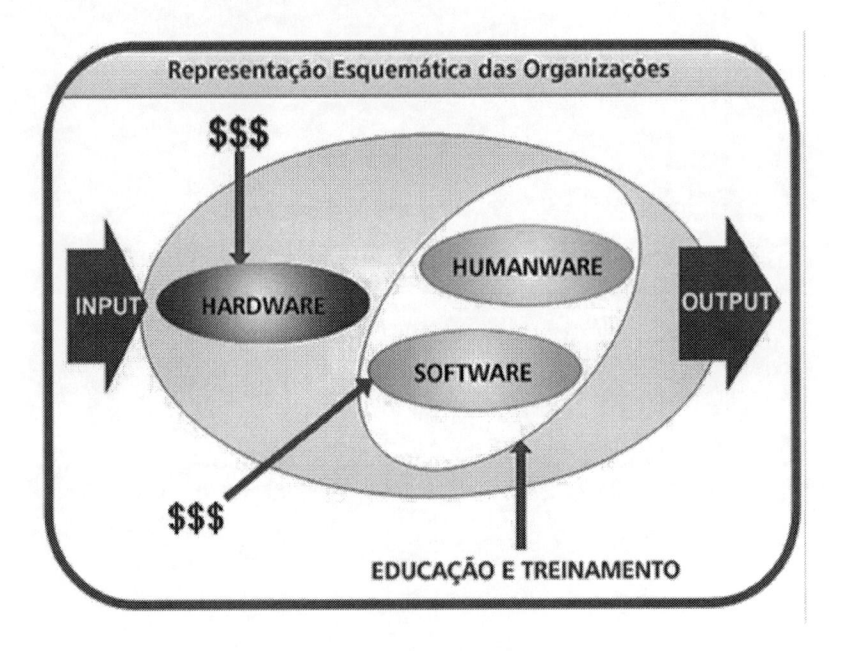

Figura 6.5 – Esquema da Organização.

6.5.1. Satisfação Total dos Clientes

A razão de ser de uma Organização é o CLIENTE, do mesmo modo, a razão de ser da atividade de manutenção é a operação. Daí ser muito importante:

- conhecer bem as suas necessidades;
- o que se precisa fazer para atendê-lo bem;
- superar as suas expectativas.

A parceria, Operação e Manutenção, além da Engenharia, é fundamental para o processo produtivo da empresa.

Na implantação da Gestão de Ativos temos observado que a Manutenção e a Operação são os pilares críticos para o sucesso ou, infelizmente, para o insucesso da implantação desta moderna forma de se fazer uma Gestão excelente, que é a GESTÃO DE ATIVOS.

Nas indústrias, o principal cliente da Manutenção é a Operação. Nas empresas de telefonia, TV a cabo e similares, a Manutenção chega à casa do consumidor final. Assim, o desempenho da Manutenção e o comportamento do mantenedor são a vitrine da empresa perante os clientes.

Figura 6.6 – A Importância do Cliente.

Para os clientes da Manutenção interessa o resultado, que pode ser traduzido pela disponibilidade requerida pelo plano de produção, confiabilidade e segurança operacional, independentemente dos serviços serem prestados por empregados próprios ou contratados.

Para os clientes não existe essa diferença entre pessoal próprio e contratado: o prestador de serviços é a Manutenção.

6.5.2. Gerência Participativa

As gerências e a supervisão, melhor dizendo as lideranças, precisam informar, debater, motivar e orientar as pessoas e, sobretudo, promover o trabalho em equipe.

O objetivo é atingir um somatório de forças, onde o "todo", trabalhando junto, tenha mais poder do que o simples somatório das forças isoladas.

É preciso criar um ambiente propício à criatividade, onde as novas ideias sejam estimuladas; isto só será possível onde todos os níveis da organização estiverem abertos às críticas e às sugestões.

Veja a Figura 6.7 a seguir.

Figura 6.7 – Gerência Participativa

6.5.3. Desenvolvimento Humano

O aprendizado contínuo é fundamental em um mundo de transformações rápidas. As pessoas são a alma e o caráter de uma Organização e é preciso que elas sejam capazes de se autodirigir e de se autocontrolar na maioria das situações.

São duas as vertentes relativas ao desenvolvimento do pessoal nas Organizações: o conhecimento técnico e o desenvolvimento pessoal.

O conhecimento técnico é entregue através de cursos específicos na empresa ou fora dela e treinamento no trabalho. Isso é conhecido como Qualificação. Já o conhecimento específico dos ativos da empresa é o que se denomina Capacitação.

A Certificação da Mão de Obra é o atestado, emitido por uma entidade representativa, de que aquele indivíduo está qualificado.

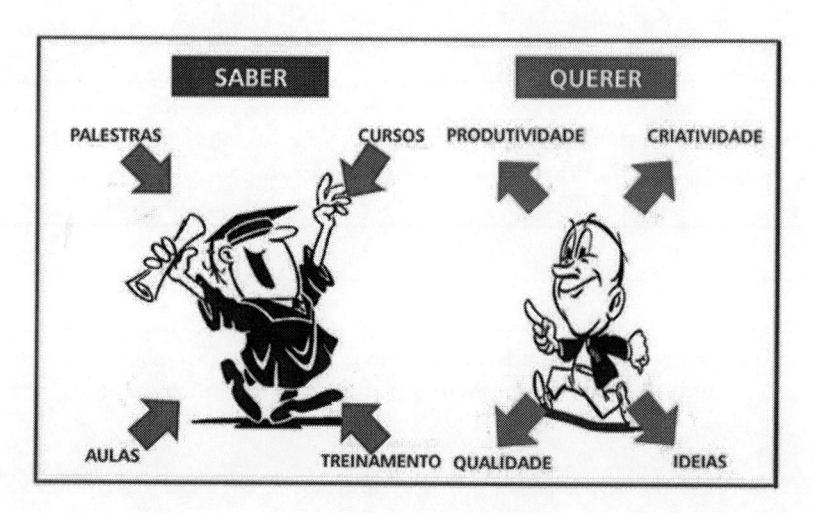

Figura 6.8 – Saber e Querer

MAIS DO QUE SABER, É PRECISO QUERER!

O PNQC – Programa Nacional de Qualificação e Certificação de mão de obra de manutenção, desenvolvido pela ABRAMAN, que tem como parceiros o SENAI (Serviço Nacional de Aprendizagem Industrial) e o CEFET (Centro Federal de Educação Tecnológica) , tem sido utilizado pelas empresas que buscam obter saltos qualitativos na qualificação da sua força de trabalho própria e contratada. Este é o caminho estratégico mais importante rumo à excelência empresarial.

No entanto, a capacitação do pessoal nos equipamentos específicos da planta industrial ou instalação cabe à Empresa.

Por outro lado, o SABER é indispensável, mas não é suficiente, é necessário o QUERER que se reflete no comprometimento das pessoas na busca dos resultados empresariais. Podemos fazer a seguinte analogia:

O SABER é como uma ENERGIA POTENCIAL.

O QUERER é como uma ENERGIA CINÉTICA.

> "Não existe processo que atinja bons resultados se não for através de pessoas qualificadas, capacitadas (SABER) e motivadas (QUERER). Este é o mais importante fator crítico de sucesso."
>
> *Alan Kardec*

> ... e o fator de produção absolutamente decisivo atualmente não é nem o capital, nem a terra, nem o trabalho. É o conhecimento.
>
> *Peter Drucker*

6.5.4. Constância de Propósitos

É fundamental que as lideranças tenham bastante persistência e que estejam dispostas a correr riscos, pois o processo de implantação de novos valores exige a eliminação de conceitos ultrapassados, o que, no fundo, é uma mudança cultural profunda na organização.

6. Sistemas de Melhoria e Práticas Básicas

> **POR QUE A LIDERANÇA É FUNDAMENTAL?**
>
> Porque melhores resultados dependem de mudanças
>
> Mudanças dependem de lideranças
>
> Lideranças correm riscos
>
> E você, leitor, está disposto a correr riscos??

Daí a importância do planejamento das ações que levem à Qualidade Total, e que as lideranças tenham atitudes coerentes com os princípios que norteiam a nova filosofia.

É importante ter uma visão de futuro e que ações de curto prazo estejam, sempre, coerentes com a visão.

Resumindo: é preciso metas de longo prazo (3 a 5 anos) e um plano de ação de curto prazo (1 ano).

Exemplo:

- Meta de longo prazo: Aumentar a disponibilidade em 20% nos próximos três anos.
- Plano de ação: Executar as ações "x", "y", "z"..., que levem a aumentar a disponibilidade em 10% no primeiro ano.

Os programas de melhoria na Manutenção demandam um certo tempo. As empresas de sucesso:

- identificam as melhores práticas;
- estabelecem um programa de melhoria;
- aplicam de modo disciplinado e sistematizado o programa elaborado durante a fase que se conhece como período de construção. Durante o período de construção consolida-se o programa tendo-se consciência de que os resultados não serão imediatos;
- uma vez consolidado, os resultados virão naturalmente e tenderão a ser continuamente crescentes.

6.5.5. O Desenvolvimento Contínuo

O ambiente competitivo global associado à acelerada inovação no mercado exige que as empresas estejam plenamente atualizadas para garantir a sua sobrevivência e, também, as pessoas para garantir a sua empregabilidade.

Desse modo, é preciso ter um exato conhecimento de onde se está e onde se quer chegar, estabelecendo indicadores para que se possa medir o resultado do plano de ação e se está compatível com as metas de curto e longo prazos.

> **QUEM NÃO MEDE, NÃO ANALISA E NÃO ATUA, NÃO GERENCIA!**

É preciso ter indicadores que meçam a Disponibilidade, a Confiabilidade, a Qualidade, o Custo, o Atendimento, o Moral do Grupo, a Segurança e o Meio Ambiente. Dentro de uma visão sistêmica, é preciso ter Indicadores da Produção, do Faturamento e a posição relativa à concorrência, dentre outros.

O Desenvolvimento contínuo se dá através de um Processo de Gerenciamento único para toda a organização, apoiado em indicadores, com metas estabelecidas e auditorias sistemáticas para verificação dos resultados e correção do processo.

É a aplicação do ciclo do PDCA de modo contínuo, isto é, melhoria contínua sistematizada.

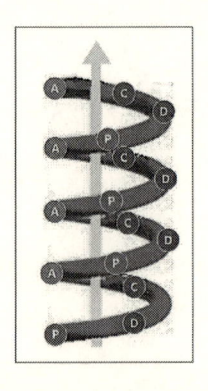

Principais características dos indicadores:
- Ter indicação da meta;
- Ter dados de anos anteriores;
- Mostrar qual é o benchmark;
- Qual é a melhor tendência;
- Fácil de ser mensurado.

Alguns exemplos de Indicadores:

- **QUALIDADE**:
    - ✓ Disponibilidade.
    - ✓ Faturamento da empresa.
    - ✓ Perda de produção devido à manutenção.
    - ✓ Índice de retrabalho.
    - ✓ Efetivo da manutenção.
    - ✓ TMEF.
    - ✓ Índice de defeitos.
    - ✓ Índice de reclamações dos clientes.
- **CUSTOS:**
    - ✓ Custo total da empresa.
    - ✓ Custo total da manutenção.
    - ✓ Custo da manutenção por unidade produzida.
    - ✓ Custo por unidade operacional.
    - ✓ Custo por especialidade.
    - ✓ Custo do efetivo de manutenção.
- **ATENDIMENTO:**
    - ✓ Percentual de cumprimento da programação.
    - ✓ Índice de satisfação dos clientes (da Manutenção).

✓ Percentual de reclamações atendidas em menos de uma semana (por exemplo).

- **MORAL:**
  ✓ Absenteísmo.
  ✓ Licenças médicas.
  ✓ Índice de satisfação dos colaboradores.

- **SEGURANÇA:**
  ✓ Taxa de acidentes com e sem afastamento.
  ✓ Taxa de gravidade.
  ✓ Índice de empregados com perda auditiva.

As Figuras 6.9 e 6.10 apresentam exemplos de Indicadores.

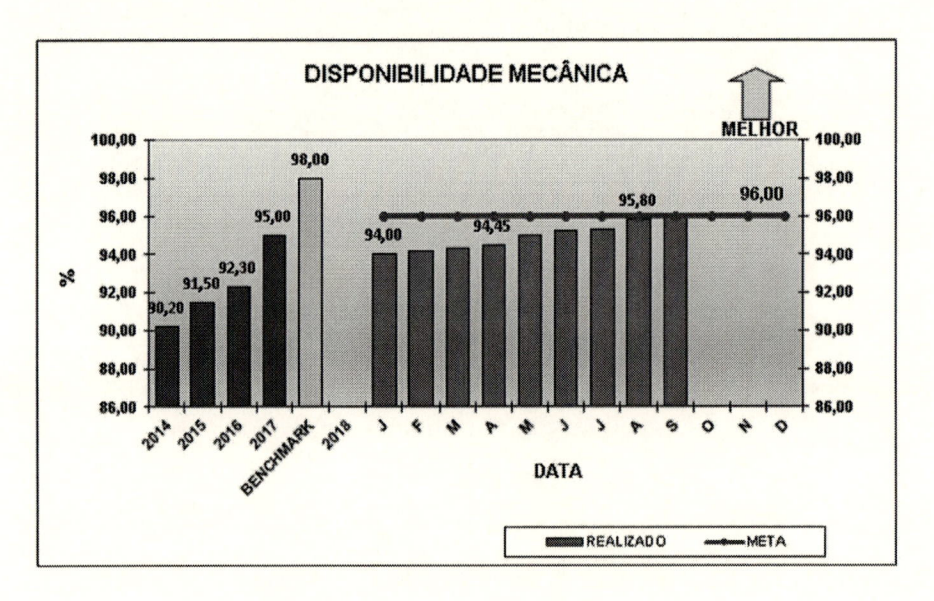

Figura 6.9 – Disponibilidade Mecânica

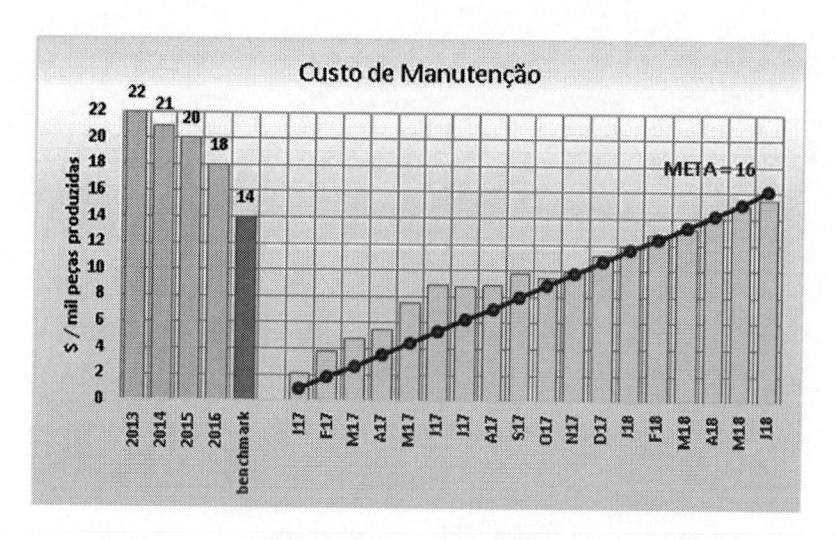

Figura 6.10 – Custo de Manutenção em relação à produção

6.5.6. Gerenciamento dos Processos

Uma Empresa é um grande processo que se divide em subprocessos menores, sendo a atividade de manutenção um destes subprocessos, que podem chegar até o nível da tarefa individual. Um processo só se justifica se estiver atendendo a um Cliente (externo ou interno). Exceto no caso de uma empresa prestadora de serviços de manutenção, esta atividade tem no Cliente interno, a Operação, a razão da sua existência. Existem segmentos em que a manutenção está intimamente ligada ao cliente externo, como é o caso, por exemplo, das telecomunicações.

Gerenciar processos é planejar, controlar a execução, verificar se há desvios e, quando necessário, fazer as devidas correções.

É o conhecido ciclo do PDCA – Plan (Planejar), Do (Fazer), Check (Verificar) e Action (Corrigir); ver Figura 6.11.

O ciclo PDCA, foi idealizado por Shewhart e divulgado por Deming, que foi quem efetivamente o aplicou. Tem aplicação ampla nos processos de gestão, podendo ser aplicado tanto em empresas como na própria condução de ações particulares.

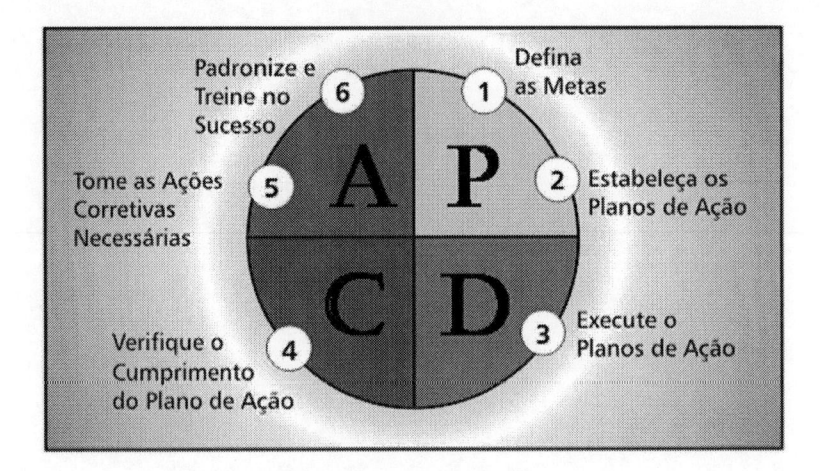

Figura 6.11– O Ciclo PDCA.

Uma das razões mais comuns para o fracasso na sua aplicação ocorre pela não aplicação de todo o ciclo. É muito comum a atuação em somente as duas primeiras fases – PLANEJAR e EXECUTAR. Com isso, não é feita a análise crítica do serviço executado e as melhorias não são implementadas. Infelizmente, essa prática é ainda muito comum na Manutenção de empresas que ainda não atingiram o nível de excelência.

6.5.7. Delegação

Uma empresa que busca competitividade precisa ser ágil, e isto só se consegue com uma adequada delegação.

Segundo o dicionário Priberam, delegar é:

- Dar delegação a.
- Transferir poder, função, competência, etc. a outrem, que passa a poder representar e agir em nome de quem transferiu esse poder, função, competência, etc.
- Incumbir, confiar.

O sucesso do processo de delegação depende de:

- divulgar para todas as pessoas envolvidas a missão, a visão, as políticas, as diretrizes e o plano de ação da manutenção;
- identificar o que e para quem delegar;
- respaldar as ações delegadas.

A filosofia básica deste processo de delegação é dar o poder de decisão para quem está perto de onde ocorre a ação. Entretanto, não se delega responsabilidade, esta continua sendo de quem fez a delegação.

6.5.8. Disseminação das Informações

Estamos vivendo a era da informação e é preciso que ela circule em todos os níveis de maneira rápida, clara e objetiva. É preciso, também, que a Alta Administração tenha um canal aberto com o nível de execução e que este canal seja uma via de mão dupla.

Tem um sábio ditado japonês que diz: temos dois ouvidos e uma boca e isto significa que é preciso ouvir mais e falar menos; geralmente se pratica o contrário.

Só estando bem informadas é que as pessoas se sentirão encorajadas a tomar decisões que lhes foram delegadas.

Além dos diversos canais formais de comunicação, como cartazes, quadros de aviso, jornal interno, correio eletrônico, telões e aparelhos de televisão, entre outros, é indispensável que haja, também, a comunicação direta entre gerentes/supervisores e os seus colaboradores, é a chamada comunicação "olho no olho". Ver Figura 6.12.

Figura 6.12 – Comunicação é Fundamental.

6.5.9. Garantia da Qualidade – Gerenciamento da Rotina

Tanto a garantia da qualidade como outras premissas, obrigações ou compromissos, embora dependente das pessoas, não pode depender de determinadas pessoas. É preciso que haja procedimentos escritos e que as pessoas sejam treinadas nestes procedimentos. É o gerenciamento da rotina que garante que o nível da qualidade será, sempre, mantido.

Por exemplo, as Normas ISO 9000 nada mais são do que uma garantia para o Cliente de que a qualidade fornecida é aquela que está especificada.

Não basta ter um processo certificado pela ISO 9000, pois isso não significa que a qualidade esteja no "estado da arte". Infelizmente, ainda existem algumas empresas detentoras de processos certificados que querem passar para o mercado essa ideia, mas isso é o que se pode classificar de "propaganda enganosa".

6.5.10. Não aceitação de Erros

O melhor caminho é fazer certo da primeira vez. Para isso é preciso analisar, sempre, o porquê do erro, ir à sua causa básica e resolver o problema de forma definitiva. Existem diversas causas que levam ao erro:

- Falta de capacitação das pessoas.
- Falta e/ou não utilização de procedimentos.
- Procedimentos incorretos ou ultrapassados.
- Sobressalentes inadequados.
- Documentação técnica incorreta.
- Fatores humanos intrínsecos (psicológicos, desmotivação e outros).
- Terceirização com fornecedores inadequados.
- Procedimentos contratuais incorretos.

Essa filosofia de se fazer certo da primeira vez não pode significar intolerância ou mesmo punição para quem erra, pois do contrário estará inibindo a criatividade e a inovação por parte das pessoas.

> O que não se pode admitir é o erro repetitivo ou mesmo por omissão.

6.6. Influências do Processo na Relação Empresa-Sindicato

A implementação da Qualidade, a adoção do processo de Gestão de Ativos, a implementação de normas de Segurança, dentre outros, caracterizam processos de mudança de cultura e sua aplicação introduzirá, fatalmente, modificações comportamentais e organizacionais.

Algumas destas mudanças contidas no bojo desses processos são:

- Polivalência ou multiespecialização.
- Matriz de atribuições e responsabilidades.

- Autocontrole pelo executante com a consequente redução da supervisão.
- Mudança no relacionamento Cliente-Fornecedor interno e externo, entre outros.

Evidentemente, modificações iguais ou similares, poderão provocar reações no meio sindical, dependendo da relação existente entre as partes.

Se for uma relação do tipo "perde × ganha", pode haver uma reação por parte do sindicato, sob a alegação de que estas mudanças não beneficiam as pessoas e isto será tanto mais forte à medida que as partes envolvidas não têm uma relação profissional e empresarial adequada.

As características básicas do sindicalismo tradicional são:

- Lutar só por aumento de salários.
- Ser contrário ao aumento da produtividade, sob a alegação de que leva ao desemprego.
- Procurar a estabilidade no emprego apenas do ponto de vista legal.

Figura 6.13 – Relação Perde × Ganha.

Um outro preconceito é o de que o aumento de produtividade leva, como consequência, a uma sobrecarga de trabalho para as pessoas. O que não é absolutamente verdade. Analisando os serviços de manutenção, percebe-se que quanto mais planejado, maior a produtividade no serviço, menos o tempo gasto e menor o esforço dispendido pelo pessoal.

> **AUMENTO DE PRODUTIVIDADE É FRUTO DE UM TRABALHO INTELIGENTE E NÃO DE MAIOR ESFORÇO FÍSICO.**

A relação moderna de "ganha × ganha" com uma visão empresarial e sindical de parceria facilitará, em muito, a aceitação do processo, com base na verificação de que é preciso buscar a maior competitividade, o que trará, sem dúvida, ganhos para todos os envolvidos. Num cenário de globalização

é preciso ser competitivo em relação aos nossos concorrentes situados em qualquer parte do planeta, sob pena de inviabilizar a empresa, e, como consequência, provocar o desemprego de todas as pessoas.

As características básicas do sindicalismo moderno são:

- Empresa e sindicato fortes.
- Busca pela maior competitividade.
- Busca da qualidade e valorização das pessoas.
- Visão de que é o cliente (Empresa) quem garante o emprego.

> **É COM BASE NESTA VISÃO QUE SE PODE GARANTIR A SOBREVIVÊNCIA DA EMPRESA E, POR CONSEQUÊNCIA, DO TRABALHO E DO EMPREGO.**

O objetivo permanente deve ser a satisfação dos clientes, dos acionistas, dos colaboradores e da comunidade.

Figura 6.14 – Parceria ganha x ganha

6.7. Fatores Implementadores da Melhoria na Gestão

É preciso ter em mente que só faz sentido o uso dos processos de melhoria da Gestão se for com o objetivo de utilizar ferramentas estratégicas na busca dos resultados empresariais.

Os seguintes fatores podem ser considerados como implementadores do processo (Figura 6.15):

- Maiores confiabilidade e disponibilidade operacional.
- Maior competitividade.
- Maior produtividade.
- Redução dos custos de manutenção e custos globais.
- Eliminação de desperdícios.
- Redução de retrabalhos.
- Maiores motivação e espírito de equipe.
- Melhoria do ciclo de vida dos ativos

Figura 6.15 – Fatores Implementadores.

6.8. Fatores Restritivos às Melhorias

As gerências, que têm a missão e a responsabilidade de gerir as pessoas na busca da competitividade, precisam estar atentas aos fatores que inibem a implantação do processo de melhoria.

São eles (Figura 6.16):

- Falta de comprometimento das gerências, em especial da média gerência.
- Falta de visão sistêmica das pessoas.
- Resistências naturais às mudanças.
- Falta de um plano de ação, com responsáveis e prazos.
- Excesso de burocracia, perdendo-se de vista o resultado.
- Modismo, ou seja, uso da ferramenta como um fim e não como apenas um meio para atingir os resultados empresariais.
- Terceirização com lacunas.
- Os resultados não são imediatos.

Figura 6.16 – Fatores Restritivos.

6.9. Práticas Básicas

Há, pelo menos, três práticas que devem ser consideradas básicas nas Plantas Industriais e/ou Instalações :

- 5S.
- TPM – *Total Productive Maintenance* ou Manutenção Produtiva Total.
- Polivalência ou Multiespecialização.

O 5S é a base da qualidade. Sem uma cultura de 5S dificilmente teremos um ambiente que proporcione trabalhos com qualidade.

O **TPM** é a ampliação do conceito da Manutenção, pela promoção da Manutenção do Sistema de Produção com a participação das pessoas da Operação.

A Polivalência, também conhecida como Multiespecialização, é a ampliação da capacitação das pessoas de manutenção e, em consequência, de suas habilidades que proporcionam uma sensível racionalização e maior garantia de qualidade dos serviços. Em outras palavras, é cada especialista se capacitando em tarefas de menor complexidade das outras especialidades.

6.9.1. O Programa 5S

O 5S é uma prática originária do Japão, que começou a ser aplicada, na Toyota, logo após a 2ª Guerra Mundial. É considerado como a base para o desenvolvimento do Sistema da Qualidade. O nome 5S deriva do fato de que as 5 palavras que definem as principais atividades começam com a letra S:

SEIRI; SEITON; SEISO; SEIKETSU; SHITSUKE.

Estas palavras apresentam a seguinte equivalência em inglês e português:

Japonês	Inglês	Português
SEIRI	SORTING	ORGANIZAÇÃO
SEITON	SYSTEMATIZATION	ORDEM
SEISO	SWEEPING	LIMPEZA
SEIKETSU	SANITIZING	ASSEIO
SHITSUKE	SELF DISCIPLINE	DISCIPLINA

> O 5S pode ser definido como uma estratégia de potencializar e desenvolver as pessoas para pensarem no bem comum.

Direta ou indiretamente o 5S promove:
- Melhoria da qualidade.
- Prevenção de acidentes.
- Melhoria da produtividade.
- Redução de custos.

- Conservação de energia.
- Melhoria do ambiente de trabalho.
- Melhoria do moral dos empregados.
- Incentivo à criatividade.
- Modificação da cultura.
- Melhoria da disciplina.
- Desenvolvimento do senso de equipe.
- Maior participação em todos os níveis.

Atualmente, algumas organizações têm incluído mais 2 S:

- Senso de Propriedade.
- Senso de Superação.

O Senso de Propriedade objetiva criar uma cultura onde todos os profissionais se sintam "donos" da área ou das instalações onde atuam.

O Senso de Superação tem por objetivo criar uma cultura de melhoria contínua na busca da excelência operacional. Isso é conseguido através de um processo estruturado baseado no ciclo do PDCA.

Fases do 5S

- **ORGANIZAÇÃO**
    - ✓ Manter apenas o necessário.
    - ✓ Promover a seleção em função da frequência da utilização do material – uso frequente, perto das máquinas; pouco uso no almoxarifado; nenhum uso, descartar.
    - ✓ Utilização mais racional do espaço.
    - ✓ Eliminação do excesso de materiais, móveis, ferramentas, armários, estantes....
    - ✓ Melhor acompanhamento, eliminação do desperdício.
- **ORDEM** (Sistematização, Ordenação)

- ✓ Manter ferramentas, materiais, dispositivos e equipamentos em condições de fácil utilização.
- ✓ Usar a mesma nomenclatura, determinando onde estocar, onde localizar, utilizando etiquetas coloridas de fácil visualização, uniformizando arquivos e documentos.
- ✓ Fácil de arquivar/estocar, fácil de localizar, fácil de pegar para utilizar, fácil de reabastecer, fácil de retornar ao lugar após o uso.

- **LIMPEZA**
  - ✓ Manter o local de trabalho, máquinas, instrumentos e ferramentas limpos.
  - ✓ Limpar toda a sujeira da fábrica, planta ou oficina. Fazer o mesmo com os equipamentos, local de trabalho e suas redondezas, durante e/ou após o trabalho.
  - ✓ Identificar as causas fundamentais dos desvios de limpeza.
  - ✓ Trabalho diário agradável, maior segurança, participação de todos, eliminação de improvisações nos equipamentos e instalações.

- **ASSEIO/HIGIENE**
  - ✓ Manter a saúde física e mental.
  - ✓ Cuidar da higiene corporal. Usar roupas limpas.
  - ✓ Cumprir normas de segurança.
  - ✓ Praticar esportes.
  - ✓ Manter limpos vestiários, restaurantes, banheiros e demais áreas de uso coletivo.

- DISCIPLINA
  - ✓ Disciplina é fazer aquilo que foi combinado (ou determinado).
  - ✓ Cumprir as normas da empresa.
  - ✓ Ser bom chefe, bom companheiro, bom subordinado.

✓ Estabelecer e cumprir as placas de advertência e avisos para usos de Equipamentos de Proteção Individual (EPIs).

✓ Participar efetivamente dos eventos da empresa.

✓ Cumprir os horários determinados e os padrões estabelecidos.

É POSSÍVEL OBTER-SE QUALIDADE EM UM AMBIENTE SUJO E DESORGANIZADO?

Figura 6.17 – Antes e Depois do 5S.

Implantação do 5S

Apesar de não existir um modelo rígido para implantação do 5S, a prática mais adotada e que melhores resultados apresenta está indicada a seguir, e compõe-se das seguintes etapas:

- Preparar a Organização.
- Treinar e educar no 5S.
- Levantar problemas e encontrar soluções no 3S.
- Elaborar plano de ação.

- Acompanhar a implementação.
- Promover o 5S.

A implantação do 5S deve partir da alta administração da organização ou, até mesmo, do gestor de uma determinada área executando um "projeto piloto". É uma demonstração de que ela zela pela empresa e por todos os empregados. Nesse modelo, as chances de sucesso são elevadíssimas.

A experiência indica que, por maiores que sejam os esforços desenvolvidos nos escalões inferiores, quando o programa não é abraçado pela alta administração suas chances de sucesso e perenidade são baixas.

Para a implantação definitiva do 5S é necessário que TODOS OS EMPREGADOS PARTICIPEM – do Presidente ao empregado de mais baixo cargo na escala hierárquica.

ETAPAS DE IMPLANTAÇÃO

- Preparar a Organização
    - ✓ Compromisso do Chefe ou Presidente.
    - ✓ Divulgação da Programação.
    - ✓ **D**efinição/Indicação do Comitê de Coordenação ou do Responsável.
- Treinar e Educar no 5S
    - ✓ Preparar monitores.
    - ✓ Treinar supervisores e executantes – inclui treinamento teórico e visitas a outras empresas ou organizações.
- Levantar Problemas e Soluções no 3S
    - ✓ Estabelecer diretrizes no 3S (Organização, Ordem e Limpeza).
    - ✓ Promover ao máximo a participação de todo o pessoal no levantamento dos problemas e sugestão de soluções.
    - ✓ Levantar e priorizar os problemas.
    - ✓ Elaborar um plano de ação.

- ✓ Fazer um cronograma das ações com prazos e responsáveis.
- ✓ Implementar as soluções (isto é fator de credibilidade do programa).
- Acompanhar a Implementação
  - ✓ Planejar e realizar auditorias, estabelecendo metas.
  - ✓ Fazer inspeções de rotina e dar conhecimento a todo o pessoal.
- Promover o 5S
  - ✓ Promover as pessoas e locais onde o 5S está melhor.
  - ✓ Promover visitas de outros Setores/Departamentos àqueles que apresentam melhor desenvolvimento no programa.

Exemplos de Aplicação do 5S:

Foto 6.18 – Vista da Oficina de Manutenção
Mecânica da Refinaria Gabriel Passos, Betim, MG.

Foto 6.19 – Vista da Sala de Lubrificação da Boeing Seattle

6.9.2. TPM – Manutenção Produtiva Total (*Total Productive Maintenance*)

Histórico

A TPM teve início no Japão, através da empresa Nippon Denso KK, integrante do grupo Toyota, que recebeu em 1971 o Prêmio PM, concedido a empresas que se destacaram na condução desse programa. No Brasil, foi apresentada pela primeira vez em 1986.

Considera-se que a TPM deriva da Manutenção Preventiva, concebida originariamente nos Estados Unidos, e a evolução do processo até a sua caracterização, como conhecido atualmente, foi a seguinte:

- **Manutenção Preventiva – 1950**

    Inicialmente adotada dentro do conceito de que intervenções adequadas evitariam falhas e apresentariam melhor desempenho e maior vida útil nas máquinas e equipamentos.

- **Manutenção com Introdução de Melhorias – 1957**

    Criação de facilidades nas máquinas e nos equipamentos, objetivando facilitar as intervenções da Manutenção Preventiva e aumentar confiabilidade.

Figura 6.20 – Principio do TPM

Prevenção de Manutenção – 1960

Significa incorporar ao projeto das máquinas e equipamentos a não necessidade da manutenção. Aqui está a quebra de paradigma; a premissa básica para os projetistas é totalmente diferente das exigências vigentes.

Um exemplo extremamente simples, mas de conhecimento geral, é a adoção de articulações com lubrificação permanente na indústria automobilística. Até 1970 os carros e caminhões tinham vários pinos de lubrificação, nos quais devia ser injetada graxa nova a intervalos regulares. A mudança não é facilitar a colocação do pino ou melhorar a sistemática de lubrificação e, sim, eliminar a necessidade de intervenção.

- **TPM – 1970**

    Vários fatores econômico-sociais imprimem ao mercado exigências cada vez mais rigorosas, o que obriga as empresas a serem cada vez mais competitivas para sobreviver.

    Com isso, elas foram obrigadas a:

    ✓ eliminar desperdícios;

    ✓ obter o melhor desempenho dos equipamentos;

    ✓ reduzir interrupções/paradas de produção por quebras ou intervenções;

    ✓ redefinir o perfil de conhecimento e habilidades dos empregados da produção e manutenção;

    ✓ modificar a sistemática de trabalho.

Utilizando a sistemática de grupos de trabalho conhecidos como CCQ – Círculos de Controle de Qualidade ou ZD – Defeito Zero (Zero Deffects), foram disseminados os seguintes conceitos, base do TPM:

- CADA UM DEVE EXERCER O AUTOCONTROLE.
- A MINHA MÁQUINA DEVE SER PROTEGIDA POR MIM.
- HOMEM, MÁQUINA E EMPRESA DEVEM ESTAR INTEGRADOS.
- A MANUTENÇÃO DOS MEIOS DE PRODUÇÃO DEVE SER PREOCUPAÇÃO DE TODOS.

Objetivos da TPM

A TPM objetiva a eficácia da empresa através de maior qualificação das pessoas e melhoramentos introduzidos nos equipamentos. Também prepara e desenvolve pessoas e organizações aptas para conduzir as fábricas do futuro, dotadas de automação.

Desse modo, o perfil dos empregados deve ser adequado através de treinamento/capacitação:

OPERADORES	Execução de atividades de manutenção de forma espontânea (lubrificação, regulagens...)
MANTENEDORES	Execução de tarefas na área da mecatrônica
ENGENHEIROS	Planejamento, projeto e desenvolvimento de equipamentos que não exijam manutenção.

Se as pessoas forem desenvolvidas e treinadas, é possível promover as modificações nas máquinas e nos equipamentos.

Modificando as máquinas e os equipamentos podemos obter:

Melhoria no resultado global final.

Os operadores passam a executar tarefas mais simples, que antes eram executadas pelo pessoal de manutenção, como: lubrificação, limpeza, ajustes de gaxetas, medição de vibração e temperatura, troca de lâmpadas, sintonia em controladores, limpeza e troca de filtros, substituição de instrumentos, dentre outros, permanecendo a equipe de manutenção com as tarefas de maior complexidade.

Comparando com as funções da área médica no Brasil, o operador seria para o equipamento um enfermeiro, que presta os primeiros socorros, e é capaz de tomar providências para evitar problemas maiores ao paciente. O homem de Manutenção seria o médico, capaz de fazer intervenções de vulto para restaurar a saúde do paciente.

As Grandes Perdas

A abordagem de perdas, na visão da TPM, está mostrada no quadro a seguir:

6. Sistemas de Melhoria e Práticas Básicas

	As 6 grandes perdas	Causa da Perda	Influência
1	Quebras	Paralização	Tempo de Operação
2	Mudança de Linha		
3	Operação em vazio e pequenas paradas	Queda de Velocidade	Tempo efetivo de Operação
4	Velocidade reduzida em relação à nominal		
5	Defeitos de Produção	Defeitos	Tempo efetivo de produção
6	Queda de rendimento		

1. **Perdas por Quebras**

   São as que contribuem com a maior parcela na queda do desempenho operacional dos equipamentos.

   Os dois tipos são:

   ✓ Perda em função de uma falha do equipamento (quebra repentina).

   ✓ Perda em função de degeneração gradativa que torna os produtos defeituosos.

2. **Perdas por Mudança de Linha**

   São as perdas ocorridas quando é efetuada a mudança de uma linha, com a interrupção para preparação das máquinas para um novo produto. Esse tempo inclui alterações nas máquinas, regulagens e ajustes necessários.

3. **Perdas por Operação em Vazio e Pequenas Paradas**

   São interrupções momentâneas causadas por problemas na produção ou nos equipamentos, que muitas vezes exigem pronta intervenção do operador para que a linha volte a produzir normalmente. Exemplos:

   ✓ Trabalho em vazio pelo entupimento do sistema de alimentação.

   ✓ Detecção de produto não-conforme por sensores e consequente parada da linha de produção.

✓ Sobrecarga em algum equipamento, ocasionando seu desligamento.

4. **Perdas por Queda de Velocidade de Produção**

   São provocadas por condições que levam a trabalhar numa velocidade menor, ocasionando perda. Exemplos:

   ✓ Desgaste localizado obriga a trabalhar com velocidade 15% menor.

   ✓ Superaquecimento em dias quentes por deficiência de refrigeração requer funcionamento com 80% da velocidade.

   ✓ Vibração excessiva, em algum equipamento da linha, a 100% de velocidade, mas tolerável a 75% de velocidade.

5. **Perdas por Produtos Defeituosos**

   São aquelas oriundas de qualquer retrabalho ou descarte de produtos defeituosos. Estas perdas devem incluir tudo aquilo que foi feito além do programado.

6. **Perdas por Queda no Rendimento**

   São as perdas devidas ao não aproveitamento da capacidade nominal das máquinas, equipamentos ou sistemas causados, basicamente, por problemas operacionais. Exemplos:

   ✓ Instabilidade Operacional – Quando o processo fica instável ocorrem situações como perda de especificação de produtos e/ou redução da produção.

   ✓ Falta de matéria-prima.

Quebra Zero

Na filosofia da TPM, outro conceito importante é o da Quebra Zero, desde que a quebra é o principal fator que prejudica o rendimento operacional.

Se considerarmos que as máquinas foram projetadas para trabalhar com ZERO DEFEITO, passa a ser obrigação o equacionamento das medidas e soluções para atingir esse objetivo. É importante observar que:

> **QUEBRA ZERO: A MÁQUINA NÃO PODE PARAR DURANTE O PERÍODO EM QUE FOI PROGRAMADA PARA OPERAR.**

É totalmente diferente de:

> **A MÁQUINA NUNCA PODE PARAR.**

Algumas medidas são fundamentais para obtenção e conquista definitiva da quebra zero:

- Estruturação das Condições Básicas para a Operação

    Limpeza da área, asseio, lubrificação e ordem.

- Obediência às Condições de Uso.

    Operar os equipamentos dentro das condições e limites estabelecidos.

- Regeneração do Envelhecimento.

    Recuperar o equipamento por problemas de envelhecimento e evitar quebras futuras.

    Eliminar as causas de envelhecimento dos equipamentos.

    Restaurar os equipamentos, periodicamente, retornando-os às condições originais.

    Ter o domínio das anomalias que provocam a degradação dos componentes internos através dos 5 sentidos das pessoas e das técnicas e instrumentos que fornecem a condição das máquinas (vibração, temperatura...).

- Sanar os Pontos Falhos Decorrentes de Projeto

    Corrigir eventuais deficiências do projeto original.

    Fazer previsão da vida média através de técnicas de diagnóstico.

- Incrementar Capacidade Técnica

Capacitação e desenvolvimento do elemento humano, de modo que ele possa perceber, diagnosticar e atuar convenientemente.

Os Oito Pilares da TPM

A Figura 6.21 representa a casa da TPM, apoiada sobre os oito pilares, estabelecem um sistema para se atingir maior eficiência produtiva.

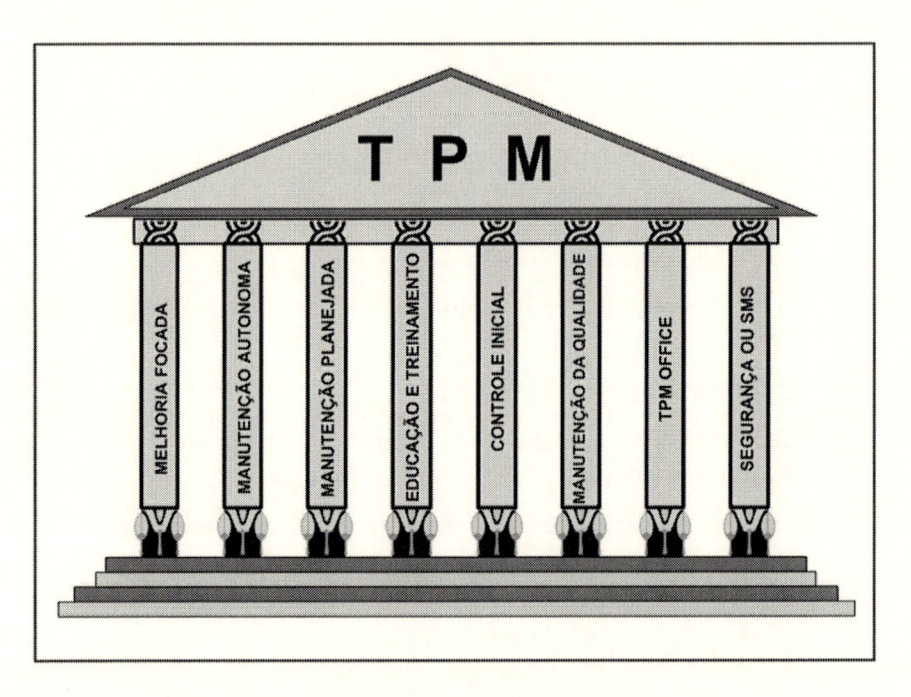

Figura 6.21– Os Oito Pilares da TPM.

Cada um dos pilares está sucintamente comentado a seguir:

1. **MELHORIA FOCADA**

   Como o próprio nome indica, é focar a melhoria global do negócio. Desse modo, procura-se reduzir os problemas para melhorar o desempenho. Ver tabela a seguir:

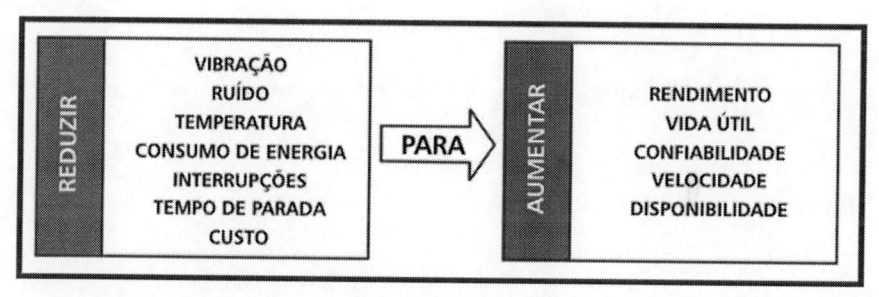

REDUZIR	AUMENTAR
VIBRAÇÃO RUÍDO TEMPERATURA CONSUMO DE ENERGIA INTERRUPÇÕES TEMPO DE PARADA CUSTO	RENDIMENTO VIDA ÚTIL CONFIABILIDADE VELOCIDADE DISPONIBILIDADE

PARA

2. MANUTENÇÃO AUTÔNOMA

Autogerenciamento e controle, liberdade de ação, elaboração e cumprimento de padrões, conscientização da filosofia da TPM.

3. MANUTENÇÃO PLANEJADA

Significa ter realmente o planejamento e o controle da manutenção, o que implica treinamento em técnicas de planejamento (*Software*), utilização de um sistema mecanizado de planejamento da programação diária e do planejamento de paradas.

4. EDUCAÇÃO E TREINAMENTO

Ampliação da capacitação técnica, gerencial, comportamental do pessoal de manutenção e operação.

5. CONTROLE INICIAL

Estabelecimento de um sistema de gerenciamento da fase inicial para novos projetos/equipamentos.

Eliminar falhas no nascedouro, implantar sistemas de monitoração.

6. MANUTENÇÃO DA QUALIDADE

Estabelecimento de um programa de zero defeito.

7. TPM OFFICE

Estabelecimento de um programa de TPM nas áreas administrativas, visando o aumento de sua eficiência.

8. SEGURANÇA ou SMS

Estabelecimento de um sistema de segurança, meio ambiente e saúde.

Implantação da TPM

A implantação da TPM obedece, normalmente, ao esquema apresentado na tabela a seguir:

Nº	Etapa	Ações
1	Comprometimento da alta administração	Divulgação da TPM em todas as áreas da empresa Divulgação através de jornais internos
2	Divulgação e treinamento inicial	Seminário interno dirigido a gerentes de níveis superior e intermediário. Treinamento de operadores.
3	Definição do Órgão ou Comitê Responsável pela implantação	Estruturação e definição das pessoas do Comitê de Implantação
4	Definição da Política e Metas	Escolha das metas e objetivos a serem alcançados
5	Elaboração do Plano Diretor de Implantação	Detalhamento do plano de implantação em todos os níveis
6	Outras atividades relacionadas com a Introdução	Convite a fornecedores, clientes e empresas contratadas
7	Melhorias em máquinas e equipamentos	Definição de área e/ou equipamentos e estruturação das equipes de trabalho
8	Estruturação da Manutenção Autônoma	Implementação da Manutenção Autônoma, por etapas, de acordo com o programa. Auditoria em cada etapa.
9	Estruturação do Setor de Manutenção e condução da Manutenção Preditiva	Condução da Manutenção Preditiva Sobressalentes, Ferramentas e Desenho

6. Sistemas de Melhoria e Práticas Básicas

Nº	Etapa	Ações
10	Desenvolvimento e capacitação de pessoal	Treinamento de pessoal de operação para aquisição de novas habilidades relativas á manutenção. Treinamento de pessoal de manutenção para análise, diagnostico, etc Formação de líderes Educação de todo o pessoal
11	Estrutura para controle e gestão dos equipamentos em uma fase inicial	Gestão do fluxo inicial LCC (Life Cycle Cost)
12	Realização da TPM e seu aperfeiçoamento	Candidatura ao Prêmio PM Busca de objetivos mais ambiciosos

Comentários

Enquanto pela definição básica de TPM o conceito de manutenção se amplia pela participação de todos na manutenção do sistema produtivo da empresa ocorre, em nível do chão de fábrica, uma tendência de contratação de pessoal oriundo da manutenção para exercer funções de operação. Essa prática oferece ganhos desde que o profissional oriundo da Manutenção já possui conhecimento e habilidades que permitem oferecer um novo patamar de ganho para as empresas.

No entanto, quando se analisa essa participação de modo mais detalhado, verifica-se que essa prática não está totalmente consolidada, pois ora aumenta, ora diminui.

Verifica-se uma falta de constância na prática de TPM em boa parte da indústria nacional. O programa é implantado, cresce e, em seguida, vai sendo abandonado. Novamente é retomado, e esse ciclo costuma ser repetitivo. A cada retomada, mais difícil é o seu crescimento, desde que se instala um sentimento de descrença no pessoal. Esse tipo e programa só tem chance de se perpetuar caso tenha o apoio explícito da Alta Administração.

6.9.3. Polivalência ou Multiespecialização

As empresas têm adotado novas estratégias para ficarem mais competitivas e o trabalhador está sendo estimulado a mudar antigos hábitos e buscar um conjunto de novas habilidades. Para manter o seu emprego e/ou sua empregabilidade, isto é, ter as habilidades que o mercado necessita, o trabalhador tem que estar disposto, de modo constante e permanente, a adquirir e dominar novas habilidades. Deve, ainda, adotar uma nova postura, buscando fortalecer suas habilidades interpessoais, além de possuir uma compreensão global de sua empresa e como ela se situa no mercado.

Vivemos uma época em que não há mais lugar para o trabalhador que só conheça e julga ter que fazer apenas a sua função específica dentro da especialidade. O trabalhador não pode se limitar a operar uma máquina ou usar um determinado tipo de ferramenta ou ainda atuar apenas numa área de responsabilidade.

É imprescindível que os trabalhadores atuais tenham as seguintes habilidades:

- **Disposição e Força de Vontade para Descobrir Novas Habilidades**

    Vontade de melhorar antigas habilidades e aprender novas técnicas, disposição para rápido aprendizado, interesse em autogerenciamento de sua carreira – não ficar esperando que a empresa o desenvolva.

- **Conhecimento Organizacional**

    O novo trabalhador deve conhecer sua organização, sua posição no mercado, preocupar-se com sua capacidade competitiva e como melhor atender aos seus clientes. Deve, além de saber os "como", saber os "porquês" do seu trabalho. Deve entender que enquanto sua empresa prospera, ele mantém o seu emprego e prospera junto.

6. Sistemas de Melhoria e Práticas Básicas

- **Conhecimento de Computação / TI**

  Ter conhecimento de computadores ou Tecnologia da Informação, entendendo o que é um hardware, o que está disponível no mercado e trabalhar com os softwares usuais. Saber manipular os dados e trabalhar com redes. Hoje em dia não saber computação é uma das condições de analfabetismo.

- **Habilidades Interpessoais**

  É fundamental que as pessoas desenvolvam cada vez mais capacidade de trabalhar com todos os níveis de uma empresa. É importante, também. ter habilidade para saber lidar com os clientes da sua organização. Isso propiciará ganhos fantásticos tanto interna como externamente.

- **Aumento do Espírito "Interpreneurial"**

  Os trabalhadores devem substituir afirmações como:

  ✓ Isto não é meu trabalho.
  ✓ Não sou pago para fazer isso.
  ✓ Estão inventando mais serviço.
  ✓ Não fui treinado para isso.

  Por:

  ✓ Nós podemos melhorar essa operação.
  ✓ Como podemos satisfazer o nosso cliente?
  ✓ É possível racionalizar esse trabalho.
  ✓ Como posso me capacitar nessa nova tecnologia?

- **Atitudes Proativas**

  Algumas atitudes devem estar presentes no novo trabalhador:

  ✓ Iniciativa.
  ✓ Espírito de colaboração.
  ✓ Opinião própria.

A iniciativa será cada vez mais importante, pois as estruturas organizacionais estarão cada vez menores. Haverá menos supervisão e os trabalhadores serão cada vez mais autônomos, tendo que decidir sozinhos.

O espírito de colaboração sempre foi importante ao longo dos tempos. Entretanto, continuará sendo fundamental nas pessoas, pois ele permite que as ações aconteçam.

As melhorias são obtidas quando se alia iniciativa com espírito de colaboração.

A opinião própria será fator de sobrevivência para o trabalhador, pois:

- Nem todas as estruturas que circundam o trabalhador têm a agilidade suficiente para perceber as mudanças que estão ocorrendo no mundo e enxergar o que está por acontecer.
- É importante ressaltar que conceitos modernos de parceria e de filosofia "ganha × ganha" já estão sendo adotados por alguns sindicatos, o que favorece a competitividade empresarial, ao mesmo tempo que contribui para que o trabalhador se desenvolva e permaneça apto para o mercado atual. É a preservação da empregabilidade e da competitividade pessoal.

Pelo lado da empresa, é patente que uma das condições básicas para sua sobrevivência no século XXI está ligada à capacidade de desenvolver uma força de trabalho extremamente flexível. O momento para a preparação dessa força de trabalho deve estar acontecendo a partir de agora.

No nosso cotidiano, temos uma série de exemplos de polivalência que estão sendo introduzidos pelas empresas, e tão logo são implantados se revelam extremamente lógicos e óbvios. Um exemplo clássico que vem sendo adotado pelas companhias de energia elétrica e telefonia: antigamente eram necessárias duas pessoas para realizar um serviço em um determinado local: o motorista do veículo e o eletricista ou reparador. Atualmente, o eletricista ou reparador dirige o veículo, desde que essa é uma tarefa bastante simples que ocorre somente quando ele não está exercendo sua função principal.

A primeira indagação dos resistentes às mudanças é sobre o possível desemprego do motorista, quando a preocupação deveria ser "Como devemos permitir que os motoristas adquiram novas habilidades para se manterem empregados?"

Uma rápida análise no mercado indica que alguns cargos ou funções tendem a desaparecer rapidamente, em função de racionalização ou

Automação, sendo, portanto, necessário que haja uma requalificação e uma recapacitação para que essa mão de obra permaneça apta para o mercado.

No desenvolvimento da multiespecialização são incorporados a um cargo tanto serviços mais nobres como menos nobres. Exemplificando: Suponhamos a função de mecânico de manutenção. A tendência é que o mecânico adquira conhecimentos na área de instrumentação para executar tarefas simples como retirar e colocar instrumentos, "probes" e sensores de vibração e temperatura; na área de eletricidade, para desconectar e conectar cabos em motores elétricos e na área de inspeção para realizar testes com líquido penetrante. Essas são tarefas consideradas mais nobres. No entanto, à função de mecânico deverão ser incorporadas tarefas como lavar peças, lubrificar os equipamentos, limpar o local de trabalho na oficina e na área, fazer o aquecimento de peças com maçarico, usar solda elétrica para pontear peças, instalar raquetes e flanges cegos, fazer enchimento com solda MIG, desconectar e conectar todas as tubulações que estão ligadas aos equipamentos, dentre outras. Não que essas tarefas sejam menos nobres pois são tão indispensáveis quanto quaisquer outras, mas o espírito gozador do brasileiro por vezes rotula, de modo inadequado, certas atividades o que se constitui um erro. Por isso, em determinados locais, essas tarefas são consideradas menos nobres pelos mecânicos.

Enquanto as atividades ou tarefas ditas mais nobres são recebidas e assimiladas com relativa facilidade e boa vontade, as tarefas ditas menos nobres costumam ser rechaçadas pelo fato de, na cultura em que vivemos significar "perda de status".

> Quem entender e praticar o que está acontecendo manterá seu emprego...

Entretanto, por mais rápidas que sejam as mudanças e por mais radicais que sejam as transformações, cabe à empresa oferecer aos seus empregados as chances e os recursos necessários para sua adaptação à nova realidade. A força de trabalho deve ser a força da empresa.

6.10. Considerações Finais

É importante tecer algumas considerações sobre este novo mundo, no qual cada um de nós está inserido e que é o palco onde as empresas estão competindo:

- As palavras voam, os escritos ficam. São verdades antigas renovadas na era da informação.

- Em uma era de competição desenfreada, cuja vantagem está na própria largada:
    - ✓ pode-se passar sem a adoção de novos paradigmas;
    - ✓ pode-se passar sem a aplicação das novas ferramentas e novos processos na Gestao Empresarial como a Qualidade Total, Preservação do Meio Ambiente, Gestão de Ativos, dentre outras
    - ✓ pode-se passar sem abrir os olhos para a globalização e suas consequências em relação ao mercado, à competitividade empresarial e, também, à competitividade pessoal;
    - ✓ pode-se passar...

> **MAS O SEU NEGÓCIO OU O SEU EMPREGO TAMBÉM PODEM PASSAR!!**

- Algumas pessoas ficarão no caminho, outras vão a reboque, algumas outras fazem a história; seja um agente proativo da história.

- "É tempo de transformar, de buscar novas realizações, de caminhar à frente, de agir, realizar, fazer, acontecer" (John Naisbitt).

- Qualidade não se obtém por acaso, mas é sempre resultado de esforço inteligente.

- As pessoas costumam alegar não ter tempo para mudar, para melhorar a qualidade, mas têm, sempre, bastante tempo para fazer reparos e refazer seus erros repetitivos!
- O maior indicador da Qualidade é a satisfação do cliente.

Por tudo isso, nunca é demais repetir que não basta saber quais são os caminhos estratégicos ou as melhores práticas, é preciso implementá-los com rapidez. A dificuldade de se fazer mudanças é diretamente proporcional à satisfação de ter conseguido.

> **TODA MUDANÇA DEIXA MARCAS PROFUNDAS NA ORGANIZAÇÃO, PERPETUANDO OS SEUS AGENTES – SEJA UM DELES!**

Capítulo 7

Terceirização de Serviços na Manutenção

7.1. Introdução

Nos últimos 30 anos a Terceirização se consolidou no Brasil como uma ferramenta de gestão. Esta ferramenta está presente no nosso cotidiano em diversas formas:

Franquia (Franchising) – método de comercialização de produtos ou serviços no qual o *franqueado* (terceiro) obtém o direito de uso de uma marca, se comprometendo a operar de acordo com um padrão de qualidade estabelecido pelo *franqueador* em troca do pagamento de um determinado valor (McDonald, O Boticário, Spoleto, entre outros).

Concessão Pública – contrato entre a Administração Pública e uma empresa privada, pelo qual *o governo* transfere *ao terceiro* a execução de um serviço público, para que este o exerça em seu próprio nome e por sua conta e risco, mediante tarifa paga pelo usuário, em regime de monopólio ou não (concessão de rodovias, aeroportos, serviços de transporte por ônibus, ferrovias, entre outros).

Parceria Público Privada (PPP) – é uma parceria onde o setor privado projeta, financia, executa e opera uma determinada obra/serviço, objetivando o melhor atendimento de uma determinada demanda social. Em contrapartida, o setor público pode contribuir financeiramente no decorrer do contrato, e pagará pelos serviços que serão prestados à população no todo ou em parte, dentro do padrão de qualidade determinado e aferido pelo Poder concedente.

São exemplos de PPP a construção e administração de presídios, hospitais, escolas, estações de tratamento de água e esgoto, que podem ser desenvolvidas em âmbito municipal, estadual e federal.

A diferença básica entre a PPP e a Concessão é que na concessão, a remuneração do terceiro é oriunda das tarifas cobradas dos usuários dos serviços públicos, enquanto que nas PPP a remuneração do terceiro ou parceiro privado pode advir, no todo de pagamentos efetuados pela Administração Pública, ou em parte de tarifas cobradas dos usuários do serviço prestado.

Serviços Temporários – serviço ou trabalho temporário é aquele que a empresa lança mão para substituição de pessoal regular e permanente e/ou para atender acréscimo extraordinário de serviços (substituição de férias, licença maternidade, picos sazonais como páscoa e natal).

Autônomo – prestação de serviços de profissionais liberais como advogados e médicos.

Terceirização de Serviços ou de Produtos – contratação de empresas para realização de serviços ou fabricação de bens/produtos. É a forma mais ampla de terceirização. O maior exemplo de terceirização de produtos é o da indústria automobilística, no qual a montadora, dona da tecnologia /projeto, trabalha (praticamente) nas duas pontas – concepção e montagem, entregando a terceiros a fabricação dos componentes ou subconjuntos.

A Terceirização de Serviços era amplamente utilizada em atividades acessórias e em atividades meio até 2017 quando foi sancionada a Lei 13.429 de 21.03.17, que será abordada mais adiante, e abriu a possibilidade de terceirização nas atividades fim.

Exemplos de terceirização de serviços:

- **EPC – *Engineering, Procurement and Construction:*** modalidade de serviço de engenharia no qual uma empresa ou um consórcio de empresas assume a construção de um empreendimento que inclui as fases de detalhamento de projeto, aquisição dos materiais, equipamentos, sistemas e preservação, instalação/montagem, comissionamento e partida assistida.

- **Serviços de Manutenção Industrial:** modalidade de prestação de serviço, no todo ou em parte, na área de Manutenção de empresas.
- **Serviços de Restaurante, Vigilância, Jardinagem, Limpeza, Conservação,** dentre outro

Deslocamento – Com o rápido crescimento da riqueza das economias emergentes globais, a base de vantagem competitiva está mudando de "capacidades internas" para as "capacidades de rede" Neste ambiente global altamente competitivo, a terceirização é abordada como uma prática prioritária estratégica para alcançar vantagem competitiva sustentável.

Juntamente com o seu crescimento extraordinário, a China também oferece oportunidades rentáveis de produção e capacidades inovadoras para terceirização que tem sido utilizada por várias empresas multinacionais. Assim, diversas empresas produzem seus equipamentos na China ou em outros países que oferecem vantagens tecnológicas associadas à menores custos de produção. Esse fenômeno de terceirização é conhecido como Deslocamento. Quase todas as empresas de fabricação de equipamentos eletrônicos de consumo terceirizam a produção com os países asiáticos, notadamente a China. O *Iphone* da *Apple*, é totalmente fabricado na China que oferece tecnologia, rapidez no atendimento às modificações e *up grades,* pessoal disponível 24 horas por dia e custo menor.

Ressaltamos que o foco deste livro é a Terceirização na Manutenção que envolve, particularmente, o modelo de **TERCEIRIZAÇÃO DE SERVIÇOS** que apresenta as seguintes variações:

- Tipos de contratação diferentes: mão de obra, serviços, resultados.
- Local de prestação de serviços: dentro ou fora da empresa.

7.2. Terceirização – Conceituação

A Terceirização envolve quatro aspectos muito importantes:
- Legalidade.
- Qualidade.
- Segurança.
- Custos.

Na década de noventa, a terceirização no Brasil foi transformada, perigosamente, em um modismo e um remédio a ser aplicado para resolver todos os problemas de uma empresa. Confundiu-se ferramenta com objetivo e estratégia global de resultados com apenas redução de custo, em muitos casos a qualquer custo.

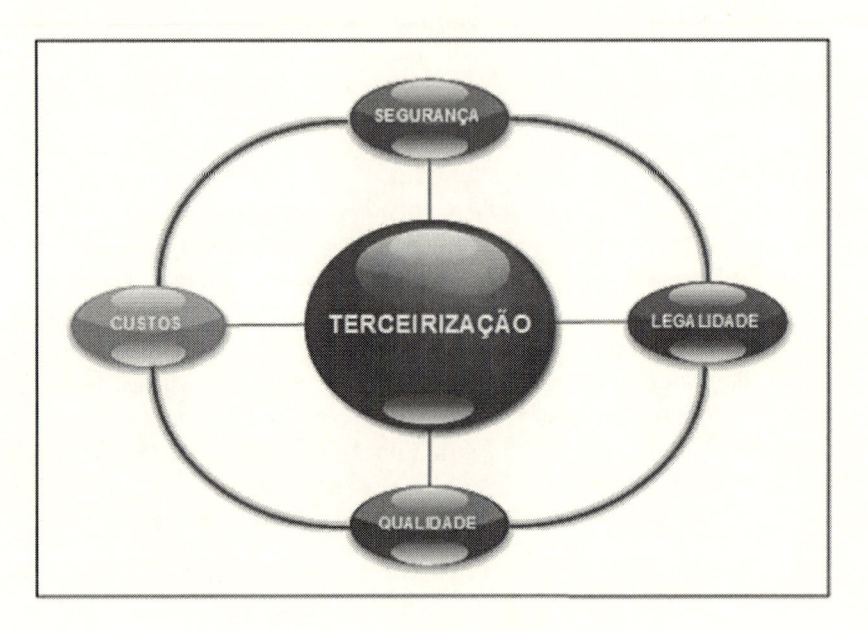

Figura 7.1 – Terceirização – Principais Aspectos.

Na verdade, Terceirização é uma ferramenta estratégica, como tantas outras, que pode trazer resultados bastante positivos, quando utilizada de maneira adequada, mas que pode trazer, também, grandes prejuízos quando usada incorretamente.

A prática empresarial está repleta de resultados bem sucedidos de Terceirização, mas, também de insucessos. Algumas empresas praticam os movimentos de terceirizar e "primeirizar" (voltar a fazer os serviços com pessoal próprio) com frequência, denotando que a gestão não tem foco definido e/ou não são adotadas as práticas e premissas que garantam o sucesso ou a consolidação na forma de trabalhar e contratar.

Duas definições são importantes para o bom entendimento desta ferramenta:

- O correto conceito de terceirização;
- Modalidades básicas das atividades de uma empresa.

7.2.1. Conceito de Terceirização

Terceirizar **não deveria ser**, simplesmente, contratar atividades de menor importância e que possam trazer, somente, alguma economia operacional para a empresa contratante.

Não deveria ser, também, uma forma de contratar pessoal com menor custo, sem vínculo empregatício com a Contratante, quer para atividades temporárias quer para atividades permanentes.

Também não deveria ser, como alguns pregaram no início dos anos 90, de simplesmente desativar os Departamentos de Manutenção e entregar esta atividade a um determinado prestador de serviço.

> Terceirizar passa pelo pressuposto básico de uma relação de parceria, por uma atuação semelhante com a Contratante e, sobretudo, que seja uma relação de resultados empresariais para as partes envolvidas, trazendo vantagem competitiva para a empresa contratante e para a empresa con-tratada através de uma maior especialização, comprometimento com re-sultados e autonomia gerencial, que se traduzirão em maiores ganhos.

De modo resumido, podemos definir:

> **Terceirização é a transferência para terceiros de atividades que agregam competitividade empresarial, baseada numa relação de parceria.**

As diferenças básicas entre a situação tradicional ou de risco que denominamos de **EMPREITEIRIZAÇÃO** e a prática adequada conhecida como **TERCEIRIZAÇÃO** podem ser resumidas da seguinte forma:

EMPREITEIRIZAÇÃO	TERCEIRIZAÇÃO / PARCERIA
Não-parceria	Parceria
Desconfiança	Confiança
Levar vantagem em tudo	Política do ganha/ganha
Ganhos de curto prazo	Ganhos estratégicos
O preço decide	Enfoque nos resultados empresariais
Antagonismo	Cooperação
Descompromisso gerencial da contratada	Autonomia gerencial da contratada
Contratada como adversária	Contratada como parceira
Contratação de mão de obra	Contratação com responsabilidade técnica – RT

Muitas empresas estão no lado esquerdo da tabela anterior, mas denominam a sua forma de atuar, erradamente, de terceirização. É preciso, com urgência, caminhar para o lado direito da tabela, para o lado da terceirização, pois é desta forma que se pode conseguir melhores resultados globais. É importante registrar que já existe um número razoável de empresas contratantes já adotando a modalidade de parceria, com excelentes resultados.

7.3. Modalidades Básicas das Atividades da Empresa

Existem três modalidades básicas de atividades nas Organizações, con-forme descritas a seguir e mostradas na Figura 7.2:

- **Atividades-fim:** é a atividade vocação, é a razão de ser do negócio da empresa; é aquela que está prevista no seu contrato social. Exemplos:
    - ✓ Operação de uma Usina Nuclear.
    - ✓ Manutenção, nas empresas que prestam este tipo de serviço.
    - ✓ Gestão do negócio
- **Atividades-meio:** são aquelas intimamente ligadas à atividade-fim; exemplo típico é a atividade de manutenção.
- **Atividades Acessórias:** são aquelas necessárias para apoio às empresas como um todo e não intimamente ligadas à atividade-fim. Exemplos:
    - ✓ Transporte.
    - ✓ Vigilância.
    - ✓ Limpeza.
    - ✓ Alimentação.
    - ✓ Jardinagem.

De modo geral, até as mudanças da lei em 2017 / 2018 que permitiu a contratação também, nas Atividades-fim, podíamos afirmar que o serviço terceirizado dentro das instalações da Contratante devia-se restringir às Atividades Meio e Acessórias, com o objetivo de minimizar os riscos trabalhistas.

A grande maioria dos contratos de serviços, até então, ocorria nas atividades acessórias.

```
┌─────────────────────────────────────────┐
│              ATIVIDADE FIM              │
│         é a atividade vocação;          │
│          é a razão de ser do            │
│         negócio da empresa              │
└─────────────────────────────────────────┘
                     │
┌─────────────────────────────────────────┐
│             ATIVIDADE MEIO              │
│         são aquelas ligadas à           │
│             atividade fim.              │
└─────────────────────────────────────────┘

┌─────────────────────────────────────────┐
│          ATIVIDADES ACESSÓRIAS          │
│  são aquelas necessárias para apoio às empresas  │
│    mas não estão ligadas à atividade fim.   │
└─────────────────────────────────────────┘
```

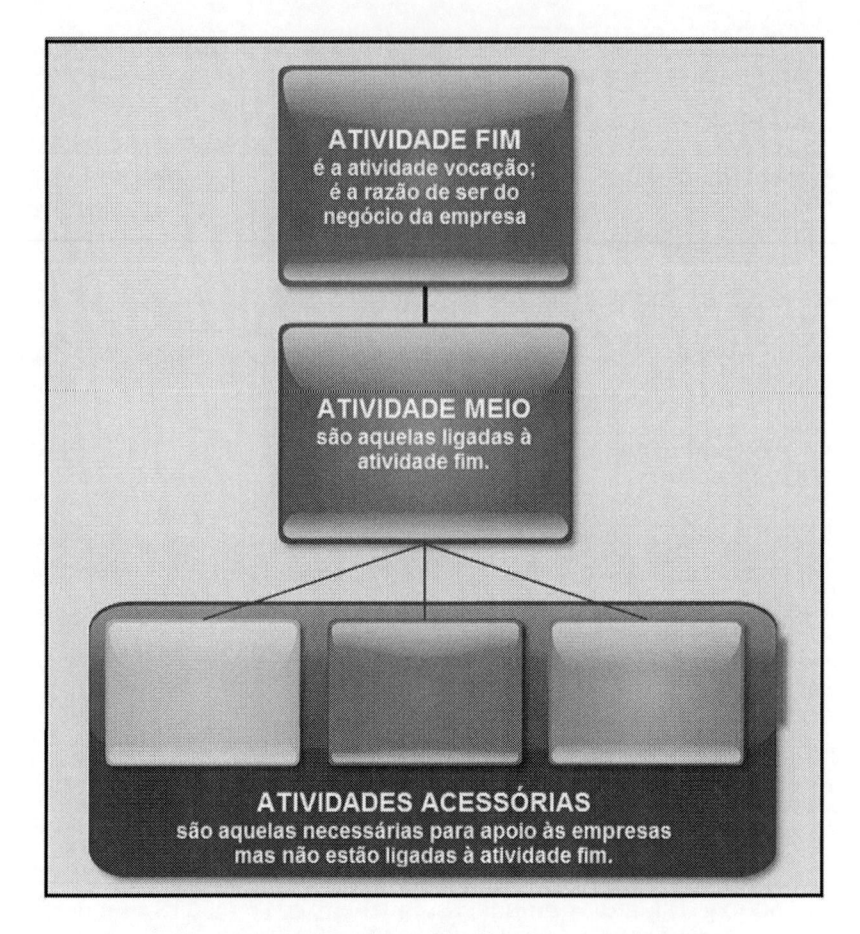

Figura 7.2 – Atividades Básicas de uma Empresa

No caso específico da Manutenção, que normalmente é uma atividade-meio, exceto quando o negócio da empresa é prestar serviços de ma-nutenção, cuidados adicionais devem ser tomados, como veremos adiante, não só para prevenir riscos trabalhistas, mas, principalmente, para se al-cançar os resultados empresariais.

Fora das instalações da contratante todas as atividades já podiam ser terceirizadas, praticamente sem risco trabalhista, sendo exemplo típico a indústria automobilística.

7.4. Contratação na Indústria Brasileira

A indústria nacional apresenta níveis variados de terceirização. Um dos segmentos que mais terceirizam é a indústria automobilística.

A terceirização na Manutenção, para os diversos segmentos, pode ter sua evolução analisada pela Tabela 7.1, extraída do Documento Nacional da Abraman.

Setores	pessoal próprio	material	serviços contratados
Açucar, Alcool, Alimentos e Bebidas	40%	40%	20%
Aeronáutico e Automotivo	54%	32%	14%
Eletroeletronicos e Energia Elétrica	44%	29%	27%
Químico e Saneamentp	46%	38%	16%
Mineração e Siderurgia	50%	36%	14%
Petróleo e Petroquímico	41%	31%	28%
Papel e Celulose e Plástico	39%	49%	12%
Predial e Prestação de Serviços (EQ e MO)	49%	23%	28%
Máquinas e Equipamentos e Metalúrgico	51%	37%	12%
fonte – Abraman Doc. Nacional 2017			

Tabela 7.1 – Custo dos Serviços Contratados na Manutenção (Abraman 2017)

7.4.1. Por que Terceirizar?

Existem fatores básicos que definem os rumos da gestão empresarial:

- **VOCAÇÃO:** Atividades que são consideradas "meio" e "acessórias" para a Contratante, para o prestador de serviços são atividades-fim. É preciso ter uma atenção especial no caso da atividade de manutenção que, embora não seja uma atividade-fim na produção, é uma atividade estratégica, em determinadas áreas ou especialidades, para o resultado empresarial.

- **EFICIÊNCIA**: É impossível ser especialista em tudo, principalmente numa época de grande diversidade tecnológica e de rápida evolução.
- **CUSTO DIRETO**: Manutenção de recursos humanos e materiais com baixo grau de utilização, para determinadas tarefas de alta tecnologia.
- **CUSTO INDIRETO**: Toda atividade-meio requer gerenciamento equivalente a qualquer atividade-fim da empresa Contratante.

7.4.2. Dificuldades para a Terceirização

É preciso estar atento às dificuldades para que a terceirização de determinada atividade possa significar, realmente, um ganho e um caminho sem volta, pois o contrário pode trazer prejuízos e, até mesmo, um retorno ou uma "primeirização", com todas as consequências negativas que essas idas e vindas podem ocasionar:

As dificuldades normalmente encontradas para a terceirização são:

- Poucas empresas capacitadas e vocacionadas para a atividade de manutenção.
- Poucas empresas, contratantes e contratadas, com cultura de parceria.
- Baixa integração entre a Contratada e a Contratante, praticando-se, em geral, uma política do perde-ganha.
- Deficiência de pessoal qualificado no mercado.
- Possibilidade de cartelização de alguns setores.
- Não cumprimento de obrigações trabalhistas por algumas contratadas.
- Maior incidência de acidentes na maioria das empresas contratadas.
- Cultura gerencial, principalmente da média gerência, de manter a manutenção própria.

- Baixa competitividade de grande parte das empresas contratadas.

É importante destacar que grande parte destas dificuldades podem ser minimizadas com a utilização de contramedidas, como por exemplo: utilização de **empresas idôneas do ponto de vista Técnico, Financeiro e Administrativo,** utilização de pessoal certificado pelo **PNQC** – Programa Nacional de Qualificação e Certificação de pessoal de manutenção da Abraman, entre outras.

Mas afinal, o que quer dizer Empresa Idônea do ponto de vista Técnico, Financeiro e Administrativo?

Idoneidade Técnica: é a empresa que tem o adequado conhecimento e experiência técnica para executar os serviços objeto do contrato, ou melhor, não sendo um mero fornecedor de mão de obra, é a empresa que pode assumir a Responsabilidade Técnica (RT) perante o Órgão de Classe.

Idoneidade Financeira: é a empresa que tem um capital de giro compatível com o porte financeiro do contrato. Por vezes, é noticiado que empresas com pequeno capital de giro assumem contratos de valores extremamente elevados e, por isto, não suportam cumprir, integralmente, suas obrigações com fornecedores e, até, com pagamento de salários.

Idoneidade Administrativa: é a empresa que cumpre com suas obrigações administrativas, tais como, recolhimento de tributos e de FGTS (Fundo de Garantia por Tempo de Serviço), pagamento de férias e décimo terceiro salário, outras obrigações trabalhistas, pagamento de taxas perante o Órgão de Classe, entre outras.

7.4.3. Vantagens da Terceirização

As principais vantagens obtidas com a prática adequada da terceirização, pressupondo a existência de uma relação de parceria, são:

- Aumento da qualidade.
- Otimização de custos.

- Transferência de processos suplementares a quem os tenham como atividade-fim.
- Aumento da especialização.
- Redução de estoques, quando se contrata com fornecimento de material.
- Flexibilidade organizacional.
- Melhor administração do tempo para gestão do negócio.
- Redução de áreas ocupadas.
- Busca de especializações específicas.

7.4.4. Desvantagens da Terceirização

As principais desvantagens que podem ocorrer, quando se terceiriza sem uma adequada visão estratégica, são:

- Aumento da dependência de terceiros.
- Aumento de custos quando, simplesmente, se "empreiteiriza".
- Aumento do risco empresarial pela possibilidade de queda na qualidade.
- Redução da especialização própria.
- Aumento do risco de acidentes pessoais.

Também aqui, vale destacar que grande parte destas desvantagens podem ser minimizadas com a utilização de contramedidas, como por exemplo: utilização de **empresas idôneas do ponto de vista Técnico, Financeiro e Administrativo,** utilização de pessoal certificado pelo PNQC – Programa Na-cional de Qualificação e Certificação de pessoal de manutenção da Abraman, minimizar contratação por Mão de Obra, contratar empresas com bons resultados de segurança, ter um programa de segurança, entre outras.

7.4.5. Condições Básicas para Terceirizar

- Definir quais atividades podem ser terceirizadas no todo ou em parte, tendo especial cuidado com as atividades-fim e estratégicas, onde se inclui parte da manutenção.

- Verificar a existência no mercado de empresas prestadoras de serviços idôneas do ponto de vista Técnico, Financeiro e Administrativo.

- Objetivar resultados de médio e longo prazos e não, simplesmente, redução de custo no curto prazo.

- Estabelecer relações de parceria.

- Procurar a melhoria contínua de resultados, com ganhos divididos entre as partes.

- Estabelecer indicadores de resultados nas áreas de Qualidade, Atendimento, Custo, Segurança, Moral e Meio Ambiente.

- Ter como premissa o crescimento tecnológico do prestador de serviços.

- Em locais remotos ou distantes de grandes centros, analisar possibilidade de desenvolvimento de empresas prestadoras de serviços locais.

7.4.6. Características Importantes da Contratada

A empresa a ser contratada deverá ter a manutenção no seu *Core Business*, ser tecnologicamente atualizada, dispor de ferramental e equipamentos adequados, dispor de recursos humanos atualizados e ter uma filosofia de gestão em sintonia com os tempos atuais, ou seja:

> **É IMPORTANTE QUE A CONTRATADA AGREGUE VALOR AO PRODUTO FINAL.**

A relação deve basear-se na busca permanente da parceria nos médio e longo prazos, daí porque a saúde econômico-financeira da Contratada deve ser bem analisada.

É importante que a Contratada tenha uma carteira diversificada com vários clientes, evitando o cliente exclusivo, o que, além de conferir maior legalidade, lhe permitirá maior flexibilidade e rapidez no remanejamento de pessoas e recursos materiais.

Finalmente e da mais alta importância, é que a contratada possua idoneidade técnica, financeira e administrativa que deve ser atestada pela sua folha de serviços prestados no mercado, bem como pela estabilidade empresarial e do seu corpo gerencial e técnico.

7.5. Tendências da Terceirização

A tendência mundial e, por consequência, no Brasil é a manutenção da terceirização como opção estratégica.

O Documento Nacional da Abraman, em suas diversas edições, indica que o nível de terceirização na Manutenção está chegando a uma situação de equilíbrio; considerando os últimos cinco anos o percentual de "manter o mesmo nível" tem se situado em torno de 47%. Ver Gráfico 7.1.

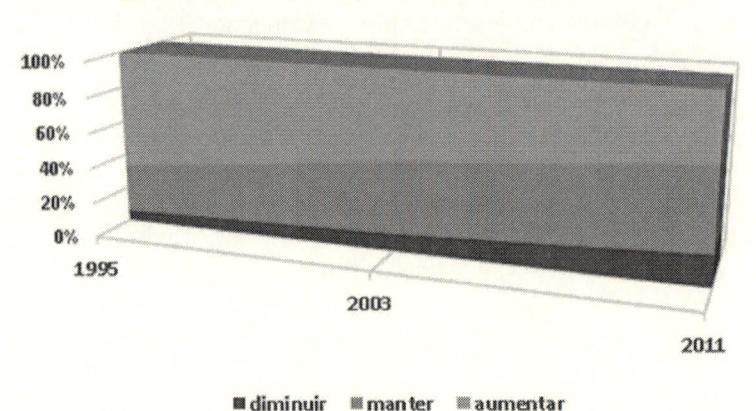

Gráfico 7.1 – Tendência da Terceirização na Manutenção
(fonte Abraman Doc. Nacional)

7.6. Formas de Contratação

Existem três modalidades básicas de contratação de serviços na Manutenção:

- **Contratação por Mão de Obra**: remunera a Contratada pelos homens – hora disponibilizados para a Contratante;

- **Contratação de Serviços**: remunera a Contratada por unidade de serviço prestado e, neste caso, a Contratada tem a responsabilidade técnica pela execução dos serviços. A cultura brasileira ainda entende, em nossa opinião de maneira equivocada, que, se a unidade de serviço é homen-hora, mesmo que a Contratada tenha a responsabilidade técnica pela execução dos serviços, a contratação é classificada como sendo de Mão de Obra. Havendo responsabilidade técnica, a contratação deve ser entendida como sendo de Serviço.

- **Contratação por Resultados**: esta forma de contratação privilegia resultados, dentre eles o mais utilizado é a disponibilidade dos equipamentos e instalações, estabelecendo uma relação de parceria com cláusula de premiação e multa, como veremos, detalhadamente, no item 7.6.3. Quanto menor a intervenção na planta mais a Contratada e a Contratante ganham. Outros resultados, além da disponibilidade, podem ser buscados como, por exemplo, segurança, prazo, dentre outros.

A Figura 7.3 explicita estas três formas de contratação e quais são os percentuais atualmente praticados no Brasil. Por incrível que pareça esses números já perduram há mais de dez anos.

FORMAS DE CONTRATAÇÃO
Distribuição percentual

- MÃO DE OBRA 55 a 60%
- SERVIÇOS 30%
- RESULTADOS 10 a 15%

Este NÃO É um quadro estrategicamente correto

Figura 7.3 – Formas de Contratação no Brasil × Percentuais

importante ressaltar que os percentuais praticados no primeiro mundo são:

- Mão de Obra: entre 10 a 15%;
- Serviços: aprox. 30%;
- Resultados: entre 55 e 60%.

Isto mostra que ainda temos um longo caminho a percorrer que é minimizar, em muito, a contratação por Mão de Obra e incrementar, em muito, a contratação por Resultados.

Esta caminhada depende de você, leitor!

7.6.1. Contratação por Mão de Obra

Esta é a forma mais antiga de contratação e, estrategicamente, em muitos casos, a mais incorreta, embora ainda muito praticada por boa parte das empresas brasileiras. De um modo geral, o que está por trás desta forma de contratar nada mais é do que a transferência de obrigações trabalhistas, através de empresas intermediárias, com a finalidade de mascarar a relação de emprego da Contratante com a mão de obra.

Existe uma estreita relação de trabalho entre as gerências e os supervisores da Contratante com o pessoal de execução da Contratada; em muitos casos, o próprio fiscal da Contratante supervisiona os serviços da Contratada, o que, apesar de ser uma maneira de conseguir melhores resultados de qualidade, sob o ponto de vista legal é totalmente indesejável.

Esta forma de contratar aparece sob os mais variados disfarces, todos eles de alto risco e, com certeza, com forte probabilidade de criar passivos trabalhistas que mais cedo ou mais tarde poderão ser cobrados da empresa que contratou os serviços.

Vale registrar que existem casos que são previstos em lei, como o trabalho temporário e de serviços de vigilância (Leis 6.019 e 7.102), entretanto é indispensável que haja a Responsabilidade Técnica – RT, por parte da Contratada, o que elimina os inconvenientes citados anteriormente.

Algumas características presentes na forma incorreta da Contratação por Mão de Obra:

- Contratação de pessoal temporário, por mais de 3 meses, sem a autorização da DRT – Delegacia Regional do Trabalho.
- Utilização de empresa que fornece pessoal, para funções estranhas para a qual foi constituída.
- Contratação de empresas que fornecem mão de obra para qualquer função, sem capacitação técnica para administrá-la; é o conhecido contrato "guarda-chuva".
- Contratação de empresa de ex empregado para prestar serviço exclusivo ao ex-empregador.

Os principais efeitos desta forma de contratar são:

- Pessoal de menor qualificação e de menor custo.
- Produtividade baixa, já que este ônus é exclusivo da Contratante, não tendo a Contratada interesse em aumentar esta produtividade, por razões óbvias: menor produtividade significa maior demanda de serviços e, consequente, maior utilização de recursos humanos, de equipamentos e de materiais, que resultam em maior faturamento e lucro da Contratada; o que é mais grave: NÃO HÁ QUALQUER COMPROMISSO DA CONTRATADA COM OS RESULTADOS.
- Maior índice de acidentes, decorrente da menor qualificação do pessoal e, também, pela falta de compromisso da Contratada com esta questão.
- Baixa qualidade dos serviços, conseqüente da menor qualidade do pessoal contratado; para se obter um nível mínimo de qualidade torna-se necessária uma forte atuação da Contratante.
- Maior possibilidade de se praticar o nepotismo (pessoalidade) por parte da Contratante, em especial pelos fiscais.
- Atendimento de menor qualidade; existem pessoas das Contratantes que preferem este tipo de contrato, muito mais por uma comodidade pessoal de fazê-lo do que por uma gestão estratégica que busca resultados empresariais.
- Menor comprometimento dos empregados por falta de identidade com qualquer das duas empresas (Contratante e Contratada); no linguajar da manutenção diz-se que "o empregado não veste a camisa de nenhuma das duas empresas".
- Tendência do descumprimento das obrigações trabalhistas como fonte de renda, por parte de empresas não idôneas.
- Interferência da Contratante na administração da atividade da Con-tratada, com grande envolvimento de recursos de supervisão da Contratante.
- Tendência do descumprimento das obrigações assumidas nos acordos coletivos.

- Pagamento do pessoal por homem/hora ou homem/dia, independentemente da produção ou da produtividade.

- Como consequência de tudo isso, os resultados empresariais como a Disponibilidade, a Confiabilidade, a Segurança, entre outros, que são os grandes produtos do trabalho da manutenção, serão afetados negativamente.

Essa forma de contratação por Mão de Obra, exceto os casos citados anteriormente, é a que gera maiores riscos empresariais e trabalhistas devendo sua aplicação ser cada vez mais restrita. Pelas razões expostas anteriormente, essa modalidade é a que apresenta a pior relação custo x benefício, além de não proporcionar o desenvolvimento da contratada, a melhoria da qualificação dos empregados terceirizados e, de um modo geral, implicar em despesas com causas jurídicas que nem sempre são levadas em consideração no custo global da contratação. Desse modo, o aparente preço baixo obtido por ocasião da assinatura do contrato se torna, na realidade, um custo elevado em médio prazo.

Nessa modalidade as perdas são generalizadas: perdem os profissionais, perde a contratada e perde a contratante, ou seja, a relação é **PERDE-PERDE**.

Resumindo: a consequência desta modalidade é que a responsabilidade sobre a produtividade, sobre a confiabilidade, sobre a segurança, sobre a qualidade, entre outros indicadores, passa a ser responsabilidade, quase que exclusiva, da Contratante, não existindo, portanto, uma relação de parceria.

Apesar de tudo isso, constata-se que cerca de 55% das empresas contratantes ainda praticam esta forma de contratação.

7.6.2. Contratação por Serviço

Apresenta um grande avanço em relação à contratação por mão de obra e possui as seguintes características principais, em relação à contratação de mão de obra:

- Pessoal de melhor qualificação, objetivando evitar ocorrências de retrabalho já que a Contratada não recebe por isto.

- Maior produtividade, já que neste caso o ônus da menor produtividade passa a ser um problema da Contratada.

- A responsabilidade técnica pela execução dos serviços é da Contratada, todavia na prática ainda se observa certa interferência da Contratante, o que não é desejável do ponto de vista legal.

- Melhor qualidade, já que é normal nesse tipo de contrato estabelecer um prazo mínimo de garantia, que, se não atendido, obriga a Contratada a refazer o serviço a seu custo.

- Melhor atendimento, consequente do maior interesse da Contratada em realizar os serviços, já que o seu ganho é proporcional à quantidade de serviços realizados.

Entretanto, nesta forma de contratação existe um objetivo antagônico e, por consequência, impede aquela relação estratégica para garantir bons resultados empresariais, que é a PARCERIA.

E qual é o objetivo antagônico?

A Contratante está à procura de maior disponibilidade e para se conseguir isso é necessária uma série de ações envolvendo, inclusive, mudança de paradigmas. A resultante de tudo isso é uma REDUÇÃO NA DEMANDA DE SERVIÇOS.

Por outro lado, quanto MAIOR A DEMANDA DE SERVIÇOS maior será a remuneração da Contratada e, consequentemente, o seu lucro.

Essa modalidade de contratação apresenta grandes avanços quando comparada com a contratação de mão de obra. Os resultados são muito melhores, tanto técnica como gerencialmente e, por via indireta, obtém-se uma maior disponibilidade que é o foco da manutenção. Entretanto, a relação de parceria, na qual as duas empresas têm o mesmo objetivo fica comprometida pelo fato de o contrato determinar, ainda, um objetivo antagônico.

Daí a necessidade, urgente, de se buscar um novo salto estratégico na forma de contratar, que é a busca da parceria, do contrato que estabeleça objetivos comuns, onde os dois lados ganhem com a melhoria dos resultados empresariais da Contratante.

> **NA MANUTENÇÃO, A FORMA DE SE CONSEGUIR ISSO É ATRAVÉS DO CONTRATO POR RESULTADOS.**

7.6.3. Contrato por Resultados

As características básicas dessa modalidade de contratação são:

- A Contratante tem como meta fundamental a maior disponibilidade, com consequente menor demanda de serviços, com custos, segurança e confiabilidade adequados.
- A responsabilidade técnica é, totalmente, da Contratada.
- A Contratada, na busca da meta comum da Contratante, que é maior disponibilidade, terá maior lucro, ainda que com menor faturamento decorrente da menor demanda de serviços, pois parte dos recursos não despendidos será dividida entre as partes, o que aumentará o seu lucro.

Como conseguir realizar esta aparente contradição?

Os indicadores básicos do contrato são:

- Uma disponibilidade mínima dos equipamentos ou sistemas estabelecida contratualmente.
- Um teto de recursos contratados estabelecido de maneira coerente, que pode ser, inclusive, referido em homem/hora; não confundir pagamento por homem/hora com contratação de mão de obra.
- Metas de Segurança definidas em forma de indicadores a serem atendidos: taxa de frequência de acidentes com e sem afastamento, mutilação / fatalidade, entre outros. Pode-se, também, estabelecer premiação ou multa para estes resultados.
- Particularmente, não consideramos adequado o indicador de acidentes sem afastamento, pois isto pode levar a sub relatos importantes para prevenir outros acidentes; de maneira mais clara, é mais fácil de ocorrer sonegação.

Para o estabelecimento destes três indicadores é preciso contar com um bom banco de dados ou, na sua falta, com uma negociação aberta e franca, onde os dois lados envolvidos estabeleçam, dentro de uma relação de confiança, estes parâmetros.

Definidos estes parâmetros e atendida a disponibilidade mínima estabelecida e os indicadores de segurança, a Contratada não recebe qualquer remuneração caso ultrapasse o teto de recursos estabelecido; em contrapartida, se o teto estabelecido não for atingido ela recebe uma parte da diferença que sobrar.

7.6.3.1. Menores Faturamento e Custo × Maior Lucro

Conforme já foi dito, nesse tipo de contrato as variáveis se comportam da seguinte maneira:

DISPONIBILIDADE	AUMENTA
DEMANDA DE SERVIÇOS	DIMINUI
FATURAMENTO / CUSTO	DIMINUEM
LUCRO DA CONTRATADA	AUMENTA

Esta aparente contradição de Menores Faturamento e Custo × Maior Lucro pode ser mais bem entendida com um exemplo prático.

O primeiro contrato por Resultado no Brasil foi adaptado de uma experiência observada quando da visita em uma petroleira na França que, na época, era considerada benchmark mundial.

Este contrato pioneiro tinha as seguintes características básicas:

Para a manutenção de uma determinada disponibilidade de uma unidade de processo de uma planta industrial, foi contratada uma empresa, contrato por Resultados, e o teto de recursos ajustado foi de 30.000 Hh/ano; caso este teto não seja consumido, o ganho será dividido igualmente entre as partes.

Supondo-se que o lucro da Contratada seja 10% do seu faturamento, o que é uma boa margem dentro de uma economia estabilizada, tem-se os seguintes parâmetros:

- Caso 1: Contrato por Serviço (não tem previsão de prêmio):

  Todo o recurso previsto para o ano (30.000 h/h) foi consumido:

  Faturamento da Contratada: 30.000 h/h

  Lucro da Contratada: 3.000 h/h

- Caso 2: Contrato por Resultados (tem previsão de prêmio):

  Foram consumidos, apenas, 25.000 h/h:

  Faturamento da Contratada: 25.000 h/h

  Lucro sobre o faturamento: 2.500 h/h (a)

  Sobra de recursos: 5.000 Hh

  Prêmio da Contratada (50%): 2.500 h/h (b)

  Pagamento pela Contratante: 27.500 h/h

  Lucro total da Contratada: 5.000 h/h (a + b)

Ou seja, no Caso 2, apesar do faturamento da Contratada ter reduzido de 30.000 h/h para 25.000 h/h, o seu lucro saltou de 3.000 h/h no Caso 1, para 5.000 h/h no Caso 2.

Sem dúvida, foi um bom negócio para as duas partes envolvidas:

- Para a Contratante, que teve uma menor intervenção na planta, no mínimo manteve a disponibilidade definida em contrato, menor risco de acidentes e, no final, desembolsou menos do que o teto estabelecido, ou seja, desembolsou apenas 27.500 h/h dos 30.000 h/h inicialmente previstos.

- Para a Contratada, que, apesar de ter faturado menos no Caso 2, teve seu lucro aumentado de 3.000 h/h no Caso 1, para 5.000 h/h no Caso 2.

Isso é o que pode ser chamado de uma política "ganha-ganha", com busca do crescimento coletivo e ganhos de médio e longo prazos para as partes envolvidas.

Na verdade, o modelo apresentado anteriormente é factível, foi utilizado, primeiramente, na REGAP – Refinaria Gabriel Passos, da Petrobras, em Betim, MG, a partir de agosto/97, para os serviços de manutenção de equipamentos rotativos de três Unidades Industriais, incluindo usinagem e lubrificação. Esse tipo de contrato, hoje, é adotado em diversas empresas em nível de excelência.

Registre-se que foi o primeiro contrato por Resultado feito no Brasil e uma importante quebra de paradigma.

VARIÁVEIS AFETADAS PELO CONTRATO DE RESULTADOS		
Variável	Variação	Observação
QUALIDADE	MAIOR	BOM
DISPONIBILIDADE	MAIOR	BOM
CUSTO DA MANUTENÇÃO	MENOR	BOM
LUCRO DA CONTRATADA	MAIOR	BOM
FATURAMENTO	MENOR	BOM
ATENDIMENTO	MELHOR	BOM
MORAL	MAIOR	BOM
SEGURANÇA	MAIOR	BOM

O resultado de todas as variáveis é positivo para as duas partes: Contratante e Contratada, o que caracteriza uma verdadeira parceria.

A dificuldade desta modalidade de contrato está na sua elaboração, por tratar-se de uma cultura ainda em processo de mudança no Brasil e a existência de banco de dados com lacunas na maioria das empresas Contratantes.

No "caso PETROBRAS – REGAP", o contrato foi feito observando a Lei 8.666, que estabelece normas gerais sobre licitações e contratos administrativos, com prazo de duração de três anos, com renovação por mais dois anos, caso houvesse interesse das partes, e previa as seguintes situações:

a) O estabelecimento do teto para os anos seguintes foi definido como sendo o faturamento verificado no ano anterior.

b) Em contrapartida, à medida que os anos passam e o teto é reduzido, fica mais difícil se obter saldos iguais ou mesmo maiores do que os dos anos anteriores; para compensar esta situação, a divisão dos saldos contratuais foi feita em percentuais diferentes para cada ano, tendo sido estabelecido que a Contratada receberia os seguintes percentuais:

ANO	PERCENTUAL
1º	50
2º	60
3º	65
4º	70
5º	75

c) A concorrência foi pública, tendo sido feita uma qualificação técnica através de critérios previamente estabelecidos e, a partir daí, a empresa vencedora foi selecionada pelo critério de menor preço.

Os critérios estabelecidos para a qualificação técnica foram:

✓ Habilitação jurídica.

✓ Regularidade fiscal.

✓ Qualificação técnica:

   ✓ CREA – profissionais detentores de certidão/atestados na atividade.

   ✓ Atestados de execução de serviços de manutenção industrial em equipamentos "API – *American Petroleum Institute*", ou cadastrados na Petrobras.

   ✓ Apresentação de um programa interno de garantia de qualidade aprovado por cliente, ou certificação por entidade credenciada pelo Inmetro.

- ✓ A vencedora deveria estar certificada pela ISO 9002 num prazo máximo de 12 meses após a assinatura do contrato.
- ✓ Qualificação econômico-financeira.
- ✓ Patrimônio líquido compatível com o valor do contrato.

Adicionalmente, era uma prática contratual na Petrobras – Regap que a Contratada tivesse o seu pessoal certificado pelo PNQC – Programa Nacional de Qualificação e Certificação de Mão de Obra de Manutenção, da Abraman. Para este contrato foram estabelecidos percentuais e prazos da seguinte forma:

- ✓ inicial = 20%;
- ✓ incremento trimestral = 10%, até o limite de 80%.

As refinarias da empresa ELF (empresa francesa de petróleo) também usam, com bastante sucesso, este tipo de contratação, que é um fator crítico de sucesso, responsável pela alta competitividade destas refinarias sendo, inclusive, na época, uma das refinarias benchmark no setor petróleo.

7.6.3.2. Resultados Previstos com o Contrato de Resultados

- Maior disponibilidade da planta.
- Otimização dos custos de manutenção.
- Maior atuação na causa básica dos problemas.
- Melhor utilização dos recursos aplicados.
- Maior autonomia da Contratada.
- Maior dedicação da Contratada com relação à boa operação dos equipamentos.
- Resultados, positivos, divididos entre as partes; ressalte-se que caso o teto estabelecido seja ultrapassado, a Contratante NÃO paga este excesso.

- Melhores índices de segurança.
- O ganho adicional da contratada é dividido entre os seus empregados, o que é fator de motivação.

7.6.3.3. Mudanças de Paradigmas

As mudanças de paradigma que ocorrem nessa modalidade de contratação são:

- Para a Contratante significa a busca da maior disponibilidade, com a consequente redução da demanda de serviços.
- Para a Contratada significa que a sua ação na busca de maior disponibilidade, com a consequente redução da demanda de serviços, vai redundar em maiores lucros.
- Para os profissionais que trabalham na Contratada, o interesse em promover melhorias que resultem em maior disponibilidade se traduz em maiores ganhos, além da satisfação profissional. Registre-se que parte da premiação deve ser repartida com os colaboradores da Contratada.

> **O objetivo estratégico não é contratar serviços de manutenção e, sim, sempre que possível, CONTRATAR SOLUÇÕES DE MANUTENÇÃO.**

A equipe de manutenção da Contratada deverá seguir o mesmo modelo da equipe de manutenção própria: ser bastante "cabeçuda" no sentido de usar muito a cabeça para evitar que os problemas aconteçam, e ter os braços bem "curtos" para intervir menos na planta (Ver Figura 7.4).

Pode-se afirmar, com certeza, que não há espaço para uma empresa continuar competitiva sem a adoção do Contrato por Resultados. É uma questão estratégica de sobrevivência; não há tempo para postergações. Tudo isso é válido, tanto para as Contratantes quanto para as Contratadas.

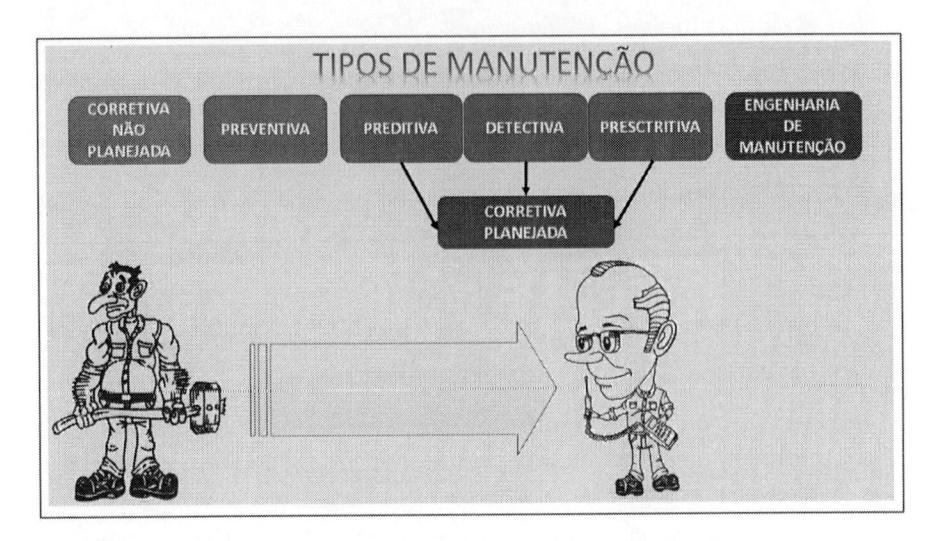

Figura 7.4 – Profissional do passado e do futuro

7.7. ASPECTOS LEGAIS

Não é nosso objetivo nos aprofundarmos nas questões jurídicas, mas apresentar alguns princípios básicos que julgamos essenciais para os gerentes de manutenção alcançarem os resultados empresariais, sem entrarem em conflito com a legislação trabalhista ou, no mínimo, minimizar os riscos envolvidos.

O que está apresentado a seguir é uma espécie de LINHA DO TEMPO da atividade de terceirização no Brasil. Verifica-se que o processo de terceirização ia se desenvolvendo e acontecendo e só depois as leis ou a regulamentação ia sendo ajustada.

A Lei n. 6.019/74 (Lei do Trabalho Temporário) foi a primeira legislação que abordou especificamente da terceirização. Após esta, promulgou-se a Lei n. 7.102/83, que também autorizava a terceirização em relação à vigilância bancária.

Dois Enunciados são muito importantes para serem aplicados em uma correta terceirização; são eles:

7. TERCEIRIZAÇÃO DE SERVIÇOS NA MANUTENÇÃO

- **SÚMULA 256 do TST – aprovado em 1986**

  ✓ Contrato de prestação de serviços – legalidade:

  "Salvo os casos de trabalho temporário e de serviço de vigilância, pre-vistos nas Leis 6.019, de 3 de janeiro de 1974, e 7.102, de 20 de junho de 1983, é ilegal a contratação de trabalhadores por empresa interposta, formando-se o vínculo empregatício diretamente com o tomador de serviços."

  Observa-se que a aplicação desta Súmula restringia a contratação de serviços especializados na área de manutenção.

- **SÚMULA 331 do TST 17/12/1993**

  ✓ Contrato de prestação de serviços – legalidade – revisão da Súmula 256:

  "I – A contratação de trabalhadores por empresa interposta é ilegal, formando-se o vínculo de emprego diretamente com o tomador de serviços, salvo no caso de trabalho temporário (Lei 6.019).

  – A contratação irregular de trabalhador através de empresa inter-posta não gera vínculo de emprego com os órgãos da Administração Pública Direta, Indireta ou Fundacional (Art. 37, II, da Constituição da República). (Mão de obra – Empresa Pública.)

  – Não forma vínculo de emprego com o tomador a contratação de serviços de vigilância (Lei 7.102), de conservação e limpeza, bem como a de SERVIÇOS ESPECIALIZADOS LIGADOS À ATIVIDADE-MEIO DO TOMADOR, DESDE QUE INEXISTENTES A PESSOALIDADE E A SUBORDINAÇÃO DIRETA.

  IV – O inadimplemento das obrigações trabalhistas, por parte do empregador, implica a responsabilidade subsidiária do tomador de serviços quanto àquelas obrigações, desde que tenha participado da relação processual e conste também do título executivo judicial."

  Observa-se que foi essa Súmula, em seu item III, que permitiu a contratação de serviços especializados na área de manutenção que é, na maioria das empresas, uma atividade-meio; faz-se exceção para aquelas empresas que tem como seu objeto prestarem serviços de manutenção sendo, neste caso, uma atividade-fim.

Observam-se, ainda, dois aspectos muito importantes quais sejam:
- Não existência da Pessoalidade.
- Não existência de Subordinação Direta dos contratados ao Contratante.

Pontos importantes a serem considerados:

✓ A empresa contratada deve estar legalmente constituída para atuar no ramo da atividade terceirizada, com capacitação técnica, administrativa e financeira; sintetizando – ser idônea.

✓ O pessoal da contratada deve ser especializado, adequadamente remunerado, com os direitos trabalhistas respeitados e subordinar-se, exclusivamente, à empresa contratada. A Contratante não deve, em qualquer hipótese, subordinar a empresa contratada, sob pena de torná-la um mero departamento da Contratante, com todos os riscos trabalhistas daí advindos.

✓ À empresa contratante cabe avaliar, apenas, os parâmetros contratuais estabelecidos que, normalmente, são a qualidade, a disponibilidade, a confiabilidade, o atendimento, o prazo, o custo, a segurança e, mais recentemente, as variáveis ambientais. O contrato excessivamente detalhado pode mostrar que inexiste a prestação de serviços e carac-terizar que o Contratado é, apenas, um fornecedor de pessoal e não um empresário parceiro. Isto, no mínimo, aumenta o risco trabalhista.

✓ **LEI 13429/2017, sancionada em 31 de março de 2017**

A grande modificação introduzida por essa Lei foi o parágrafo 3º do artigo 9º que diz " O contrato de trabalho temporário _pode versar sobre o desenvolvimento de atividades-meio e atividades-fim a serem executadas na empresa tomadora de serviços._"

Com isso, a terceirização se torna abrangente, isto é, pode ser aplicada atividades fim, atividades meio e atividades acessórias.

Algumas definições dessa Lei:

"Art. 4º Empresa de trabalho temporário é a pessoa jurídica, devidamente registrada no Ministério do Trabalho, responsável pela colocação de trabalhadores à disposição de outras empresas temporariamente." (NR)

"Art. 5º Empresa tomadora de serviços é a pessoa jurídica ou entidade a ela equiparada que celebra contrato de prestação de trabalho temporário com a empresa definida no art. 4o desta Lei." (NR)

O artigo 9º explicita nos parágrafos 1º e 2º:

§ 1o É responsabilidade da empresa contratante garantir as condições de segurança, higiene e salubridade dos trabalhadores, quando o trabalho for realizado em suas dependências ou em local por ela designado.

§ 2o A contratante estenderá ao trabalhador da empresa de trabalho temporário o mesmo atendimento médico, ambulatorial e de refeição destinado aos seus empregados, existente nas dependências da contratante, ou local por ela designado.

"Art. 10. Qualquer que seja o ramo da empresa tomadora de serviços, não existe vínculo de emprego entre ela e os trabalhadores contratados pelas empresas de trabalho temporário.

§ 1o O contrato de trabalho temporário, com relação ao mesmo empregador, não poderá exceder ao prazo de cento e oitenta dias, consecutivos ou não.

§ 2o O contrato poderá ser prorrogado por até noventa dias, consecutivos ou não, além do prazo estabelecido no § 1o deste artigo, quando comprovada a manutenção das condições que o ensejaram.

Em 2018, o STF – Supremo Tribunal Federal aprovou a Terceirização irrestrita, ou seja, tornou legal a Terceirização, também, para a atividade-fim das empresas. Esta aprovação vai trazer mudanças profundas na relação Capital – Trabalho, com aspectos favoráveis e desfavoráveis segundo diversos especialistas.

- **ASPECTOS FAVORÁVEIS APONTADOS:**
  - ✓ Trará segurança jurídica – existem milhares de demandas na justiça relativas a esta questão que, a partir de agora, vão ser extintas.
  - ✓ Alinhamento com grandes economias mundiais, como China, Alemanha, Japão, Suécia, Austrália e Noruega.
  - ✓ Promoverá a competitividade das empresas
  - ✓ Criação de mais postos de trabalho – não acreditamos, pois a geração de postos de trabalho está ligada à necessidade de atender a uma maior demanda e ao maior desenvolvimento econômico, em suma, ao crescimento do PIB – Produto Interno Bruto.
  - ✓ Igualdade entre o pessoal próprio e terceirizados – há necessidade de mudança cultural e somente o tempo vai dizer.
- **ASPECTOS DESFAVORÁVEIS APONTADOS:**
  - ✓ Tendência de nivelar por baixo o mercado de trabalho.
  - ✓ Tendência de redução do nível de salário.
  - ✓ Poderá trazer prejuízos para a organização coletiva do trabalho
  - ✓ Possiblidade de aumento do número de acidentes, como já ocorre na terceirização de Atividades Meio e Acessórias.
  - ✓ Tendência de precarização na relação Capital x Trabalho, como já ocorre muito na terceirização de Atividades Meio e Acessória.
  - ✓ Tendência de fragilização dos direitos trabalhistas.

Somente com o passar do tempo e como essa flexibilidade vai ser praticada, é que teremos a real dimensão do impacto desta terceirização na Atividade-fim das Organizações.

Apresentamos dados estatísticos do DIEESE sobre pessoal próprio e terceirizados, onde o terceirizado:

- Ganha, em média, 27% menos.
- Trabalha, em média, 3h a mais por semana.

- Acidentam, em média, mais. São 08 acidentados em cada 10 acidentes na Organização.
- Por outro lado pode-se inferir que a terceirização, promovendo redução dos encargos trabalhistas que as empresas têm com pessoal próprio, possa promover as seguintes melhorias:
- Desenvolvimento de Empresas vocacionadas na Operação (atividade fim)
- Maior capacitação do pessoal que estará envolvido nas atividades fim
- Melhoria salarial relacionada à qualificação, riscos envolvidos.

7.7.1. Recomendações de Aspecto Legal para a Contratante

Quem contrata mal corre alto risco de tornar-se responsável solidário com o seu prestador de serviço. As recomendações a seguir objetivam reduzir os riscos trabalhistas para a Contratante:

- Não realizar contratos de mão de obra, a não ser nos casos previstos em lei.
- A Responsabilidade Técnica – RT é da Contratada.
- O contrato de serviços deve ser com pessoa jurídica.
- Utilizar unidades de medição de serviço que sejam reconhecidas, evitando-se, sempre que possível, homem/hora.
- Não estabelecer relação de subordinação direta com os colaboradores da Contratada.
- Não contratar prestadora de serviços que só tenha um cliente.
- O prazo deve ser por tempo determinado.
- Deve haver impessoalidade com relação aos colaboradores da Con-tratada.

- Escolher um prestador de serviços que seja idôneo do ponto de vista técnico, administrativo e financeiro. Acompanhar estas variáveis.

- Analisar, em profundidade, a contratação de cooperativas para ser-viços de tecnologia da contratante, tendo em vista um número sig-nificativo de cooperativas com viés de ilegalidade.

- Evitar a precarização do trabalho procurando especificar a qualidade mínima de transporte, alimentação, requisitos mínimos de saúde, qualidade das instalações físicas de refeitório e vestiários, entre outros fatores.

- Especificar o treinamento para o correto uso de EPI's.

- Efetuar o treinamento dos riscos do processo para o pessoal da contratada.

- Avaliar, periodicamente, o cumprimento das cláusulas contratuais, evitando-se o seu descumprimento, tanto pela Contratada quanto pelos fiscais da Contratante.

Resumindo, deve-se contratar, somente, empresas que sejam idôneas do ponto de vista legal, técnico, administrativo e financeiro.

> "A confiança é o maior patrimônio de qualquer empresa. Nada útil pode sobreviver sem ela." – Albert Schweitzer

O que está implícito nesta afirmação é que o contrato nada mais é do que uma relação vivencial de confiança; não há contrato perfeito quando as partes não são confiáveis. Portanto, pode-se dizer que embora o risco seja inerente na atividade empresarial é possível reduzi-lo a níveis aceitáveis com práticas jurídicas adequadas. Isto não exclui a necessidade de se descrever, claramente, as responsabilidades e regras de convivência para as situações previsíveis.

7.7.2. Prova de Capacidade

Os seguintes pontos devem ser observados:

- Contrato social.
- Certidão de arquivamento do contrato social.
- Atividade-fim.
- Composição societária.
- Capital social.
- Responsabilidade dos sócios.
- Bens imóveis.
- Seguros.
- Capacidade operacional: máquinas, equipamentos, veículos, ferramental, disponibilidade de pessoal, etc.
- Estrutura patrimonial, através de balanços.
- Situação perante a Previdência Social.
- Situação perante a Prefeitura Municipal.
- Situação perante a Justiça Comum, do Trabalho e Federal.
- Situação perante o Ministério da Fazenda.

medida que modernizamos a forma de contratar, adotando a modalidade de Resultados, que tem como consequência a Parceria, essas verificações tendem a diminuir.

7.7.3. Prova de Idoneidade Administrativa

A empresa tomadora de serviços deve verificar, sempre, o comportamento do terceiro com relação aos seus recursos humanos através dos seguintes pontos:

- Registro de empregados.
- Forma de pagamento dos salários.

- Pagamento da carga horária trabalhada.
- Adicional noturno, de insalubridade e de periculosidade.
- Pagamento do repouso remunerado, feriados, salários família e maternidade.
- Atendimento a convenções coletivas.
- Contrato de prorrogação de jornada de trabalho.
- Contribuições previdenciária.
- FGTS.
- Imposto de Renda retido na fonte.

7.7.4. Principais Pontos de Questionamentos Jurídicos e Sindicais

Apesar de existirem diversos aspectos que possam dar margem a questionamentos, conforme já vistos, observa-se que existem quatro pontos onde se concentram as maiores demandas. São eles:

- Caracterização da atividade de Manutenção como "Atividade-Fim". À partir de agosto / 2108 o STF aprovou a terceirização irrestrita, de modo que esta questão deixa de ser ilegal;
- Pessoalidade por parte da Contratante;
- Supervisão Direta por parte da Contratante;
- Precarização das Condições de Trabalho dos Contratados.

> **Tão importante quanto o que está escrito, é o que é praticado!**

Tem sido observado que contratos bem elaborados do ponto de vista de procedimentos legais são questionados porque a prática não é conforme está estabelecido no contrato, principalmente nos aspectos de Pessoalidade e Supervisão Direta por parte da Contratante. Isto é devido a uma atuação deficiente por parte de alguns fiscais.

7.8. A Questão da Segurança

Serão abordados aqui os aspectos de segurança pessoal, já que a questão da segurança operacional é tratada quando se aborda a questão da confiabilidade; todavia, não pode ser esquecido que a falta de segurança pessoal pode trazer prejuízos à segurança operacional, se as causas da ocorrência estiverem ligadas à imprudência ou mesmo à falta de conhecimento técnico e da instalação.

Investigações conduzidas pelo governo americano por ocasião da explosão de um complexo petroquímico nos Estados Unidos chegaram às seguintes conclusões, que podem ser, na média, extrapoladas para o Brasil:

- Os trabalhadores terceirizados se acidentam mais do que os trabalhadores próprios.

- Os trabalhadores terceirizados, comparados com os trabalhadores próprios, recebem, em média:
   ✓ Menos treinamento de segurança e saúde.
   ✓ Menos informações sobre os riscos nos locais de trabalho, substâncias perigosas e procedimentos de emergência. Ressaltamos que este caso é da responsabilidade da Contratante.

- De modo geral, os acidentes são pouco relatados e pouco analisados, e as empresas contratadas, de modo geral, são pouco propensas a se envolverem, diretamente, com os assuntos de segurança.

Pode-se afirmar que, na média, a situação brasileira é semelhante. Todavia, já existem algumas empresas, Contratantes e Contratadas, com práticas adequadas de segurança e que já atingiram o patamar de excelência.

Esta é uma questão fundamental, não sendo possível tratar como empresa excelente, parceira e competitiva se ela não for encarada de forma estratégica.

Os mesmos programas e os mesmos resultados buscados e praticados pela Contratante devem ser buscados pela Contratada. É preciso unificar a maneira de ver as pessoas, resultados e abrangência dos programas de segurança (Contratante e Contratada).

A terceirização precisa ser bem-sucedida para que os resultados empresariais sejam alcançados. Os indicadores básicos de Qualidade, Disponibilidade, Confiabilidade, Atendimento, Custo, Motivação da Equipe, Segurança e Meio Ambiente andam juntos; não dá para otimizar somente uma parte destes indicadores.

> DE UM MODO GERAL, A CONTRATADA QUE APRESENTA RESULTADOS RUINS EM SEGURANÇA TAMBÉM TEM MAUS RESULTADOS EM QUALIDADE, DISPONIBILIDADE, CONFIABILIDADE, ATENDIMENTO, CUSTO, MOTIVAÇÃO DA EQUIPE E MEIO AMBIENTE, SENDO, POR CONSEGUINTE, MÁ PARCEIRA.

7.8.1. Recomendações Relativas à Segurança

- Utilizar instrumentos contratuais prioritariamente por resultados e serviços onde couber.
- Exigir pessoal qualificado de acordo com o tipo de serviço.
- Propiciar treinamento de segurança relativo aos riscos dos processos da Contratante.
- Garantir e participar das apurações de ocorrências anormais envolvendo Contratadas, nos mesmos moldes da Contratante.
- Implementar práticas de segurança nas Contratadas semelhantes às da Contratante.
- Ter Padrões Mínimos de Segurança, repassá-los para as Contratadas e monitorar a sua utilização.
- Ter procedimentos para utilização de EPIs e exigir a sua aplicação pelas Contratadas.
- Estabelecer condições básicas adequadas de transporte, alimentação e instalações físicas.

- Garantir a existência de CIPA para as Contratadas, conforme legislação.
- Definir e acompanhar indicadores de segurança, aplicando sistema de consequências que deve estar previsto no contrato.
- Adotar técnicas de análise de risco para intervenções não rotineiras.
- Exigir os exames médicos admissionais compatíveis com o trabalho contratado e conforme legislação.
- Adotar programa de auditorias periódicas.

7.8.2. Sinais Visíveis de Segurança

Além de tudo que já foi dito, existem os "sinais visíveis" que mostram se a Organização está a caminho da excelência nos aspectos de segurança em serviços contratados:

- Nível crescente, com metas estabelecidas, de qualificação e certificação da força de trabalho contratada. Quanto melhor habilitados menor a chance de ocorrência de acidentes.
- Nível educacional adequado dos contratados.
- Nível adequado de "Ordem – Arrumação – Limpeza", não só das instalações industriais, mas, também, das administrativas, aí incluídos o escritório, o restaurante e o vestiário dos contratados.
- Grau de conhecimento e aplicação dos padrões / procedimentos de segurança por parte dos profissionais da contratada, aferidos através de observações no dia a dia e nas auditorias.

7.9. Estrutura Contratual

- A estrutura contratual de prestação de serviços deve ser assim dividida:
- Título, qualificação das partes e finalidade da contratação.
- Objeto.

- Composição do preço, forma de reajuste e forma de pagamento.
- Cláusula de multa e prêmio.
- Normas técnicas relativas às atividades contratadas.
- Cláusulas de garantia: responsabilidade da Contratada, cessão, rescisão e danos.
- Prazo.
- Motivos de força maior.
- Foro.

Sugere-se a inclusão de uma cláusula de garantia para minimizar eventuais danos econômicos à Contratante:

"A empresa 'X' obriga-se a realizar suas atividades utilizando profissionais capacitados tecnicamente e em número adequado, cabendo-lhe integralmente a exclusiva responsabilidade pelo atendimento total de toda a legislação que rege os negócios jurídicos e que lhe atribua responsabilidade, com ênfase na trabalhista, previdenciária, civil e tributária. Em decorrência, a empresa 'X' obriga-se a reembolsar à Contratante todas as despesas que esta tiver, decorrentes de:

- Reconhecimento judicial de vínculo empregatício de empregados da empresa 'X' com a Contratante.
- Reconhecimento judicial de solidariedade da Contratante no cumprimento de obrigações trabalhistas e/ou previdenciárias da empresa 'X'.
- Indenização, inclusive a terceiros, decorrente de eventuais danos causados pela empresa 'X' ou seus prepostos, na execução de seus serviços".

O Brasil vive uma fase de grandes mudanças de paradigmas, inclusive na forma de interpretar o Direito

7.10. Alguns Modelos De Contatos Por Resultados

Apresentamos alguns modelos sintéticos de contratos por resultados, extraídos de modelos reais, para análise de você, leitor:

7.10.1. Contrato de Resultados para Manutenção de ETE – Estação de Tratamento de Efluentes

Objeto: Serviço de Manutenção Corretiva, Preventiva, Preditiva, Detetiva e Engenharia de Manutenção dos Sistemas de Caldeiraria, Complementar, Mecânica, Instrumentação e Elétrica.

Principais premissas:

- Disponibilidade Requerida de 99%.
- Prêmio: 2% se a Disponibilidade Trimestral atingir 99,5%.
- Multa: 2% se a Disponibilidade for menor ou igual a 98,5%.

Observações:

1. Em caso de mais de 01 acidente com afastamento no ano, cancelado eventual Prêmio e aplicado a Multa de 2% no mês do acidente.
2. Em caso de 01 acidente fatal ou com mutilação, além do citado na observação anterior, o Contrato pode ser cancelado.
3. São definidas obrigações das partes em termos de materiais de consumo, EPI's, sobressalentes, responsabilidades por parte da operação, etc.
4. 40% do prêmio deve ser repartido para os funcionários da Con--tratada.

7.10.2. Contrato de Médio Porte de Montagem Industrial, com Resultado para Desempenho em Segurança.

Principais premissas:

- Duração: 06 meses.
- Prêmio "P" = VTM (FCA × FSA × FG) × 3 / 100

VTM: Valor Total da Medição.

FCA: Fator de Acidentes com Afastamento = 1,00 em caso de zero acidente, 0,5 em caso de 01 acidente e zero em caso de 02 ou mais acidentes.

FSA: Fator de Acidentes sem Afastamento = 1,00 em caso de até 02 acidentes, 0,5 de 03 a 05 acidentes e zero em caso de mais de 05 acidentes. (Particularmente, não recomendamos este indicador porque, como já vimos, ele pode ser facilmente manipulado).

FG: Fator de Gerenciamento: calculado em função do número de notificações da Fiscalização com relação ao não cumprimento dos itens previamente acordados entre o Contratante e Contratado, como por exemplo: uso de EPI's, cumprimento da Norma de Permissão para Trabalho, cumprimento dos padrões mínimos de segurança, ordem – arrumação – limpeza, cumprimento de horários, etc.

Fator FG = 1,00 em até 03 notificações, 0,5 de 04 a 08 notificações e zero acima de 08 notificações.

Observações:

1. É prevista, também, cláusula de multa em função dos maus resultados alcançados.
2. 40% do prêmio deve ser distribuído para os funcionários da Contratada.

7.10.3. Contrato de Parada de Manutenção

Principais premissas:

- Duração: 32 Dias.
- Prazo: Fator Determinante.
- Prêmio "P" = VTM $\times$x (PC – PR) / 24 $\times$ 100

VTM = Valor Total da Medição.

PC = Prazo Contratual em horas, conforme Planejamento efetuado.

PR = Prazo de Realização em horas, até a efetiva entrada em operação da Unidade.

Observações:

1. Em caso de acidente com lesão incapacitante ou óbito, eventual premiação é cancelada.
2. No mínimo 40% do Prêmio deve ser repassado para os empre-gados da Contratada.
3. Caso se constate manipulação de dados é cancelada a premiação,
4. O percentual máximo de Prêmio é 3%.
5. É previsto cláusula de multa para atrasos, em função do número de dias.

7.11. CONSIDERAÇÕES FINAIS

A terceirização é uma tendência mundial, sendo uma ferramenta es--tratégica na busca da competitividade empresarial. Os seguintes pontos devem ser ressaltados:

- A contratação ainda precisa evoluir, rapidamente, da empreiteiri-zação para a terceirização. Para que isso ocorra são necessários esforços tanto das Contratantes como das Contratadas.

- Existe, ainda, espaço para se incrementar a terceirização, exce-tuando-se, na época atual, alguns segmentos que já estão com per-centuais elevados relativos ao mercado prestador de serviços (ver Item 7.4).

- A contratação precisa seguir uma filosofia gerencial adequada, sob pena de retrocessos empresariais. Todos os movimentos de imple-mentar terceirização e em seguida primeirizar implicam em custos elevados para as organizações.

- As empresas prestadoras de serviços precisam fazer da manuten-ção a sua Atividade-fim, investindo em recursos humanos, tecno-logia, equipamentos, ferramental e gestão, sob pena de nunca se tornarem parceiras, fato que o mercado competitivo não vai aceitar.

É importante finalizar afirmando que já temos algumas empresas no Brasil, Contratantes e Contratadas, que já estão em nível de excelência; o que é preciso é transformar estas "algumas" em "todas". Este papel cabe aos executivos, gerentes e supervisores;

CABE A VOCÊ, LEITOR!

> **O TEMPO**
>
> **NÃO PARA NO PORTO;**
>
> **NÃO APITA NAS CURVAS;**
>
> **NÃO ESPERA NINGUÉM.**

Figura 7.5

Alan Kardec & Julio Nascif

Capítulo 8

TÉCNICAS PREDITIVAS

8.1. INTRODUÇÃO

O Capítulo 3 mostrou que a manutenção preditiva é a primeira grande quebra de paradigma nos tipos de manutenção (ver Item 3.4). Também foi visto que sua prática no Brasil ainda é pequena, chegando a apenas 18% dos recursos aplicados (Gráfico 3.5 item 3.9)

É estratégica, do ponto de vista empresarial, a implantação ou mesmo o incremento dessa prática e, através do gráfico 3.6 verifica-se que o percentual ideal recomendado é maior que 60%.

Este capítulo aborda as técnicas preditivas conhecidas até o momento e o seu campo de aplicação, com um enfoque eminentemente informativo.

Como já visto anteriormente, a manutenção preditiva é aquela que indica a necessidade de intervenção com base no estado do equipamento. A avaliação do estado do equipamento se dá através de medição, acompanhamento ou monitoramento de parâmetros.

Esse acompanhamento pode ser feito de três formas:

- Acompanhamento ou monitoramento subjetivo.
- Acompanhamento ou monitoramento objetivo.
- Monitoramento contínuo.

A atividade de inspeção de manutenção, largamente utilizadas em diversos segmentos industriais, é um tipo de monitoramento que engloba as atividades de monitoramento subjetivo e objetivo.

8.2. Monitoramento Subjetivo

Variáveis como temperatura, vibração, ruído e folgas já são acompanhadas há muitos anos pelo pessoal da manutenção, independente da existência de instrumentos. Quem ainda não viu um oficial, supervisor ou engenheiro "auscultar" um equipamento via capacete, caneta esferográfica ou através de estetoscópio? Ou alguém colocar a palma da mão sobre uma caixa de mancal e diagnosticar em seguida: "Está bom!" ou "A temperatura está muito alta".

A folga entre duas peças – por exemplo, eixo-furo é "sentida" estar boa ou excessiva pelo tato.

Também pelo tato, os lubrificadores reconhecem se o óleo está "grosso" ou "fino". Na realidade o seu "viscosímetro de dedos" está comparando aquele óleo com o óleo novo.

O ruído e o tato podem nos indicar a existência de peças frouxas.

Esses procedimentos fazem parte do monitoramento da condição do equipamento, e serão tanto mais confiáveis quanto mais experientes forem os profissionais de manutenção. Mesmo que a experiência propicie uma identificação razoável nesse tipo de verificação, ela não deve ser adotada como base para decisão por ser extremamente subjetiva. Cada pessoa terá uma opinião. A temperatura de uma caixa de mancal pode estar boa para um e estar muito alta para outro. Apesar disso, o uso dos sentidos pelo pessoal de manutenção deve ser incentivado.

A inspeção de manutenção se vale muito do acompanhamento subjetivo dos equipamentos, principalmente em equipamentos mecânicos.

Visão, Audição, Tato, Olfato. Faça uso, mas seja cauteloso. Esses "instrumentos" não são substituíveis. Certifique-se das condições de segurança antes de usar seus sentidos.

Figura 8.1 – Acompanhamento Subjetivo – Ruído.

8.3. MONITORAMENTO OBJETIVO

O monitoramento ou o acompanhamento objetivo é feito com base em medições utilizando equipamentos ou instrumentos especiais.

É objetivo pelas seguintes razões:

- fornece um valor de medição do parâmetro que está sendo acompanhado;
- o valor medido independe do operador do instrumento, desde que utilizado o mesmo procedimento.

Para utilização de qualquer meio de acompanhamento do estado de equipamentos por meio de instrumentos – monitoração objetiva – é fundamental que:

- o pessoal que opera os instrumentos seja treinado e habilitado para tal;
- os instrumentos estejam calibrados;
- haja pessoal capaz de interpretar os dados coletados e emitir diagnóstico.

E finalmente, mas tão ou mais importante do que os três itens relacionados, é que a média e a alta gerência confiem no diagnóstico de seus técnicos.

Atualmente, estão disponíveis várias técnicas que estão relacionadas nos quadros a seguir, separados por classes de equipamentos. Mais adiante serão detalhadas algumas técnicas preditivas apresentadas nos quadros.

MECÂNICA – EQUIPAMENTOS ROTATIVOS		
Bombas Centrífugas e Rotativas, Motores Elétricos e Geradores, Compressores, Ventiladores, Redutores e Multiplicadores, Turbinas à vapor e Turbinas à Gás.		
Condição	Análise	Instrumento
Lubrificação Qualidade do óleo	• Análise espectográfica • Ferrografia • Viscosidade • Cromatografia gasosa	• Espectógrafo • Espectômetro de absorção atômica • Cromatógrafo gasoso • Ferrógrafo de leitura direta • Viscosímetro
Forças Vibração Deformação Tensão Ruído	• Análise de vibração • Balanceamento • Alinhamento dos eixos • Ruído • Tensão de linhas	• Analisador de vibração • Vibrômetro • Analisador de tempo real • Lâmpada estroboscópica • Alinhador mecânico • Alinhador a laser • Shock pulse meter • Estetoscópio • Dinamômetro • Células de carga • Verificador de tensão de correias • Balanceadora • Câmeras de amplificação de imagem
Calor Temperatura	• Temperatura de mancais • Temperatura de carcaça	• Termômetro de contato • Fitas indicadoras de temperatura • Lápis ou giz indicador de temperatura • Termômetros infravermelhos • Termógrafos

Tabela 8.1

8. TÉCNICAS PREDITIVAS

MECÂNICA – EQUIPAMENTOS ESTÁTICOS			
Vasos, Torres, Permutadores, Válvulas, Caldeiras, Tubulações, Isolamento, Estruturas metálicas			
Condição	Análise	Instrumento
Espessura Integridade Corrosão Erosão Abrasão Pitting Trincas Desgaste	• Medição de espessura • Trincas • Dupla laminação • Defeitos em solda • espessura pelicula tinta	• Medidor de espessura ultrassônico • Ultrassom • Líquido penetrante • Emissão acústica • Raios X e Gama • Magna Flux • Líquido penetrante fluorescente • Medidor de espessura de tinta • Gama Scan • Cupons de perda de massa
Forças Fadiga Deformação Impacto Ruído Vibrações	• Análise de vibração • Células de carga • Teste de pressão • Teste hidrostático • Teste de vácuo • Detecção de trincas	• Analisador de vibração • Strain-gages • Bancada de teste • Teste hidrostático de campo • Estetoscópio
Calor Temperatura	• Condução de calor • Perda de calor • Integridade do isolamento • Estado de purgadores	• Termômetro de contato • Fitas indicadoras de temperatura • Lápis ou giz indicador de temperatura • Termômetros infravermelhos • Pirômetros • Termógrafos • Tinta termossensível

Tabela 8.2

ELÉTRICA – EQUIPAMENTOS ELÉTRICOS DE POTÊNCIA		
Motores Elétricos, Geradores, Capacitores, Transformadores, Alimentadores, Barramentos		
Condição	Análise	Instrumento
Óleo Qualidade do óleo	• Rigidez dielétrica • Viscosidade • Cromatografia gasosa	• Espectógrafo • Espectômetro de absorção atômica • Cromatógrafo gasoso • Viscosímetro • Aparelho de teste de rigidez dielétrica
Forças Vibração mecânica Vibração eletromagnética Energia de choque rolamentos Parâmetros elétricos	• Análise de vibração • Resistência do Isolamento • Capacitância do Isolamento • Resistência Fase a Fase • Indutância Fase a Fase • Teste de Influência do Rotor – RIC • Teste de Tensão Escalonada • Absorção Dielétrica • Indice de Polarização • Comutação Barra a Barra (DC) • Teste de demarragem • Excentricidade • Avaliação do Rotor • Demodulação em FFT • Relação Tensão X Corrente • Distorção Harmônica Total	• Analisador de vibração • Shock pulse meter • Analisadores para testes estáticos • Analisadores para testes dinâmicos
Calor Temperatura	• Temp. contatos • Temp. barramentos • Temperatura carcaça	• Termômetro de contato • Termômetros infravermelhos • Termógrafos

Tabela 8.3

ELÉTRICA – EQUIPAMENTOS ELÉTRICOS DE POTÊNCIA E CONTROLE		
Disjuntores, Relés, Starters		
Condição	Análise	Instrumento
Calor Temperatura	• Temperatura contatos • Temperatura barramentos	• Termômetros infravermelhos • Termógrafos
Energia Tensão Corrente Resistência Capacitância	• Medição de corrente • Medição de tensão • Medição de resistência • Medição de capacitância • Calibração de relés	• Mega • Medidor de resistência ohm/micro-ohm • Teste de carga com alta corrente • MultiAmp • Teste duplo

Tabela 8.4

8.4. MONITORAMENTO CONTÍNUO

O monitoramento contínuo, que é também um acompanhamento objetivo, foi inicialmente adotado em situações onde o tempo de desenvolvimento do defeito era muito curto e em equipamentos de alta criticidade. Isso significa uma excelente proteção desde que, usualmente, o monitoramento contínuo venha associado a dispositivos que, em um primeiro momento, alarmam e em seguida promovem a parada ou desligamento do equipamento, uma vez atingido o valor limite estipulado. Como os sistemas de monitoramento contínuo tinham um preço muito elevado, somente na situação descrita sua aquisição era justificada.

Com o desenvolvimento da eletrônica e de sistemas digitais, a oferta de sistemas de monitoramento teve seu leque de aplicações ampliado e o preço final tem caído. Isso vem permitindo, também, a utilização de sistemas de monitoramento à distância. Um exemplo disso é o monitoramento dos grupos geradores nas usinas hidrelétricas da CEMIG – Cia. Energética de Minas Gerais. As máquinas da Usina Hidrelétrica de Nova Ponte, próximo a Uberlândia, no Triângulo Mineiro, são monitoradas, também, no edifíciosede da empresa, localizado em Belo Horizonte. Ou seja, o sistema instalado nas máquinas na usina fornece dados para a usina e ao mesmo tempo para os terminais instalados na sede.

É possível monitorar variáveis típicas de processo como densidade, vazão, pressão etc. e variáveis relacionadas mais diretamente com os equipamentos, como vibração, temperatura de mancais, temperatura do enrolamento de motores elétricos etc.

Figura 8.2 – Monitoramento da condição via wireless e computação na nuvem

O desenvolvimento de tecnologias como internet wireless, sensores inteligentes e dispositivos portáteis como *smartphones* e *tablets* possibilitou uma ampliação do monitoramento remoto no qual podem estar envolvidos os fabricantes, os especialistas e os mantenedores e operadores.

Outros aspectos importantes do monitoramento contínuo:

- Independe de pessoal.

- Efetua monitoração realmente contínua, o que não é razoável de ser conseguido com pessoas operando instrumentos.

- Pode enviar os dados em tempo real para unidades lógicas de processamento ou computadores com programas especialistas.

- Pode ser configurada de acordo com as necessidades do cliente, fornecendo redundância onde se exijam alta confiabilidade e saídas para acoplamento de instrumentos e processadores visando análises mais aprofundadas.

8. Técnicas Preditivas 331

- Alguns fenômenos, particularmente na área de equipamentos rotativos, somente podem ser detectados através do acompanhamento permanente de determinadas variáveis.

- Alguns dados só podem ser levantados em situação de parada ou partida das máquinas, por serem muito rápidos ou por ocorrerem em horários e condições que inviabilizam o levantamento manual de dados.

- Sistemas de monitoramento contínuo são adequados para verificação de transientes, o que não ocorre com coletores manuais.

- A existência de sistemas de monitoração é fator de economia em relação a prêmios de seguros e tempo de campanha.

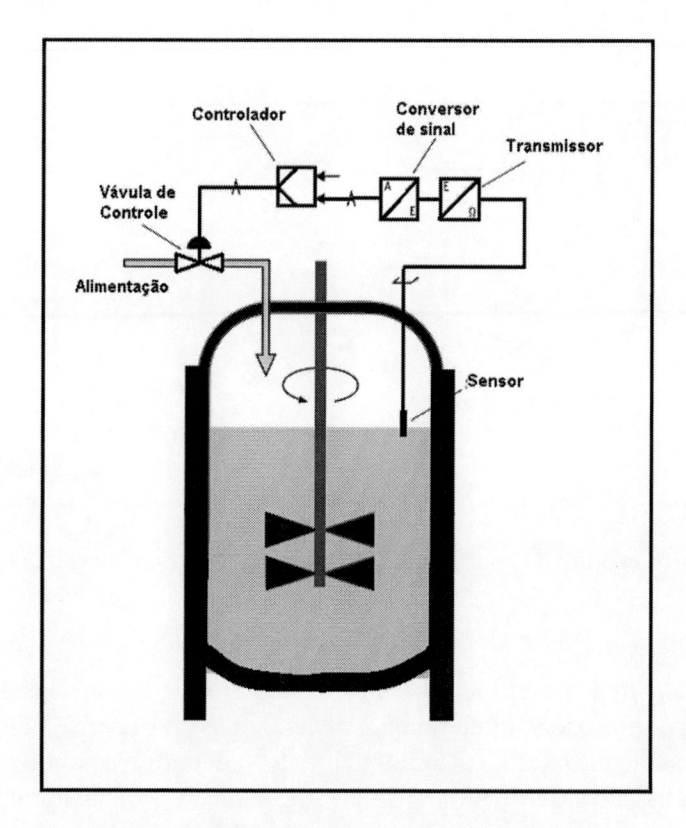

Figura 8.3– Esquema Típico de Sistema de Controle

A figura 8.3 mostra um sistema de controle de nível em um vaso. Observe que há um sensor – que "sente" o nível do líquido, um transmissor – que transmite a informação que o sensor está enviando, um conversor de sinal (ou transdutor) que transforma a informação em uma linguagem que o controlador entenda e o controlador que "controla", isto é, toma uma ação qual seja abrir ou fechar a válvula de controle.

Os sistemas de monitoramento se aproximam bastante dos sistemas de controle e, via de regra possuem sensor, transmissor, transdutor e tela ou display.

A figura 8.4 mostra um sistema de monitoramento de vibração no eixo para máquinas rotativas. Os dois sensores estão próximos ao eixo. Esses sensores estão conectados ao transdutor (no caso um proximitor, que é um oscilador demodulador) e este conectado ao painel ou indicador.

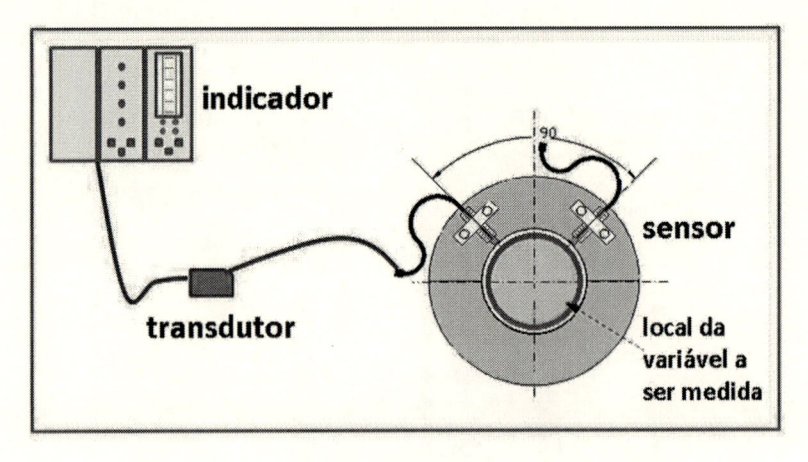

Figura 8.4 – Sistema de monitoramento de vibração

De modo simplificado, podemos afirmar que:

No local mais apropriado para medição é instalado um sensor ou captor que pode ser de contato ou não, dependendo do tipo de medição. Esse sensor está ligado a um transdutor que faz a decodificação do sinal para que ele possa ser traduzido em valores no indicador instalado no painel.

São comumente empregados os seguintes tipos de instalação:

- No campo. Todo o sistema, desde os sensores até o painel, é instalado no campo, normalmente ao lado das máquinas ou instalações.

- Painel na casa de controle local, quando a indústria utiliza o conceito de casas de controles por unidades operacionais ou conjunto fabril.

- Painel ou Dados para a casa de controle central, principalmente quando a planta usa Sistema Centralizado de Controle como o SDCD – Sistema Digital de Controle Distribuído.

- Painel na unidade operacional, em uma das três opções acima, e dados em locais remotos – sede da empresa, centro de controle etc. distantes fisicamente da planta.

- Disponibilização dos dados em nuvem.

- Disponibilização de dados em redes acessados via internet ou wireless.

A Tabela 8.5 relaciona alguns sistemas de monitoramento existentes e os sensores utilizados.

Os sinais de condição mecânica, elétrica ou de processo transmitidos pelos sensores são levados até os transmissores, que são capazes de realizar cálculos complexos, detecção de alarme e verificação de erros. Desse modo, entradas de pressão, temperatura, rotação, fase, tensão, corrente elétrica, quando processadas, podem fornecer a potência, carga e eficiência volumétrica; comparar os resultados com dados previamente informados; verificar níveis de alarme e comunicar essas condições para PLC ou SDCD.

Equipamento/ Instalação Instalação	Variável a ser monitorada	Tipo(s) de Sensor(es)
Máquinas rotativas	• Vibração	• Probe sem contato • Acelerômetro • Pick-up magnético • Câmeras de amplificação de movimento
	• Deslocamento axial	• Probe sem contato
	• Temperatura de mancais	• RTD (Resistance Temperature Detector) • Termopar • Acelerômetro com sensor de temperatura
	• Rotação	• Probe sem contato (sensor indutivo de proximidade)
	• Alinhamento	• Sensores óticos a laser
	• Pressão, temperatura de fluido do processo ou óleo lubrificante	• Pressostato, termostato • Termopar
Máquinas alternativas	• Temperatura de mancais	• RTD • Termopar
	• Rotação	• Probe sem contato
	• Peças frouxas	• Acelerômetro (peak vue) no cilindro
	• Carga na haste	• Probe sem contato
	• Desgaste da haste	• Probe sem contato
	• Vazamento nas válvulas	• Sensor de temperatura
	• Ângulo virabrequimxPressão	• Keyphasor • Transdutor de pressão
	• Vibração na carcaça	• Acelerometro / Captor sísmico
Equipamentos estacionários e estruturas	• Corrosão • Temperatura	• Sondas • Termopar
Equipamentos elétrios	• Temperatura	• RTD • Termopar • Sensor infravermelho
	• Corrente, tensão	• Amperímetro, voltímetro
	• Resistência	• Ohmímetro
	• Capacitância	• Multímetro

Tabela 8.5 – Sistemas de monitoramento existentes e os sensores utilizados.

8.5. Principais Técnicas Preditivas

8.5.1. Vibração

8.5.1.1. Conceitos Básicos

O acompanhamento e a análise de vibração estão entre os mais importantes métodos de predição em vários tipos de indústria. A maior ênfase de acompanhamento da vibração está concentrada nos equipamentos rotativos, para os quais tanto a metodologia de análise quanto os instrumentos e aparelhos, além de softwares de apoio e sistemas especialistas, se encontram num estágio bastante avançado.

Vibração está presente em qualquer sistema à medida que este responde a uma excitação. Isso é válido para um eixo de compressor centrífugo, para a asa de um avião em voo, para as molas de um vagão de trem, ou ainda para uma estrutura sujeita à ação do vento.

Os parâmetros de vibração relacionados com máquinas rotativas são usualmente expressos em termos de deslocamento, velocidade e aceleração.

Todas as três representam "o quanto" o equipamento está vibrando. A frequência é a outra variável de importância na análise de vibração, que ajuda a identificar a sua origem, ou seja, "o que" está causando a vibração. Finalmente, a fase indica "onde o ponto pesado se encontra em relação ao sensor de vibração".

Essas variáveis são representadas pelas fórmulas a seguir:

Deslocamento	$x = A \operatorname{sen} \omega t$
Velocidade	$v = A\omega \cos \omega t = dx/dt$
Aceleração	$a = -A\omega^2 \operatorname{sen} \omega t = dv/dt$

Onde:

A = amplitude do vetor de zero a pico em mm.

ω = velocidade angular em rad/seg. t = tempo em segundos.

Como ω = 2π f, onde f = frequência em ciclos/seg, substituindo nas fórmulas de deslocamento, velocidade e aceleração, verificamos que:

- a amplitude de deslocamento independe da frequência;
- a amplitude de velocidade crescerá proporcionalmente à frequência;*
- a amplitude de aceleração crescerá com o quadrado da frequência.*
- Para um valor constante da amplitude de deslocamento.

$$v = 2\pi f A \quad \text{e} \quad a = (2\pi f)^2 A$$

Essas relações serão úteis para compreender melhor qual variável deve ser acompanhada.

8.5.1.2. Sensores

Os tipos de sensores comumente utilizados para medição de vibração são:

- Sensores Eletromagnéticos e Capacitivos.
- Sensores Eletrodinâmicos de Velocidade
- Acelerômetros.
- Amplificação de movimento captado através de câmeras (imagem)
- Vibrometro Laser Doppler.

Os dois últimos serão tratados no item 8.5.1.4

SENSORES ELETROMAGNÉTICOS E CAPACITIVOS

São sensores classificados como **sensores de proximidade**, isto é, probes instalados nas máquinas rotativas para detectar o movimento do eixo dentro do mancal ou movimento relativo de outros elementos de máquinas. Esses sensores medem a distância relativa (ou a proximidade) sem contato físico.

Os sensores eletromagnéticos são geralmente denominados *eddy current probes*.

O sensor de proximidade capacitivo mede a capacitância entre o *probe* e o alvo (eixo) e são calibrados para converter a capacitância em distância.

O *probe* de deslocamento sem contato é o sensor de maior aceitação para monitoração contínua de máquinas rotativas. O sistema consiste de um probe, um cabo de extensão e um oscilador-demodulador conhecido no Brasil como "proximitor".

Esse sensor consiste de uma bobina montada em plástico ou cerâmica não condutora que, por sua vez, fica alojada em um corpo roscado.

O *probe* é excitado por uma frequência de 1,5 MHz gerada pelo oscilador demodulador (proximitor) e transmitida através do cabo de extensão. Esta excitação produz um campo magnético, que se irradia da ponta do *probe*. Quando a ponta do probe fica próxima a uma superfície condutora, correntes parasitas são induzidas na superfície do material, extraindo energia da excitação do *probe* e reduzindo sua amplitude. Como a distância entre a ponta do *probe* e o material condutor, normalmente o eixo da máquina, é variada, uma tensão DC correspondente é gerada na saída do *proximitor*, que irá variar proporcionalmente à variação da distância entre a ponta do *probe* e o eixo.

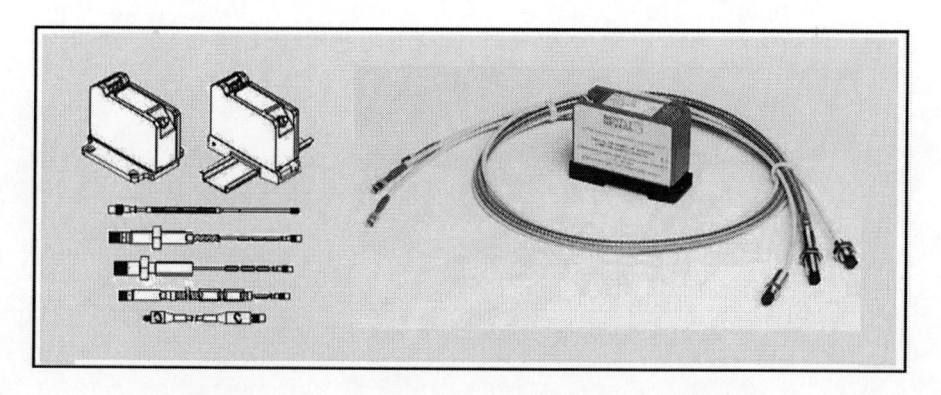

Figura 8.5 – *Probe, Proximitor* e Cabo de Extensão
(Cortesia GE Bently Nevada).

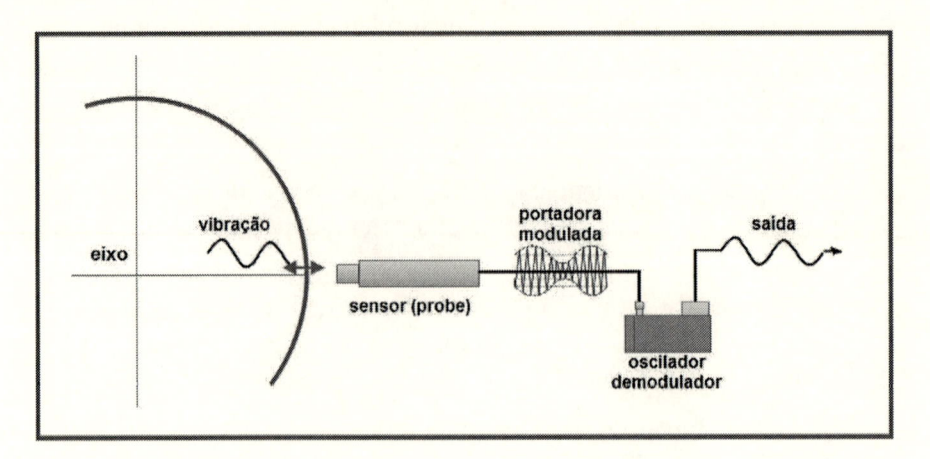

Figura 8.6 – Sistema *Probe – Proximitor*.

Vantagens/Características: (referido ao *proble* GE Bently Nevada 3300XL Series)

- Tamanho reduzido.
- Não sofre efeitos de óleos e gases.
- Suporta temperaturas até 177°C.
- Baixo Custo.
- Multiaplicação – vibração, deslocamento axial, fase, rotação.
- Faixa de resposta ampla – 0 a 10 kHz.

Desvantagens:

- Suscetível a variações na superfície do eixo – arranhões, mossas, recuperação com materiais de condutividade diferente.
- Requer fonte externa para gerar sinal.

SENSORES ELETRODINÂMICOS DE VELOCIDADE

As primeiras medições de vibração em alta frequência foram feitas com sensores de velocidade eletrodinâmicos. Esse é um tipo de sensor sísmico que incorpora um ímã (magneto) suportado por um sistema de suspensão (molas) para formar um sistema sísmico (massa mola).

O sensor de velocidade típico está mostrado na figura abaixo. Consiste de uma carcaça, normalmente de alumínio, dentro da qual estão alojados uma bobina, um ímã permanente e duas molas. O ímã fica suportado pelas duas molas, uma em cada extremidade, e esse conjunto é colocado no interior da bobina.

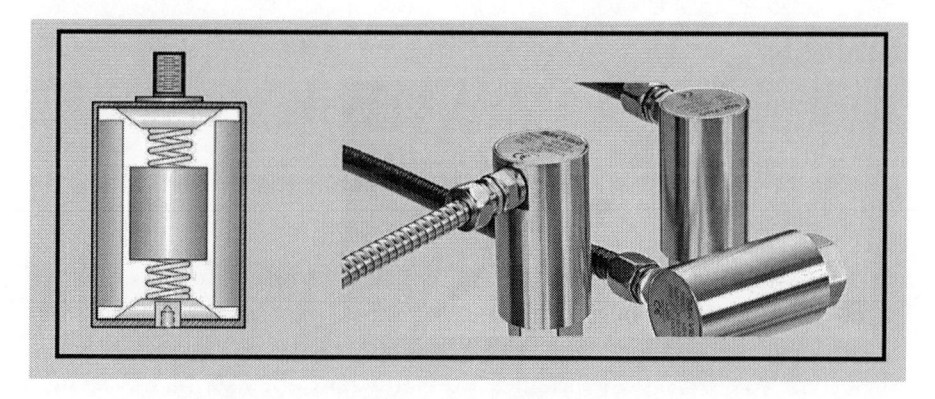

Figura 8.7 – Sensor Eletrodinâmico de Velocidade.

Quando o sensor é encostado a uma superfície que apresenta vibração, ocorre um movimento relativo entre o ímã e a bobina. Esse movimento corta as linhas de fluxo magnético, induzindo uma voltagem proporcional à velocidade de vibração. O sinal produzido, que é gerado apenas pelo movimento, é de baixa impedância, podendo ser usado diretamente para análise ou monitoramento. A faixa de utilização desse tipo de sensor se situa entre 10 e 1.500 Hz.

Entretanto, como esse sensor tem um sistema eletromecânico com partes móveis, estando sujeito a falhas, seu uso tem sido gradativamente descontinuado em favor de outros tipos de sensores. Sua grande aplicação, atualmente, fica restrita a alguns instrumentos portáteis de medição e análise de vibração.

Vantagens:

- Sinal forte.
- Gera seu próprio sinal (voltagem).
- Pode ser montado em qualquer direção.
- Razoável precisão até 300.000 rpm. Desvantagens:
- Grande e pesado.
- Preço elevado.
- Limitação de utilização abaixo de 10 cps (ciclos por segundo).

ACELERÔMETROS

A maioria das medidas de vibração atualmente é feita através da medição da aceleração. Para se obter a velocidade ou o deslocamento basta integrar uma ou duas vezes, respectivamente. Existem diversos tipos de acelerômetros, mas, basicamente, todos utilizam um sistema massa mola e são classificados como transdutores sísmicos.

O tipo mais encontrado é o piezoelétrico, constituído por um ou mais cristais piezoelétricos, pré-tensionados por uma massa e montados em uma carcaça, conforme mostram as Figura 8.8 e 8.9.

Os cristais piezoelétricos produzem um sinal elétrico quando são pressionados, e essa propriedade tem sido aproveitada para uma série de aplicações, incluindo relógios e isqueiros, por exemplo.

Muitos acelerômetros piezoelétricos incluem um amplificador híbrido integral em miniatura, o qual recebe corrente elétrica constante de uma fonte externa e o sinal de saída é levado pelo mesmo cabo de duas "pernas". São conhecidos como acelerômetros IEPE *(Integral Electronics PiezoElectric)*.

8. TÉCNICAS PREDITIVAS

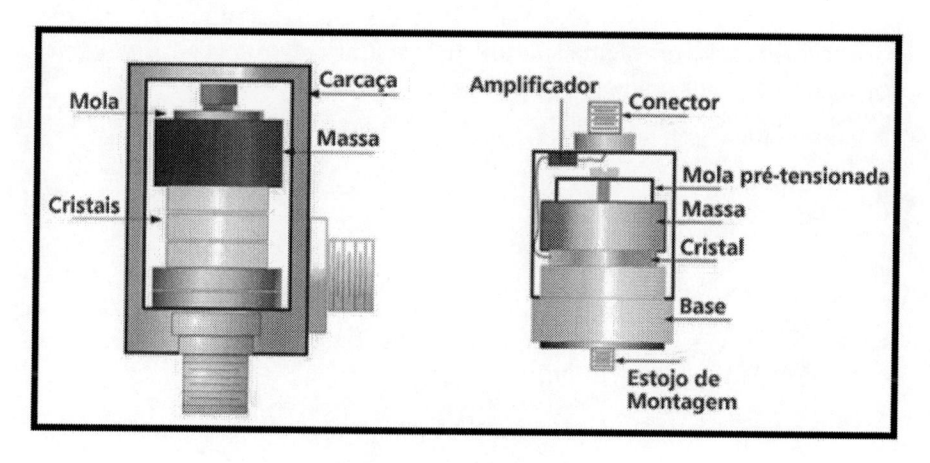

Figura 8.8 – Acelerômetros.

Figura 8.9 – Acelerômetros (Cortesia CTC).

Em funcionamento, a vibração da máquina à qual o acelerômetro está afixado provoca uma excitação onde a massa exerce uma força variável nos cristais piezoelétricos. O pulso elétrico gerado é proporcional à aceleração.

Apesar do acelerômetro piezoelétrico gerar o seu próprio sinal, este tem uma impedância muita alta, não sendo compatível com os instrumentos de indicação em painéis, instrumentos de análise e monitoração.

Para resolver esse problema são utilizados equipamentos eletrônicos para converter de alta para baixa impedância.

Vantagens/Características:

- Ampla faixa de resposta de frequências.
- Peso e dimensões reduzidas.
- Boa resistência a temperaturas (pode atingir altas temperaturas sob encomenda).
- Preços relativamente módicos.

Desvantagens:

- Peça sensível, que exige cuidados na montagem.
- Ressonância pode ser excitada no sensor frequentemente, exigindo instalação de filtro passa-baixa (que só permite passar frequências abaixo de uma frequência definida, também chamada linha de corte).

8.5.1.3. Como Medir Vibração

Algumas considerações básicas devem estar presentes no momento em que se decide fazer a medição de vibração em uma máquina ou numa estrutura.

Cada equipamento ou estrutura tem suas particularidades que devem ser levadas em consideração de modo que as medições sejam adequadas para fornecer resultados confiáveis.

Em primeiro lugar três aspectos devem ser levados em consideração:

QUAL É O TIPO DA MÁQUINA? COMO É SUA CONSTRUÇÃO?

QUAL O PROPÓSITO DA MEDIÇÃO? O QUE QUEREMOS "VER"?

QUAL A FAIXA DE FREQUÊNCIA?

8. Técnicas Preditivas

Estas três perguntas permitirão, primeiramente, que façamos a escolha correta do sensor a ser utilizado. Se quiséssemos, por exemplo, medir a vibração em tubulação de refinaria, ou em estruturas, cuja frequência é da ordem de 1 a 2 Hz, não teríamos sucesso com um sensor de velocidade, desde que ele não se presta a medições em baixa frequência. No exemplo, a escolha acertada seria o acelerômetro.

O tipo de máquina e/ou como é sua construção particular são muito importantes para a definição de como medir.

- Máquinas rotativas com conjunto rotativo leve e carcaças robustas e pesadas têm a maioria das forças geradas pelo rotor, como o movimento relativo entre o eixo e o mancal. Em outras palavras, a carcaça da máquina funciona como um grande amortecimento e, desse modo, a medição de vibração na carcaça não é adequada. Deve-se fazer medição, diretamente no eixo, com *probes* sem contato.

    Este é o caso típico de compressores centrífugos de alta pressão, onde a relação de pesos entre a carcaça e o rotor é de 30:1 ou maior.

- De modo oposto, se a máquina tem conjunto rotativo pesado, apoiado em mancais rígidos suportados em estrutura flexível, as forças geradas pelo rotor são dissipadas através da estrutura flexível e, desse modo, a melhor maneira de medir é na carcaça. A máquina que melhor representa esse tipo são os ventiladores industriais, que têm uma carcaça e estrutura bastante leves, até porque as pressões desenvolvidas são extremamente baixas, e um conjunto rotativo bastante pesado.

Outro aspecto é a faixa de frequência de interesse, pois é sobre ela que serão feitas as medições. Ou seja, as medições de vibração serão feitas dentro de uma faixa de frequência de modo que se possa analisar as contribuições de cada valor típico de frequência para a vibração final. Isso nada mais é do que <u>definir o "espectro" de vibrações</u> que é a "assinatura" de valores de velocidade ou deslocamento para as diversas frequências, num dado momento.

Os valores de frequência, para os diversos tipos de sensores, estão mostrados a seguir:

Probe de deslocamento sem contato	limite superior 2.000 Hz
Pick-up de velocidade	10 Hz a 1.500 Hz
Acelerômetros	abaixo de 1 hz até 50 kHz

Esses fatores são apenas alguns poucos e básicos nas considerações sobre a medição de vibração em equipamentos e estruturas. Para cada sensor e sistema a utilizar, uma série de detalhes devem ser observados de modo que as medições tenham a confiabilidade necessária. O leitor deve consultar livros específicos sobre o assunto, catálogos de fabricantes e normas pertinentes, particularmente as do API e da ISO.

MEDIÇÃO DE VIBRAÇÃO NO EIXO

A Figura 8.10 representa um sistema típico de medição de vibração no eixo. Usualmente os fabricantes desses sistemas fornecem o monitoramento completo, consistindo de:

- Medição de vibração por intermédio de *probes* instalados radialmente.
- Medição do deslocamento axial por intermédio de *probes* instalados axialmente, no disco de escora e/ou na ponta do eixo.
- Medição da fase e rotação através de um *probe* radial que "vê" um rasgo praticado no eixo.
- Monitoramento de temperatura dos mancais – radiais e de escora – através de RTDs (*Resistance Temperature Detector*) que pode ser traduzido por Termoresistência.

- *Proximitors* – osciladores-demoduladores, para cada *probe* instalado.
- Cabos específicos para ligação *probe-proximitor*.
- Painel composto de fonte, indicador de vibração radial para cada mancal, indicador de deslocamento axial do eixo, rotação e temperatura de mancais.

A Figura 8.10 mostra um esquema de monitoração de vibração de um multiplicador fabricado pela Lufkin.

O significado da notação usada no esquema é o seguinte:

VE	Sensor de vibração (X e Y indicam a posição de montagem horizontal e vertical, respectivamente)
VT	*Proximitor* correspondente ao sensor de vibração
ZE	Sensor de deslocamento axial
ZT	*Proximitor* correspondente ao sensor de deslocamento axial
SE	*Probe* de medição da fase (key-phasor)
ST	*Proximitor* correspondente ao sensor de medição da fase

O sinal recebido no painel pode ser encaminhado por instrumentos de análise, tais como Osciloscópios, *Real Time Analysers*, Coletores e outros.

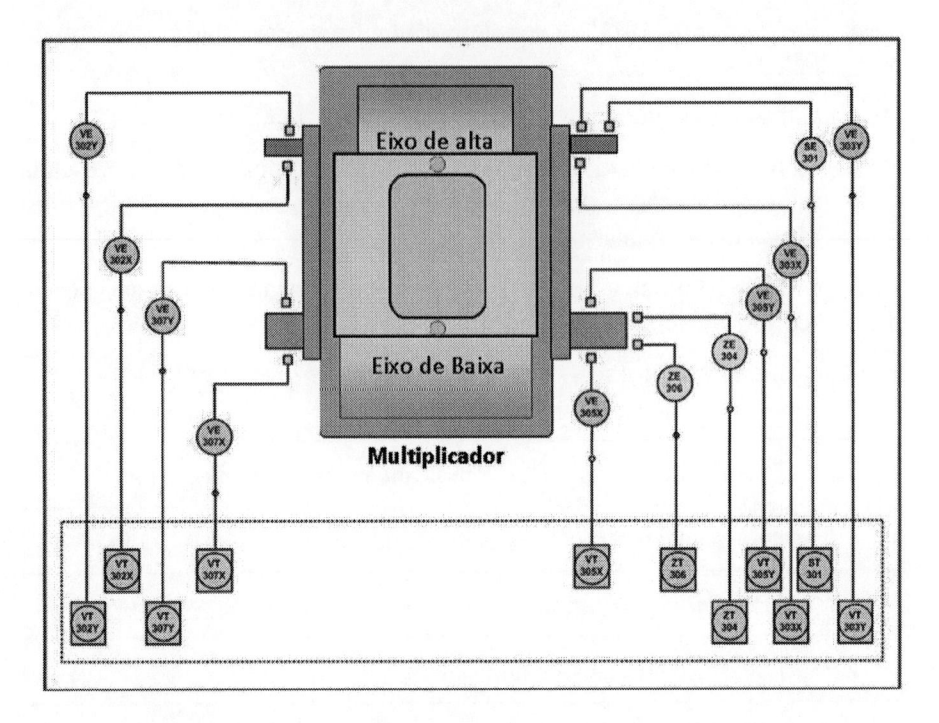

Figura 8.10 – Esquema de Monitoramento de um Multiplicador.

Na Figura 8.11, as caixas de passagem redondas, com tampa roscada, alojam o porta-probe, o cabo do probe e a conexão entre o cabo do probe e o cabo de extensão.

As duas caixas de passagem retangulares, afixadas à carcaça do lado do eixo de alta do multiplicador, contêm os proximitors e a conexão dos RTDs (*Resistance Temperture Detectors*), respectivamente.

Os fabricantes tradicionais de sistemas de monitoramento fornecem sistemas que além de vibração recebem e tratam outras variáveis, como as de processo.

Esses sistemas mais completos serão tratados adiante.

As Figuras 8.12 e 8.13 mostram o rack do sistema de monitoramento 3500 da Bently Nevada (GE) e monitor VGA. Há também opção de display de LCD (cristal líquido).

8. Técnicas Preditivas 347

Figura 8.11– Vista Externa em Perspectiva do Multiplicador com Monitoração de Vibração (Cortesia Lufkin).

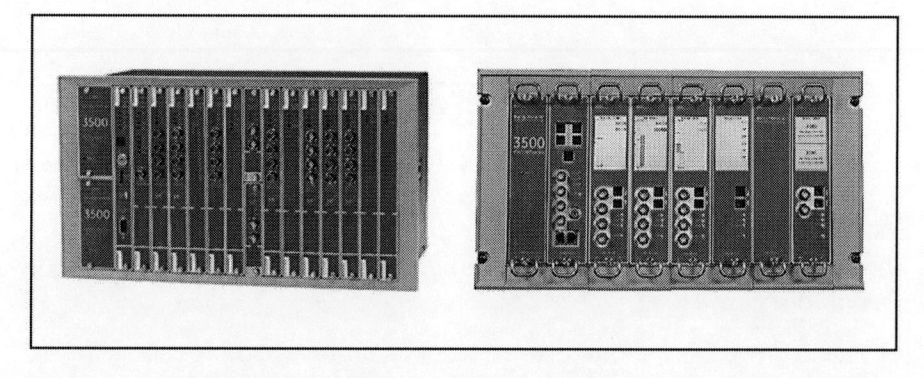

Figura 8.12 – Painel de Monitoração de Vibração Série 3500 e 3500 Encore (Cortesia GE Bently Nevada).

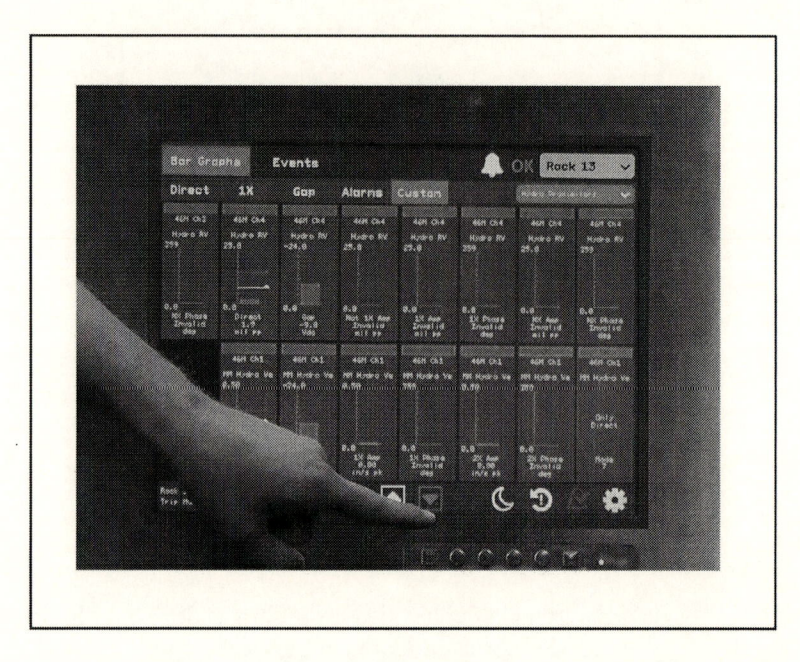

Figura 8.13 – Display para Sistema de Monitoração 3500-94M (Cortesia GE Bently Nevada).

MEDIÇÃO DE VIBRAÇÃO NA CARCAÇA

A medição de vibração na carcaça utiliza sensores de velocidade ou acelerômetros. Independentemente do sensor estar conectado a um vibrômetro, a um analisador ou a um coletor de dados, é importante observar o seguinte:

a) As medições efetuadas na carcaça devem, sempre, ser feitas sobre um mesmo ponto, de modo que haja compatibilidade entre os dados colhidos. A colocação do sensor em locais diferentes pode fornecer medidas desiguais. Na figura 8.15 observa-se que as posições 1, 2 e 3 tomadas na caixa de mancal externa, fornecerão valores diferentes. Por isso é recomendado fazer uma marcação na carcaça para que o sensor seja colocado sempre naquele ponto, conforme indicado na figura.

8. Técnicas Preditivas 349

b) Os pontos recomendados para verificação da vibração são as caixas de mancais ou locais mais próximos possíveis destes. Escolher locais rígidos, de modo que a medição não seja influenciada pela vibração do elemento onde está se apoiando o sensor. Evite tampas com pequena espessura, parafusos e porcas.

c) A fixação de *pick-up* pode ser feita como a recomendada para acelerômetros, ou seja, através de parafuso-estojo roscado na carcaça, por intermédio de base magnética, como mostrado na Figura 8.15

d) Os acelerômetros devem ser fixados em furos roscados de acordo com a recomendação do fabricante ou conforme API 670.

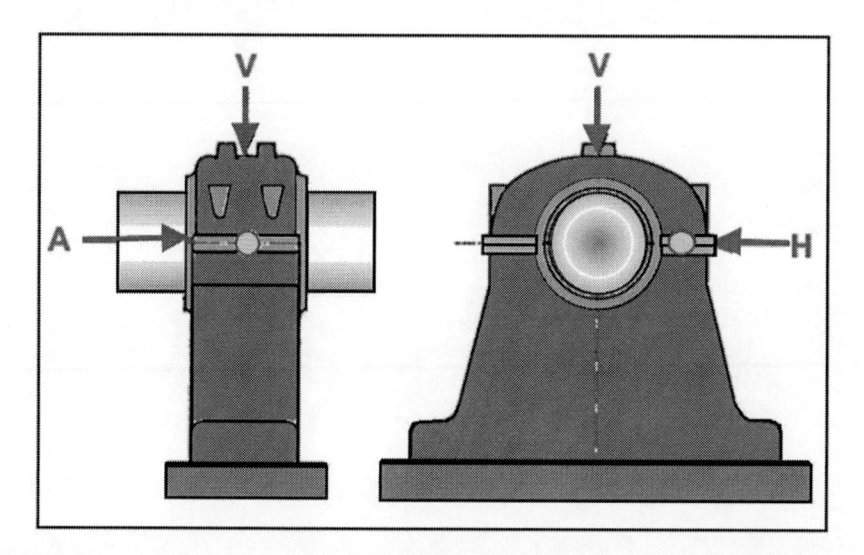

Figura 8.14 – Pontos de Medição de Vibração na Carcaça da Caixa de Mancal.

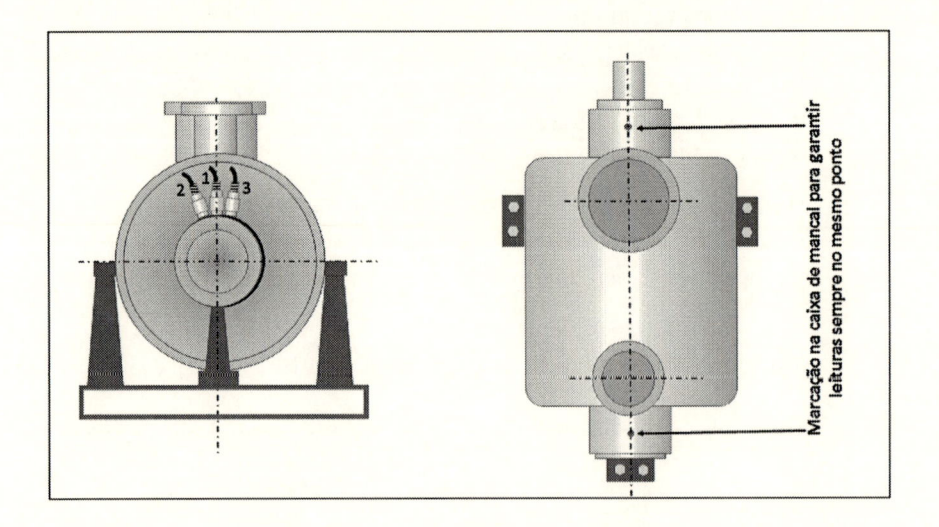

Figura 8.15 – Medição de vibração na carcaça

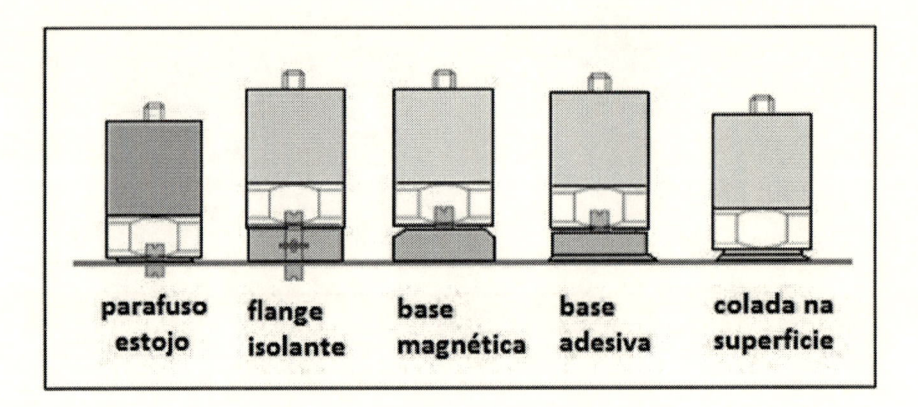

Figura 8.16– Fixação de acelerômetros

Em todos os pontos de medição definidos, de uma a três direções são medidas pelas necessidades e disponibilidade: A – direção axial, H – direção horizontal, direção vertical V – veja a figura 8.14.

Para a numeração e rotulagem dos pontos medidos, é recomendável usar a convenção MIMOSA (*Machinery Information Management Open*

8. Técnicas Preditivas

Systems Alliance), que é indicado no apêndice D da norma ISO 13373-1 (Monitoramento de condição e diagnóstico de máquinas – Monitoramento de condição de vibração, Parte 1: Procedimentos gerais).

De acordo com esta convenção, os mancais são numerados sucessivamente, a partir da extremidade livre do eixo do equipamento acionado conforme mostrado na figura 8.17.

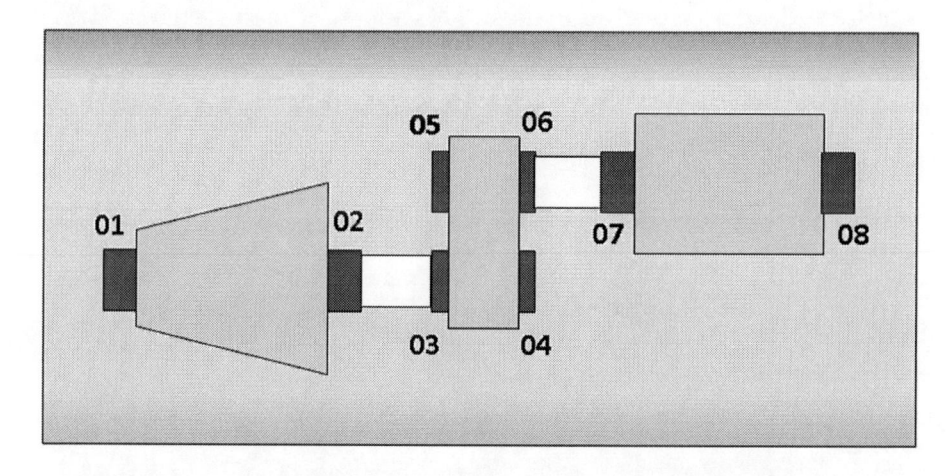

Figura 8.17 – Identificação de mancais segundo MIMOSA e ISO13373-1

A identificação dos mancais mostrada na figura 8.17 deve ser usada independentemente do monitoramento ser efetuado através de medição na carcaça ou através de medição no eixo.

8.5.1.4. Instrumentação para Medição, Análise e Registro da Vibração

Neste tópico, faremos uma abordagem superficial dos instrumentos mais comumente utilizados, no objetivo de mostrar um pouco do que o mercado disponibiliza, atualmente.

VIBRÔMETRO (*Vibration Meter*)

O instrumento mais simples para medição de vibração é conhecido no meio técnico como vibrômetro. O vibrômetro típico usa baterias substituíveis ou recarregáveis, tendo como sensor o *pick-up* de velocidade ou acelerômetro. É capaz de medir amplitude de deslocamento e velocidade em várias faixas, ajustáveis por meio de um seletor.

Atualmente os vibrômetros, que haviam sido colocados de lado pelos coletores de dados (que serão mostrados adiante), ressurgem em formatos cada vez mais portáteis e/ou incorporando funções complementares.

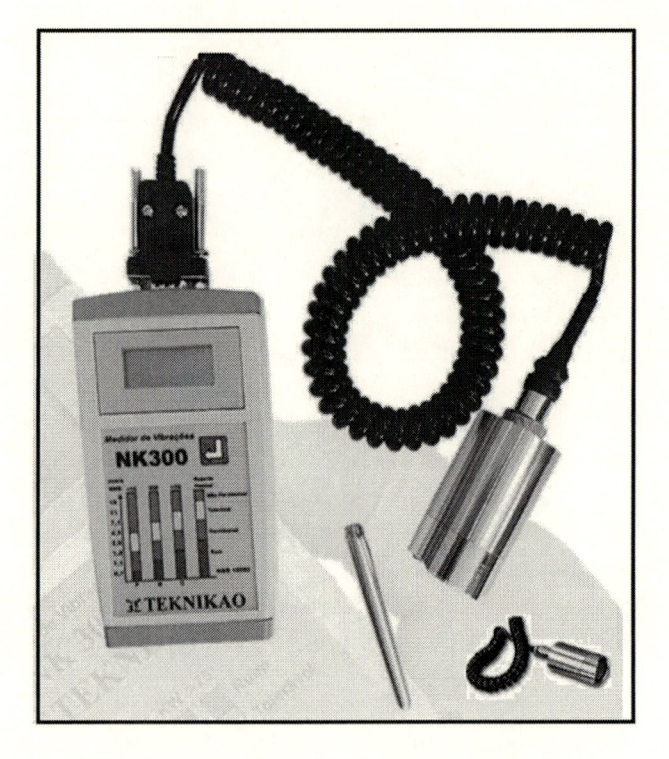

Figura 8.18 – Vibrômetro (Cortesia Teknikao).

A figura 8.18 mostra um vibrômetro de fabricação nacional (Teknikao NK300) que possui as seguintes características:
- Medidas em Velocidade (mm/s), Deslocamento (mmPP), Envelope de Aceleração (g PP) e Frequência Principal (CPM).

- Sensor acelerômetro piezoelétrico com amplificador de carga interno resposta de frequência 5Hz a 10 kHz.
- Dimensões 75 x 130 x 26mm.
- Inclui base magnética.

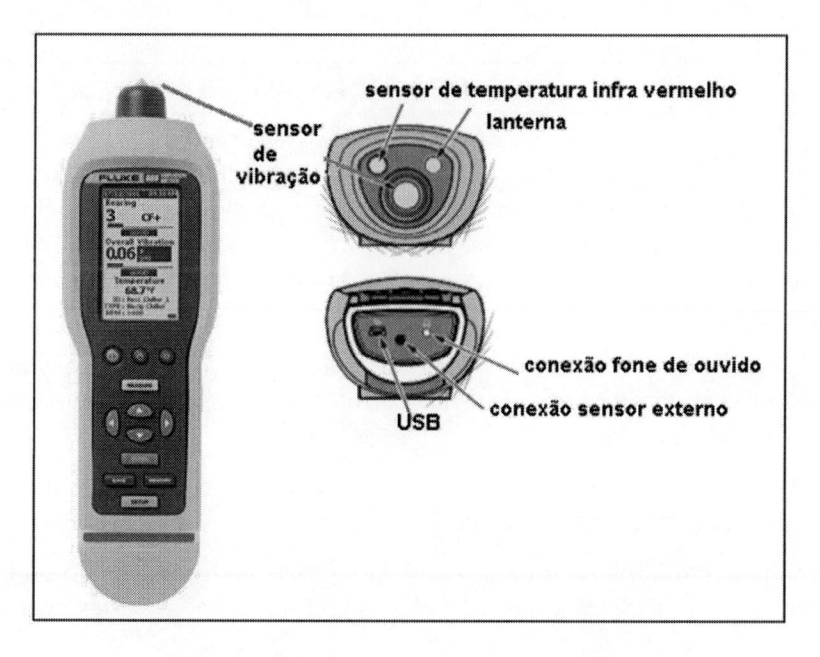

Figura 8.19 – Vibrômetro (Cortesia Fluke)

A figura 8.19 mostra um vibrômetro que incorpora, também, funções complementares descritas a seguir:

- Medição global de vibração (10Hz a 20kHz).
- Escalas de severidade na tela.
- Medidas de velocidade, deslocamento e aceleração.
- Medição de temperatura através de sensor infravermelho (-20 °C a 200°C).
- Lanterna.

- Saída para áudio.
- Armazena até 3500 registros.
- Transmissão de dados via wireless para outros dispositivos.
- Dimensões . 241 mm x 71 mm x 58 mm

CANETA DE MEDIÇÃO DE VIBRAÇÃO (*Vibration Pen*)

Lançada pela SKF, a caneta de medição de vibração (*Vibration Pen Plus*) é um instrumento bastante pequeno com dimensões aproximadas de 17,8 × 30,5 x157,5mm e leve – aproximadamente 77g com baterias – que mede, ao mesmo tempo, o valor da vibração global e envelope de aceleração.

Além de outras, a utilização da caneta de medição de vibração tem encontrado uma grande aceitação entre operadores para uma primeira avaliação do estado dos equipamentos da planta.

Atualmente, diversos fabricantes produzem "canetas" para medição de vibração, como mostrado na figura 8.20.

Usualmente, o sensor da caneta é um acelerômetro piezoelétrico (tipo compressão) com integrador, sendo o sinal de entrada processado para produzir duas medições diferentes.

De um modo geral, o valor global de vibração (*overall*) na faixa de frequência entre 10 e 1.000 Hz é usado para avaliação de problemas como desbalanceamento e desalinhamento, por exemplo. Já o envelope de aceleração acusa problemas que ocorrem em altas frequências – 10 kHz a 30 kHz – característico de rolamentos e engrenamentos.

Atualmente, a SFK tem ofertado outro aparelho semelhante que denomina *"Machine Condition Advisor"* que mede sinais de vibração entre 10 e 1000 Hz e temperaturas entre – 20 e 200°C, indicando os valores em unidades métricas ou inglesas em um visor de LCD.

8. Técnicas Preditivas

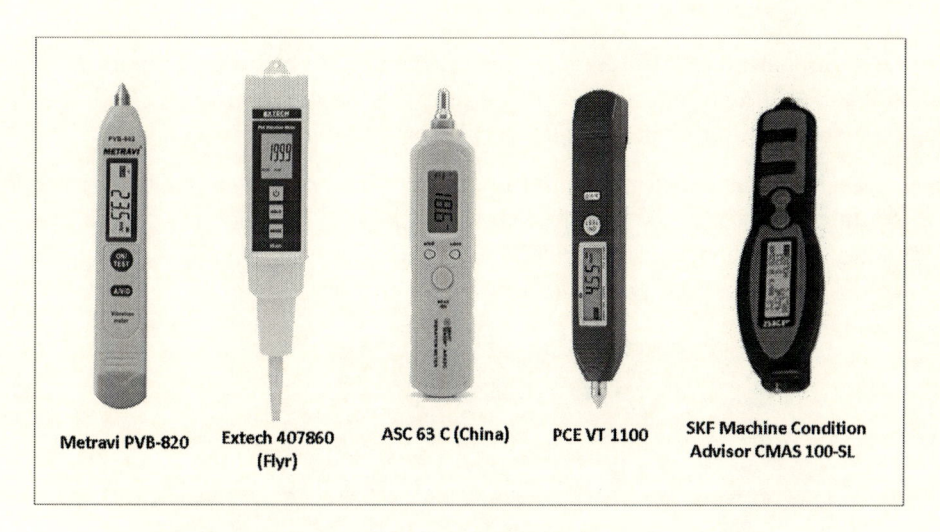

| Metravi PVB-820 | Extech 407860 (Flyr) | ASC 63 C (China) | PCE VT 1100 | SKF Machine Condition Advisor CMAS 100-SL |

Figura 8.20 – "Canetas" de medição de vibração

O valor medido é comparado pelo aparelho com o padrão ISO (velocidade de vibração) e, no caso de valor medido ser maior do que o aceitável, uma indicação de ALERTA ou PERIGO aparece no visor. Simultaneamente, o sensor infravermelho mede a temperatura do mancal que pode indicar problema de lubrificação.

ANALISADORES DE VIBRAÇÃO (*Vibration Analyzers*)

Desde que alguns vibrômetros só fornecem a vibração total (*overall*), o desenvolvimento dos analisadores contemplou, inicialmente, a capacidade de selecionar determinadas frequências para medição. Desse modo, se o total da vibração de um mancal, na direção horizontal, apresentasse o valor de 75 μm, com o analisador poderia ser feita uma medição analisando o valor da vibração para várias frequências, por exemplo: 1.800, 3.600, 7.200 cpm, etc. Assim, é possível encontrar a origem da vibração, ou seja, "o que está causando a vibração".

Outro recurso de que são dotados os analisadores são os filtros. Filtros têm a propriedade de limitar um sinal de vibração, permitindo a passagem de uma faixa determinada de frequência ou mesmo uma única frequência, para facilitar a análise. Isso é mais ou menos a mesma coisa que sintonizar uma emissora de rádio, numa cidade que tem várias, cada qual com sua frequência particular.

Os sistemas de monitoramento de máquinas rotativas por sensor sem contato no eixo também fornecem valor global de vibração. A forma adotada para se proceder à análise de vibração é enviar o sinal do sistema *probe-proximitor* para o analisador, por exemplo.

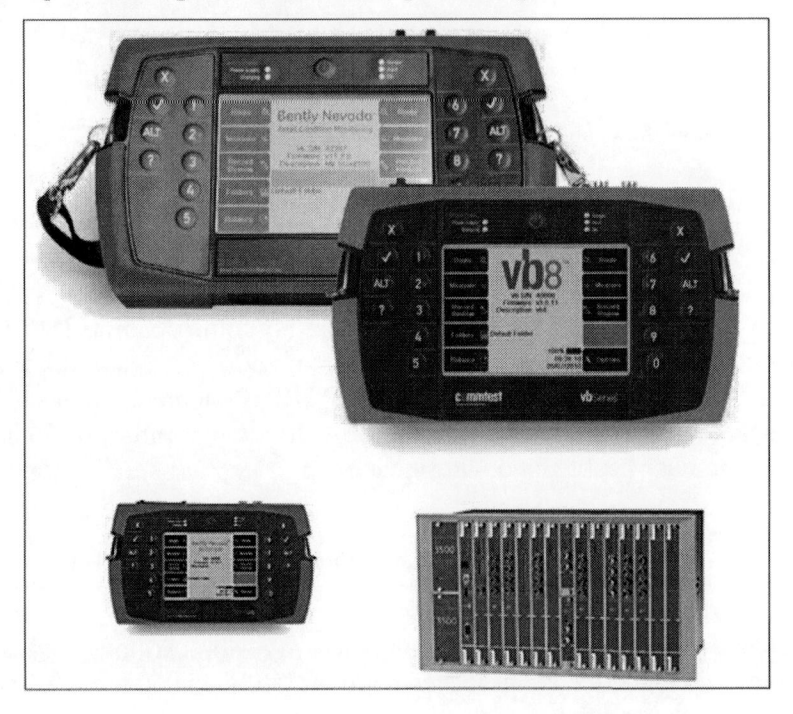

Figura 8.21– Analisadores, Balanceadores e Coletores de Vibração Série Scout e Vb (Cortesia GE Bently Nevada).

A GE Bently Nevada, um dos fabricantes de sistemas de monitoramento, tem analisadores da série Vb e *Scout* que podem receber sinal do transdutor e painel de monitoração, para análise, mostrados na figura 8.21.

A figura 8.22 mostra a comparação dos dados obtidos no sistema de monitoramento contínuo Bently Nevada 3500 e no analisador *Scout*.

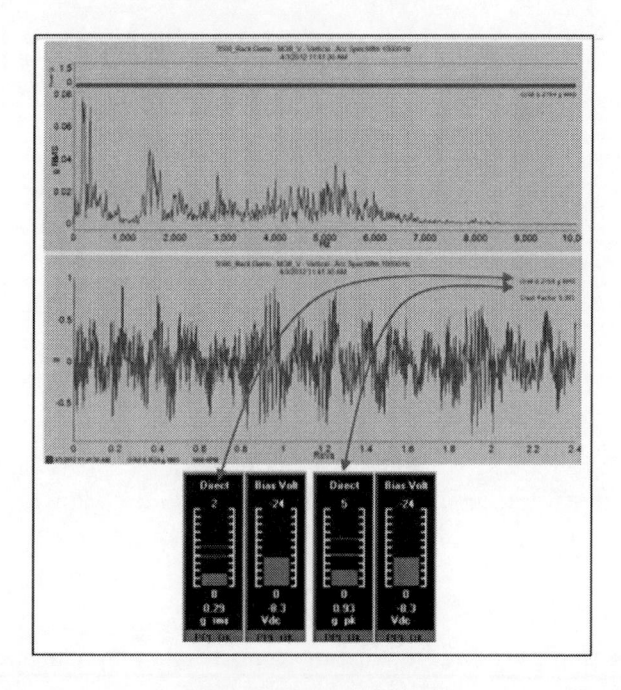

Figura 8.22 – Comparação de dados sistema monitoramento 3500 e Analisador *Scout* (cortesia GE Bently Nevada)

Com o desenvolvimento dos *smartphones* e *tablets*, aparelhos de uso pessoal, é cada vez maior a disponibilidade de aplicativos e/ou *softwares* capazes de permitir a interação desses dispositivos com sistemas de monitoramento, coletores e até sensores.

A figura 8.23 mostra uma configuração que, através de um acelerômetro piezoelétrico de alta frequência e alta resolução com aquisição digital de dados integrada, pode-se conectar através de cabo USB a *smartphones*, *tablets* e computadores pessoais.

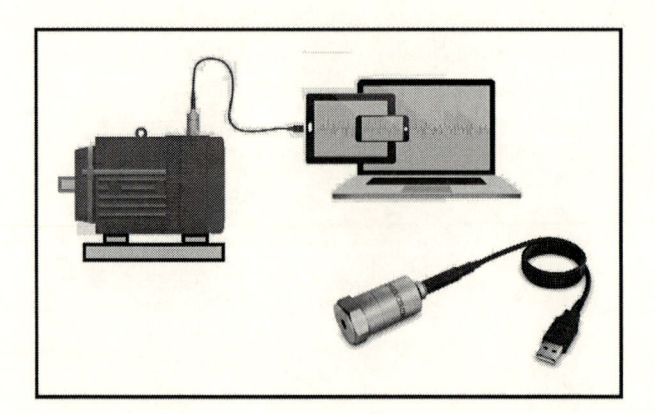

Figura 8.23 – Acelerômetro com aquisição de dados incorporada e ligação por USB a dispositivos pessoais (cortesia Digiducer Inc.)

Em janeiro de 2017 a Schenk lançou um aplicartivo (app), denominado vibe2know, que pode ser baixado na GooglePlay (Android), na AppStore (IOS) e na Microsoft (Windows). Com esse aplicativo e um dispositivo que permite a montagem do celular na máquina, é possível fazer registros de vibração com o smartfone.

As fotos da figura 8.24 mostram como é feita a aplicação.

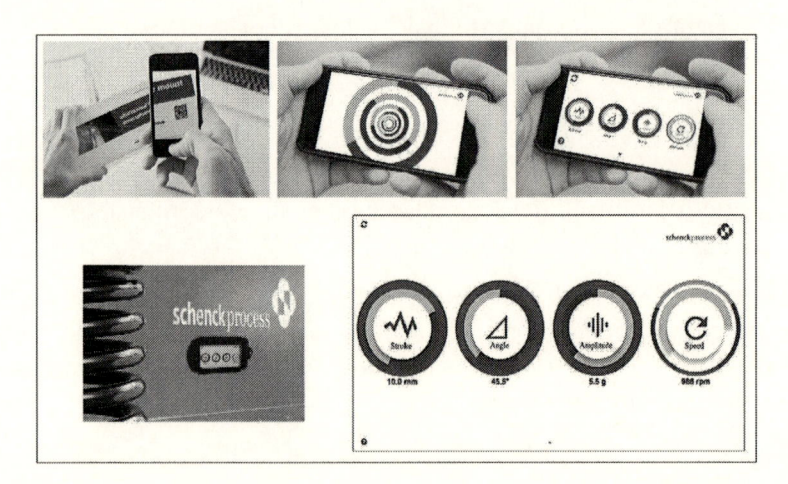

Figura 8.24 – Medição de vibração com *smartphone* e aplicativo (app) (Cortesia Schenk)

COLETORES E ANALISADORES DE DADOS

Os coletores de dados são instrumentos para coleta, medição e análise de vibração, mas permitem o monitoramento de outras variáveis através do acoplamento de sensores adequados. Atualmente, existem vários tipos de coletores, mas todos fazem interface com computador, via cabo ou via modem, permitindo a utilização de *softwares* avançados de análise e diagnóstico. Tais programas, conhecidos por programas *experts*, auxiliam o especialista na formulação do diagnóstico. A figura 8.25 mostra alguns desses coletores analisadores de dados.

O diagnóstico é a parte mais importante, pois é a palavra final sobre o que está ocorrendo e a decisão sobre a intervenção ou não.

Os coletores analisadores apresentam, atualmente, algumas características comuns:

- São portáteis e cada vez mais leves.
- Possuem tela de cristal líquido colorida.
- A capacidade de armazenamento tem aumentado seguidamente.
- Possuem, no mínimo, dois canais para aquisição simultânea de dados.
- Trabalham com *softwares* experts fazendo interface com computadores.

Esses instrumentos permitem as seguintes entradas:

- Aceleração, Velocidade e Deslocamento de computadores de mão (*smartphones* e *tablets*) ou sistemas de monitoração.
- Sensores AC/DC.
- Sensores de pressão.
- Sensores de temperatura.
- Teclado.
- Tacômetro.

A capacidade como analisador incorpora:

- Análise dinâmica – espectro, forma de onda, nível global, 1/3 Oitava, Fase, Bode-Nyquist *
- Frequência – Hz, CPM, Ordens.
- FFT – Transformada Rápida de Fourrier.
- Modo de coleta de dados em rota, fora de rota ou como analisador.
- Inclui programas residentes de balanceamento, filtro, análise cíclica, corrente de motor, *bump test*, dentre outros.

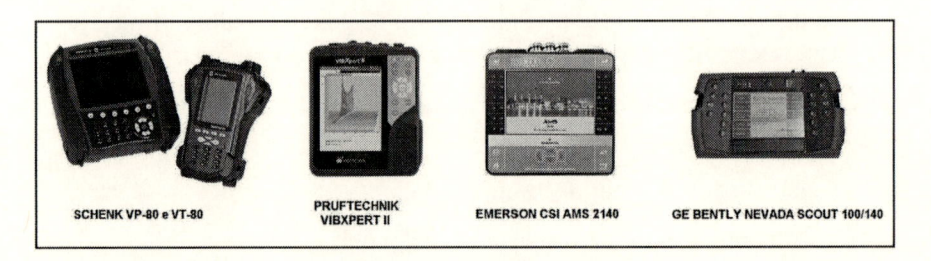

Figura 8.25– Coletores Analisadores (cortesia Schenk, Pruftechnik/MGS Tecnologia, Emerson CSI/Vitek Consultoria e GE Bently Nevada)

CÂMERAS DE AMPLIFICAÇÃO DE MOVIMENTO

Criado pela RDI, o Iris M é um produto de processamento de vídeo e pacote de *software* que mede o movimento "sutil" e o amplifica para um nível visível a olho nu. Cada pixel se torna um sensor criando milhões de pontos de dados em um instante.

A câmera é apontada para o equipamento ou estrutura que se quer analisar (figura 8.26) e os movimentos são amplificados para o campo de visão. O usuário pode definir uma caixa (região), em qualquer lugar da imagem, para medir deflexão, deslocamento, forma de onda e espectro de frequência (figura 8.27)

Duas vantagens dessa tecnologia são a rápida e eficaz alternativa às análise via ODS (*Operational Deflection Shape*) tradicionais e a aquisição das informações com os equipamentos em operação sem que se tenha que inserir ou acoplar quaisquer sensores a eles.

O software *Motion Amplification*™ produz um vídeo amplificado, de fácil compreensão do movimento, através de um recurso que permite a comunicação entre recursos técnicos e não técnicos levando a uma tomada de decisão aprimorada e atividades focadas. Os vídeos podem ser produzidos dentro de segundos da coleta de dados.

A atualização mais recente para o produto principal da RDI Technologies, o Iris M, permite aos usuários isolar frequências individuais nos dados de Vídeo Amplificado por Movimento. Combinações de filtros podem ser aplicadas para isolar frequências múltiplas. A filtragem é realizada graficamente pelo usuário através de um espectro codificado por cores. O espectro representa o movimento para uma região de interesse nos dados de vídeo. Basta arrastar o cursor representando a frequência de corte do filtro no espectro para aplicar os filtros a qualquer frequência.

Figura 8.26 – Sistema de amplificação de movimento IRIS
(Cortesia Vitek Consultori – RDI)

---

*NA – *Diagrama de Bode compreende dois gráficos (plotagens): amplitude x rotação da máquina e fase x rotação da máquina. Esse diagrama tem larga utilização na determinação da velocidade crítica da máquina.*

Diagrama Nyquist também representa as três variáveis mencionadas no diagrama de Bode mas plotadas em forma polar.

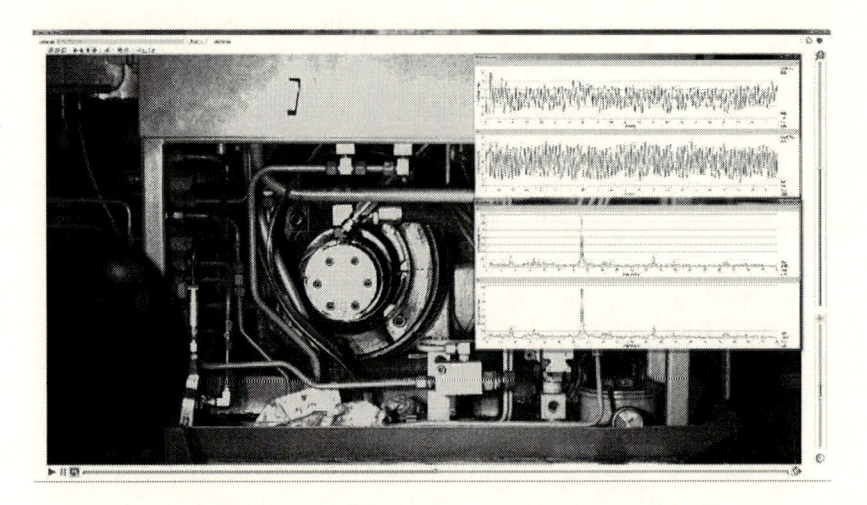

Figura 8.27 – Tela e assinatura de vibração obtida
pelo RDI IRIS (Cortesia Vitek ConsultoriaRDI)

VIBROMETROS LASER

Um vibrometro a laser, também chamado de vibrometro doppler a laser (Laser Doppler Vibrometer – LDV) é um instrumento capaz de efetuar medição de vibração de uma superfície, sem contato. (Figuras 8.28 e 8.29)

O raio laser do LDV é direcionado para a superfície de interesse e a amplitude e frequência de vibração são extraídas do deslocamento Doppler da frequência do feixe de laser refletido devido ao movimento da superfície. A saída de um LDV pode ser uma tensão analógica contínua que é diretamente proporcional ao componente de velocidade alvo ao longo da direção do raio laser.

As vantagens desse tipo de sensor são:

- Não necessita contato direto com a superfície.
- Pode ser utilizado em locais com temperatura elevada.
- Alcança lugares de difícil acesso.

O vibrometro a laser é, na realidade, um sensor que deve ser acoplado a sistemas de monitoramento / análise para o tratamento do sinal recebido.

Diversas aplicações são mencionadas na literatura:

- Manutenção preditiva e monitoramento de condição em máquinas rotativas.
- Controle de qualidade em componentes mecânicos automotivos, máquinas mecânicas e produtos de consumo.
- Testes de vibração em carroçarias e painéis de automóveis, componentes automotivos, motores.
- Análise de vibração de modelos sob investigação dentro de um túnel de vento.
- Pesquisa e desenvolvimento.
- Teste de vibração na operação de máquinas em ambientes com alta temperatura, alta tensão ou contaminação nuclear.
- Testes de vibração em pontes, edifícios, plataformas, moinhos de vento e torres de eletricidade.

Figura 8.28 – Vibrometro Laser MSL-7000 acoplado
ao analisador de vibração SKF Microlog CMXA-51-IS (Cortesia SKF)

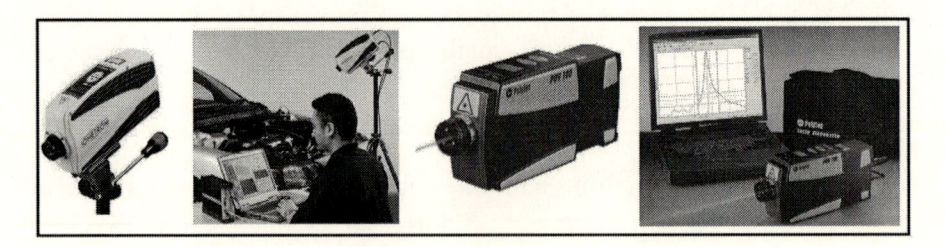

Figura 8.29 – Vibrômetros Laser Ometron e Polytec
(Cortesia Ometron e Polytec)

SISTEMAS DE MONITORAMENTO

Os sistemas de monitoramento apresentaram um desenvolvimento apreciável nos anos 80 e 90 e, atualmente, tornaram-se sistemas de monitoramento integrado, isto é, com funções de vigilância, monitoramento preditivo e monitoramento de performance.

As funções de vigilância, já conhecidas nos sistemas mais antigos, estão dentro das orientações do API 670, e se destinam a proteger pessoal e equipamento.

Isso é feito através do reconhecimento e da imediata resposta às variações que possam levar a uma situação indesejada, via alarme e *trip* (parada do equipamento). Os sistemas mais modernos, contudo, podem incorporar variáveis de processo.

Tais sistemas oferecem a opção de utilização de monitoramento permanente contínuo – ***online*** e intermitente – *off-line*. Evidentemente, o uso do monitoramento *off-line*, feito via coletor de dados, contempla o acompanhamento preditivo de um grande número de máquinas de menor criticidade da planta. A diferença é que este acompanhamento via coletor de dados, está integrado ao sistema maior e é processado da mesma maneira que os dados do monitoramento online.

Em locais onde há SDCD (Sistema Digital de Controle Distribuído) o sistema de monitoramento passa a ser parte daquele, para aplicações como controle de processo, análises estatísticas, relatórios "customizados", dentre outros.

Finalmente, é possível o monitoramento a partir de locais remotos, que pode ser obtida pela comunicação através de modems de alta velocidade e via satélite.

A Figura 8.30 mostra algumas possibilidades de sistemas de monitoramento.

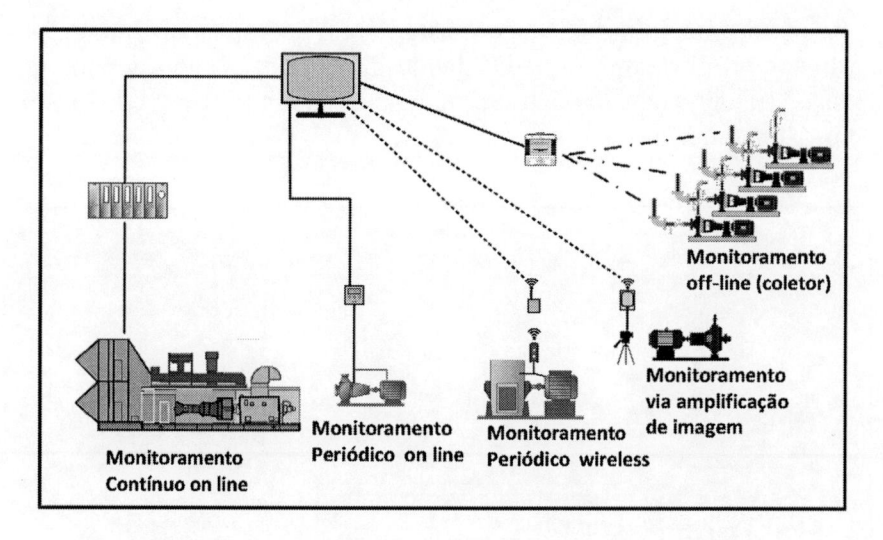

Figura 8.30 – Sistema de Monitoramento de Máquinas Rotativas

As Figura 8.31 e 8.32 mostram um sistema de monitoramento de um compressor alternativo, pelo qual são acompanhados:

- Vibração da carcaça.
- Vibração na cruzeta.
- Posição da haste do pistão.
- "Run Out" da haste.
- Vibração dos mancais principais.
- Temperatura das válvulas.

- Curva Pressão – Volume comprimido.
- Carga na haste ou carregamento da haste.
- Temperatura dos mancais.

O monitoramento de vazamento nas válvulas é feito através de sensores de temperatura (RTD ou termopar). Quando ocorre vazamento nas válvulas, a temperatura se eleva, pois o mesmo gás fica entrando e saindo da válvula.

O monitoramento da haste do pistão é um acompanhamento do desgaste que promove uma "queda" da mesma em relação ao scu ponto original de trabalho devido ao desgaste. É acompanhado através de sensores de proximidade.

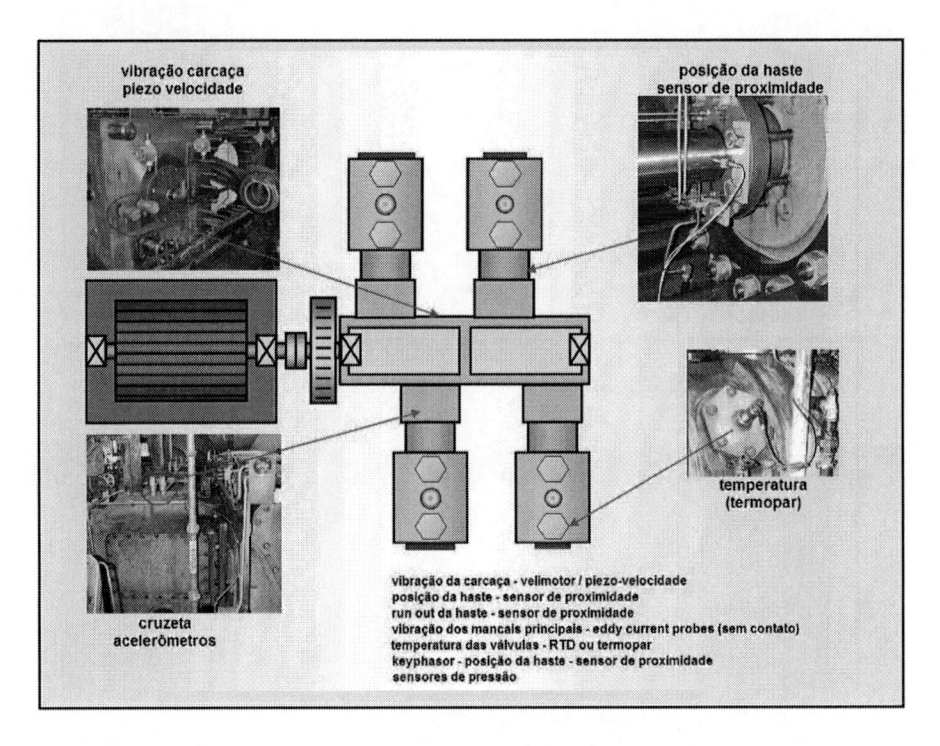

Figura 8.31– Sistema de Monitoramento de Compressor Alternativo.

8. Técnicas Preditivas

A vibração da carcaça (*frame*) é verificada através de *"velimotors"*, acelerômetros tipo piezo-velocidade adequados para medição de vibração em carcaças, estruturas e caixas de mancal.

O monitoramento do virabrequim é feito através de *probes* X-Y sem contato que objetivam detectar desgaste de mancais, desbalanceamento, desalinhamento e, logicamente, vibração.

A posição do virabrequim é determinada pela medição do ângulo de fase através do *keyphasor*.

A temperatura dos mancais é obtida através de RTDs ou termopar.

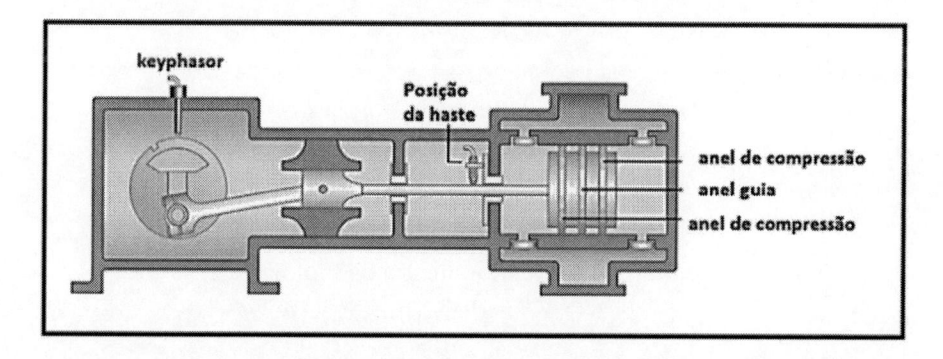

Figura 8.32 – Monitoramento de compressor alternativo – vista em corte

A empresa Windrock desenvolveu analisadores e sistemas de monitoramento para máquinas alternativas, como compressores e motores diesel. Trabalham em conjunto com o software Windrock MD. A figura 8.33 mostra os pontos onde há monitoramento em um motor diesel e a figura 8.34 a tela da assinatura que permite a análise. Os dados são tomados em relação ao ângulo do virabrequim.

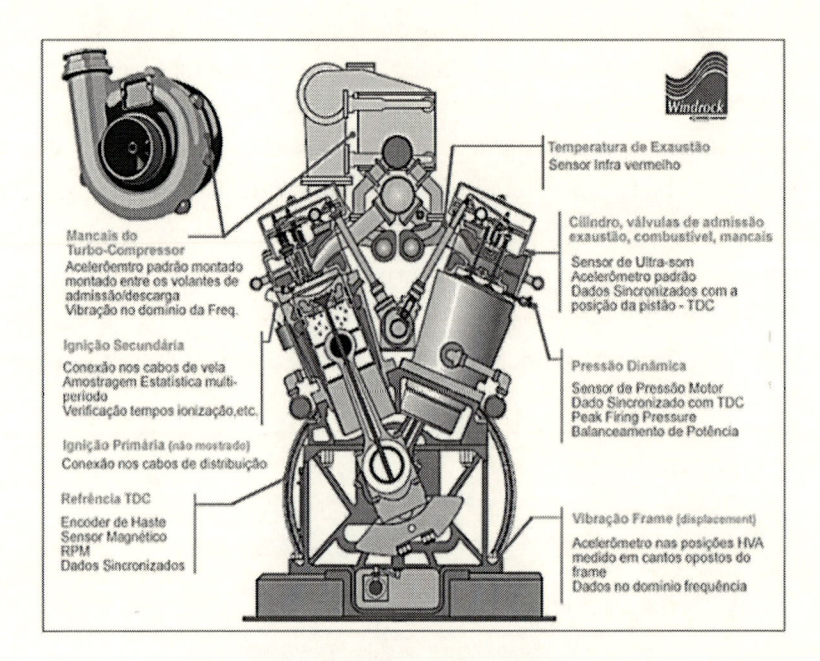

Figura 8.33 – Monitoramento de motor diesel
(cortesia Vitek Consltoria – Windrock)

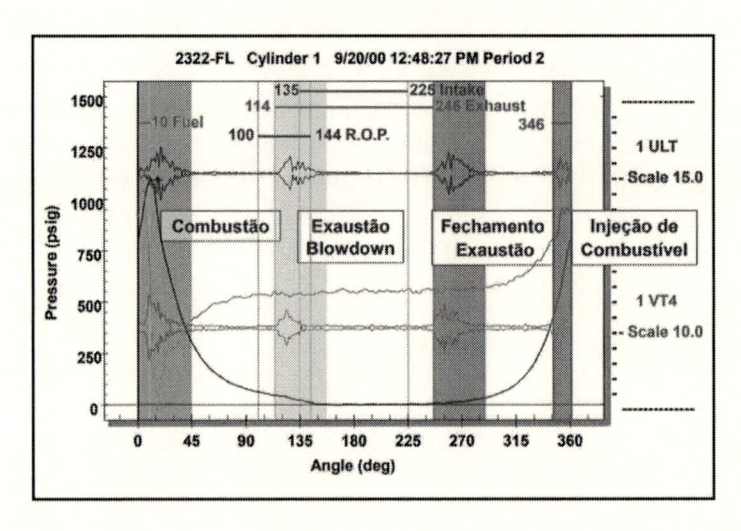

Figura 8.34 – Análise em motor diesel (cortesia Vitek Consultoria – Windrock)

A figura 8.35 mostra um analisador Windrock que, além do uso em máquinas rotativas, possui características que o tornam adequado para análises em equipamentos alternativos como compressores alternativos e motores diesel.

Figura 8.35 – Analisador portátil Windrock 6400
(cortesia Vitek Consultoria – Windrock)

Monitoramento da Condição em Trens

O monitoramento de condição no setor ferroviário vem apresentando evolução constante e, ultimamente, adota a tecnologia wireless para coleta / registro dos dados. Algumas empresas, como a SKF, a Perpetuum e a NSK/SNR possuem soluções para esse monitoramento, conforme mostrado nas figuras 8.36, 8.37 e 8.38.

De um modo geral, um sensor é afixado aos conjuntos de caixas de mancal de conjuntos de rodas utilizados nos trens e via wireless transmite os sinais que podem ser analisados.

Os sensores são de fácil fixação e possuem (em média) as seguintes características:

- Medição de aceleração e envelope faixa 3Hz a 10 kHz (acelerômetro 3 eixos).
- Medição de temperatura.
- Medição de velocidade.

A aquisição de dados pode ser feita com GPS e a transmissão por sistema wireless ou telefonia (3G, 4G). Os sensores possuem baterias de longa duração o que evita a utilização de fonte externa e cabos.

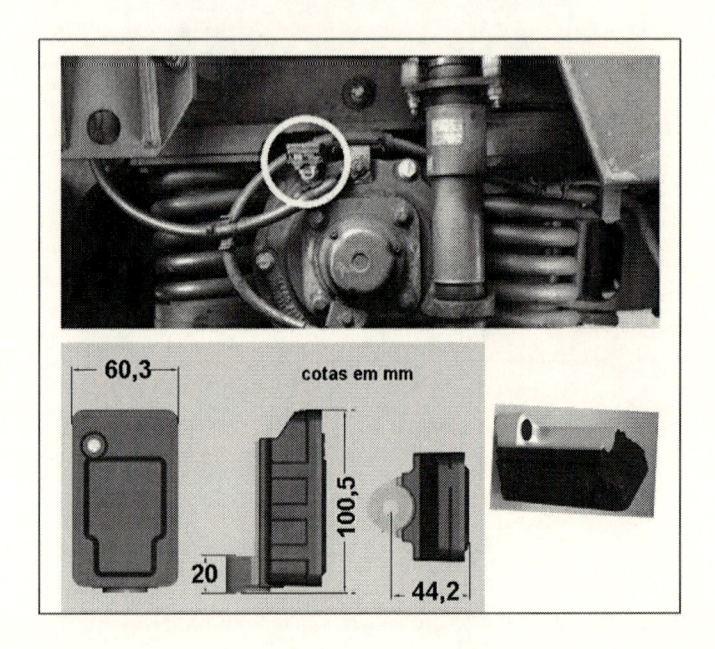

Figura 8.36 – Monitoramento caixas de mancais das rodas de trens com sistema wireless SKF (cortesia SKF)

8. Técnicas Preditivas

Figura 8.37 – Sistema de monitoramento em equipamento ferroviário (cortesia Perpetuum)

Figura 8.38– Sistema de monitoramento em caixas de mancal de rodas com transmissão wireless (cortesia NTN-SNR)

Monitoramento da Condição em Equipamentos móveis de mineração

Os sistemas de monitoramento da condição em máquinas móveis que atuam na mineração incluem, via de regra, o monitoramento de vibração, temperatura, velocidade e carga dos sistemas mecânicos de um equipamento móvel em operação. Podem ser específicos para monitoramento da "saúde" dos equipamentos.

Em função das condições de trabalho, os componentes desses sistemas de monitoramento devem ser robustos e compactos, trabalhando com informações remotas, via wireless e apoiado em softwares de controle localizados em um posto de controle da mina.

No caso de equipamentos móveis utilizados nas mineradoras, são monitorados:

- Caminhões fora de estrada: unidades finais, diferenciais, transmissão, eixo cardan.
- Escavadeiras: guinchos, mecanismo da pá, do balanço e de propulsão.
- Draglines: mecanismos de içamento, arrastamento e balanço.
- Perfuratrizes: cabeça de perfuração.
- Equipamentos auxiliares: motores, bombas, ventiladores, sopradores, compressores, sistemas hidráulicos.

De um modo geral os sistemas de monitoramento disponíveis permitem a coleta de dados manualmente ou de modo remoto via wireless, por exemplo. Todos trabalham com softwares dedicados com telas que permitem o controle dos equipamentos em um ponto remoto da instalação.

A figura 8.39 mostra os principais componentes de um sistema de monitoramento de condição da SKF, denominado SKF Copperhead

8. Técnicas Preditivas

| Acelerômetros com cabo | O SKF CMPT DCL módulo digital de alarme e exibição. | SKF CMPT CTU transmissor digital de vibração e temperatura |

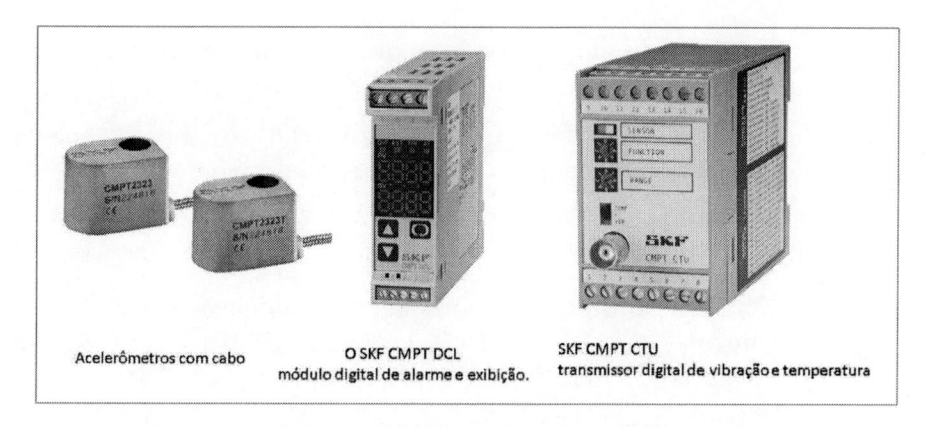

Figura 8.39 – Componentes do sistema de monitoramento SKF Copperhead (cortesia SKF)

O SKF CMPT DCL é um módulo digital de alarme e exibição, monocanal com mostrador digital e função de alarme com indicador LED de eventos e contatos de relés.

O SKF CMPT CTU é um transmissor digital de vibração e temperatura que pode fazer três tipos de análises de processo de sinal de vibração: Envelope de aceleração (gE), aceleração (g) ou velocidade (mm/s ou polegadas/s). O SKF CMPT CTU pode processar sinais de vibração da família SKF CMPT de sensores ou de outros acelerômetros industriais.

Outros sistemas disponíveis no mercado para monitoramento de equipamentos móveis de mineração são:

- Caterpillar: Minestar

    Sistema integrado com diversos módulos:

    ✓ Fleet – gerenciamento da frota em tempo real.

    ✓ Terrain – permite um gerenciamento de alta precisão em operações de perfuração, dragline, nivelamento e carregamento através do uso de tecnologia avançada de orientação.

    ✓ Detect – auxilia o operador em relação aos possíveis riscos ambientais em torno do equipamento.

- ✓ Health – monitora a condição do equipamento de modo a antecipar ações antes da falha.
- ✓ Command – permite o controle remoto dos sistemas totalmente autônomos ou semiautônomos dos equipamentos de mineração.

- Komatsu : Komtrax e VHMS:
  - ✓ Komtrax permite a comunicação, em tempo real, entre os equipamentos móveis e a estação central de controle, com foco na utilização do equipamento (localização, horímetro, etc)
  - ✓ VHMS – Veicle Health Monitoring System é utilizado em equipamento de grande porte de mineração para monitorar a condição dos equipamentos (pressão, temperatura, voltagem, etc)

- Honeywell Matrikon: Mobile Equipment Monitoring

  O *"Mobile Equipment Monitor"* permite o acesso remoto ao equipamento que opera dados sobre a rede sem fio da mina. Fornece visibilidade e análise do desempenho do equipamento através de:

  - ✓ Painel de controle padrão ou definido pelo usuário.
  - ✓ Displays gráficos em tempo real.
  - ✓ Indicadores de desempenho chave definidos pelo usuário (KPIs).
  - ✓ Alarme e eventos definidos pelo OEM.
  - ✓ Alarmes e eventos definidos pelo usuário desenvolvimento de modelos preditivos para identificação precoce de falhas em desenvolvimento.

Também pode se integrar com outros sistemas de bordo, tais como, sistemas de monitoramento de pneus, combustível e lubrificação. A figura 8.40 mostra, de modo sucinto, as variáveis monitoras via wireless e o centro de controle em uma mineração.

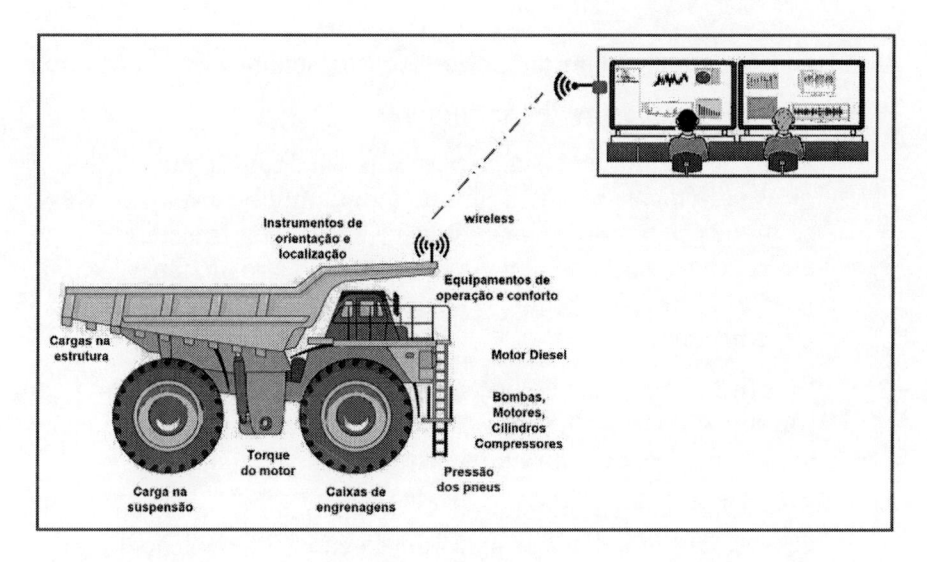

Figura 8.40 – Monitoramento de máquinas móveis em mineração

SISTEMAS DE MONITORAMENTO PARA MÁQUINAS DE USO GERAL

Por causa dos custos envolvidos, os sistemas de monitoramento eram reservados para máquinas críticas ou de grande importância para o processo, segurança e/ou meio ambiente. A filosofia e a arquitetura dos sistemas de monitoramento tornavam o custo final relativamente elevado, o que desestimulava o monitoramento de máquinas de uso geral, isto é, bombas, motores elétricos e turbinas de uso geral, por exemplo.

Em função das necessidades do mercado, que mostravam ser preciso fazer um monitoramento mais amplo, os fabricantes começaram a fornecer sistemas mais simplificados e mais adequados ao monitoramento desses tipos de máquinas. Esses sistemas são conhecidos como sistemas de monitoramento de máquinas menos críticas ou máquinas de uso geral.

As mudanças que permitiram reduzir o custo, significativamente, foram:
- Redução nos custos de transdutores.
- Utilização de um único cabo para várias máquinas que permite leituras periódicas, em intervalos de tempo muito curtos, ao invés de contínuas. No caso de máquinas críticas, cada transdutor requer um cabo dedicado para que a monitoração seja, de fato, contínua. Essa modificação permite que o cabo transporte sinal de até 255 transdutores.
- Substituição gradual de ligação através de cabos por sistemas com transmissão via *wireless* que torna os sistemas mais baratos e interferem muito pouco durante a instalação na planta.
- Simplificação na arquitetura do sistema, o que permite a utilização de materiais mais baratos para construção e interligação dos diversos pontos de medição, cartão e computador.
- Utilização de computador interligado ao computador da planta ou SDCD, o que propicia uma substancial economia pela não utilização de painéis de monitoração.
- Utilização de plataformas que permitem o monitoramento via sistemas da planta, computadores pessoais, celulares (*smartfones*) e *tablets*, tanto na planta como em locais remotos.

A Emerson-CSI possui um transmissor de vibração *wireless* denominado CSI 9420 que possui as seguintes características básicas:
- Monitoramento de vibração e temperatura através de acelerômetros.
- Suporte para armazenamento de forma de onda / espectro diretamente no sistema AMS Suite: *Machinery Health Manager* para verificação da tendência e análise.

As figura 8.41 e 8.42 mostram o sistema de monitoramento wireless EMERSON CSI 9420 aplicado a um conjunto motor bomba e a um conjunto motorredutor-ventilador de torres de resfriamento, respectivamente.

8. Técnicas Preditivas

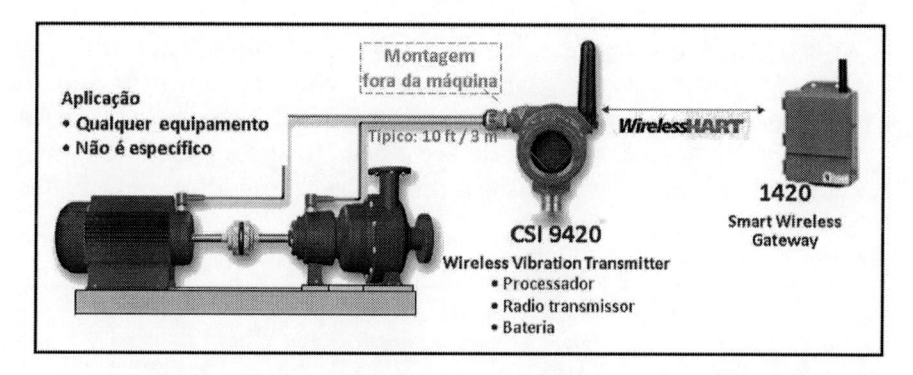

Figura 8.41 – Sistema de monitoramento wireless CSI 9420
(Cortesia Vitek Consultoria / Emerson-CSI)

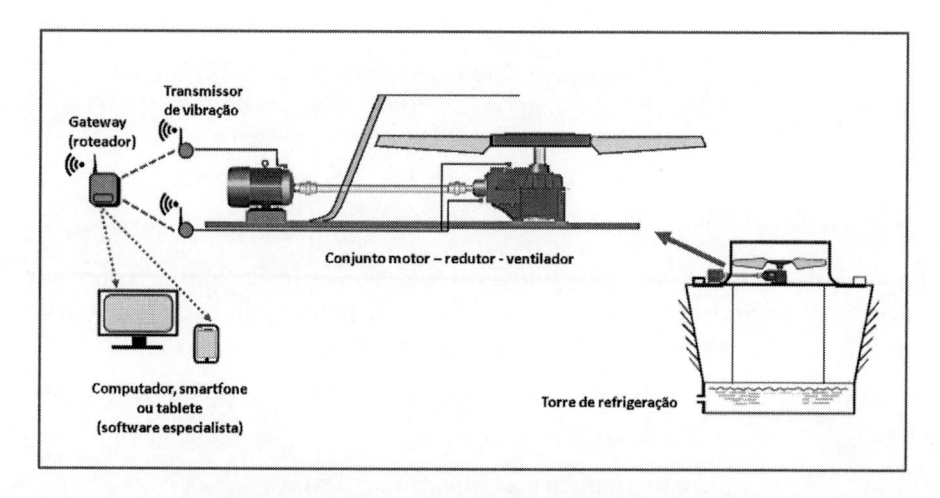

Figura 8.42– Sistema de monitoramento de condição
para ventiladores de torres de resfriamento (CSI)

A GE-Bently Nevada denomina *Insight Mesh Network* o sistema que, trabalhando com o Sistema 1 / Trendmaster, permite o envio de dados sem fio através de rede convencional, onde cada transmissor mantém contato com a receptora (*host*) ou em rede *"mesh"*, onde cada receptor pode enviar ou receber de outros vizinhos aumentando a capacidade e flexibilidade da rede. Figura 8.43.

Outro dispositivo *wireless* da GE é o Bently Nevada Ranger Pro, que é um acelerômetro que pode ser configurado como acelerômetro simples e medição de temperatura ou acelerômetro triaxial capaz de fornecer velocidade, aceleração e envelope de aceleração, dispondo de bateria para seu funcionamento. Esse dispositivo funciona em conjunto com o System 1 da Bently Nevada.

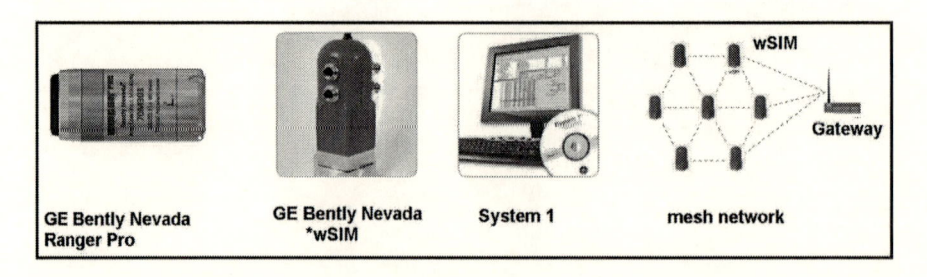

Figura 8.43 – Monitoramento GE Bently Nevada wireless para máquinas de uso geral (Cortesia GE Bently Nevada)

8.5.2. Temperatura

A temperatura é um dos parâmetros de mais fácil compreensão e o acompanhamento da sua variação permite constatar alteração na condição de equipamentos, de componentes e do próprio processo.

Alguns exemplos clássicos onde o acompanhamento de temperatura é primordial estão listados abaixo:

- Temperatura de mancais em máquinas rotativas.
- A elevação de temperatura nos mancais pode ser resultado de desgaste ou problemas relacionados com a lubrificação.
- Temperatura da superfície de equipamentos estacionários.
- A elevação de temperatura pode indicar danos no isolamento, como queda de refratário.

- Temperatura em barramentos e equipamentos elétricos.
- A elevação da temperatura normalmente está associada a mau contato.

O acompanhamento de temperatura em equipamentos elétricos é um método preditivo que permite localizar e acompanhar defeitos incipientes.

8.5.2.1. Principais Métodos de Medição de Temperatura

TERMÔMETRO DE CONTATO

Atualmente os termômetros de contato são, em sua maioria, de pequenas dimensões, leves e funcionam com baterias (recarregáveis ou não). Possuem mostrador digital, ajuste de escala e dispõem de uma série de tipos de sensores: sensores adequados para medição em tubulação, para superfícies planas, para medição de gases e de líquidos. A figura 8.44 mostra alguns termômetros desse tipo

Os termômetros digitais atuais apresentam as seguintes características:

- Multicanal.
- *Probes* para diversas aplicações.
- Sensor de platina (PT100) ou termopar K (Chromel Alumel).
- Gravação multiparâmetro.
- Armazenamento de dados automático ou manual.
- Memória para 8.000 pontos.
- Interface com impressora para impressão dos dados.
- Conexão RS 232 e/ou USB.

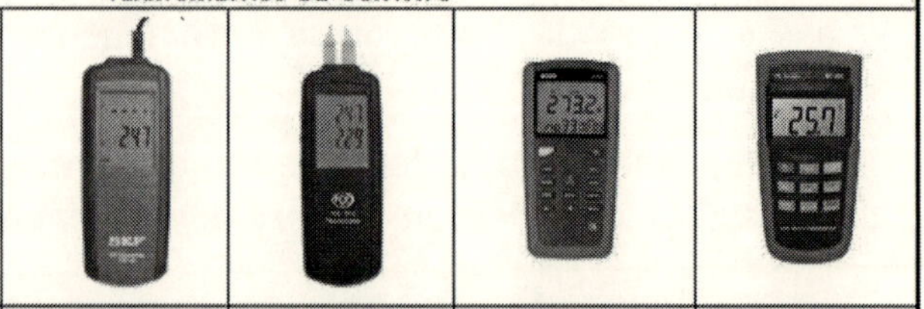

TERMÔMETROS DE CONTATO				
fabricante	SKF	PCE	Contemp	Minipa
modelo	TKDT10	T-312	UT 325	MT-455
numero de canais	1 ou 2	2	2	2
intervalo de medição (ºC)	-200 a 1372	-200 a 1372	-200 a 1372	-200 a 1372
Precisão (-100 a 1372ºC)	valor medido ±1ºC	valor medido ±1ºC	valor medido ±1,5ºC	valor medido ±1ºC
Unidades de temperatura	ºC, ºF, ºK	ºC, ºF	ºC, ºF, ºK	ºC, ºF
ecrã	LCD	LCD	LCD	LCD
Memória interna		16000 valores	0 a 99 conjuntos	
Alimentação	3 pilhas AAA	3 pilhas AAA	bateria 9V	4 pilhas AAA
Dimensões (mm)	160x63x30	150x50x35		160x83x38

Figura 8.44 – Termômetros de contato
(cortesia SKF, PCE, Contemp e Minipa)

FITAS INDICADORAS DE TEMPERATURA

São fitas autoadesivas marcadas com um determinado número de anéis brancos, com os valores de temperatura especificados neles. Por serem flexíveis, podem ser facilmente colocadas em superfícies curvas. (Figuras 8.45 e 8.46)

Quando a temperatura da superfície atinge um valor indicado na fita, o anel branco se torna preto e assim permanece, independente da temperatura ter caído novamente. A precisão é de 1% do valor indicado e a mudança de cor se processa quase instantaneamente. Outra vantagem é que tanto a fita quanto o adesivo são resistentes à água e óleo

8. TÉCNICAS PREDITIVAS 381

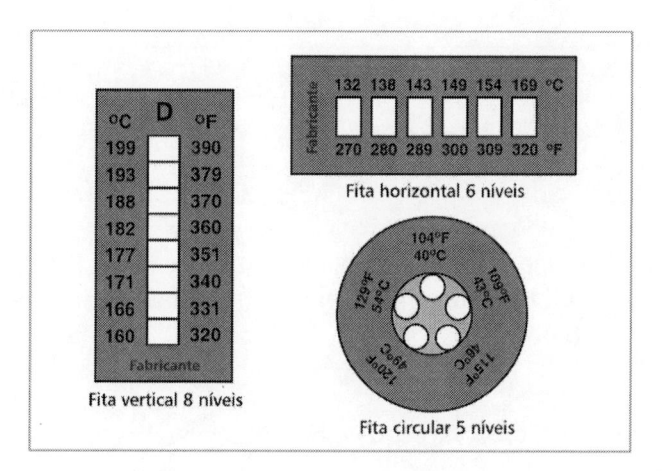

Figura 8.45– Fitas Indicadoras de Temperatura. (cortesia Testo)

As fitas indicadoras de temperatura podem ter marcação reversível ou irreversível. As fitas de marcação irreversível são utilizadas como comprovação de que o produto, peça ou equipamento foi, por exemplo, mantido a uma determinada temperatura.

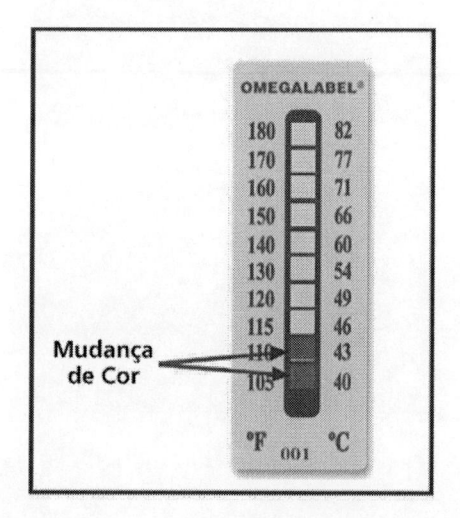

Figura 8.46– Fita Indicadora de Temperatura
Marcação Irreversível (Cortesia Omega).

LÁPIS E GIZ INDICADORES DE TEMPERATURA

Lápis e giz indicadores de temperatura (também conhecidos como lápis térmicos) são uma opção de indicação de temperatura mais grosseira, tendo sido largamente utilizados nos serviços de soldagem, onde o controle de temperatura é importante. Atualmente, estão praticamente em desuso, pois foram substituídos pelos termômetros infravermelhos. (Figuras 8.47 e 8.48)

Funcionam da seguinte maneira:

Faz-se uma marca com o giz sobre a superfície cuja temperatura se deseja verificar. O tempo gasto para ocorrer uma cor clara é observado. Se a alteração de cor ocorrer em 1 ou 2 segundos, a superfície está à mesma temperatura da definida para o giz. Se a alteração ocorrer mais rápido do que isso, a temperatura estará maior, ao passo que se a alteração demorar a ocorrer a superfície estará a uma temperatura menor.

Figura 8.47 – Maçariqueiro utilizando um lápis térmico

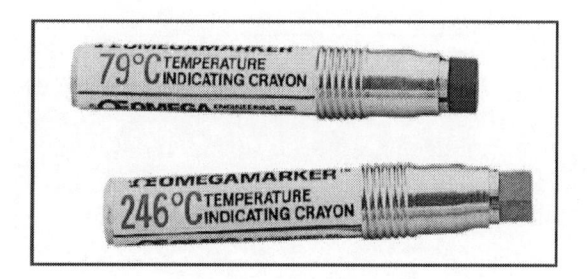

Figura 8.48 – Lápis Indicador de Temperatura (Cortesia Omega).

TINTA TERMOSSENSÍVEL

A tinta termossensível, como o nome indica, muda de cor quando a temperatura da superfície ultrapassa determinado valor. Normalmente é utilizada em grandes superfícies de equipamentos estáticos que sejam isolados internamente. No caso de queda de refratário, por exemplo, a tinta, originalmente de cor azul, fica esbranquiçada.

MEDIÇÃO DE TEMPERATURA POR RADIAÇÃO

As medições que são realizadas por sensores que não estão em contato físico com os objetos são definidas como radiometria, e se enquadram nas técnicas de sensoreamento remoto. "A radiometria pode ser utilizada nas faixas espectrais ultravioleta, visível, infravermelho ou micro-ondas e abrange grande número de técnicas, dentre as quais a Termografia."

Esse tipo de medição é extremamente útil para temperaturas elevadas (acima de 550°C) onde a intensidade dentro de uma faixa estreita de comprimento de onda possa ser medida. Baseia-se na variação da radiação e no fato de que o material emitirá radiação (eletromagnética) em função da temperatura absoluta à quarta potência (Josef Stefan e Ludwig Boltzmann).

PIRÔMETRO DE RADIAÇÃO

O pirômetro de radiação, como é normalmente conhecido, é constituído de um elemento sensível à radiação, composto por vários termopares em série e utiliza uma lente para focalizar a energia radiante para os elementos termossensíveis.

Esse grupo de termopares ligados em série é denominado termopilha e a força eletromotriz gerada pelo arranjo torna o conjunto altamente sensível às mudanças provocadas pela radiação incidente.[31]

PIRÔMETRO ÓTICO

O pirômetro ótico é utilizado para medição de temperaturas elevadas (550 a 2.700°C) e seu funcionamento baseia-se na comparação da intensidade de radiação com um filamento aquecido. O brilho do filamento pode ser ajustado ou mantido constante e daí comparado com a fonte, que é "vista" através de lentes.

SISTEMAS INFRAVERMELHO

Hoje estão disponíveis vários sistemas de medição de temperatura através da transformação da radiação infravermelha em dados térmicos. Os mais conhecidos, atualmente, são:

TERMÔMETROS INFRAVERMELHO

São instrumentos que coletam a radiação infravermelha através de um sistema ótico fixo e a direcionam para um detector que pode ser do tipo termopilha (vários termopares em série), pirelétrico (sensores de materiais cristalinos nos quais ocorre o fenômeno de polarização elétrica31) ou fotodetectores (interação direta entre os fótons da radiação incidente e os elétrons do material detector). Figura 8.49.

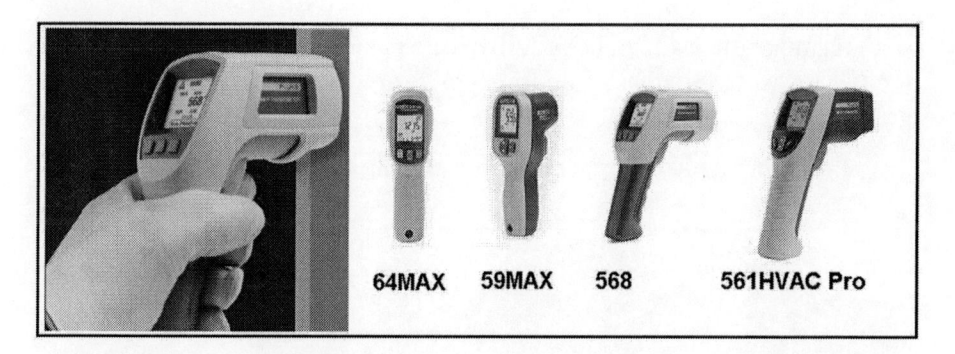

Figura 8.49 – Termômetros infravermelho (sem contato) (Cortesia Fluke)

Normalmente são instrumentos portáteis, mas podem trabalhar fixos para controle de processo.

A utilização de microprocessadores permite que os valores das medições possam ser armazenados, e as saídas sejam fornecidas em indicadores analógicos ou digitais, impressoras ou gravados para posterior análise e comparação.

Obviamente, existem termômetros mais simples e mais sofisticados. O modelo 568 mostrado na figura 8.49 tem as seguintes características:

- Faixa de temperatura: -40 a 800°C.
- Tempo de resposta: < 500 mseg.
- Distância para o ponto luminoso: 50:1
- Armazenamento de dados : 99 pontos.
- Alimentação: 2 pilhas AA.
- Transferência de dados via USB.

TERMOVISORES E TERMOGRAFIA

Os termovisores são compostos por uma câmera e uma unidade de vídeo. A câmera contém o sistema ótico, mecanismos de varredura horizontal e vertical, o detector e um sistema para resfriamento dele.

A termografia é a técnica preditiva que permite o acompanhamento de temperaturas e a formação de imagens térmicas, conhecidas por termogramas.

A figura 8.50 mostra diversos tipos de câmeras termográficas.

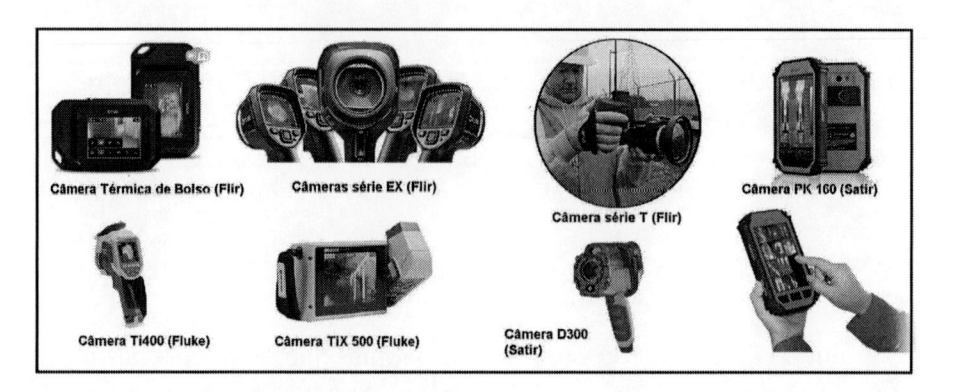

Figura 8.50 – Câmeras termográficas (cortesia MGS Tecnolgoia/Flir, Fluke e Vitek Consultoria/Satir)

As principais aplicações industriais da termografia são:

- Área elétrica onde existe necessidade de verificação de componentes defeituosos ou problemas de mau contato, sem contato físico com os mesmos. Isso inclui redes de transmissão e de distribuição, painéis, barramentos, dispositivos e acessórios.
- Usinas siderúrgicas – que inclui a verificação do revestimento de altos-fornos, dutos de gás, regeneradores e carros-torpedo.
- Fábricas de cimento – fornos rotativos, onde é pesquisada a queda de refratários.
- Área de Petróleo e Petroquímica é uma das áreas onde é maior a aplicação de termografia. Dentre as aplicações destacam-se a análise de vazamentos em válvulas de segurança, problemas com refratários em fornos, caldeiras e unidades de craqueamento catalítico. Além disso, pode ser verificada a ocorrência de desgaste ou erosão no revestimento interno de dutos e cha-

minés bem como condições gerais de isolamento de linhas (tubulações). Também é utilizada para análise dos tubos em fornos e caldeiras.

- Atualmente, os fabricantes têm feito grande inovação para utilização de câmeras termográficas de bolso ou formato tablete na área de manutenção predial (edifícios, shoppings, hospitais, aeroportos, etc).

As câmeras termográficas fazem interface com computadores, permitindo, através de *softwares* específicos, o armazenamento de dados, imagens, emissão de relatórios e acompanhamento de tendências.

As Figuras 8.51, 8.52 e 8.53, mostram algumas imagens obtidas por termografia:

- Aquecimento excessivo no mancal interno do motor elétrico (Cortesia NEC).

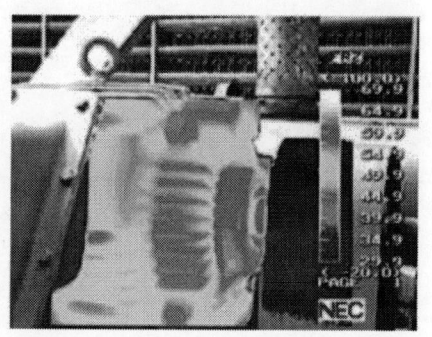

Figura 8.51 – Fotos Comuns e Termogramas.

- Mau contato no disjuntor – cabo (Cortesia Maintenance Diagnostics Systems Inc.).

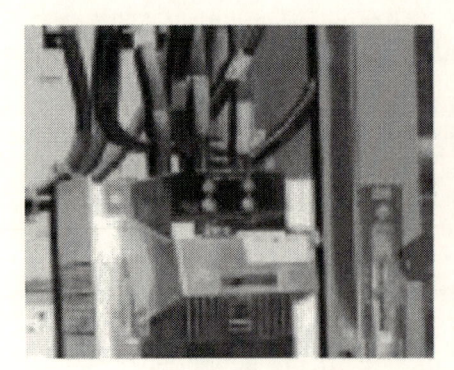

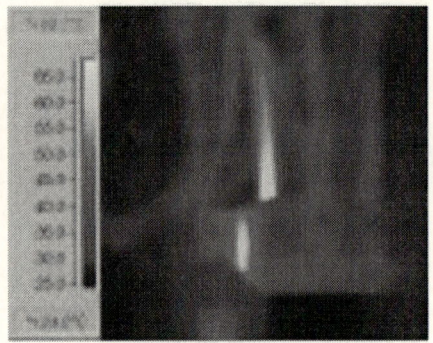

Figura 8.52– Fotos Comuns e Termogramas.

- Mau contato na fixação do barramento do centro (Cortesia Flir--Matcor Technology).

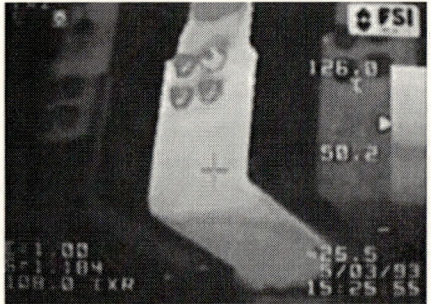

Figura 8.53– Fotos Comuns e Termogramas.

8.5.3. Inspeção Visual

Apesar de ser considerada uma técnica subjetiva, o uso da visão é fundamental para definição da condição de equipamentos, componentes e estruturas. A necessidade de realizar a inspeção nos internos sem desmontagem dos equipamentos, de permitir a visualização em locais de difícil acesso, além de possibilitar conforto para quem vai fazer a inspeção, propiciou o surgimento de diversos equipamentos/instrumentos de reflexão e ópticos.

Inspeção interna:

- Pontas de prova de 2 a 15mm de diâmetro.
- Pontas de prova refletivas.
- Espelhos manuais.
- Endoscópios.
- Fibras ópticas.

Inspeção superficial:

- Lupa manual.
- Lentes.
- Microscópios.
- Periscópios.
- Pontas de prova de segurança.
- Inspeção de equipamentos rotativos e tubulações.

Endoscópios (ou boroscópios) (figura 8.54) são constituídos por uma microcâmera e por uma microlâmpada montadas na extremidade de um cabo flexível. A câmera capta a imagem do objeto de interesse e a envia, através do cabo, a uma central, onde pode ser visualizada. Atualmente, estão disponíveis endoscópios portáteis.

As fibras ópticas permitem que uma imagem seja transmitida por um tubo flexível. Esse mesmo tubo pode também proporcionar iluminação na outra direção. Isso permite que peças situadas em locais de difícil acesso possam ser alcançadas, para uma inspeção iluminada.

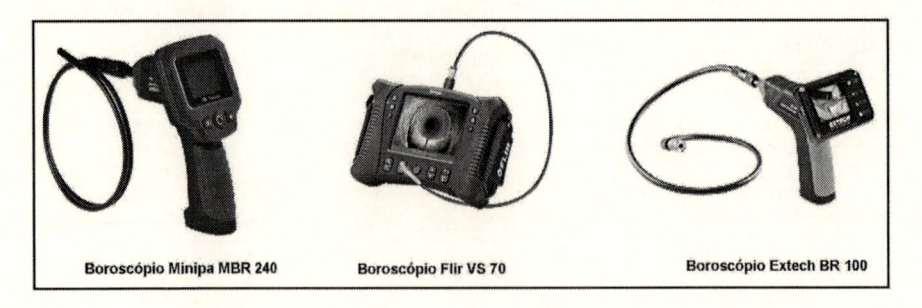

Figura 8.54 – Boroscópios (cortesia Minipa, Flir e Extech)

8.5.4. Estroboscópio

O estroboscópio (figura 8.55) é um instrumento que consiste numa lâmpada ligada a um circuito que proporciona a emissão de sinal de luz a frequências ajustáveis. Desse modo, a lâmpada acenderá e apagará continuamente numa frequência ajustável através de um dial de controle. Isso permite que, ao ser apontada, por exemplo, para uma polia que gira na mesma velocidade rotacional que a lâmpada pisca, dará a impressão de que a polia está parada.

Essa particularidade propicia as seguintes aplicações:

- Verificação da rotação do equipamento.
- Balanceamento dinâmico de equipamentos rotativos, no campo.
- Inspeção de peças, como pinos emborrachados de acoplamentos.
- Fotografias a alta velocidade.
- Leitura de fitas indicadoras de temperatura em máquinas alternativas ou rotativas.

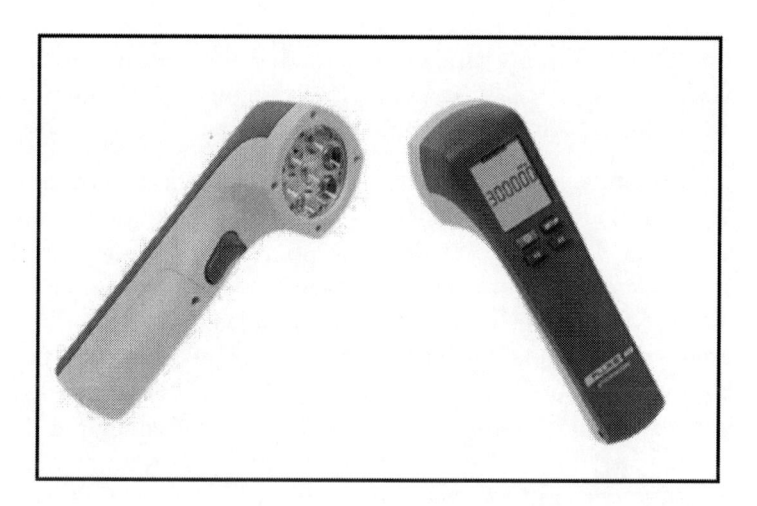

Figura 8.55 – Estroboscópio Fluke 820-2 (Cortesia Fluke)

8.5.5. Detecção de Vazamentos

Vazamentos constituem um dos grandes problemas nas indústrias, instalações prediais, transportes, enfim qualquer área da atividade humana. A detecção e o reparo de vazamentos são importantes tanto no aspecto de segurança quanto nos aspectos de custos e de preservação de energia e do meio ambiente.

Existem vários meios para se fazer a detecção de vazamentos, e alguns mais utilizados estão descritos a seguir, incluindo aqueles que podem, à primeira vista, parecerem primários:

- Espuma de sabão ou creme de barbear.

- Uso de chama de maçarico de GLP ou acetileno para detecção de _vazamentos de freon_. A chama muda de cor na presença de freon.

- Detetores de gás. Sensores específicos para determinados tipos de gases ligados a um sistema de alarme. Muito utilizados para detecção de H2S (ácido sulfídrico), gás altamente letal.

- Instrumentos eletrônicos que provocam alarme ou acendem lâmpada na presença de gás.

- Spray de amônia é utilizado para detectar vazamento de cloro, desde que a amônia gasosa e o cloro combinados formam o cloreto de amônia visível como uma fumaça branca.

- Instrumentos ultrassônicos podem detectar ruídos de alta frequência produzidos por vazamentos, particularmente de ar comprimido, gases e vapor. O sensor é um microfone apropriado e o ruído é convertido para uma frequência audível ou mostrado em um indicador. Dentre as aplicações enumeradas por alguns fabricantes estão: vazamentos em baixa pressão e vácuo, descarga por efeito corona ultrassônico em instalações elétricas, fugas internas em sistemas hidráulicos (cilindros), controle de funcionamento de válvulas de vapor e controle de estanqueidade. Para a última aplicação, o equipamento utiliza um emissor ultrassônico. Ver figura 8.56

A Figura 8.56 mostra um instrumento multifunção baseado em ultrassom. Esse instrumento, SDT 270, aceita diversos tipos de sensores oferecendo, portanto, a possiblidade de diversos tipos de monitoramento.

- Os sensores de contato para vibração e ultra-som.
- Adaptador para inspeção de lubrificação acústica.
- Medições em purgadores de vapor, válvulas e sistemas hidráulicos.
- Detecção de vazamentos de vapor e ar comprimido.
- Localização de falhas elétricas.
- Sensores de temperatura.
- Sensores de rotação (tacômetro).

O SDT 270 trabalha associado a um *software Ultranalysis Suite* que fornece gráficos de tendência, alarmes, assinaturas de vibração, dentre outros.

8. Técnicas Preditivas

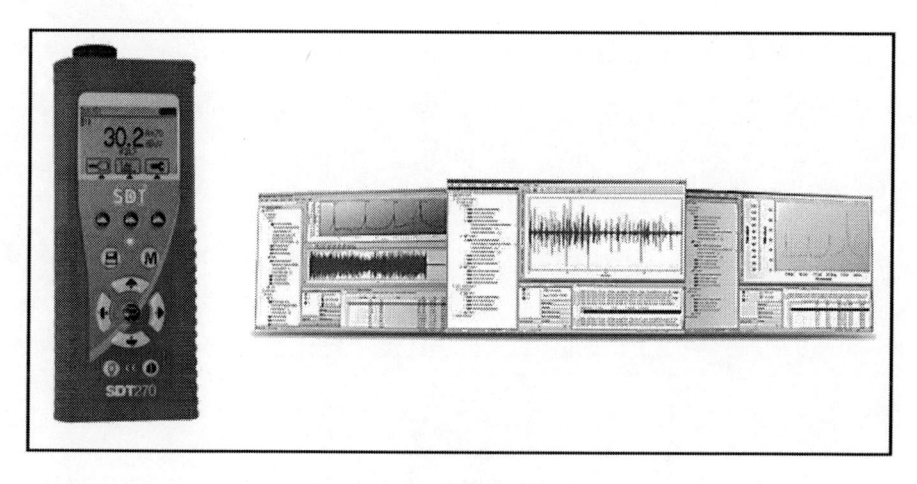

Figura 8.56 – Detector multifunção SDT 270 (cortesia SDT International)

O detector denominado SONOCHEK da Pruftechnik (figura 8.57), que detecta fenômenos através de ultrassom pode ser utilizado para:

- Detecção de vazamentos.
- Monitoramento da condição.
- Inspeção elétrica.
- Inspeção de válvulas de vapor.

As principais características desse detector são:

- Largura de banda de frequência grande: 20 – 100kHz.
- Processamento digital: níveis diferentes, análise de espectros, conversão de áudio.
- Visualização de fenômenos de ultrassom.
- Câmera, microfone e alto-falante embutidos.
- Cartão SD interno e externo para armazenamento de arquivos/dados.
- Tela TFT de 5 polegadas sensível ao toque para operação simples e intuitiva.

- Relatórios instantâneos em PDF ou CSV .
- Memória Memória interna de dados de medição flash de 16 GB.
- Slot para cartão micro SD (até 32 GB).
- Sistema operacional Android 4.4.2.
- Dimensões (L x A x P) 90 x 174 x 25 mm Peso (incl. baterias) 370 g [13,1 oz].

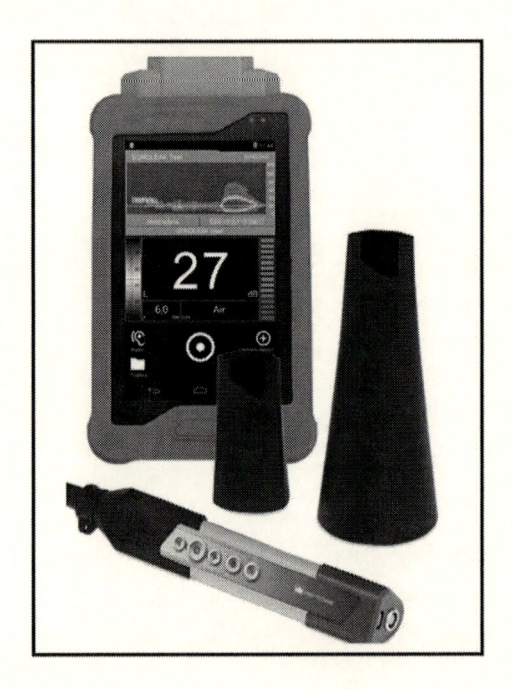

Figura 8.57 – Detector de vazamentos e inspeção elétrica Sonochek (Cortesia MGS Tecnologia/ Pruftechnik)

"O SONOCHEK vem com dois aplicativos para detecção e análise de vazamentos e outras falhas:

- SONOLEVEL: Detecção de vazamento de tubulação, inspeção elétrica, inspeção de válvulas de vapor, monitoramento de condição da máquina.

- SONOLEAK: Análise e avaliação automáticas de vazamento da quantidade de perda causada pelo vazamento segundo cinco níveis de classificação diferentes.

  Três sensores e acessórios de alto desempenho aéreo e de estrutura ajudam a localizar vazamentos e a monitorar a emissão de ultrassom das peças das máquinas rotativas.

- Sensor de som aéreo DBS10: vazamentos em tubulações e detecção de descargas elétricas parciais e danos de isolamento.

- Sensor de estrutura DBS20: Monitoramento de ultrassom emitido por peças de máquina rotativas, por exemplo, rolamentos, monitoramento de estados de lubrificação, verificação funcional de drenos e válvulas de condensado.

- Sensor parabólico de longo alcance DBS30 (opcional): Detecção de vazamento à distâncias de até 25 m" (informações do fabricante)

8.5.6. Medição de Espessura

Em muitas situações, a espessura do material define a condição de um componente ou do próprio equipamento. Exemplos típicos são a espessura de chapa de um vaso de pressão, a espessura da parede de uma carcaça de bomba e a espessura de parede de tubulações.

Os três exemplos acima, encontrados na maioria das indústrias, apresentam requisitos diferentes para medição e acompanhamento da espessura. Enquanto a medição de espessura pode ser feita por instrumentos mais elementares, além dos instrumentos convencionais como paquímetros e micrômetros para peças usinadas, o maior desafio e interesse estão na medição da espessura de parede em equipamentos de grande porte ou cujo acesso é impossível para instrumentos convencionais.

O uso de ultrassom permite que a medição seja feita a partir de um só lado, conforme mostrado abaixo e com o equipamento em operação.

O princípio da medição pelo ultrassom é o seguinte: Um sinal sonoro de alta frequência é aplicado, através do cabeçote, à parede de um vaso de pressão e refletido na parede mais distante ao passar através do material. O tempo decorrido entre o sinal passar através do material e ser refletido é lido diretamente no instrumento. Essa propriedade é largamente utilizada na detecção de trincas e outros defeitos nos materiais.

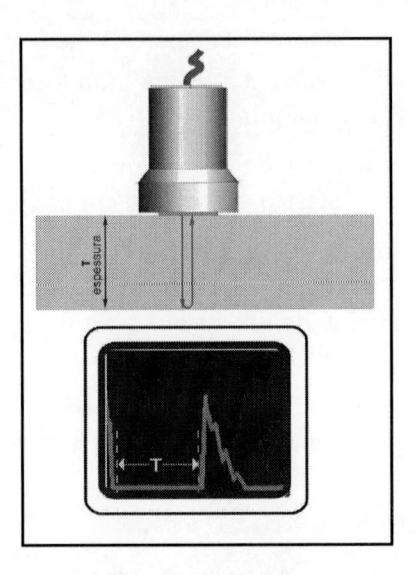

Figura 8.58 – Medição de Espessura com Ultrassom.

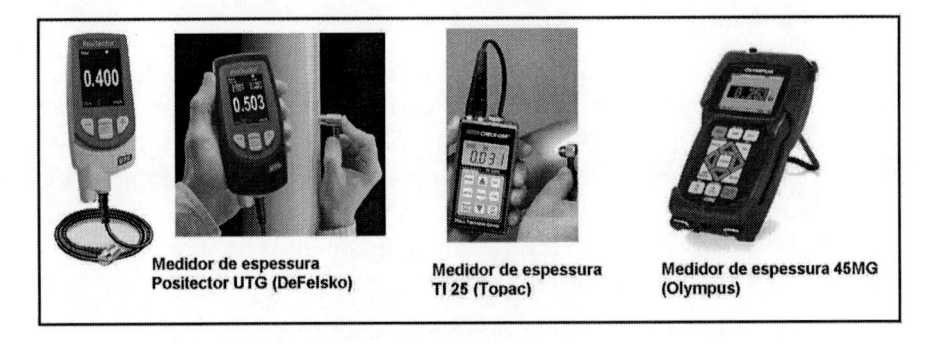

Figura 8.59 – Medidores de Espessura por Ultrassom
(Cortesia Topac Inc., DeFelsko Corp. e Olympus).

Existem vários tipos de aparelho de ultrassom, disponíveis para aplicações diversas. Normalmente, o aparelho de ultrassom usado para medir espessura é de dimensões reduzidas, com cabeçote e visor de leitura digital onde é indicada a espessura medida. A figura 8.50 mostra três aparelhos desse tipo.

8.5.7. Detecção de Defeitos em Materiais Metálicos

As trincas e outras descontinuidades no material devem ser objeto de rigorosa investigação, primeiro para verificar se xistem e, em segundo lugar para, analisando-as, definir quanto à integridade ou não do material e sua conformidade ou não para a utilização pretendida.

Existem vários processos para se fazer essa detecção, podendo ser específicos para detecção de defeitos internos no material, ou defeitos superficiais.

ULTRASSOM

Os instrumentos de ultrassom são bastante adequados à detecção de defeitos internos. Entre esses, podem ser detectadas trincas, dupla laminação e porosidades. Enquanto o desempenho dos instrumentos de ultrassom é excelente em laminados, sua utilização em fundidos apresenta certas dificuldades ou limitações. As figura 8.61 mostra alguns tipos de aparelhos de ultrassom.

Para facilitar a sua utilização, os instrumentos de ultrassom podem ser adquiridos com uma grande variedade de cabeçotes. O cabeçote para utilização numa tubulação é diferente de um cabeçote para chapas grossas, por exemplo.

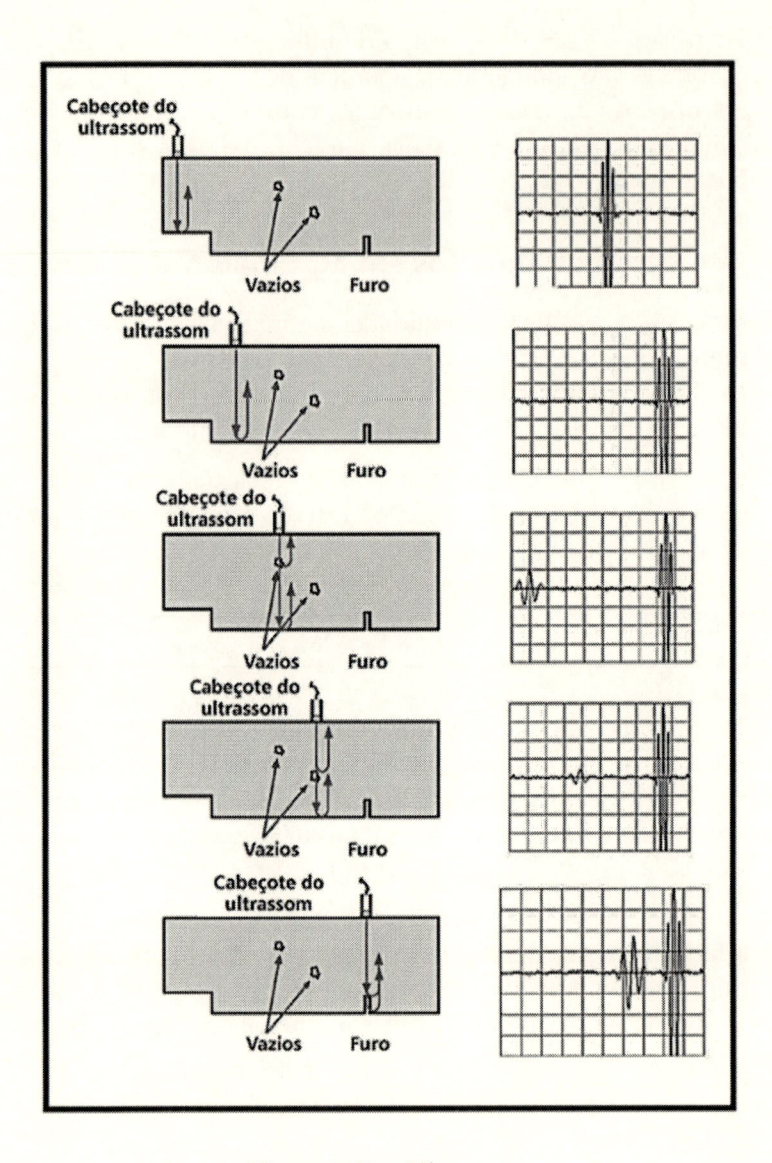

Figura 8.60 – Ultrassom.

8. Técnicas Preditivas

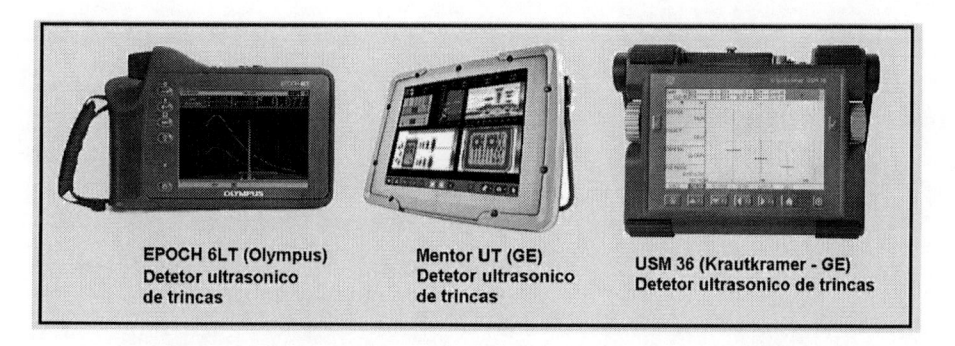

EPOCH 6LT (Olympus) Detetor ultrasonico de trincas	**Mentor UT (GE)** Detetor ultrasonico de trincas	**USM 36 (Krautkramer - GE)** Detetor ultrasonico de trincas

Figura 8.61– Aparelho de Ultrassom Portátil (Cortesia Olympus e GE).

ULTRASSOM POR VARREDURA

A inspeção de ultrassom por varredura, conhecida como *phased array technology*, gera um feixe ultrassônico que pode ser ajustado de diversos modos (ângulo, distância focal e tamanho do foco) através de um *software*.

Desse modo, essa varredura pode ser multiplexada sobre múltiplas disposições.

Omni Scan MXPA (Olympus)   **Ultrassom por varredura**

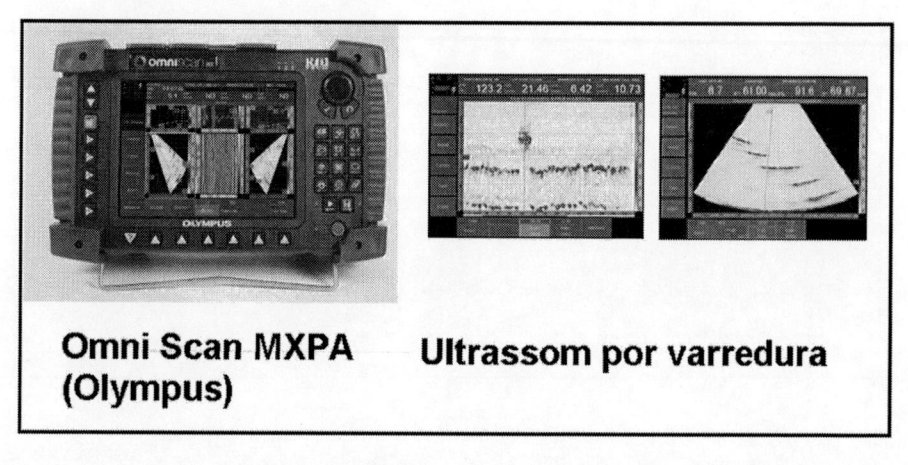

Figura 8.62 – Aparelho de Ultrassom por Varredura (Cortesia Olypmpus)

LÍQUIDO PENETRANTE

O líquido penetrante é um processo utilizado para detectar trincas superficiais e porosidades. São utilizados três líquidos: o primeiro é o líquido de limpeza, que é aplicado à superfície para remover a sujeira porventura existente na peça. Após secagem, é aplicado o líquido penetrante de cor vermelha, que por ter alta atração capilar penetra em todos os poros e trincas. O terceiro é o líquido revelador, de cor branca, que absorve o líquido vermelho que está nos poros e tricas indicando a existência de trinca ou de poros no local.

A Figura 8.63 mostra a sequência utilizada para teste com líquido penetrante:

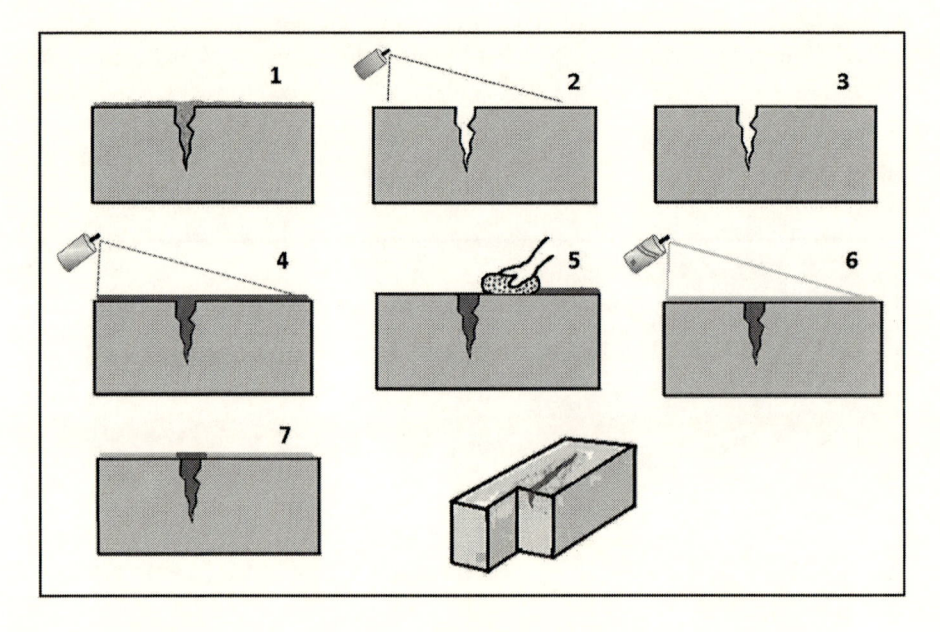

Figura 8.63– Líquido Penetrante – Sequência de Aplicação

8. Técnicas Preditivas

1	Peça ainda suja
2	Aplicação do líquido de limpeza da superfície.
3	Peça limpa que deve estar seca para o próximo passo
4	Aplicação do líquido penetrante (vermelho)
5	Limpeza da superfície para retirar excesso do líquido penetrante.
6	Aplicação do líquido revelador (branco).
7	Defeito revelado.

Na figura 8.64, estão mostradas algumas revelações típicas com líquido penetrante:

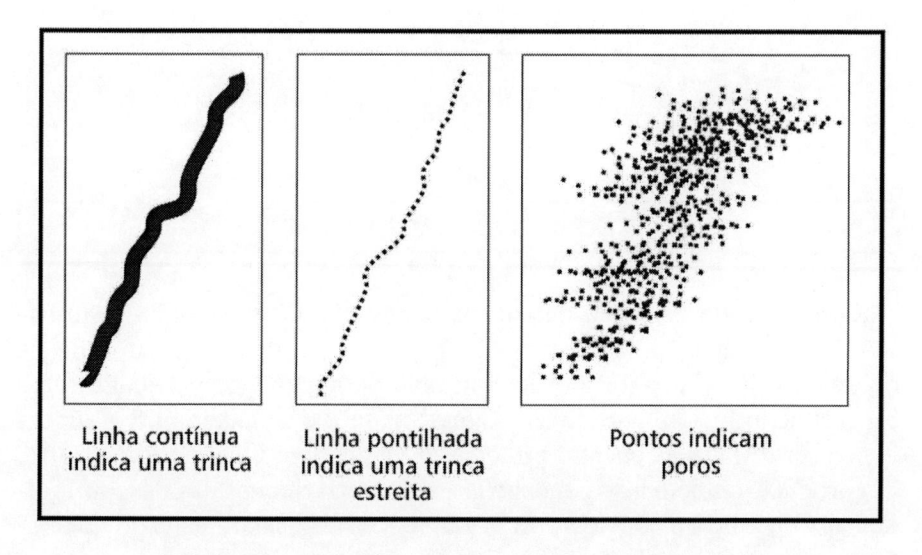

Figura 8.64 – Revelações típicas com líquido penetrante

Penetrante fluorescente:

O penetrante fluorescente pode ser visto sob luz ultravioleta, aparecendo como linhas auriverdes brilhantes ou manchas onde ocorrerem trincas finas, fissuras e porosidade no material.

O líquido penetrante às vezes é conhecido como "Spot Check" e o líquido penetrante fluorescente como "Zyglo", apesar de esses serem nomes comerciais.

Figura 8.65 – Líquido Penetrante Fluorescente.

PARTÍCULAS MAGNÉTICAS

O método de detecção de trincas por partículas magnéticas está baseado na revelação de campo magnético em torno de trincas superficiais ou defeitos próximos à superfície do material magnético no qual o fluxo está sendo induzido. Partículas magnéticas são espalhadas sobre a superfície a ser testada e aplicado um campo magnético. Quando isso ocorre, as partículas tendem a se concentrar em torno das áreas das descontinuidades. O método é considerado bastante sensível, sendo capaz de detectar trincas muito pequenas. Figura 8.66.

8. Técnicas Preditivas   403

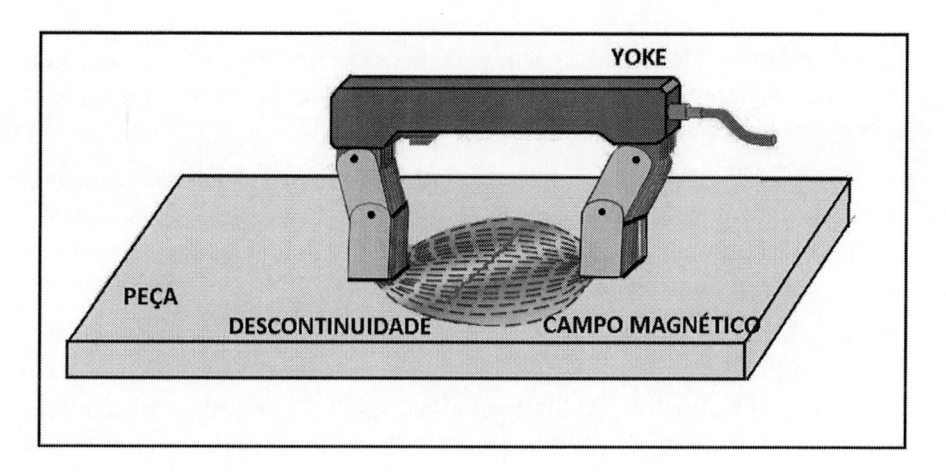

Figura 8.66 – Princípio de Funcionamento do Teste por Partículas Magnéticas.

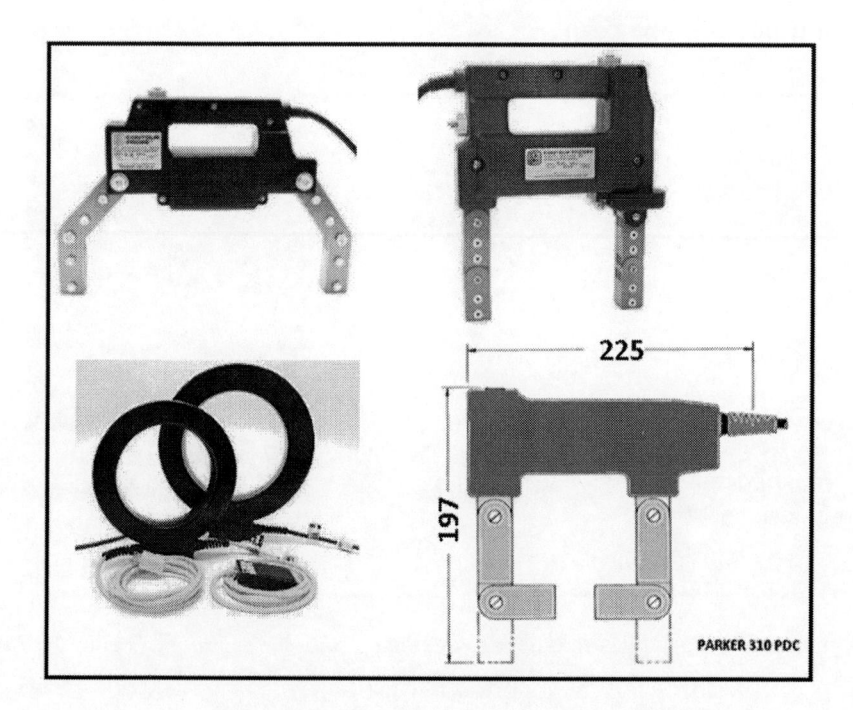

Figura 8.67 – Yokes e Bobina para ensaio por partículas magnéticas (Cortesia Parker)

Este método de teste usa partículas de óxido de ferro muito finas para encontrar descontinuidades. As partículas são encontradas em duas formas: pó seco ou suspensão úmida.

As partículas secas são tingidas quimicamente para fornecer contraste contra o fundo da superfície de teste. As cores usuais são cinza, vermelho, preto e amarelo. As partículas úmidas ou molhadas ficam em suspensão em um líquido que pode ser água destilado ou óleo leve de petróleo.

Ao contrário das partículas secas, as partículas magnéticas do método úmido (ou molhado) podem ser encontradas para dois tipos de testes: não fluorescentes e fluorescentes. Quando expostos à luz ultravioleta, as partículas se tornam fluorescentes facilitando a detecção de falhas no material componente. A figura 8.67 mostra Yokes e Bobinas para injeção do campo magnético e a figura 8.68 mostra uma embalagem de partículas magnéticas, a lâmpada ultra violeta e uma imagem de uma trinca em uma peça.

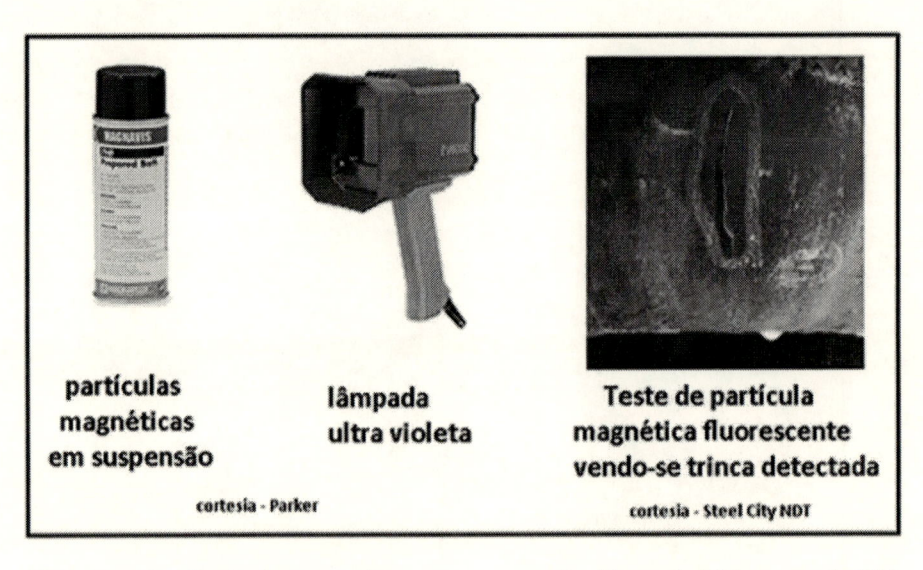

Figura 8.68 – Partículas magnéticas em suspensão, lâmpada UV e teste de PM com fluorescência (cortesia Parker e Steel City NDT).

8. Técnicas Preditivas

Atualmente estão disponíveis no mercado *yokes* associados à registradores com alta resolução, alto brilho, tela LCD a cores, interface inteligente, que são capazes de exibir diretamente a localização, a forma, o tamanho e o grau das falhas. Possui funções de gerenciamento de *software*, processamento e reconhecimento de imagens, análise quantitativa e natural da falha e comunicação com computadores pessoais. O processo de detecção pode ser monitorado, os resultados podem ser rastreados A figura 8.69 mostra um equipamento desse tipo.

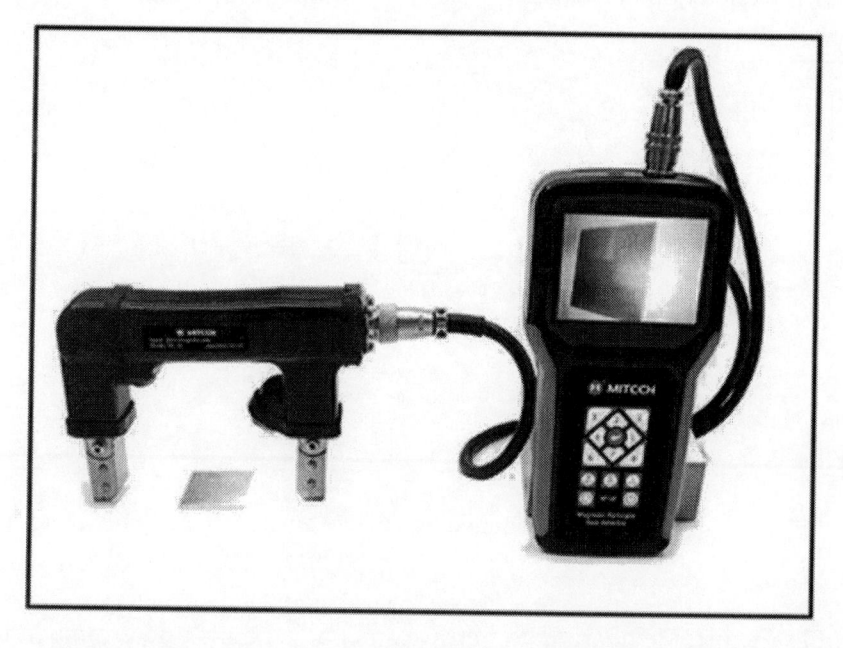

Figura 8.69 – Yoke e registrador com tela LCD (cortesia Mitech)

CORRENTE PARASITA

O método de corrente parasita, ou corrente de Foucault, é outro método de detecção de defeitos em superfícies de materiais. A ponta de prova, que é um núcleo de ferro com enrolamento de cobre, é aplicada sobre a superfície a ser testada, e uma corrente de alta frequência é passada através da bobina. Isso cria um campo magnético alternado que dá origem às correntes de Foucault, no material, em torno da ponta de prova. Quando existem trincas, a corrente de Foucault é obrigada a fazer um caminho diferente e com isso a indutância da bobina é alterada, sendo mostrada no medidor. Figura 8.70.

Como o campo magnético é induzido, esse método pode ser utilizado em materiais magnéticos e não magnéticos. É necessário usar a ponta de prova recomendada e calibrar o instrumento para cada tipo de material.

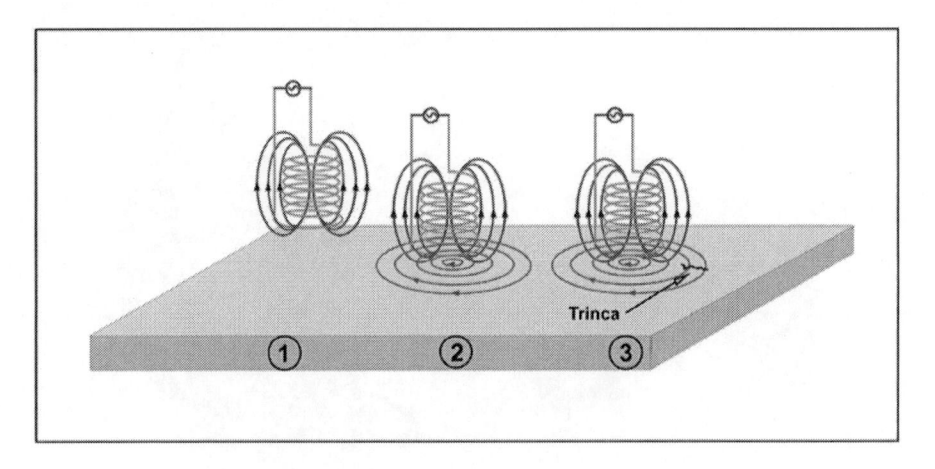

Figura 8.70 – Principio de Funcionamento do Ensaio
Não Destrutivo por Correntes Parasitas.

1. A corrente alterada flui através da bobina a uma determinada frequência e gera um campo magnético em volta da bobina.

2. Quando a bobina é colocada próxima de um material condutor, as correntes parasitas são induzidas no material.

3. A existência de uma trinca no material interfere na circulação das correntes parasitas, variando o sinal, que pode ser lido no monitor como uma variação de impedância da bobina.

A figura 8.71 mostra um aparelho para inspeção por corrente parasitas.

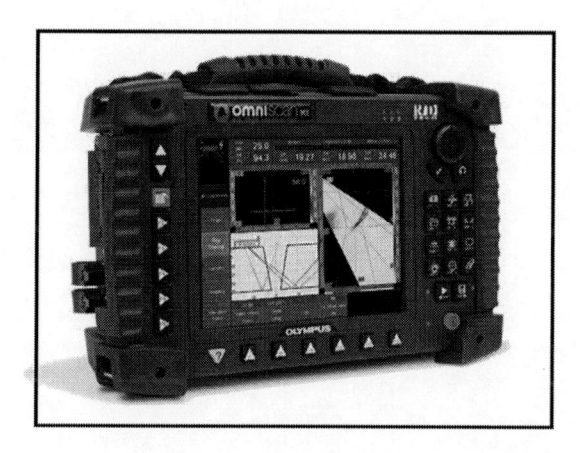

Figura 8.71 Inspeção por Correntes Parasitas (Cortesia Olympus).

INSPEÇÃO RADIOGRÁFICA

Tanto a inspeção por Raios X como a por Raios Gama são bastante utilizadas para detecção de defeitos em materiais. O uso de Raios X tem sido limitado a 12 polegadas de penetração em aço a 2.000kV, enquanto o Raio Gama tem uso até acima de 16 polegadas.

A inspeção por Raios X apresenta maior rapidez e melhor definição para espessuras até 2 polegadas. Quando há muita variação de espessura na peça a ser inspecionada é preferível usar Raio Gama.

Cada vez menos utilizada, a radiografia era feita pela sensibilização de filmes. Os filmes revelados que apresentam a "fotografia" do interior do material são chamados de Radiografias e Gamagrafias para Raios X e Raio Gama, respectivamente.

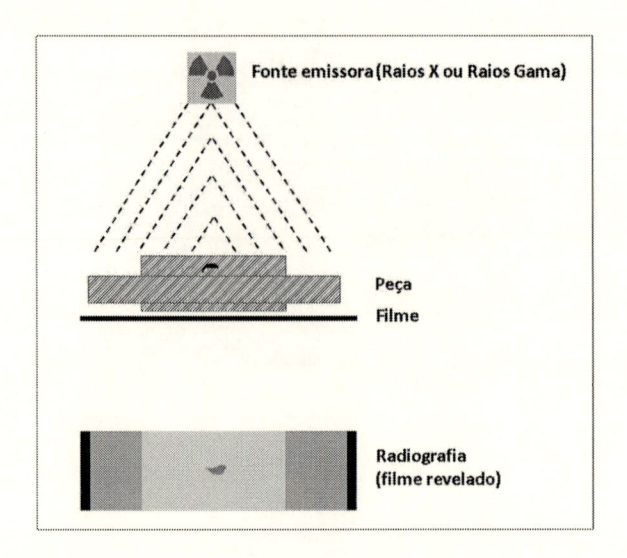

Figura 8.72 – Radiografia

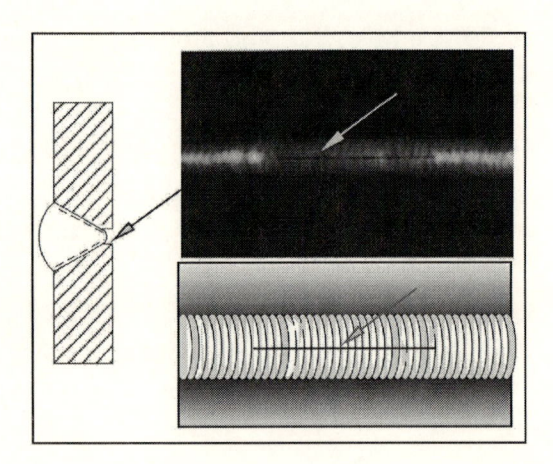

Figura 8.73– Radiografia Mostrando Falta de Penetração na Solda.

8. Técnicas Preditivas

Atualmente, está disponível o que se conhece como Radiografia em Tempo Real (*Real time radiography* – RTR) ou fluoroscopia, que utiliza imagem eletrônica ao invés de filmes radiográficos.

Uma das vantagens é o pequeno espaço de tempo entre a exposição e a captura das imagens. Tem aplicação nas indústrias automotiva, aeronáutica e aeroespacial, em vasos de pressão, equipamentos eletrônicos e indústria bélica.

Sua utilização tem-se tornado cada vez maior em função, dentre outros motivos, da redução de custo.

Na maioria dos casos, a imagem eletrônica vista resulta da radiação X atravessando o objeto sendo examinado e interagindo com uma tela de material fluorescente ou cintilante. A imagem formada é positiva, uma vez que as áreas mais brilhantes indicam onde há maior incidência de radiação transmitida na tela, mostrado na figura 8.74. 74

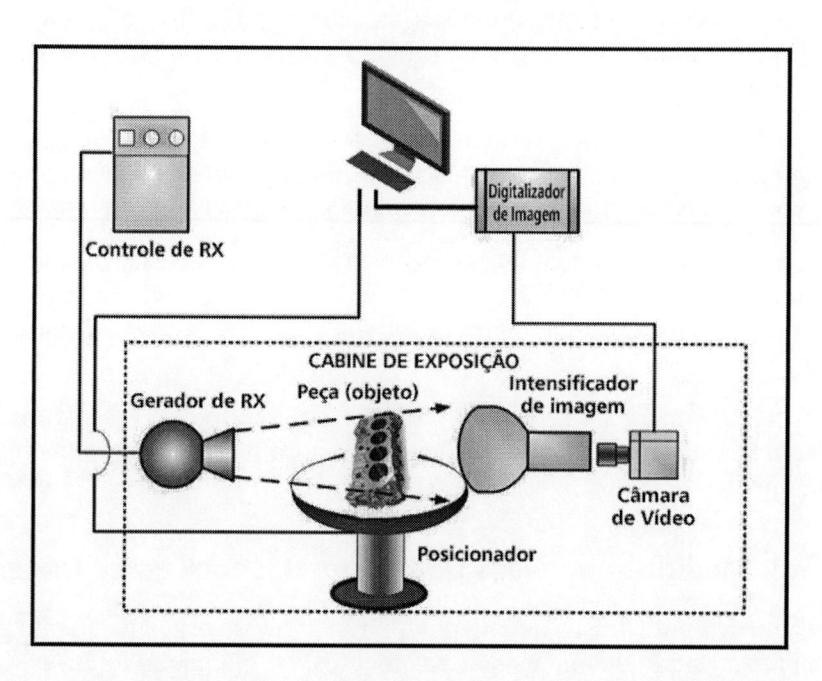

Figura 8.74– Radiografia em Tempo Real (RTR, filmless ou fluoroscopia).

EMISSÃO ACÚSTICA

A emissão acústica é um ensaio não-destrutivo, cujo princípio básico é a detecção de ondas transientes geradas pelo processo de degradação do material, o qual, por sua vez, é causado pela presença de anomalias no material. Os sinais ou ondas de tensão ou ondas mecânicas transientes são gerados quando o material é sujeito a esforços térmicos ou mecânicos.

Há diversas aplicações para a emissão acústica:

- Detecção de corrosão em piso de tanques.
- Detecção de vazamentos.
- Detecção de descargas parciais em transformadores de potência.
- Detecção de trincas ou fissuras causadas por fadiga, *stress corrosion,* hidrogênio, vasos de pressão, estruturas, guindastes, pontes, dentre outros.

Essa técnica é aplicada quando se deseja analisar o comportamento dinâmico de defeitos em equipamentos ou em estruturas metálicas complexas, bem como definir a sua localização.

São colocados transdutores piezoelétricos na superfície, os quais, estimulados pelas ondas transientes, transformam a energia mecânica em energia elétrica. Os sinais elétricos são digitalizados e gravados para análise.

Um dos modos de se efetuar o ensaio é aumentar a pressão entre 5 e 10% da condição máxima de operação ou durante teste hidrostático, por exemplo.

8.5.8. Medidor de Pulsos de Choque (Schock Pulse Meter)

A medição de pulsos de choque foi desenvolvida especificamente para analisar o estado de mancais de rolamentos em máquinas rotativas. Essa técnica mede a amplitude dos choques mecânicos gerados nos rolamentos que apresentam algum dano, através do pulso de choque.

8. Técnicas Preditivas

Isso permite atuar de modo preditivo, isto é, fazer o acompanhamento e, pela análise da tendência, determinar o melhor momento para intervenção no mancal.

O medidor de pulsos de choque utiliza um transdutor, onde uma oscilação ressonante amortecida se estabelece quando ocorre o choque.

O aumento da amplitude da oscilação é determinado por um aumento na onda de pressão resultante de um impacto mecânico das esferas dentro das pistas do rolamento, ao passarem por um defeito.

A Figura 8.75 mostra medidor do tipo Schock Pulse Meter.

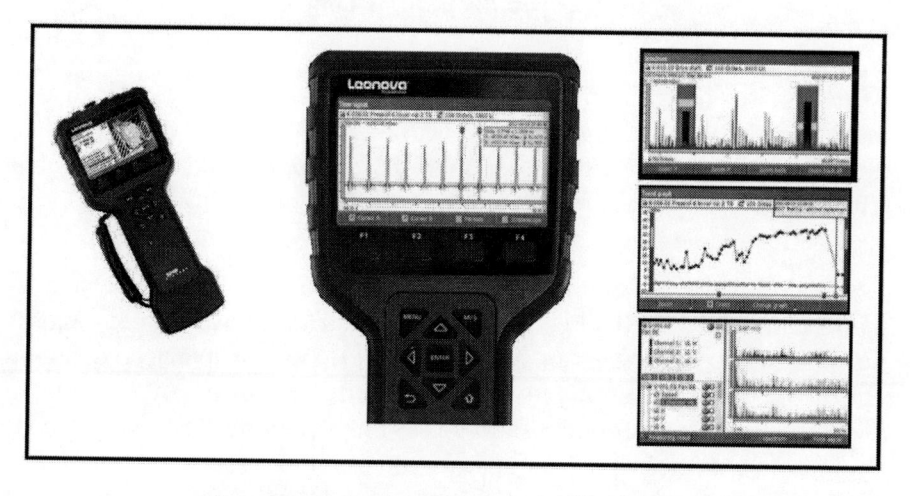

Figura 8.75– Analisador de Condição Shock Pulse Meter Leonova Dimond (Cortesia SPM).

8.5.9. Análise do Lubrificante

A análise da condição do lubrificante vem sendo, há muito tempo, um dos métodos de monitoramento mais utilizado. As duas técnicas mais difundidas são a análise do óleo lubrificante em laboratório para verificação das suas características principais, e a técnica de análise das partículas contidas no óleo, oriundas de desgaste. Evidentemente, nos dois métodos estão incluídos os contaminantes que, dependendo das características e da quantidade, determinam a condenação ou não do lubrificante.

ANÁLISE FÍSICO-QUÍMICA

As análises físico-químicas de óleo implicam a retirada de amostras, a intervalos regulares, de modo que o acompanhamento das características do lubrificante possa ser feito ao longo do tempo. Se o lubrificante mantém suas características pode continuar em uso, e a condição de lubrificação adequada está garantida, sob esse aspecto.

Os ensaios físicos químicos são padronizados pelas entidades de normatização (ASTM, ABNT) e vários estão mostrados na Tabela 8.6 Alguns tipos de ensaio interessam mais a determinado tipo de aplicação do que a outra. Por exemplo: Enquanto em um óleo de turbina a vapor o aspecto de contaminação por condensado é relevante, para motores de combustão interna a diluição por combustível é o que interessa. Desse modo, as características a serem analisadas nos óleos lubrificantes dependem da aplicação.

8. Técnicas Preditivas

ENSAIOS FÍSICO-QUÍMICOS DE ÓLEOS LUBRIFICANTES		
Padrão	Ensaio	Finalidade
ASTM D 1500 NBR 14483	Cor	Padronização de produção e estado de oxidação do óleo lubrificante
ASTM D 445 (Saybolt Universal) NBR 10441	Viscosidade	Propriedade mais importante do óleo lubrificante, definida como a resistência ao escoamento apresentado pelos fluidos
ASTM D 2270 NBR 14358	Índice de Viscosidade	Variação da viscosidade com a temperatura
ASTM D 92 (Open Cup) NBR 11341	Ponto de Fulgor	Determinação da mais baixa temperatura na qual uma amostra de óleo desprende vapores, ao ser aquecida, em proporção suficiente para formar uma mistura inflamável com o ar e provocar um "flash" ao se aproximar de uma chama padrão definida no ensaio.
ASTM D 6464 NBR14448	Índice de Acidez (TAN)	Grau de acidez do óleo lubrificante (pot KOH)
ASTM D 974 NBR14248		Grau de acidez (KOH)
ASTM D 4793 ASTM D 2896 NBR 5798	Índice de Basicidade (TBN)	Determinação da reserva alcalina de um óleo lubrificante (HCl) idem $HClO_4$)
ASTM D 2711 NBR 14172	Demulsibilidade	Característica de um óleo separar-se da água rapidamente
ASTM D 1401 NBR 14172	Emulsibilidade	Característica de se misturar com a água, necessária em certos tipos de óleos
ASTM D 482 NBR 9842	Cinzas	Materiais não-combustíveis presente no óleo
ASTM D 892 NBR 14235	Espuma	Estabilidade da espuma formada sob condições de aeração
ASTM D 189	Resíduo de Carbono Conrad Residue Test	Resíduo obtido quando da evaporação lenta sem a presença de ar, em condições definidas.

Tabela 8.6 – Análises físico-químicas de óleos lubrificantes

A periodicidade de retirada de amostras deve ser definida praticamente para cada posto de serviço de uma determinada instalação. Se para uma determinada periodicidade, por exemplo, três meses, o óleo não acusa qualquer alteração nas suas características básicas, é razoável aumentar um pouco o intervalo. Se, ao contrário, o óleo apresenta qualquer modificação nas suas características, as amostras devem ser analisadas em intervalos mais curtos, que podem chegar a ser diários, até que o problema esteja sob controle ou solucionado.

FERROGRAFIA

Essa técnica foi desenvolvida nos Estados Unidos para a aviação militar, estando hoje bastante difundida no mundo inteiro.

A ferrografia consiste na determinação da severidade, modo e tipos de desgaste em máquinas por meio da identificação da morfologia, acabamento superficial, coloração, natureza e tamanho das partículas encontradas nas amostras de óleos ou graxas lubrificantes de qualquer viscosidade, consistência e opacidade.

A amostra é enviada a um laboratório onde são preparados os corpos de prova, que contêm todas as partículas que estão em suspensão na amostra.

Existem dois tipos de ensaios ferrograficos: Ferrografia Direta ou Quantitativa (DR – *Direct Reading Ferrography*) e A Ferrografia Analítica (*Analytical Ferrography*)

A Ferrografia Direta determina as concentrações e permite a análise de tendências enquanto a Ferrografia Analítica identifica os tipos e as causas de desgaste.

O trabalho que se segue é de observação de cada partícula, feita através de um microscópio especial (1000X). Nesse exame são observados a morfologia, o tamanho, o acabamento superficial, a coloração, a quantidade de partículas etc.

8. Técnicas Preditivas

As máquinas operando normalmente geram pequenas partículas planas a uma taxa bem baixa. Se o número de partículas aumenta e, particularmente, se a relação entre partículas grandes e pequenas aumenta, estamos diante de uma indicação de que um modo mais severo de desgaste se iniciou.

A geração de partículas maiores sinaliza uma iminente falha.

O desgaste abrasivo, analogamente ao processo de usinagem por corte, gera partículas com formato de espirais, circulares, curvadas, como mostrado na Figura 8.76

O aumento no número e no tamanho dessas partículas indica que o mecanismo de desgaste abrasivo está aumentando rapidamente.

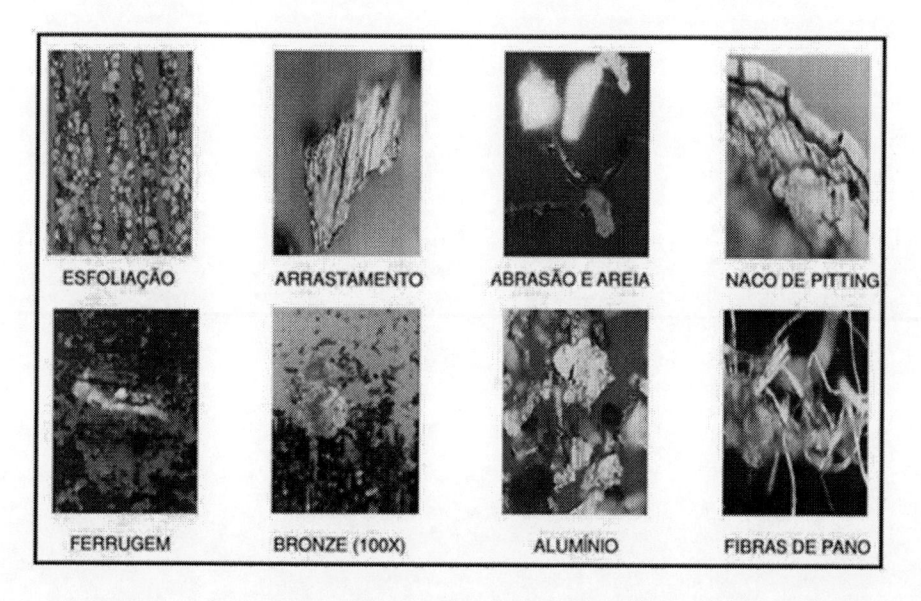

Figura 8.76 – Partículas detectadas no ensaio ferrográfio (cortesia Tribolab)

A figura 8.77 mostra um Relatório de Ensaio Ferrográfico.

Tribolab

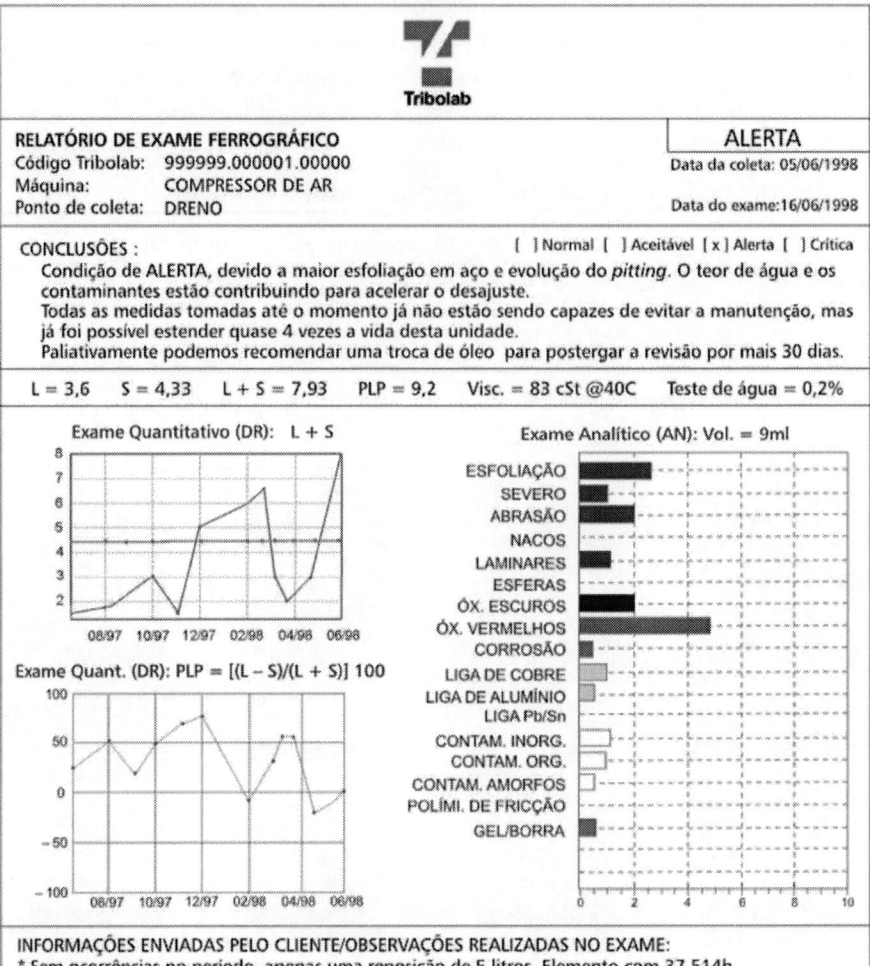

RELATÓRIO DE EXAME FERROGRÁFICO

Código Tribolab: 999999.000001.00000	**ALERTA**
Máquina: COMPRESSOR DE AR	Data da coleta: 05/06/1998
Ponto de coleta: DRENO	Data do exame: 16/06/1998

CONCLUSÕES :   [ ] Normal   [ ] Aceitável   [x] Alerta   [ ] Crítica

Condição de ALERTA, devido a maior esfoliação em aço e evolução do *pitting*. O teor de água e os contaminantes estão contribuindo para acelerar o desajuste.
Todas as medidas tomadas até o momento já não estão sendo capazes de evitar a manutenção, mas já foi possível estender quase 4 vezes a vida desta unidade.
Paliativamente podemos recomendar uma troca de óleo para postergar a revisão por mais 30 dias.

L = 3,6   S = 4,33   L + S = 7,93   PLP = 9,2   Visc. = 83 cSt @40C   Teste de água = 0,2%

Exame Quantitativo (DR): L + S

Exame Analítico (AN): Vol. = 9ml
- ESFOLIAÇÃO
- SEVERO
- ABRASÃO
- NACOS
- LAMINARES
- ESFERAS
- ÓX. ESCUROS
- ÓX. VERMELHOS
- CORROSÃO
- LIGA DE COBRE
- LIGA DE ALUMÍNIO
- LIGA Pb/Sn
- CONTAM. INORG.
- CONTAM. ORG.
- CONTAM. AMORFOS
- POLÍMI. DE FRICÇÃO
- GEL/BORRA

Exame Quant. (DR): PLP = [(L – S)/(L + S)] 100

INFORMAÇÕES ENVIADAS PELO CLIENTE/OBSERVAÇÕES REALIZADAS NO EXAME:
* Sem ocorrências no período, apenas uma reposição de 5 litros. Elemento com 37.514h.

Fatos relevantes:
1) Aumento do valor L + S, devido a esfoliação em aço, sem quebra de filme de óleo.
2) Surgimento de desgaste severo com arrastamento de material e também pequenos *pittings* em aço baixa liga.
3) Apesar de pouca contaminação por areia, ja se observam partículas de abrasão com até 12 μm.
4) A presença de água é a responsável pelos óxidos vermelhos (ferrugem).
5) Gel/borra em concentrações ainda aceitáveis.
6) Leves traços de liga de cobre que são, devido a sua morfologia, oriundas das gaiolas dos rolamentos.
7) Trações de alumínio.
8) A viscosidade está aumentando devido ás altas temperaturas de trabalho (vide a presença do gel).

Laboratório ferrográfico da Tribolab – SP   Eng. Tarcísio D'Aquino Baroni

Figura 8,77 – Relatório de Ferrografia – Cortesia Tribolab

8.5.10. Alinhamento

Alinhamento é primordial nas atividades de mecânica. À primeira vista, quando se fala de alinhamento, o quem vem à mente é o alinhamento entre eixos, por exemplo, os eixos de um acionador e do equipamento acionado. Mas diversos tipos de alinhamento são fundamentais para que os equipamentos operem adequadamente, dentre eles:

- Alinhamento entre flanges da tubulação e dos equipamentos (bombas, compressores, turbinas...)
- Alinhamento entre as caixas de mancal externas ao equipamento.
- Alinhamento de rolos em equipamentos da indústria papeleira, laminação de aço e outras.
- Alinhamento (ou concentricidade) de furos em equipamentos (turbinas a gás ou à vapor, motores diesel, por exemplo).

Alinhamento de eixos

Alinhar é dispor os eixos de tal modo que, à temperatura de operação, estejam seguindo uma linha reta, tomando-se como referência suas linhas de centro.33

O alinhamento malfeito leva à diminuição do Tempo Médio Entre Falhas dos equipamentos, pois induz a ocorrência de esforços que provocam o desgaste prematuro de componentes.

Apesar de essas consequências serem de conhecimento geral, constata-se que não se dá a devida atenção ao alinhamento de máquinas. Estudo levado a efeito na Inglaterra mostrou que de 160 máquinas escolhidas aleatoriamente em diversas empresas químicas de grande porte somente 7% estavam dentro dos limites de tolerância aceitáveis para o alinhamento.

O surgimento dos alinhadores a laser propiciou uma melhora sensível no alinhamento de eixos. Esse método combina duas tecnologias, que são o raio laser, num sistema ótico que permite leituras de grande precisão, e a microeletrônica, que dispensa cálculos pela incorporação de um "computador". Enquanto os relógios comparadores proporcionam precisão da ordem de 0,01mm, os alinhadores a laser dão uma precisão de 0,001mm. Figura 8.78.

O funcionamento dos alinhadores a laser se dá pela modificação da posição relativa do feixe laser. Como os dois eixos giram juntos, havendo um desalinhamento ocorrerá uma variação na posição do raio laser. Isso é percebido pelos cabeçotes, enviado aos processadores e mostrado no monitor.

Atualmente estão disponíveis no mercado alinhadores sem fio (wire-less), além de poderem ser utilizados aplicativos para *smartfones* ou *tablets* em Android ou IOS.

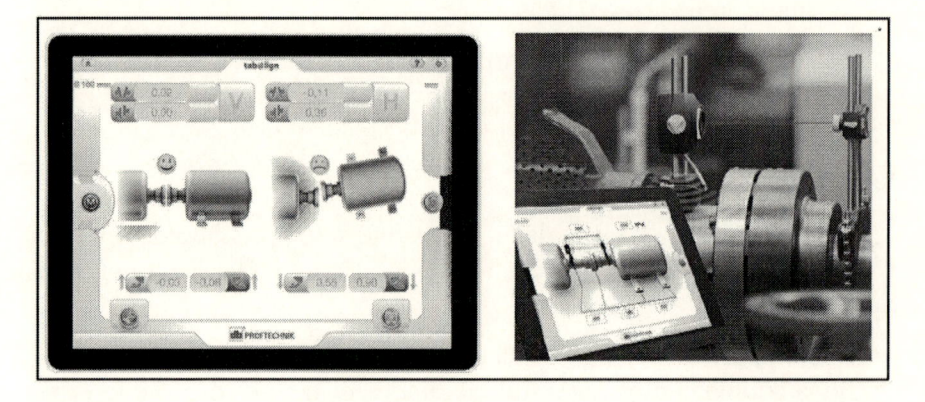

Figura 8.78 – Alinhamento à laser utilizando aplicativa para tablet (Cortesia MGS Tecnologia/Pruftechnik)

As melhorias nos alinhadores a laser proporcionam, atualmente, facilidades como as oferecidas no *Rotalign Touch* da Pruftechnik (figura 8.79):

- Tela capacitiva sensível ao toque como tablet com tela 3D.
- Conectividade móvel integrada: RFID, Wi-Fi, Bluetooth e câmera.
- Medição de acoplamento múltiplo do eixo até 6 acoplamentos simultaneamente.

- Alta qualidade de medição em tempo real com o intelliSWEEP, o intelliPASS e o intelliPOINT.
- Alinhamento do eixo do cardan com o eixo no lugar.
- Simulador *"Move"* horizontal e vertical. (recurso que permite ao usuário simular valores de calço e correções de movimento horizontal antes do ajuste.)
- Movimento ao vivo de acoplamento múltiplo nas direções horizontal e vertical simultaneamente.
- Alinhamento da máquina vertical com o modo contínuo de medição vertiSWEEP.
- Diagnóstico de pés mancos.
- Software *ALIGNMENT RELIABILITY SOFTWARE 4.0* com transferência de dados na nuvem.

Figura 8.79 – Alinhador à laser Rotalign Touch
(cortesia MGS Tecnologia / Pruftechnik)

Alinhamento de eixos cardan

Os eixos Cardan são usados para compensar o desalinhamento paralelo (vertical / horizontal) entre o eixo motriz e o eixo acionado.

Mas ao contrário do que possa parecer, o eixo cardan não é capaz de absorver o desalinhamento angular entre os eixos. Caso ocorra um desalinhamento angular ocorrerá aumento na vibração.

O alinhamento entre os eixos acoplados com cardan pode ser feito, atualmente, sem necessidade de desmontar o cardan, o que confere maior precisão e maior rapidez.

A figura 8.80 mostra dois cabeçotes laser montados em um eixo cardan, a relação de ângulos que deve ser preservada após o alinhamento e a tela do Rotalign Ultra IS da Pruftechnik,.

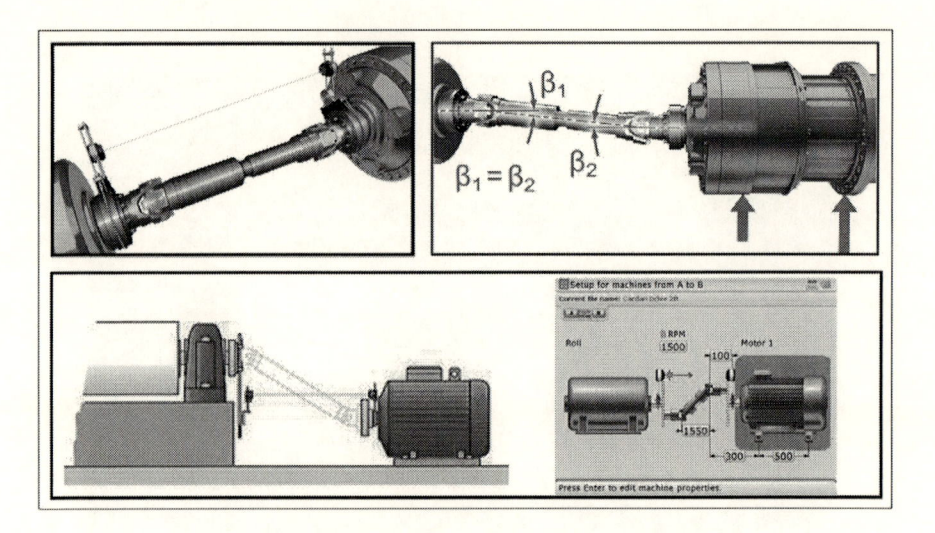

Figura 8.80 – Alinhamento de eixo cardan
(cortesia MGS Tecnologia / Pruftechnik)

Alinhamento de rolos

O processo que hoje é considerado "tradicional" é o que utiliza sistemas óticos (teodolitos), conforme mostra o desenho esquemático da Figura 8.81.

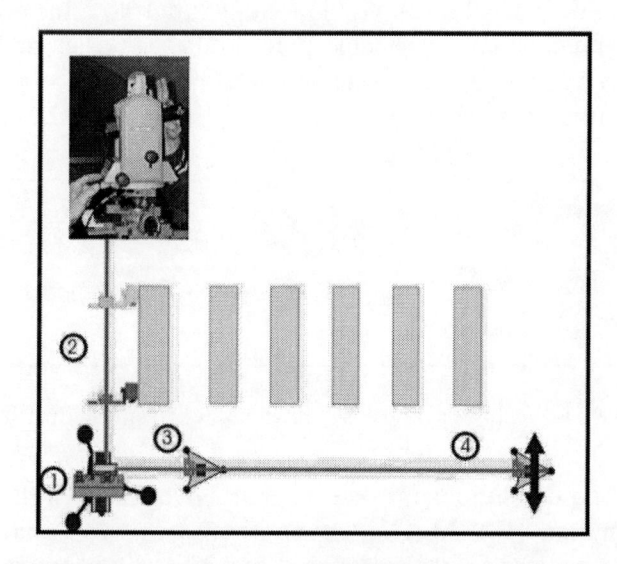

Figura 8.81 – Alinhamento de rolos pelo processo ótico
(Cortesia MGS Tecnologia)

Considera-se que, nesse processo:

- Os rolos precisam estar visíveis.
- O sistema tem que ser ajustado para cada rolo da máquina.
- Alinhamento entre níveis diferentes raramente possível.
- Resultado influenciado pelas condições ambientais.
- Maior tempo para realização dos serviços.

Processos mais recentes apresentam vantagens sobre o processo de alinhamento ótico.

Um desses sistemas é o Processo *Roll Check* da Seiffert Industrial que consiste em dois cabeçotes onde uma linha de laser é projetada a partir do transmissor em direção ao cabeçote refletor que é montado sobre o rolo a ser alinhado.

O transmissor de laser, que está montado um rolo estacionário, transmite duas linhas de laser vermelho para o refletor posicionado no rolo a ser alinhado A linha de laser indica se o rolo está alinhado verticalmente e a linha refletida para trás indica se os rolos estão paralelos. (figura 8.82)

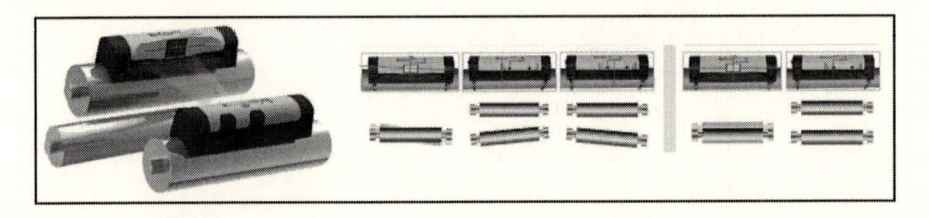

Figura 8.82 – Alinhador de rolos RollCheck (cortesia Seiffert Industrial)

O processo de alinhamento de rolos desenvolvido pela PRUFTECHNIK, denominado PARALIGN, baseia-se em três giroscópios anelares a laser de alta precisão que registram o movimento no espaço. Cada um mede o ângulo de giro sobre seu eixo, ângulos esses denominados , Roll, Pitch e Yaw.

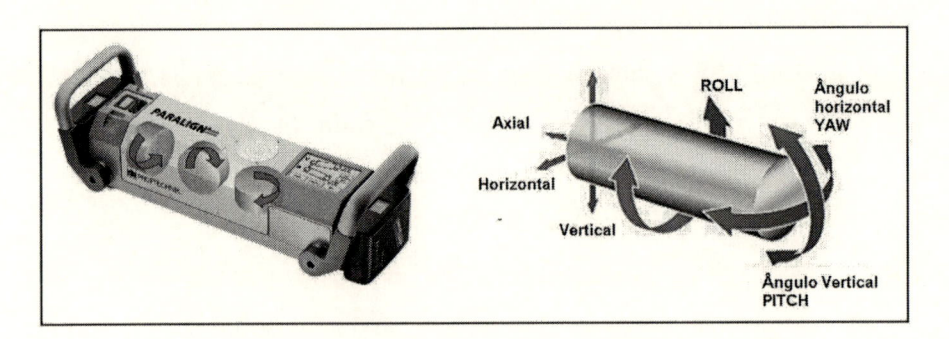

Figura 8.83 – Processo de Alinhamento de rolos Paralign
(cortesia MGS Tecnologia / Pruftechnik)

O método *SWEEP* permite a determinação da posição relativa no espaço tridimensional por meio de um algoritmo matemático. Isto significa que o *PARALIGN* precisa apenas deslizar sobre a superfície do rolo para medi-lo, conforme mostrado na figura 8.84.

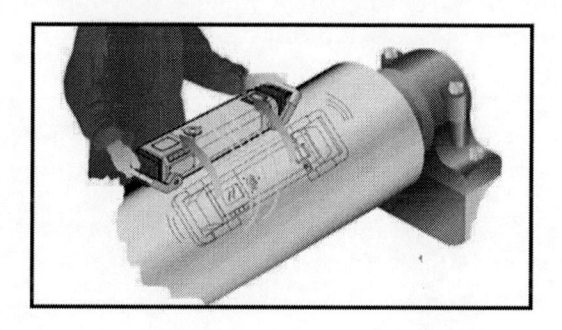

Figura 8.84 – Processo de Alinhamento de rolos Paralign
(cortesia MGS Tecnologia / Pruftechnik)

A figura 8.85 apresenta os protocolos antes e depois da correção e, por esse processo, é possível a medição em 100 (cem) rolos de uma fábrica de papel em um dia.

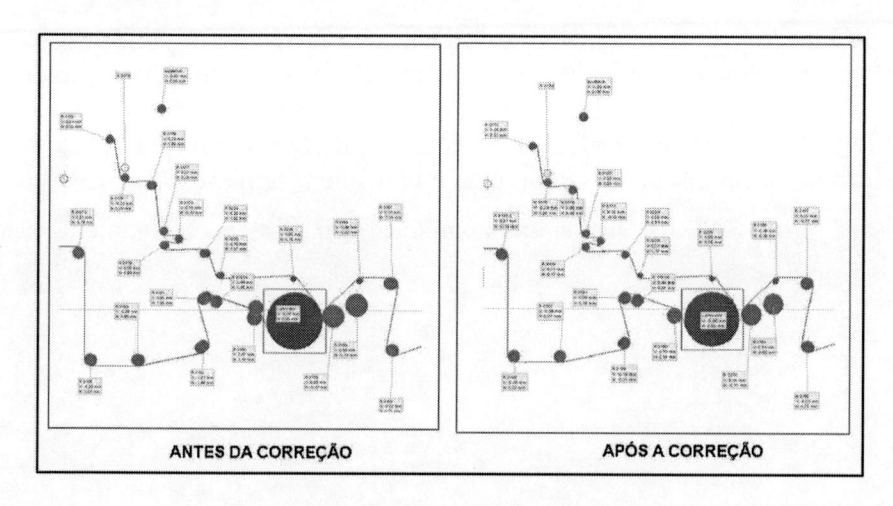

Figura 8.85 – Protocolos antes e depois da correção
(Cortesia MGS Tecnologia)

Alinhamento de polias

Dispositivos de alinhamento a laser de polias são disponíveis para equipamentos com transmissão por correias planas, em V ou correntes. Esses dispositivos contribuem para a redução no tempo de alinhamento e aumento da precisão (Figura 8.86)..

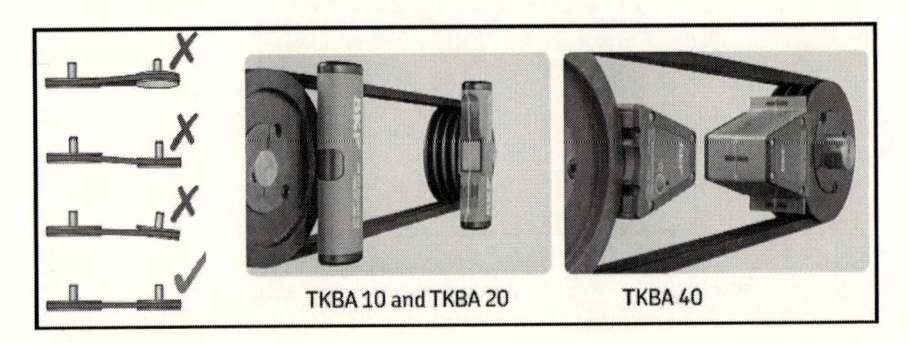

Figura 8.86 – Alinhamento de polias a laser (Cortesia SKF)

Alinhamento de furos

O alinhamento de furos é uma aplicação típica em muitas indústrias, como marítima, energia, serviços, petróleo e gás. Diversos equipamentos dependem de alinhamento de furos, dentre eles: Motores à Combustão Interna, Compressores Alternativos e centrífugos, Turbinas a vapor e Turbinas a Gás, Bombas, Redutores e Eixos de propulsão de navios.

A figura 8.87 mostra alguns aparelhos utilizados no alinhamento de furos.

8. TÉCNICAS PREDITIVAS   425

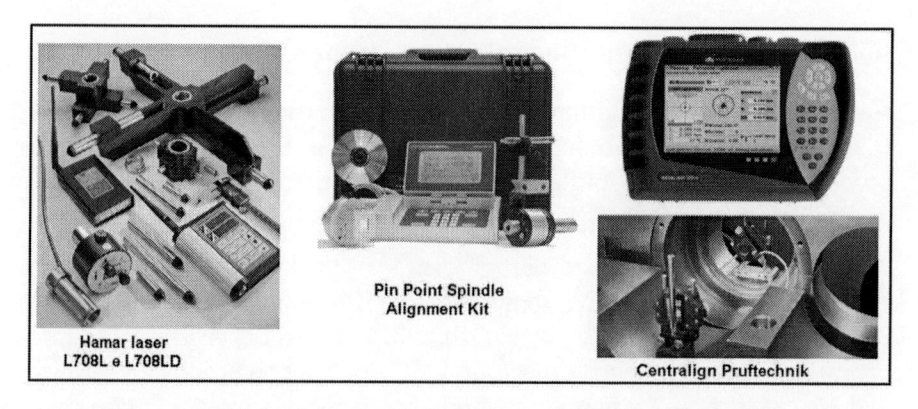

Figura 8.87 – Alinhadores de furos à laser (Cortesia Hamar Laser, Pin Point Laser e Pruftechnik / MGS Tecnologia)

A figura 8.88 mostra a aplicação de alinhamento de furos em alguns equipamentos.

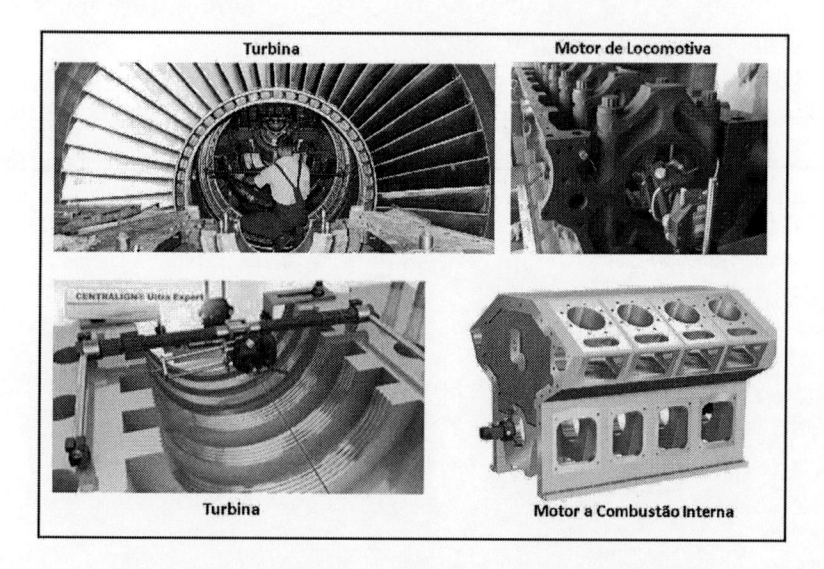

Figura 8.88 – Aplicação de alinhadores de furo à laser (cortesia Pruftechnik / MGS Tecnologia e Ludeca)

Alinhamento de máquinas rotativas – expansão térmica

As condições da máquina mudam entre a condição da máquina parada (desligada) e a condição operando a plena carga. Isso se deve a forças do processo (pressão do fluido, vazão do produto, etc.) sendo mais notável as modificações causadas pela dilatação térmica.

Quando a máquina está parada ela está "fria" e quando está em regime normal de operação a temperatura é diferente da condição de fria. Pode ser maior ou menor, função da temperatura do produto (bombas, compressores) e, no caso de acionadores (motores elétricos e motores a combustão interna) a temperatura em operação normal é sempre maior que na condição parado, o que é óbvio.

A modificação que ocorre em função disso, é conhecida como expansão térmica.

A figura 8.89 mostra uma situação hipotética para um conjunto motor elétrico – compressor centrífugo multiestágio na qual se vê um gráfico mostrando as linhas de centro dos eixos na condição " frio" e na condição "quente", ou seja, em operação normal. O motor "cresce ou expande", por igual, de um determinado valor indicado pela linha de cota vermelha.

Já o compressor apresenta alguma diferença entre as temperaturas na sucção e na descarga, portanto, expandirá diferentemente como indicado no gráfico. O que interessa é que, durante a condição de operação normal, os eixos estejam perfeitamente alinhados.

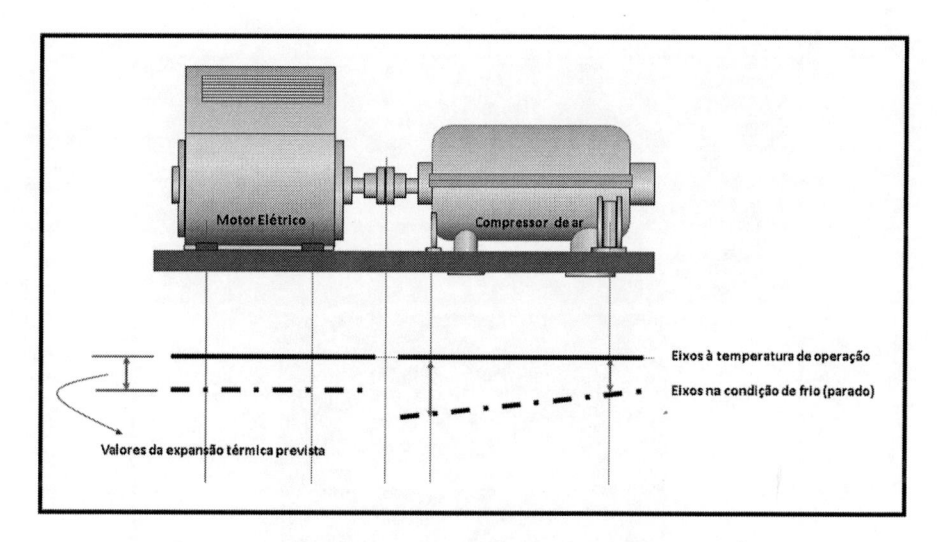

Figura 8.89 – Condição de alinhamento prevendo expansão térmica

O alinhamento correto à temperatura de operação para a carga projetada pode ser informado ou não pelo fabricante. Mesmo quando os valores de expansão térmica são informados, as condições podem determinar mudança nesses parâmetros o que levará a um desvio no melhor valor de alinhamento.

Atualmente estão disponíveis equipamentos a laser que podem ser utilizados para monitorar a expansão térmica dos equipamentos, fornecendo informações valiosas para a manutenção.

A Pruftechnik faz a monitoração através do *Rotalign Ultra IS Live Trend* que faz a medição da mudança de posição da máquina em tempo real.

Cabeçotes laser são montados na carcaça das máquinas (acionador e acionado) o mais próximo possível da linha de centro do eixo (quando não possível na parte superior da carcaça) sendo os valores lidos no analisador *Rotalign,* conforme mostra a figura 8.90.

Os resultados, ao longo do tempo em que o equipamento foi monitorado, estão mostrados na figura 8.91.

Figura 8.90 – Medição de expansão térmica
(cortesia MGS Tecnologia / Pruftechnik)

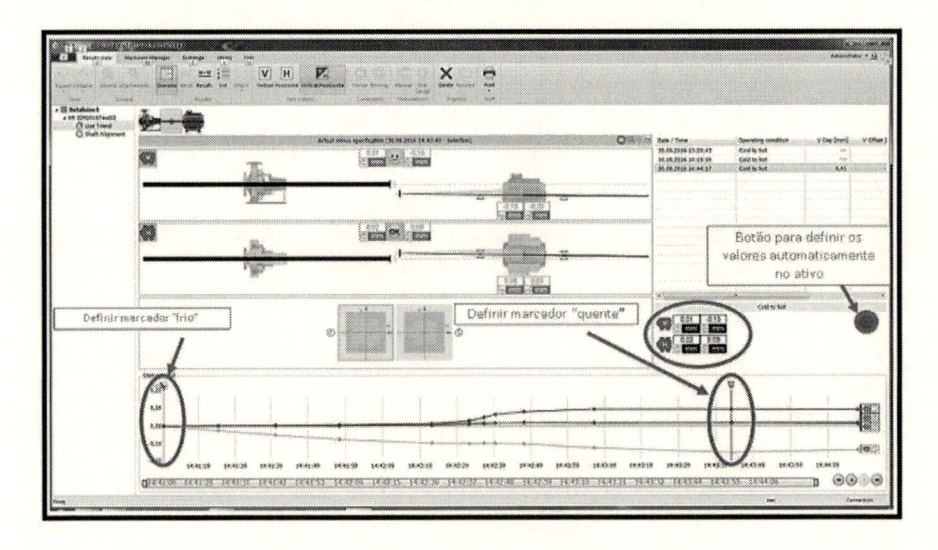

Figura 8.91 – Avaliação dos resultados do Livetrend
(cortesia MGS Tecnologia / Pruftechnik)

8.5.11. Motores Elétricos – Análise e Diagnóstico

O IEA (*International Energy Agency*) estima que 53% da energia elétrica consumida no mundo, é utilizada pelos motores elétricos. Na indústria que, segundo a ABB, consome 42% de toda energia no mundo, 2/3 são utilizados pelos motores elétricos.

O motor de indução de corrente alternada (CA) oferece aos usuários construção simples, robusta, fácil manutenção e preços relativamente módicos. Como resultado desses fatores, mais de 90% dos motores instalados em todo o mundo são motores de indução.

Visto em corte transversal, o motor elétrico de indução tem o aspecto mostrado na figura 8.92 que mostra os detalhes de sua construção.

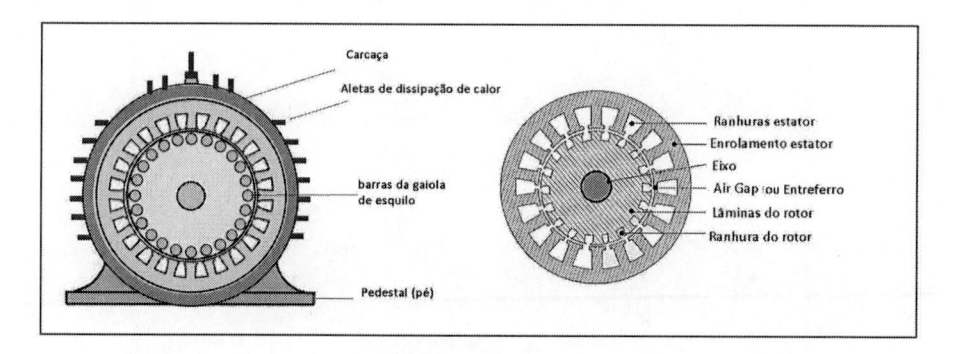

Figura 8.92 – Motor elétrico de indução – corte transversal

A figura 8.93 mostra o aspecto externo de um motor elétrico trifásico, de indução, fabricado pela WEG.

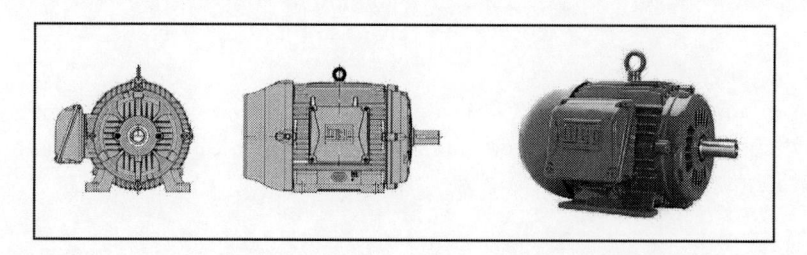

Figura 8.93 – Motor elétrico de indução trifásico linha W22 (cortesia WEG)

Considera-se que existem 6 (seis) zonas principais onde as falhas em motores elétricos podem ocorrer que são (Figura 8.94):

1. Circuito de alimentação.
2. Qualidade da alimentação.
3. Isolamento.
4. Estator.
5. Rotor.
6. Entreferro (*air gap*).

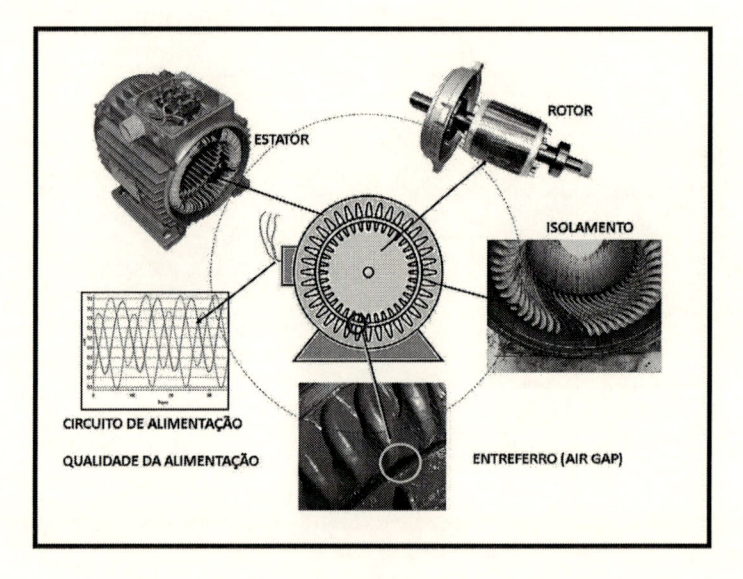

Figura 8.94 – Zonas de falhas em motores elétricos
(cortesia Vitek Consultoria)

A tabela a seguir indica os parâmetros que devem ser monitorados na avaliação de motores elétricos, para as zonas de falhas indicadas anteriormente.

8. Técnicas Preditivas

Zona de Falha	Parâmetros de interesse
Qualidade da Alimentação	• Valores de Tensão e Corrente • Desequilíbrio de Tensão e Corrente • Distorsão Harmônica Total (THD) • Fator de Crista • Distribuição de Harmônicas
Circuito de Alimentação	Componentes utilizados para conduzir alimentação do CCM ao motor. • Terminal de Conexões • Bornes • Contatos • Grampos de Fusíveis • Juntas Soldadas • Cabos
Isolamento	• Isolamento a Terra – integridade do motor • Isolamento a Terra – integridade do cabeamento • Contaminação acumulada no isolante • Condição Dielétrica

Estator	• Teste de Influência do rotor (RIC Test)
	• Análise on line do estator para:
	  • Desbalanceamento de Corrente
	  • Desbalanceamento de Impedância
	  • Fator de Potência

Rotor	• Barras rotóricas partidas ou quebradas • Porosidade em rotores de alumínio fundido • Ferro do rotor defeituoso • Enrolamento do Rotor em Rotores DC • Enrolamento de campo em motores síncronos • Curto na laminação
Entreferro	• Excentricidade Estática • Pé Manco • Tampa traseira Desalinhada • Rolamento "Enjambrado" • Mancal Banhado por Óleo

Tabela 8.7 – Zonas de defeito e parâmetros de interesse
(cortesia Vitek Consultoria – PdMA)

Os testes em motores podem ser feitos com o motor em operação normal ou parado.

As causas básicas das falhas que podem ser identificadas são:

A empresa PdMA desenvolveu analisadores e presta serviços de avaliação de motores elétricos no campo utilizando três analisadores:

- MCE® – que efetua testes estáticos no motor elétrico.
- EMAX – destinado a testes dinâmicos no motor elétrico.
- MCEMAX® powered by MCEGold® – testador combinado.

Esses instrumentos testam as 6 (seis) zonas de falhas do motor elétrico apresentando curvas e relatórios que indicam a situação e permitem providencias antecipadas.

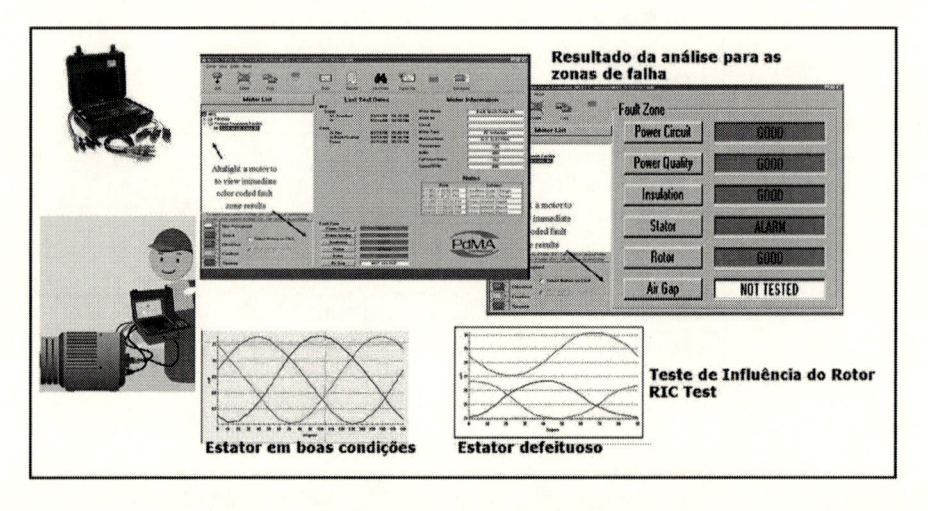

Figura 8.95 – Analisador MCE, relatório e curvas de testes (cortesia Vitek Consultoria / PdMA)

Convém lembrar que o monitoramento da condição de motores elétricos através da vibração também oferece informações valiosas, dentre elas a possibilidade de detecção de problemas nas barras da gaiola de esquilo do rotor. Entre os problemas que são detectados pelo monitoramento da vibração se incluem:

- Desalinhamento.
- Desbalanceamento.

- Mancais ou rolamentos defeituosos.
- Desbalanceamento magnético (barras quebradas).
- Pé manco.
- Problemas de fundação.

8.5.12. Rolamentos e Engrenagens – Técnicas de Análise de Vibração – *PeakVue* e Envelope

Mancais de rolamentos são utilizados em mais de 90% das máquinas rotativas encontradas em aplicações comerciais e industriais.

Pelas características, tanto na medição e análise de vibração dos rolamentos como das engrenagens, duas técnicas são utilizadas: *PeakVue* e Envelope. Como será mostrado mais à frente, os nomes das técnicas para esse tipo de acompanhamento são registrados pelas empresas, daí nomes como o *PeakVue, Spike Energy e Envelop Analysis,* como mostrado na Tabela 8.8.

No caso de rolamentos, quando os corpos rolantes passam por um defeito ou anomalia na pista são geradas frequências que também são denominadas frequências de falhas. Essas frequências são função da geometria/dimensões do rolamento e da velocidade relativa entre as duas pistas.

A figura 8.96, mostra a caracterização das frequências fundamentais nos rolamentos.

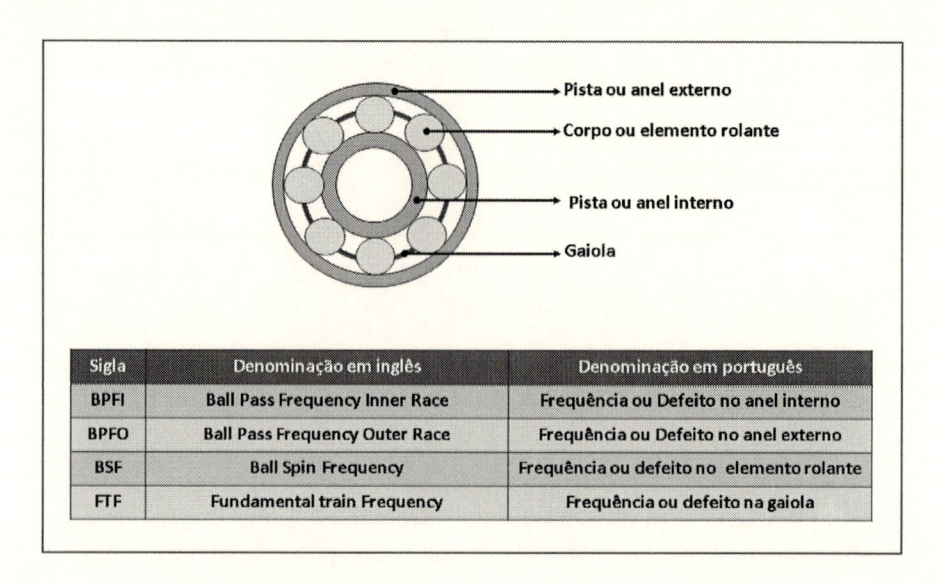

Sigla	Denominação em inglês	Denominação em português
BPFI	Ball Pass Frequency Inner Race	Frequência ou Defeito no anel interno
BPFO	Ball Pass Frequency Outer Race	Frequência ou Defeito no anel externo
BSF	Ball Spin Frequency	Frequência ou defeito no elemento rolante
FTF	Fundamental train Frequency	Frequência ou defeito na gaiola

Figura 8.96 – Frequências fundamentais nos rolamentos

A figura 8.97 mostra como aparece em um analisador o defeito em uma das 3 partes do rolamento (pista externa, pista interna e corpos rolantes).

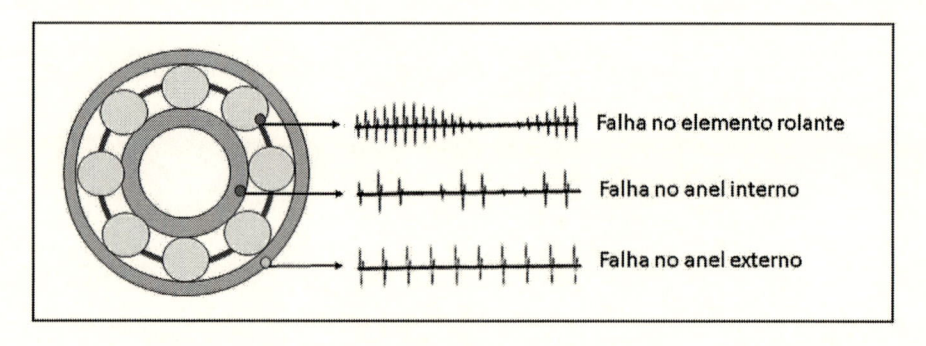

Figura 8.97 – indicações de defeitos em rolamentos

A figura 8.98 mostra dois espectros para a mesma fonte ou mesmo dado, qual sejam: Um espectro velocidade x frequência e outro espectro aceleração x frequência.

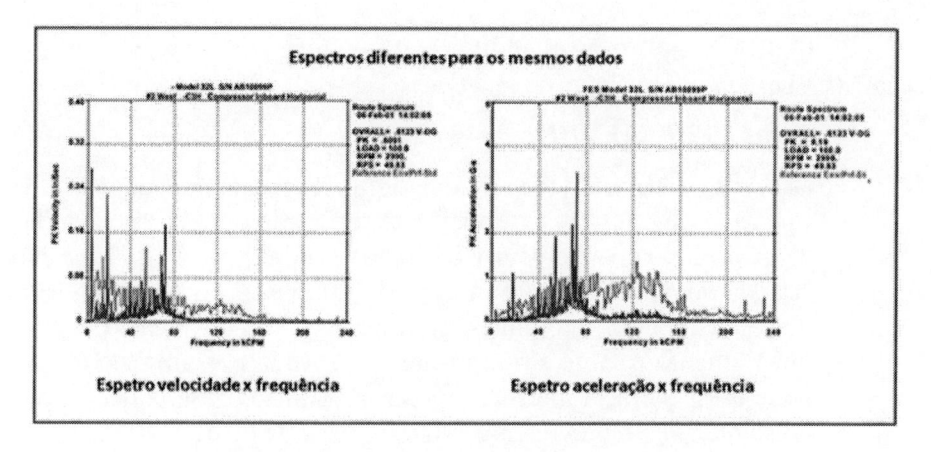

Figura 8.98 – Espectros velocidade frequência
e aceleração frequência (fonte: ref. 115)

Para um mesmo rolamento, enquanto no espectro velocidade x frequência os eventos de baixa frequência como desbalanceamento, desalinhamento são melhores mostrados, os eventos de alta frequência como falhas nos rolamentos, problemas de engrenamento (*gearmesh*) são melhores mostrados no espetro aceleração x frequência.

Os fabricantes de equipamentos de medição e análise de vibração dão nomes diferentes para as técnicas de análise de vibração, notadamente para aquelas focadas no "impacto" que é o caso de rolamentos e engrenagens. Dentre essas temos:

Empresa	Técnica ou metodologia de análise de vibração
EMERSON/CSI	*Peakvue*
ENTEK	gSE (*spike energy*)
SKF	HFD (*hi frequency domain*)
PRUFTECHNIK	*Envelope analysis*
BRUEL&KJAER VIBRO	*Envelope Analysis*

Tabela 8.8 – Nomes dados às técnicas de análise
pelos fabricantes / prestadores de serviço

Os tópicos a seguir abordam, de modo sucinto, duas dessas metodologias: *PeakVue* e Envelope

- **ANÁLISE *PEAKVUE***

    PeakVue ou Valor de Pico é uma metodologia patenteada pela CSI (agora EMERSON-CSI), que pode ser usado para detectar ondas de alta frequência e de curta duração – ondas de estresse, que são criadas quando o metal é impactado ou aliviado do estresse residual causado por anomalias, como por exemplo trincas. Quando um elemento rolante em um rolamento passa por um defeito que pode estar na pista interna ou externa, a pista irá se defletir e depois voltar. Este movimento criará uma onda de estresse. O *PeakVue* mede a amplitude mais alta encontrada nesta forma de onda e a mantém como o valor mais alto durante o tempo correspondente ao comprimento de onda.

    Isso estabelece o "princípio zero":

    A medição PeakVue em uma boa máquina deve ser ou estar perto de zero.

    À medida que as falhas de máquinas comuns começam a aparecer na rotação do equipamento (por exemplo, defeitos em rolamentos, defeitos de engrenagem, lubrificação insuficiente ou cavitação da bomba), a leitura do *PeakVue* tipicamente pode ser avaliada usando a Regra de 10 que indica o valor da vibração em g (1 g = 9.81 m/s^2): (tabela 8.9)

A REGRA DOS 10	
Valor Peak Vue	Interpretação
10	Início de problema (monitorar mais proximamente)
20	Problema Sério (desenvolva um plano de ação)
40	Problema crítico (implemente o plano de ação)

Tabela 8.9 – Regra dos 10 (valor do peakvue em g's)

O *PeakVue* pode visualizar sinais de problemas em uma máquina que simplesmente não são visíveis com outras medidas de vibração. A indicação de defeitos obtida ainda no início de seu desenvolvimento facilita a manutenção ideal planejando e minimizando o impacto na produção.

A tabela 8.10 mostra o monitoramento de um mancal ao longo do tempo utilizando medição de velocidade (in/sec) e medição *peak vue* (g).

Estágio da Falha	Vida residual do rolamento	Vibração total (overall) [in/sec]	Peak Vue [g]
Novo	Total	0,15	0
1	<20%	0,15	10
2	<10%	0,15	20
3	<5%	0,16	30
4	<1%	0,18	40
Falha	0%	>0,45	50+

Tabela 8.10 – Monitoramento de um mancal ao longo do tempo.

A tecnologia *PeakVue* permite que sejam encontrados defeitos de rolamento ou engrenagens antes de outras medidas. Essa tecnologia remove os sinais de vibração normais e captura a amplitude real dos impactos de alta frequência dos defeitos de rolamento ou engrenagens. As frequências de defeito do rolamento aparecem no espectro *PeakVue* nas suas frequências fundamentais e harmônicos. Os picos não são síncronos. Os defeitos de engrenagem aparecem como picos na frequência de velocidade de giro do eixo e do engrenamento (*gearmesh*)

As amplitudes nos dados do *PeakVue* podem ser muito baixas.

A tecnologia *PeakVue* passa o sinal de entrada através de um filtro de passagem de banda ou passa alta * e amostras com o detector de pico. A tecnologia *PeakVue* permite numerosos valores de frequência máxima predefinidos.

Os dados da forma de onda PeakVue são corrigidos para que todos os picos nos dados sejam exibidos no lado positivo da forma de onda. Tendência do valor da forma de onda *Peak to Peak* é o parâmetro mais importante para a tendência de uma medição *PeakVue* para determinar a gravidade da falha.

Peakvue pode ser sucintamente descrita como:

- Um filtro passa alta remove conteúdo de baixa frequência do sinal de aceleração;
- Esse sinal passa através de um conversor analógico – digital;
- Cada amostra é examinada e somente aquelas em que o nível de amplitude excede a um valor especificado e somente àqueles é atribuído um valor digital;
- O algoritmo FFT (Transformada Rápida de Fourrier) então processa essa informação digital e o espectro resultante somente mostrará o pico fundamental e os harmônicos que tenham frequência igual àquele do pulso.

NA – Filtro de passa alta é um filtro que permite passagem de energia de alta frequência .Filtro de passa baixa permite a passagem de energia de baixa frequência. Filtro passa banda pode ser construído com um filtro passa alta e um filtro passa baixa em série. (fonte: Shock and vibration response spectra course Unit 18. Filtering By Tom Irvine)

- **ANÁLISE POR ENVELOPE OU DEMODULAÇÃO**

    Segundo Scheffer e Girdhar, 2004, a técnica do envelope é composta de um conjunto de procedimentos aplicados ao sinal, conforme descrito a seguir:

- Aplicação da transformada de Fourier ao sinal (FFT), no intuito de identificar uma faixa de frequências onde houve elevação em relação a medidas de picos de frequência, coletadas anteriormente. A elevação ocorre devido à excitação de frequências naturais características do rolamento ou estrutura, devido à falha no rolamento.

8. TÉCNICAS PREDITIVAS 439

- Aplicação de filtro passa banda ou passa baixa ao sinal, no intuito de eliminar baixas frequências de alta amplitude, que estão geralmente relacionadas a desalinhamentos e desbalanceamentos.
- Aplicação da transformada de Hilbert, no intuito de obter o envelope, do sinal do defeito.
- Aplicação da FFT ao envelope, no intuito de obter as frequências dos defeitos. [111]

Essa técnica de análise de vibração é extensamente utilizada para detecção de falhas de rolamentos e engrenagens. Esse modo foca na zona de alta frequência do espectro. Utilizando um filtro passa alta (que permite altas frequências, mas bloqueia aquelas de baixa), o analisador dá um "zoom" nos dados de baixo nível de alta frequência. O analisador essencialmente tenta pinçar alguns valores que poderiam, de outro modo, serem perdidos no "ruído de piso" (*noise floor*) (também chamado de carpete, os quais não são nada além de amplitudes extremamente baixas através da faixa total de frequência do espectro) de uma faixa estreita do espectro.[113]

A demodulação, outro nome dado à metodologia envelope, significa retirar todos os outros conteúdos e procurar essencialmente a taxa de modulação da alta freqüência, por isso é conhecido também como demodulação de alta frequência (*High Frequency Demodulation-HFD*). Um exemplo de uma frequência natural de rolamento ocorre sempre que um elemento rolante passa sobre um defeito na pista externa, por exemplo. Isso causa um impacto na BPFO com um toque para baixo nos eventos de frequência natural do rolamento. Uma vez tendo as frequências mais dominantes, como um grande desequilíbrio ou desalinhamento no sistema, esses pequenos eventos de impactos podem ser "afugentados" pelas frequências dominantes e podem não ser visíveis nos espectros. O HFD procurará aqueles eventos que são impactos de alta frequência e baixa amplitude. O primeiro passo é retirar a vibração de baixa frequência, enviando o sinal através de um filtro passa alta. O sinal é então enviado através de um filtro de passa baixa para retirar a frequência portadora, deixando-nos com a frequência de modulação. Finalmente, a forma de onda resultante pode ser convertida para o domínio de frequência usando uma FFT.

4. Comparações

Recomenda-se que, tanto para PeakVue como para Envelope seja utilizado acelerômetro para a aquisição de dados. A tabela 8.11 a seguir mostra as principais diferenças entre as duas metodologias.

PEAKVUE	ENVELOPE (DEMODULAÇÃO)
Não é e nem utiliza demodulação	Utiliza demodulação
Não utiliza filtro passa baixa	Utiliza filtro passa baixa
Mede o valor de pico	Mede o valor RMS (root mean square)
Detecta frequência de impacto e amplitude	Detecta frequência de impacto
Correlaciona amplitude á severidade da falha do rolamento	Não provê indicação de severidade
Sempre mostra tendência	Pode indicar tendência em casos isolados
Fornece diagnóstico em espectro e em forma de onda	Informações contidas no espectro

Tabela 8.11 – Comparação Peak Vue x Envelope

8.6. Manutenção Preditiva e a Redução nos Prêmios de Seguros

Em 1939, T. C. Rathbone, o engenheiro chefe da Divisão de Turbinas e Máquinas da seguradora *Fidelity and Casuality Company* de Nova York, cuja função incluía a inspeção dos clientes, estabeleceu a primeira diretriz para avaliação de máquinas rotativas a partir de medidas de vibração. O artigo de Rathbone, *Vibration Tolerance,* publicado na *Power Plant Engineering,* fornecia um guia para avaliar a máquina com base no deslocamento da vibração na faixa de frequências compreendida entre 60 com (1 Hz) até 7200 com (120 Hz) aproximadamente. Os critérios estabelecidos por Rathbone definiam faixas onde ficava implícito o grau do risco de falha. Apesar do gráfico não considerar a frequência de vibração, de modo notável continua a servir até os dias de hoje.

8. Técnicas Preditivas

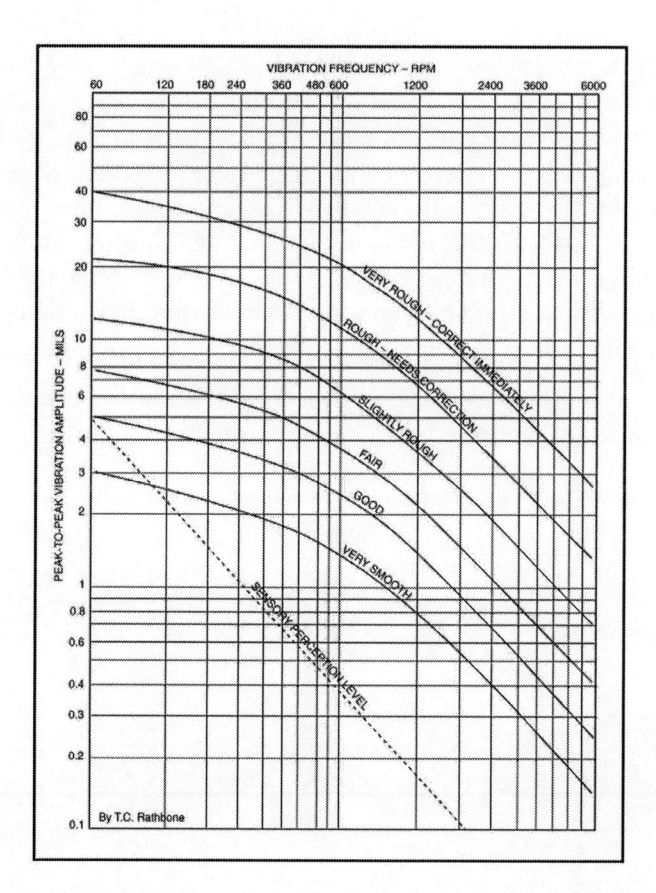

Figura 8.99 – Gráfico de severidade de vibração de T.C.Rathbone (1939)

Ao mesmo tempo em que Rathbone criava um padrão que deveria ser considerado nos contratos entre as plantas industriais e a seguradora, disponibilizou para o mercado um guia até então inexistente.

De acordo com as referencias 106 e 107, "a indústria de seguros é um negócio global centrado em Nova York, Londres, Zurique e nas Bahamas, além de outros centros. Em todo o mundo, os prêmios de seguros em 2004 excederam US $ 3 trilhões[106] e em 2015 ficaram em US$ 4,8 trilhões[107]. Nos Estados Unidos, que representa cerca de 34% do negócio de seguros do mundo, os prémios totalizam mais de US $ 1 trilhão[106] e em 2015 US$ 2,62 trilhões.

O Brasil apresentou, em 2015, US$ 55 bilhões em prêmios[3]. Cada companhia de seguros tem um nível finito de risco (reservas financeiras) que pode ser alocado para um determinado projeto ou complexo industrial. A fim de assegurar a cobertura de seguro integral exigida pelas grandes empresas, o risco de seguro é distribuído por uma série de companhias de seguros. Cada política tem uma seguradora líder, que negociará termos e condições com o segurado ou seus agentes (corretores). A seguradora líder assume o primeiro e maior risco de probabilidade para o site e atribui uma certa capacidade a esse risco, com um certo prémio."

A figura 8.100 apresenta, de modo resumido, um exemplo do mecanismo relativo ao seguro em instalações industriais.

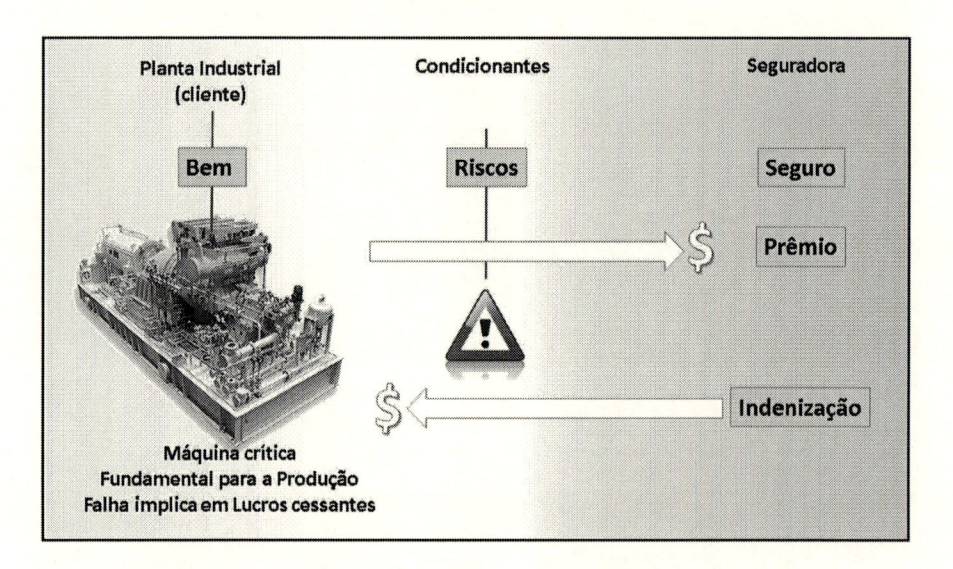

Figura 8.100 – Seguro – Bem, Riscos, Premio, Indenização

É de se supor que, quanto maior o risco maior será o prêmio que o cliente deve pagar, à seguradora, para receber indenização em caso de falha (parcial ou total) do bem. É nesse aspecto que a Manutenção Preditiva tem um papel preponderante.

Do mesmo modo que Rathbone definia padrões para a operação dos equipamentos há 70 anos atrás, o desenvolvimento tecnológico e conceitual permite que, através do monitoramento da condição, diversas vantagens sejam auferidas pelo proprietário do bem, no caso as plantas industriais. Dentre essas vantagens está a redução do valor do prêmio do seguro em função das ações tomadas para reduzir a probabilidade e / ou a consequência da falha através do monitoramento de condições, das tendências de saúde do equipamento e das técnicas de inspeção que podem potencialmente reduzir o RISCO.

De acordo alguns autores, as companhias de seguros irão cobrar taxas mais baixas no seguro em relação a falhas de equipamentos se uma empresa puder mostrar que eles têm um programa de manutenção preditiva que reduz o risco e, algumas seguradoras podem até oferecem serviços para ajudar a mitigar o risco.

Keith Mobley afirma em seu livro que:

".. nos ultimo 10 anos (~1992N.A.) as companhias de seguro perceberam a capacidade das tecnologias de manutenção preditiva de reduzir a frequência e a severidade e as interrupções causadas nelas e no processo. Em função disso, as seguradoras mais progressitas oferecem uma substancial redução no premio de seguros às plantas que possuam um programa de manutenção preditiva viável"

8.7. Monitoramento Remoto

Em muitas situações, o monitoramento de máquinas é feito à distância recebendo, por isso, a denominação de monitoramento remoto. Exemplos clássicos desse tipo de monitoramento são os motores de navios que, apesar de terem na tripulação pessoal de manutenção, não podem prescindir do conhecimento (*know how*) do fabricante. Além disso, os navios, se movimentando continuamente, ficam longe da equipe de engenharia de manutenção do armador.

Esse monitoramento teve início com a utilização de satélites, conforme mostrado na figura 8.101, sendo a análise dos dados do motor, tanto ligados aos aspectos de manutenção (vibração, temperatura, etc.) quanto de dados operacionais, eram permanentemente monitorados pelo fabricante ou especialista que, em caso de necessidade, emitia instruções ou recomendações para a tripulação.

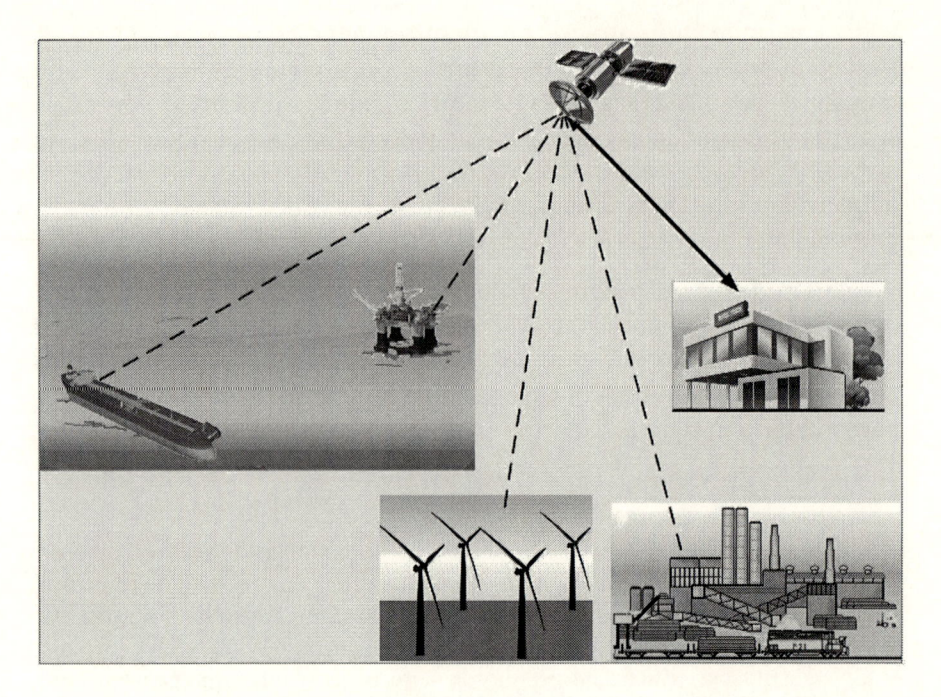

Figura 8.101 – Monitoramento remoto via satélite

Com o desenvolvimento da informática e comunicação de dados, o monitoramento de equipamentos tornou-se uma opção de serviço que é oferecida pelas empresas especialistas em manutenção preditiva.

Em muitos casos as empresas optam por comprar esse tipo de serviço ao invés de terem seu próprio especialista em vibração. E, dentre as vantagens que esse tipo de solução oferece, destacam-se:

- Redução do custo de logística.
- Redução dos investimentos em equipe altamente qualificada.
- Segurança.
- Dados disponíveis e acessíveis em "qualquer lugar."
- Análise e relatórios gerados por equipe especializada.
- Suporte e gestão da base de dados.

- Dados podem ser assistidos em telas de supervisório (sistemas online).
- Comunicação direta com PLC do cliente (sistemas online).

O monitoramento remoto pode ser feito para máquinas com monitoramento *on line* (figura 8.102) e, também, para monitoramento *off line* levado a efeito pelos mantenedores do cliente (medição – coleta e envio de dados), como mostra a figura 8.103.

O acesso dos dados, que são armazenados no banco de dados da prestadora de serviços, está disponível em qualquer tempo através de computação na nuvem. Os dados podem ser acessados por computadores, *tablets* ou *smartfones*, utilizando a plataforma adequada. O monitoramento de dados é feito 24 horas/dia.

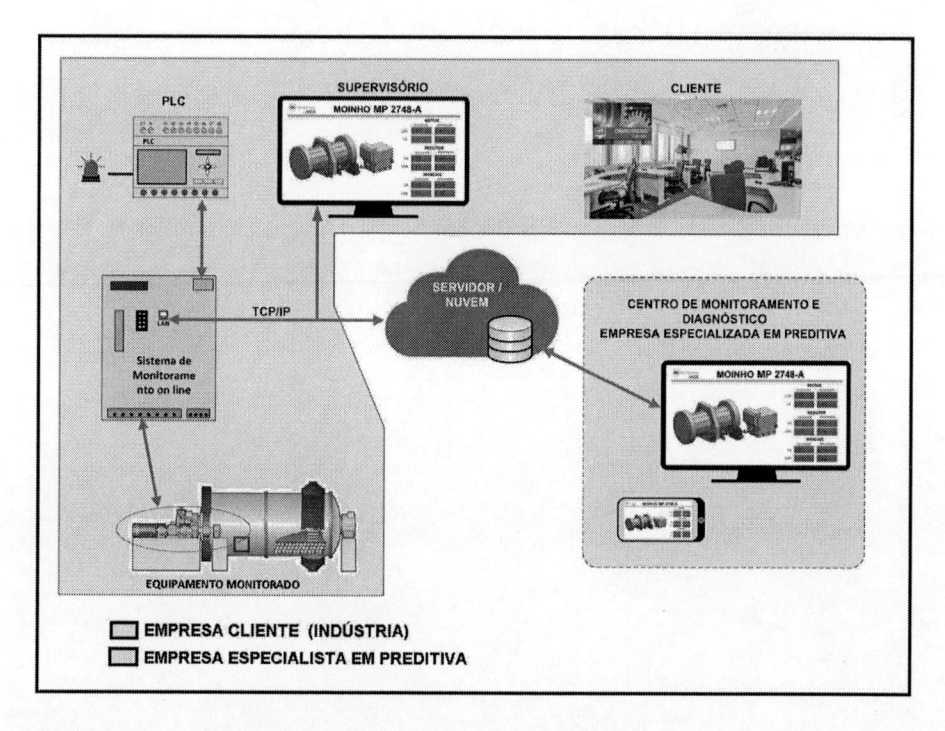

Figura 8.102 – Monitoramento remoto para equipamentos com monitoramento *on line* na planta (cortesia MGS Tecnologia)

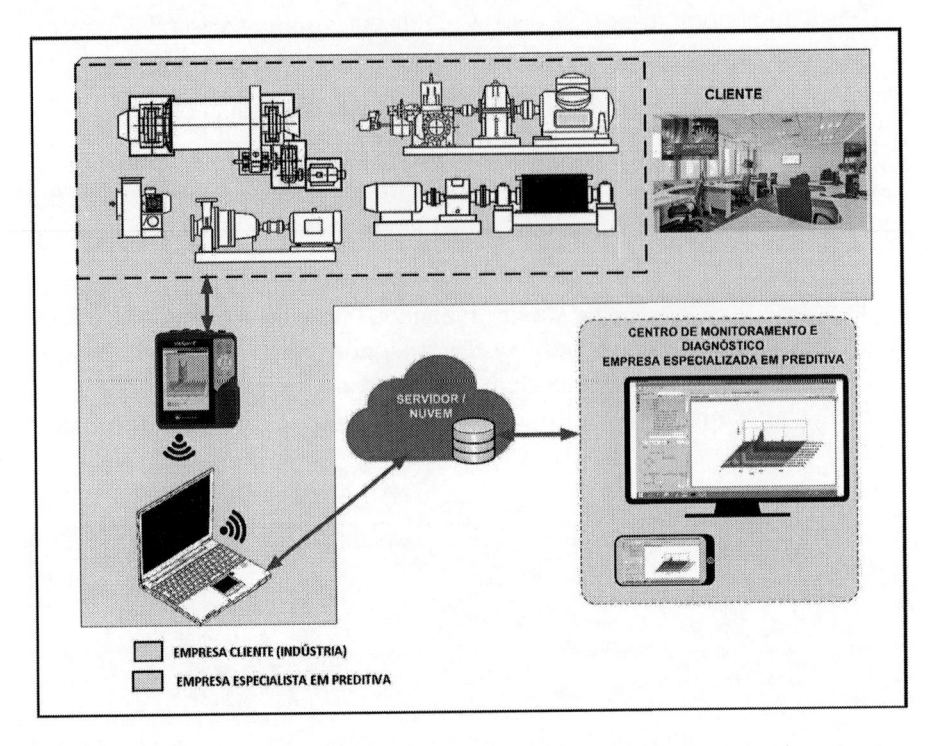

Figura 8.103 – Monitoramento remoto de equipamentos com monitoramento *off line* na planta (Cortesia MGS Tecnologia)

BIBLIOGRAFIA

1	Alan Kardec, João Esmeraldo, João R Lafraia, Júlio Nascif	Gestão de Ativos Editora Qualitymark, 2014	Editora Qualitymark	2014
2	Alan Kardec & Júlio Nascif	Manutenção Preditiva – Fator de Sucesso na Gestão Empresarial	Editora Qualitymark	2013
3	John Moubray	Introduçõ à Manutenção Centrada na Confiabilidde	Aladon	1996
4	Kelly A. & Harris, M.J.	Administração da Manutenção Industrial	IBP	1980
5	Monchy, François	A Função Manutenção	Editora Durban	1989
6	Vicente Falconi Campos	TQC – Controle da Qualidade Total (no estilo japonês). 3a edição.	Fund Christiano Otoni	1992
7	Vale	Manual de Manutenção		2002
8	Barringer, H. Paul	Practical Reliability Tools for Refineries and Chemical Plants, 1996.	Barringer Associates	1996
9	Abraman	Documento Nacional – A Situação da Manutenção no Brasil		1995/ 2017
10	Brian P Graney & Ken Starry	Rolling element bearing analysis – Evaluation	ASTM	2011
11	Augustin Ramirez Mata	API 610 11th edition Assets long lasting for years	Engineering Pumps	2016

12	Cornelius Scheffer, Paresh Girdhar	Practical Machinery Vibration Analysis and Predictive Maintenance	Elsevier	2004
13	Dieter Charle	Introduction to Portable Introduction to Portable Vibration Analysis	BDM	2015
14	Mike Brooks	How Prescriptive Analytics Empowers IoT to Reduce Operational Risk, End Breakdowns, and Increase Net Process Output and Profitability	Mtell	2015
15	David A Corelli	Managing Machinery Assets Using Predictive Maintenance A Manager's Overview	IMI Sensor	2016
16	Ian Barnard	Asset Management – An Insurance Perspective	American Intl Group	2006
17	ERE(US Govt)	O&M Best Practices Release 3.0	US Detp Energy	2010
18	Terry Wireman	Engineers Digest		1998/ 2011
19	Eduardo Mota Jardim	Confiabilidade de Sistemas de Shut-Down em Plantas Industriais de Alto Risco – Evolução Tecnológica e Falha Segura,	PUC Minas	1993
20	Atilio Bruno Veratti	Termografia	ICON Tecnologia	1997/ 2005
21	Steinbruk, Jerry	Industrial Maintenance & Plant Operation Failure Mode and Effect Analyais		1997
22	Ricky Smith	Best Maintenance Practices	Maintenance Tech.	2004
23	Nicolas A J. Hastings	Physical Asset Management	Spring Verlag	2010
24	John D. Campbell, Andrew K. S. Jardine, Joel McGlyn	Asset Management Excellence – Optimizing Equipment Life Cyce Decisions	CRC Press	2011

25	John S Mitchell	From Vibration Measurements to Condition Based Maintenance Seventy Years of Continuous Progress	Sound & Vibration	2007
26	Nolan & Heap	Reliability Centered Maintenane	AD/A066 579	1978
27	Kay Jeschke	ABC – Wie Industrie 4.0 Szenarien neue Geschäftsmodelle ermöglichen Bei Industrie 4.0 spricht man oft von Big Data & Machine Learning.	SAP Deutschland	2016
28	Grant Gerke	Analyze Big Data with Prescriptive Maintenance	Effiiente Plant Mag	2017
29	Maya Sappelli	A Vision on Prescriptive Analytics	TNO Data Sciene	2017
30	Chris K. Mechefske	Machine Condition Monitoring and Fault Diagnostics	Queen's University	2005
31	Iony Patriota Siqueira	Manutenção Centrada na Confiabilidade – Manual de Implementação. 1a edição.	Editora Qualitymark	2005
32	Alan Kardec & Ricardo Lafraia	Gestão Estratégica e Confiabilidade	Editora Qualitymark	2002
33	Werner E. Schröder (a), Rupert J. Baumgartner	Sustainable Plant Asset Management	Present. Hong Kong	2019
34	Júlio Nascif & Luiz Carlos Dorigo	Manutenção Orientada para Resultados	Editora Qualitymark	2008
35		Manutenção Baseada na Confiabilidade.	CSI – Emerson	

Anexo 1

VIBRAÇÃO – PADRÕES

Este anexo inclui algumas recomendações, universalmente adotadas, como limites de aceitação de vibração em máquinas rotativas. Sugerimos consulta a publicações específicas para maiores detalhes.

1. API – AMERICAN PETROLEUM INSTITUTE

O API edita algumas normas (standards) relacionados à vibração e sistemas de monitoramento de máquinas rotativas:

Std (n°)	Título
670	*Machinery Protection Systems*
RP684	*Paragraphs Rotordynamic Tutorial: Lateral Critical Speeds, Unbalance Response, Stability, Train Torsionals, and Rotor Balancing*
RP688	*Pulsation and Vibration Control in Positive Displacement Machinery Systems for Petroleum, Petrochemical, and Natural Gas Industry Services*
678	*Accelerometer-Based Vibration Monitoring System*

Uma recomendação clássica que o API faz para máquinas rotativas (compressores centrífugos, turbinas a vapor, turbinas a gás, redutores e multiplicadores) é:

✓ Durante o teste na fábrica, com a máquina montada com o rotor balanceado, operando a sua velocidade máxima contínua ou a qualquer outra velocidade dentro da faixa especificada de operação, o valor pico-a-pico da amplitude do deslocamento de vibração sem filtro em qualquer plano, medido no eixo, adjacente e relativo a cada mancal, não deverá exceder o seguinte valor ou 2,0 mills (50 microns), o que for menor:

$$A = \sqrt{12.000/N} \text{ em unidades inglesas}$$

$$A = 24,5 \sqrt{12.000/N} \text{ em unidades métricas}$$

onde:

A = amplitude da vibração sem filtro em mils (ou microns) pico-
-a-pico;

N = velocidade máxima contínua em rotações por minuto.

A qualquer valor maior do que a velocidade máxima contínua, até e incluindo a velocidade de *trip* do acionador, a vibração não deve exceder a 150 por cento do máximo valor registrado para a velocidade máxima contínua.

2. ISO

As normas ISO reltivas à vibração são:

Nº	Título
10816-1 a 8 (2014)	*Mechanical vibration — Evaluation of machine vibration by measurements on non-rotating parts —* Composta por 8 partes (1 a 8)
20816-1 (2016)	*Mechanical vibration — Measurement and evaluation of machine vibration — Part 1: General guidelines*

Anexo 1 – Vibração – padrões

A ISO 10816, que substituiu as Normas ISO 2372 e 3945, contém 8 partes e fornece gráficos para julgamento da severidade de vibração em máquinas rotativas, bastante utilizado na Europa, tanto para testes de aceitação no fabricante como para avaliação de máquinas no campo. Ver figuras A1.1 e A1.2. O critério é adotado para vibração medida na carcaça em uma localização específica em cada mancal. Observar que os valores de vibração são para velocidade em RMS – *root mean square*, em português, valor médio quadrático.

SEVERIDADE DE VIRAÇÃO - NORMA ISO 10816-1					
Máquina				Classe III	Classe IV
in/s	mm/s	Classe I Máquinas pequenas	Classe II Máquinas médias	Maq. Grandes fundação rígida	Maq. Grandes Fundação Flexível
0,01	0,28				
0,02	0,45		BOM		
0,03	0,71				
0,04	1,12				
0,07	1,80		SATISFATÓRIO		
0,11	2,80				
0,18	4,50		INSATISFATÓRIO		
0,28	7,10				
0,44	11,20				
0,70	18,00		INACEITÁVEL		
1,10	28,00				
1,77	45,90				

(eixo vertical: Velocidade de vibração (rms))

Figura A1.1 – Gráfico de severidade de vibração ISO 10816-1

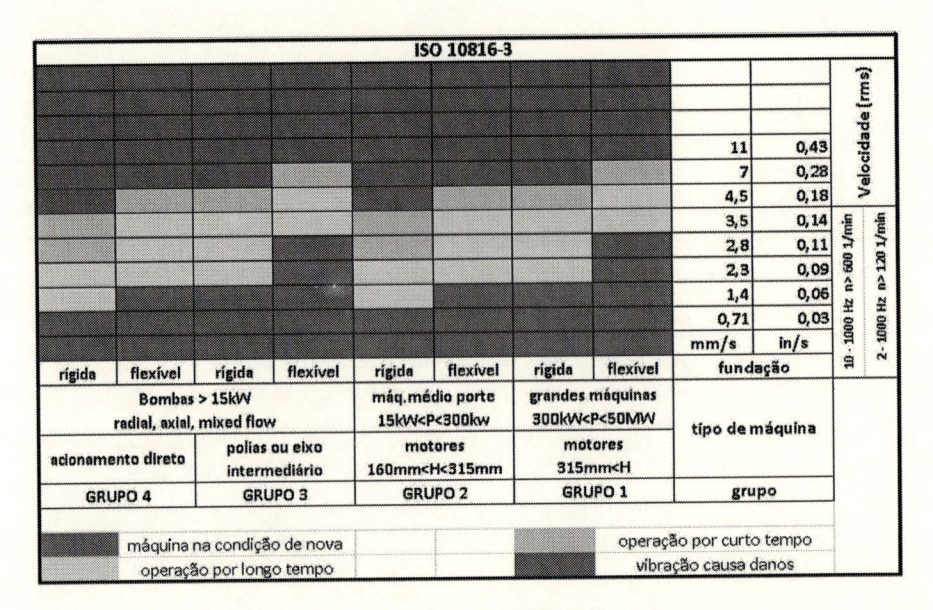

ISO 10816-3										
								11	0,43	
								7	0,28	
								4,5	0,18	
								3,5	0,14	
								2,8	0,11	
								2,3	0,09	
								1,4	0,06	
								0,71	0,03	
								mm/s	in/s	
rígida	flexível	rígida	flexível	rígida	flexível	rígida	flexível	fundação		
Bombas > 15kW radial, axial, mixed flow				máq. médio porte 15kW<P<300kw		grandes máquinas 300kW<P<50MW		tipo de máquina		
acionamento direto		polias ou eixo intermediário		motores 160mm<H<315mm		motores 315mm<H				
GRUPO 4		GRUPO 3		GRUPO 2		GRUPO 1		grupo		
máquina na condição de nova						operação por curto tempo				
operação por longo tempo						vibração causa danos				

Figura A1.2 – Gráfico de severidade de vibração por tipo e grupo de máquina

3. Gráfico Geral de Severidade de Vibração – IRD

Este gráfico foi desenvolvido a partir do gráfico de T. C. Rathbone, nos Estados Unidos, sendo, ainda, largamente adotado. A IRD Mechanalysis, fabricante de instrumentos de medição de vibração, foi a grande divulgadora deste gráfico, figura A1.3, no Brasil no final da década de 60.

Os valores mostrados são para leituras filtradas tomadas na carcaça.

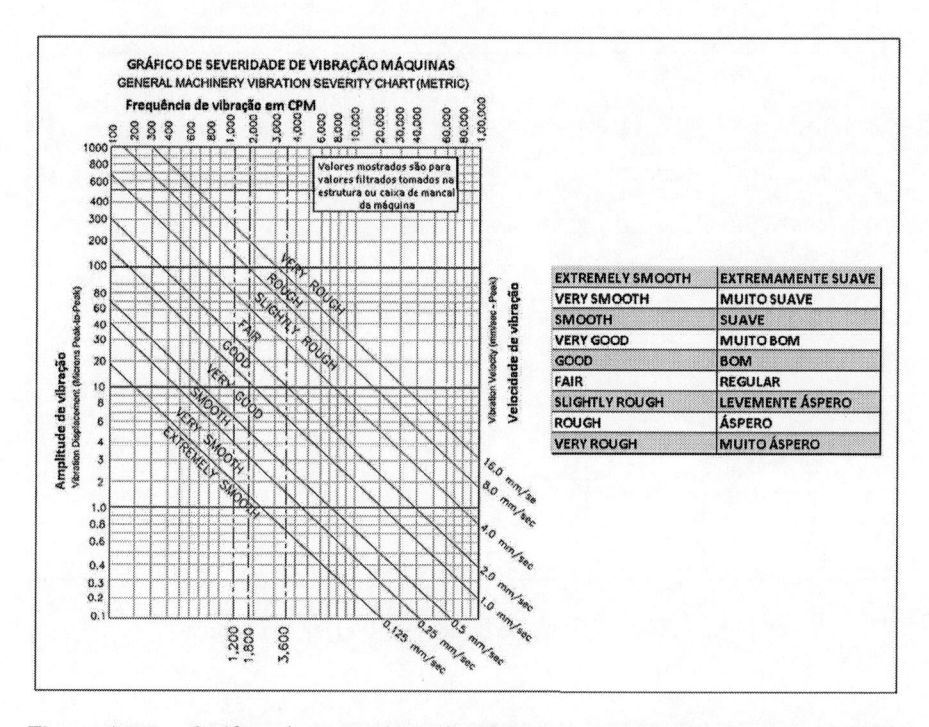

Figura A1.3 – Gráfico de severidade de vibração para máquinas em geral (IRD)

4. API 610 – Bombas Centrífugas

O API 610 (ISO 13709 – 2009) em sua 11ª edição (2010), traz recomendações em relação a limites de vibração em bombas centrífugas utilizadas nas indústrias petrolíferas, petroquímicas e de gás natural.

A classificação API, para os tipos de bombas, está mostrada na figura A1.4 e a distribuição percentual por tipo de bomba está mostrada na figura A1.5

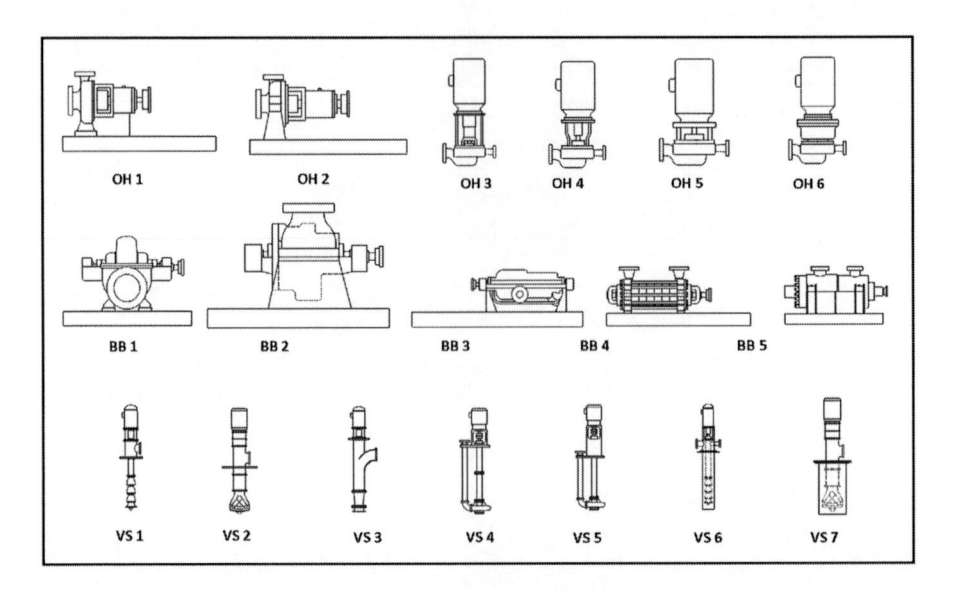

Figura A1.4 – Tipos de bomba API 610 – 11ª edição

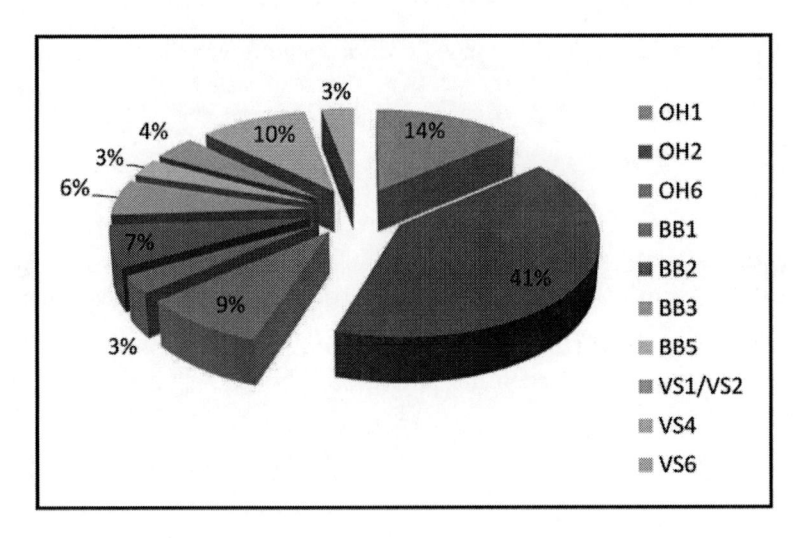

Figura A1.5 – Distribuição percentual de bombas API em refinarias (ref. 116)

ANEXO 1 – VIBRAÇÃO – PADRÕES

Em função do maior percentual de bombas tipo OH1 e OH2, que representam 55% das bombas instaladas em refinarias, serão mostradas as recomendações para esse tipo de bomba. Para bombas verticais, recomendamos consultar o API 610.

A vibração nas bombas centrífugas varia com a vazão, sendo mínima no ponto de máxima eficiência e crescente à medida que se afasta desse ponto, seja para maior ou menor vazão.

Em função disso são definidas regiões para operação da bomba, sendo uma delas em que a operação é permitida ou admissível e outra região onde a operação é recomendada. Ver figura A1.6.

Figura A1.6 – Curva AMT x vazão e curva de vibração (API 610 11ª edição)

A recomendação para limites de vibração em bombas com rotor em balanço (OH1, OH2), e entre mancais (BB1, BB2), está indicada na tabela a seguir.

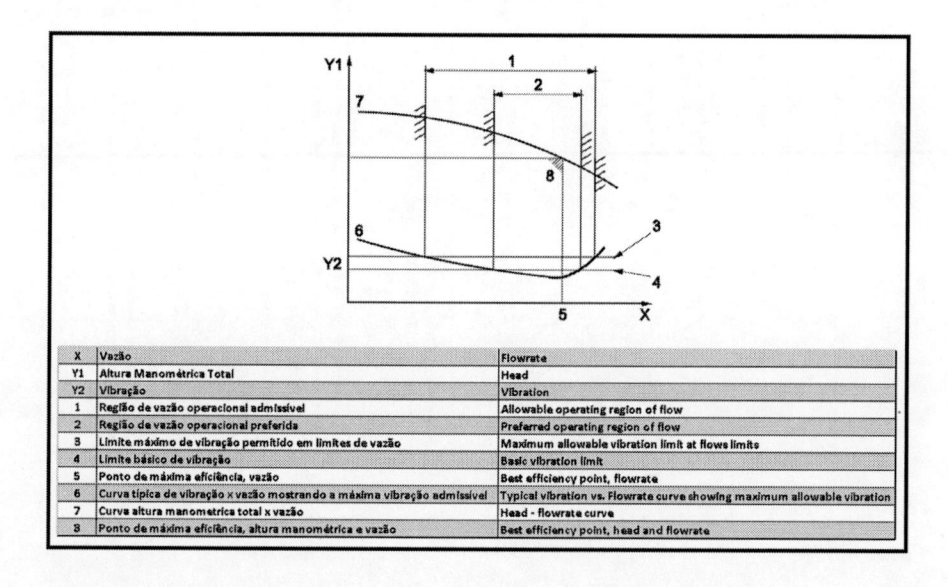

X	Vazão	Flowrate
Y1	Altura Manométrica Total	Head
Y2	Vibração	Vibration
1	Região de vazão operacional admissível	Allowable operating region of flow
2	Região de vazão operacional preferida	Preferred operating region of flow
3	Limite máximo de vibração permitido em limites de vazão	Maximum allowable vibration limit at flows limits
4	Limite básico de vibração	Basic vibration limit
5	Ponto de máxima eficiência, vazão	Best efficiency point, flowrate
6	Curva típica de vibração x vazão mostrando a máxima vibração admissível	Typical vibration vs. Flowrate curve showing maximum allowable vibration
7	Curva altura manométrica total x vazão	Head - flowrate curve
8	Ponto de máxima eficiência, altura manométrica e vazão	Best efficiency point, head and flowrate

O API 610 estabelece valores limites de vibração para bombas com rotor em balanço e entre mancais, conforme mostra a figura A1.7

Critério	Localização da medição de vibração			
	Caixa de mancal		Eixo da bomba (adjacente ao mancal)	
	Tipo de mancal da bomba			
	Todos		Mancais de deslizamento	
	Vibração para qualquer vazão dentro da região preferida para operação			
Global	Para bombas operando até 3600 rpm e consumindo até 300 kW (400 HP) por estágio $v_u < 3,0$ mm/s RMS [0,12 in/s RMS] Para bombas com rotação acima de 3600 rpm ou consumindo mais do que 300 kW (400HP) por estágio ver curva específica		$A_u < 5,2 \times 10^6 / n)^{0,5}$ μm pico a pico $[(8000/n)^{0,5}$ mills pico a pico] Não excedendo à: $A_u < 50$ μm pico a pico [2,0 mills pico a pico]	
Frequências discretas	$vf < 2,0$ mm/s RMS [0,08 mills/s RMS]		para $f < n$: $A_f < 0,33$	
Aumento no valor de vibração permitido para vazões além da região preferida para operação mas dentro da região permitida para operação	30%		30%	

Potência calculada para o ponto de máxima eficiência do impelidor diâmetro nominal com líquido com densidade igual a 1,0.
Valores de velocidade de vibração e amplitude calculados a partir dos limites básicos devem ser arredondados para dois algarismos significativos onde:
v_u é a medida de velocidade global
v_f é a velocidade de frequência discreta, medida com um espectro FFT utilizando uma janela de Hanning e uma resolução de frequência mínima de 400 linhas
A_u é a amplitude de medida do deslocamento global
A_f é a amplitude do deslocamento à frequência discreta, medida com um espectro FFT utilizando uma janela de hanning e uma resolução de frequência mínima de 400 linhas
f   é a frequência
n   é a rotação, expressa em rpm

Figura A1.7 – Limite de vibração para bombas com rotor em balanço e entre mancais (API 610 11ª Edição)

Para bombas que operem acima de 3600 rpm ou absorvam mais do que 300 kW (400 HP) por estágio, as recomendações estão na figura A1.8

Anexo 1 – Vibração – padrões

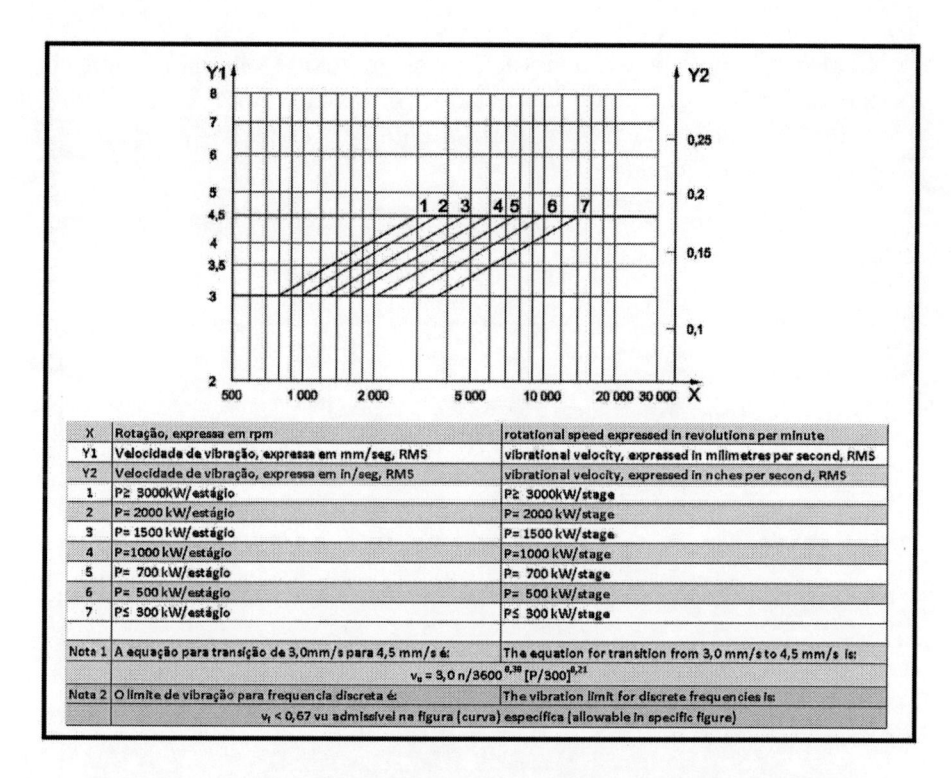

X	Rotação, expressa em rpm	rotational speed expressed in revolutions per minute
Y1	Velocidade de vibração, expressa em mm/seg, RMS	vibrational velocity, expressed in milimetres per second, RMS
Y2	Velocidade de vibração, expressa em in/seg, RMS	vibrational velocity, expressed in nches per second, RMS
1	P≥ 3000kW/estágio	P≥ 3000kW/stage
2	P= 2000 kW/estágio	P= 2000 kW/stage
3	P= 1500 kW/estágio	P= 1500 kW/stage
4	P=1000 kW/estágio	P=1000 kW/stage
5	P= 700 kW/estágio	P= 700 kW/stage
6	P= 500 kW/estágio	P= 500 kW/stage
7	P≤ 300 kW/estágio	P≤ 300 kW/stage
Nota 1	A equação para transição de 3,0mm/s para 4,5 mm/s é: $v_a = 3,0\, n/3600^{6.38}\,[P/300]^{6.21}$	The equation for transition from 3,0 mm/s to 4,5 mm/s is:
Nota 2	O limite de vibração para frequência discreta é: $v_f < 0,67$ vu admissível na figura (curva) específica (allowable in specific figure)	The vibration limit for discrete frequencies is:

Figura A1.8 – Limites de vibração para bombas horizontais operando acima de 3600 rpm e que absorvam mais do que 400 HP por estágio (API 610 11ª. Edição)

5. Ventiladores – AMCA / ISO

De modo simplificado, ventiladores são dispositivos que produzem uma corrente de ar ou gás pelo movimento de superfícies. Os ventiladores geram uma pressão que vence a resistência oferecida pelo sistema (dutos, dampers, etc.) atendendo aos requisitos dos sistemas de ventilação, ar condicionado ou dos processos industriais. Essas máquinas estão enquadradas como turbomáquinas, possuindo um impelidor ou rotor que gira, tendo ao seu redor uma estrutura estacionária. Os tipos de ventiladores existentes são: ventiladores centrífugos ou radiais, ventiladores axiais, fluxo misto e fluxo cruzado. Como qualquer máquina rotativa, os ventiladores estão sujeitos à vibração e os limites de vibração aceitáveis, para esse tipo de máquina, foram estabelecidos pela AMCA – *Air Movement and Control Association International* e pela ISO – *International Organization for Standardization*.

A figura A1.9 mostra um ventilador centrífugo com dupla sucção onde estão ressaltadas as possíveis causas de vibração.

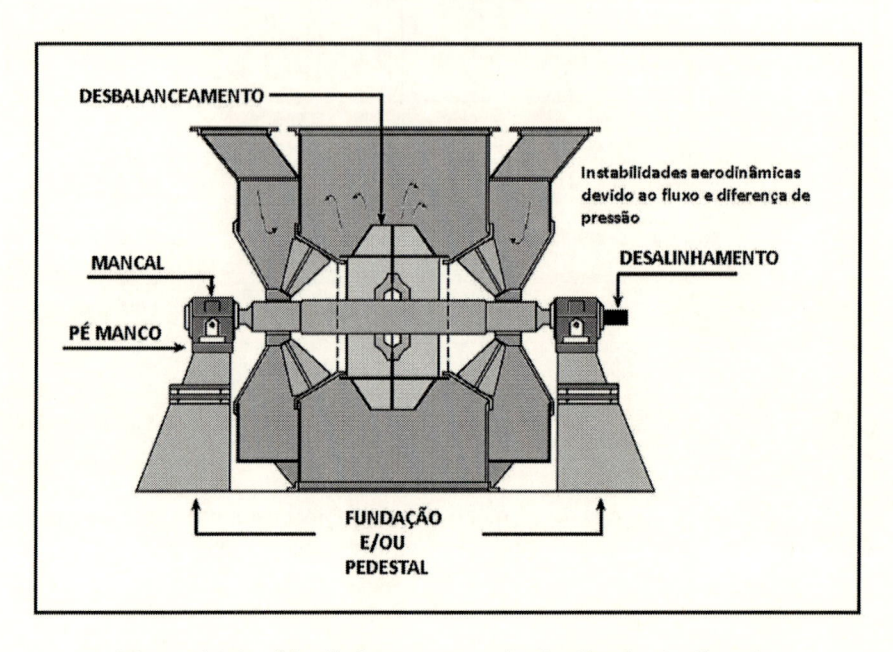

Figura A1.9 – Ventiladores – ocorrências ligadas à vibração

A AMCA classifica os ventiladores por categorias relacionadas com a sua aplicação. A figura A1.10 mostra as características de cada uma das categorias. Repare que os ventiladores industriais mais comuns em plantas de processo são os BV-3, destacados na cor azul claro na tabela

ANEXO 1 – VIBRAÇÃO – PADRÕES

Aplicação	Exemplos	Limite de potência do acionador (kW)	Categoria do ventilador em função da aplicação, BV
Residencial	Ventiladores de teto, de sotão ou telhado, de janela	≤0,15 >0,15	BV-1 BV-2
HVAC e Agricultura	Ventilação predial e ar condicionado e sistemas comerciais	≤3,7 >3,7	BV-2 BV-3
Processos industriais e geração de potência, etc.	Filtros de manga, scrubbers, sistemas de transporte, minas, caldeiras, ar de combustão	≤300 >300	BV-3 Ver ISO 10816-3
Tansportes e marítimos	Locomotivas, Caminhões, Automóveis	≤15 >15	BV-3 BV-4
Transito / Tunéis	Ventilação de emergência em metrôs, ventilação de garagens	≤75 >75 nenhum	BV-3 BV-4 BV-4
Processos petroquímicos	Gases perigosos, ventiladores de processo	≤37 >37	BV-3 BV-4
Fabricação de chips para computadores	Salas limpas	nenhum	BV-5

Nota 1 - Esta norma está limitada a ventiladores abaixo de aproximadamente 300 kW. Para ventiladores acima dessa potência ver a ISO 10816-3. Entretanto um motor padrão comercial pode ter até 355kW de potência (seguindo um R20 especificado na norma ISO 10816-1). Tais ventiladores serão aceitos em acordo com esse padrão internacional.

Nota 2 - Esta tabela não se aplica a diametros grandes (tipicamente 2800mm a 12500mm de diâmetro) ventiladores axiais leves, baixa rotação, utilizados em air coolers (resfriadores a ar) ou torres de resfriamento, etc.
A qualidade de balanceamento requerida para esses ventiladores deve ser G16 e a categoria típica de aplicação do ventilador deverá ser BV-3

Figura A1.10 – Categoria dos ventiladores por tipo de aplicação (AMCA)

Os valores limites para vibração definidos na Norma ISO 14694-2003 estão mostrados nas tabelas seguintes. A tabela da figura A1.11 mostra os valores recomendados para teste no fabricante tomados em velocidade (mm/s), valores filtrados na frequência de rotação, tomados nos mancais do ventilador.

Categoria de aplicação do ventilador	Montagem suporte rígido mm/s		Montagem suporte flexível mm/s	
	Pico	RMS	Pico	RMS
BV-1	12,7	9,0	15,2	11,2
BV-2	5,1	3,5	7,6	5,6
BV-3	3,5	2,8	5,1	3,5
BV-4	2,5	1,8	3,8	2,8
BV-5	2,0	1,4	2,5	1,8

Nota 1 - Referir ao Anexo A para conversão de unidades de deslocamento ou aceleração para leituras filtradas.

Nota 2 - Os valores RMS mostrados nesta tabela são preferíveis. Eles foram arredondados para um serie R20 especificado na ISO10816-1. Valores de pico são amplamente utilizados na America do Norte. Sendo gerados de um número de formas de onda senoidal, esses não têm necessariamente de ter uma relação matemática exata com os valores RMS. Eles podem também depender em certa medida do equipamento utilizado.

Nota 3 - Os valores nesta tabela se referem ao projeto "duty" do ventilador e seu rotação de projeto e com qualquer palheta guia de entrada totalmente aberta. Valore para condições de carga parcial devem ser acertados entre o fabricante e o usuário, mas não devem exceder 1,6 vezes os valores dados.

Figura A1.11 – Valores recomendados para teste (ISO 14694)

A tabela da figura A1.12 mostra os valores de vibração recomendados para leituras no campo. Esses valores são tomados em velocidade de vibração (mm/s), sem filtro, e são tomados nas caixas de mancal dos ventiladores.

Anexo 1 – Vibração – padrões

Condição	Categoria de aplicação do ventilador	Montagem suporte rígido mm/s		Montagem suporte flexível mm/s	
		Pico	RMS	Pico	RMS
Partida	BV-1	14,0	10,0	15,2	11,2
	BV-2	7,6	5,6	12,7	9,0
	BV-3	6,4	4,5	8,8	6,3
	BV-4	4,1	2,8	6,4	4,5
	BV-5	2,5	1,8	4,1	2,8
Alarme	BV-1	15,2	10,6	19,1	14,0
	BV-2	12,7	9,0	19,1	14,0
	BV-3	10,2	7,1	16,5	11,8
	BV-4	6,4	4,5	10,2	7,1
	BV-5	5,7	4,0	7,6	5,6
Parada (Shutdown)	BV-1	Nota 1	Nota 1	Nota 1	Nota 1
	BV-2	Nota 1	Nota 1	Nota 1	Nota 1
	BV-3	12,7	9,0	17,8	12,5
	BV-4	10,2	7,1	15,2	11,2
	BV-5	7,6	5,6	10,2	7,1

Nota 1 - Níveis de desligamento (shutdown) para ventiladores grau de aplicação BV-1 e BV-2 deverão ser estabelecidos com base nos dados de histórico

Nota 2 - Os valores RMS dados nesta tabela são preferíveis. Eles estão arredondados para um série R20 como especificado na ISO 10816-1. Valores de pico são largamente utilizados na America do Norte. Sendo gerados de um número de formas de onda senoidal, esses não têm necessariamente de ter uma relação matemática exata com os valores RMS. Eles podem também depender em certa medida do equipamento utilizado

Figura A1.12 – Valores limites de vibração no campo (ISO 14694)

Anexo 2

Este Anexo apresenta um trabalho iniciado em 1992 na Petrobras-Refinaria Gabriel Passos-Betim-MG, cujo objetivo era aumentar o Tempo Médio entre Falhas de Bombas Centrífugas, item "A" de equipamentos dinâmicos em refinarias.

A primeira parte – Engenharia de Manutenção: Selos Mecânicos em Bombas Centrífugas de Processo – apresenta o início do trabalho em 1993 e os resultados obtidos em 2001.

A segunda parte – Padronização de Selos Mecânicos na Regap – mostra os resultados do trabalho desenvolvido pela equipe da Regap no bojo desse projeto inicial, focando a padronização e a redução dos estoques de sobressalentes, apresentado em setembro de 2006 e revisado em agosto de 2008.

PARTE 1
ENGENHARIA DE MANUTENÇÃO: SELOS MECÂNICOS EM BOMBAS CENTRÍFUGAS DE PROCESSO

Júlio de Aquino Nascif Xavier[1]

José Eduardo de Caux[2]

---

[1] Engenheiro Mecânico, Consultor, Membro da Diretoria da Abraman – MG, sócio da Abraman.

[2] Técnico Mecânico, Supervisor de Setor de Mecânica da Petrobras – REGAP, sócio da Abraman.

Resumo

Dentro do Programa da Qualidade da Refinaria Gabriel Passos – REGAP, durante a fase de levantamento de problemas relacionada à indisponibilidade de equipamentos rotativos, verificamos que selos mecânicos representavam o item "A" em falha de bombas centrífugas.

Concomitantemente, buscamos dados em outras refinarias da Petrobras e no exterior, através dos fabricantes de selos e de uma pesquisa bibliográfica. Isso nos permitiu, entre outras coisas:

- descobrir onde nos situamos no contexto mundial;
- confirmar que tanto aqui como no exterior, o grande problema de confiabilidade de bombas são selos mecânicos;
- entender um pouco mais do assunto e ver quais são as tendências nessa área;
- empreender um programa de aumento de confiabilidade, modernizando os selos, padronizando os tipos e tamanhos.

Este trabalho sintetiza três anos em busca de padronização, aumento de confiabilidade e das inovações tecnológicas na área, bem como modificação na relação fabricantes-consumidor.

Por razões óbvias, substituímos os nomes de fabricantes pelas letras X, Y, Z, K e W.

1. Situação Atual

Através das ferramentas da qualidade e utilizando o banco de dados do Setor de Mecânica da Regap, determinamos que bombas centrífugas eram os equipamentos que provocavam maior indisponibilidade para a operação. Bombas centrífugas representam o maior percentual de equipamentos rotativos nesse tipo de planta. Na análise dessas falhas, constatamos serem os selos mecânicos o item de maior causa de falhas.

A Figura A2.1 mostra o gráfico de Pareto que deu origem ao nosso trabalho de selos mecânicos, cujos dados se referem ao período de janeiro de 1988 a junho de 1992.

Dentro da análise global, foram pesquisados:

- Distribuição de falhas por unidade operacional e comparação de falhas de selos com as falhas restantes (Figura A2.2).
- Equipamentos que apresentavam maior número de falhas em selos mecânicos. Tais equipamentos eram considerados "equipamentos crônicos" (Figura A2.3).

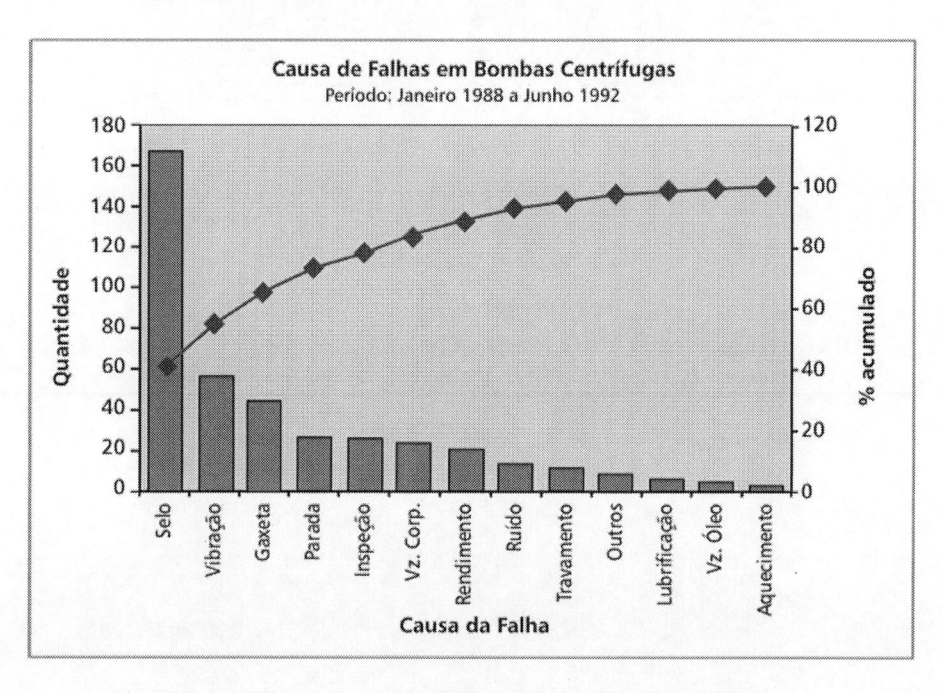

Figura A2.1 – Causa de Falhas em Bombas Centrífugas

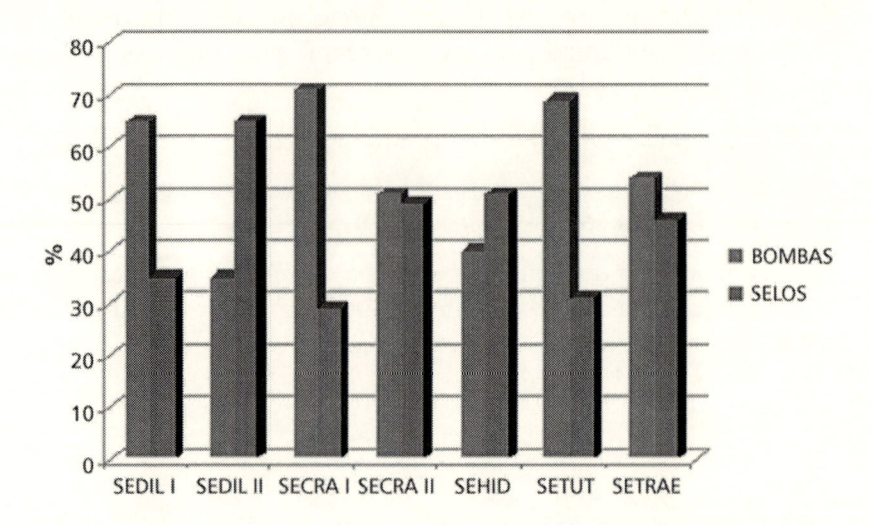

Figura A2.2 – Falhas por unidade

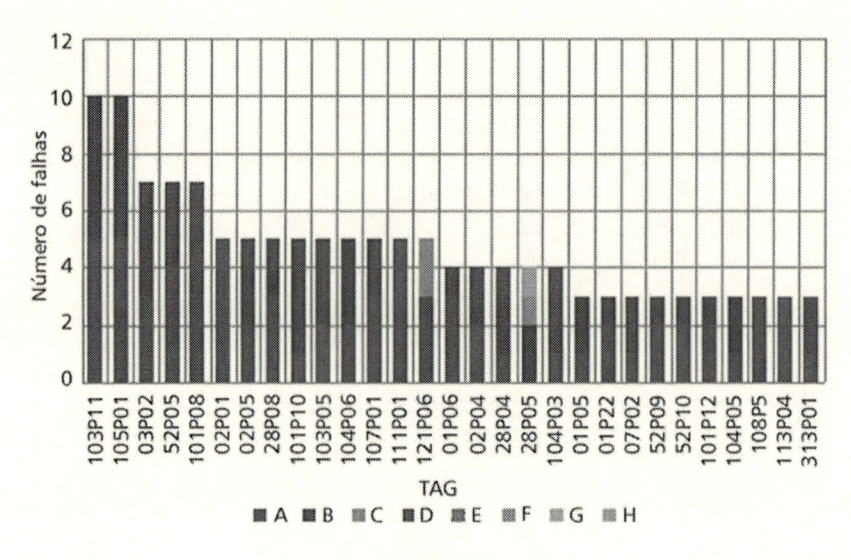

Figura A2.3 – TAG/falhas

No eixo vertical está indicado o total de falhas no período. No eixo horizontal estão os números de identificação dos equipamentos (TAG). As letras, na parte superior do gráfico, que se relacionam com a cor, indicam equipamentos idênticos que funcionam no mesmo posto de serviço (principal e *stand-by*). Os dados se referem a falhas somente em selos mecânicos, no período de 1993 e 1994. A escolha desse período (mais recente) está baseada na necessidade de se "atacar" os equipamentos que apresentam falhas atualmente.

O passo seguinte voltou-se para o levantamento que envolvia os fabricantes. Ou seja, dentro das premissas da qualidade, nós, clientes, queríamos envolver os fabricantes. Além disso, fabricantes não ofereciam serviços de assistência técnica pós-venda de forma sistematizada, e nós tínhamos a tendência de tentar resolver todos os problemas domesticamente.

Fizemos então uma série de levantamentos, dentre os quais destacamos os mostrados a seguir.

– Número de selos mecânicos instalados por fabricante (Figura A2.4).

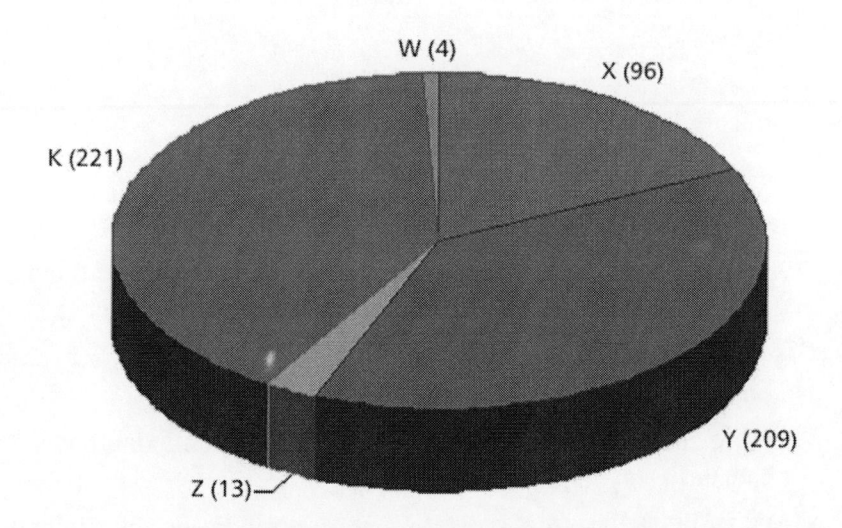

Figura A2.4 – Selos instalados por fabricante

Em seguida, fizemos o levantamento da taxa de falha por fabricante, ou seja, o número de falhas no período dividido pela população instalada. Verifica-se que a maior taxa de falhas ocorreu em selos do fabricante "X".

Todos os fabricantes receberam esse gráfico, de modo que isso fosse um agente motivador da melhoria (Figura A2.5).

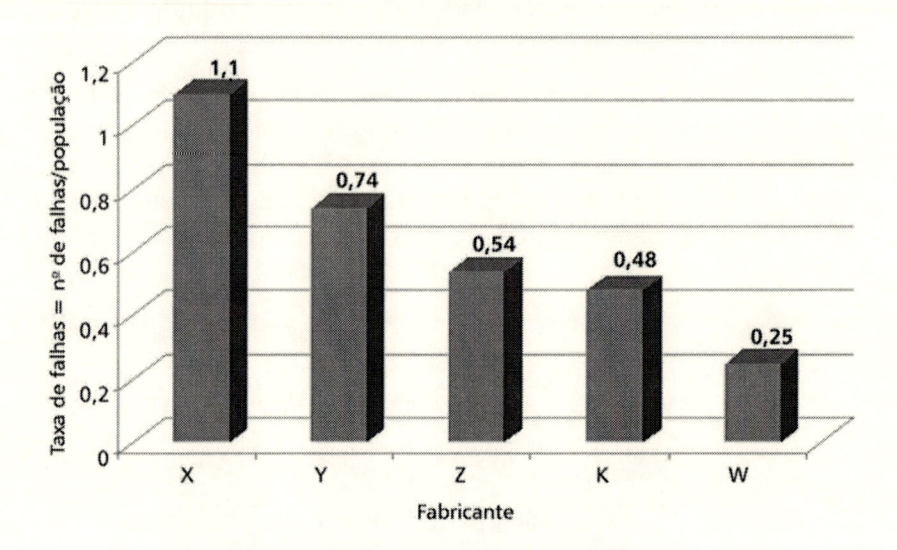

Figura A2.5 – Taxa de Falha por Fabricante.

– Taxa de Falha por Fabricante.

Outra preocupação que tínhamos era com a grande quantidade de tipos de selos mecânicos instalados nas plantas da Regap. Isso nos levava aos seguintes problemas:

- Elevado número de sobressalentes em estoque.
- Equipamentos idênticos com selos completamente diferentes, trabalhando sob condições semelhantes.
- Dificuldade para o pessoal de manutenção devido à baixa padronização e diversidade de tipos (folgas, medidas, aspectos de montagem etc.).

Anexo 2

Os próximos gráficos mostram a falta de padronização existente bem como suas consequências no que tange ao estoque de sobressalentes e seu custo.

– Relação Quantidade selos instalados/Tipos selos por fabricante. – (Figura A2.6).

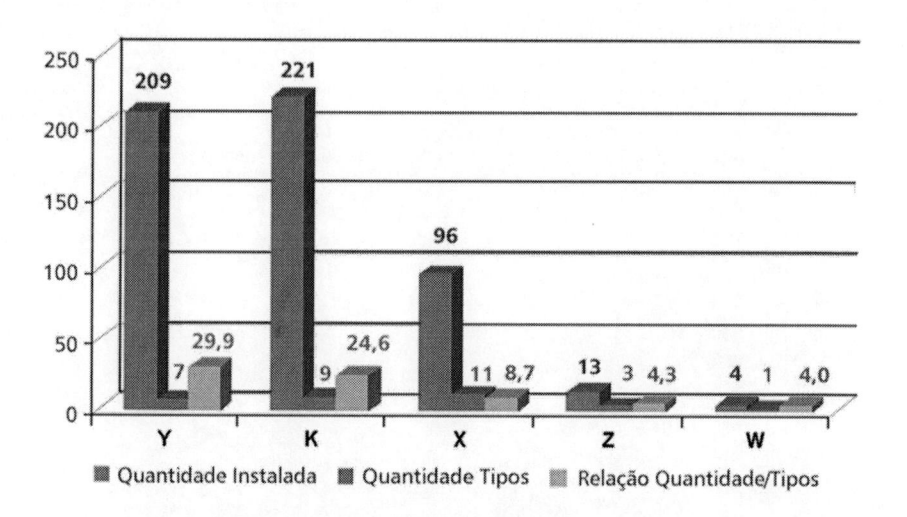

```
250 ┐
         209    221
200 ┤
150 ┤
                        96
100 ┤
 50 ┤    29,9   24,6
         7      9    11  8,7   13  3  4,3   4  1  4,0
  0 ┴
         Y      K      X        Z         W
    ■ Quantidade Instalada  ■ Quantidade Tipos  ▨ Relação Quantidade/Tipos
```

Figura A2.6 – Qte./Tipo por fabricante

Foi levantada também a distribuição de selos instalados por tamanho, tanto em milímetros como em polegadas, desde que tínhamos selos de fabricantes americanos e europeus. A pior constatação é que essas medidas não obedeciam a uma sequência que tivesse um múltiplo definido. Por exemplo, de 1/4" em 1/4" ou de 5 em 5 mm.

Na Regap temos selos de 56mm, 57mm, 58mm e 60mm!

Em vista disso, começamos a esboçar uma definição de múltiplos em polegadas e milímetros, que faria parte da padronização na refinaria. Isso foi comunicado a todos os fabricantes.

A situação do estoque, que se relacionava com sobressalentes para selos mecânicos de todos os fabricantes, foi também levantada e é mostrada nos gráficos seguintes (Figuras A2.7 e A2.8).

É evidente que quanto maior a não-padronização, tanto maior será a quantidade de itens em estoque. Isso além de ser oneroso, em termos de processos de compra, controle de estoques e espaço físico e custos de modo global, acarreta outros problemas. A não-padronização pode gerar a necessidade de manutenção de maior número de peças no estoque, seja pela fragilidade das peças, que podem ser danificadas na montagem, seja pela dificuldade de aquisição rápida.

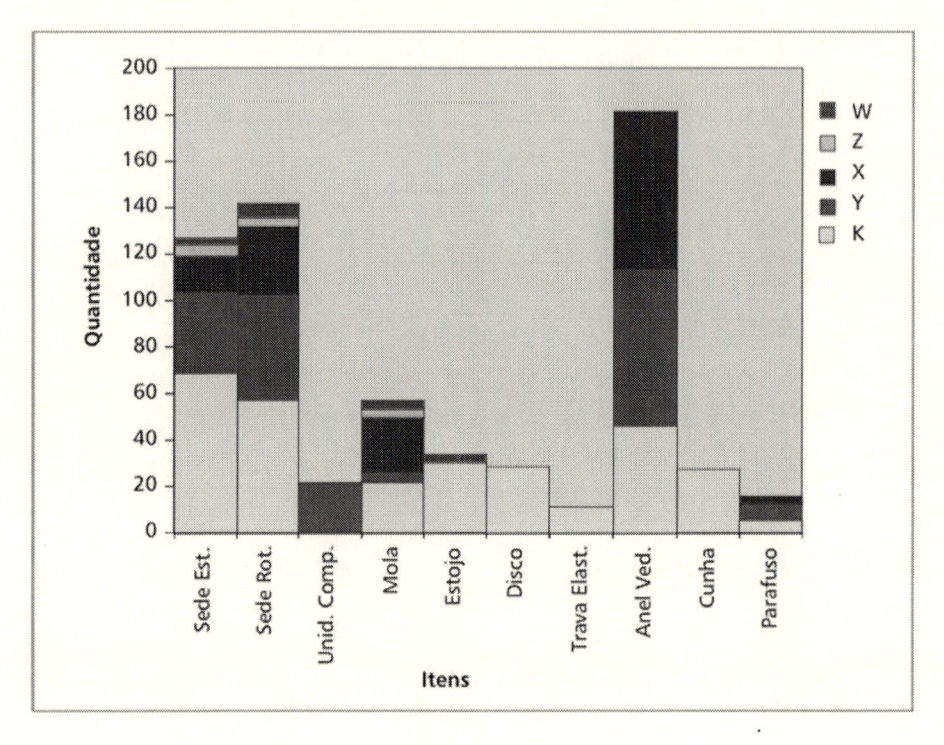

Figura A2.7.

– Itens em estoque.

– Custo do estoque por fabricante de selo (situação atual).

A tabela a seguir dá uma noção do custo total por fabricante. Esse levantamento inclui: sedes estacionária e rotativa, molas, disco, trava elástica, fole, anéis de vedação em viton ou kalrez, cunha, parafusos e luvas de eixo.

Foi considerada a existência de três peças para cada diâmetro (tamanho) de selo.

O levantamento abrange todos os selos da refinaria.

Preços em US$ referidos a 31/03/93.

FABRICANTE		TOTAL	X	Z	US$
K	Y				
406.867,00	129.966,00	87.016,00	5.275,00	629.124,00	

2. COMPARAÇÃO COM O MUNDO À PROCURA DO BENCHMARK

Paralelamente ao desenvolvimento das análises internas que procedíamos, foi feito um trabalho de pesquisa para conhecer a tendência mundial e procura das taxas de falhas nos países do Primeiro Mundo.

Tais pesquisas se desenvolveram do seguinte modo:

a) Questionário enviado aos fabricantes de selos mecânicos, contendo perguntas sobre performance, taxa de falhas e tendências de utilização de selos nos seguintes locais: Oriente Médio, Europa, Estados Unidos, Canadá e Japão.

Os fabricantes tradicionais de selos mecânicos são firmas de atuação internacional e, portanto, poderiam nos dar esse tipo de resposta.

A inclusão do Oriente Médio se deve ao fato de ser o local onde há maior ocorrência de petróleo no mundo e, portanto, tem muitas instalações como refinarias, oleodutos etc.

Todos os fabricantes consultados nos devolveram os questionários respondidos, mas nas questões relativas a taxas de falha, TMEF, as perguntas ficaram sem respostas. Julgávamos que esses dados eram de conhecimento dos fabricantes de selos, mas isso não se confirmou.

b) Pesquisa bibliográfica que abrangeu consulta e posterior análise de artigos específicos sobre o assunto, oriundos de bibliotecas dos Estados Unidos, Inglaterra, Alemanha e outros países, além de várias entidades nacionais, através de um serviço específico de pesquisa existente na Petrobras.

Os artigos recebidos através dessa pesquisa nos ajudaram bastante. Em primeiro lugar, nos permitiram conhecer alguns dados de taxas de falhas em indústrias semelhantes à nossa.

Em segundo lugar, nos deram a chance de conhecer alguns estudos que estavam sendo levados a efeito na Inglaterra e nos Estados Unidos, onde já se percebia claramente a opção por caixas de selagem com diâmetros bem maiores do que as atuais caixas de gaxeta. Isso foi confirmado tão logo saiu o "rascunho" da Norma API 682 sobre selos mecânicos.

De todos os artigos consultados, destacamos como um dos melhores trabalhos sobre selos mecânicos o escrito por B. S. Nau (ref. 3). Esse artigo, apresentado num encontro em 1984 em Londres, contém lições que, se tivessem sido aplicadas desde aquela ocasião, teriam poupado muitas falhas nas indústrias.

c) Pesquisa em publicações especializadas e livros técnicos.

Desse modo pudemos preparar um gráfico que indicava as falhas em bombas centrífugas de processo, com dados de todo o mundo. O gráfico, mostrado a seguir, resume dados de vários autores sobre as falhas/equipamentos/ano, e permitiu nossa comparação com outros usuários desse tipo de equipamento. Convém frisar que o gráfico indica falhas em bombas centrífugas de processo, em sua maioria de indústrias químicas e petroquímicas.

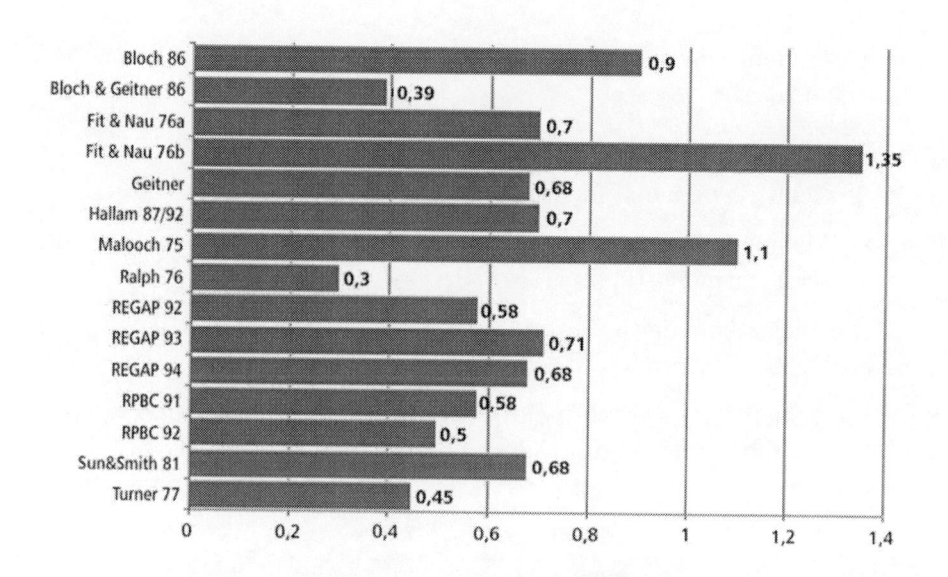

Figura A2.8 – Falhas/Equipamento/Ano
Bombas Centrífugas de Processo – Regap 1994.

O gráfico fornece uma visão global, inserindo os índices da REGAP e da RPBC (Refinaria Presidente Bernardes – Cubatão). Verifica-se que estamos próximos com resultados medianos, ou seja, não tão ruins, mas que estimulam um trabalho em busca da melhoria.

Decidimos adotar como *benchmark* 0,35 falha/equipamento/ano.

Esse será o nosso desafio, que se traduzirá em maior disponibilidade para o processo.

3. Situação Desejada

Todo esse trabalho nos permitiu, sabendo onde estamos e o que temos, definir para onde queremos ir.

Os objetivos maiores que buscamos alcançar são os seguintes:

- Menor agressão ao meio ambiente (emissões mais baixas).

- Aumento da disponibilidade das bombas centrífugas (TMEF > 3 anos).
- Redução do custo de manutenção.
- Redução de itens e custo de estoque.
- Melhoria da manutenibilidade, pela facilidade de montagem dos selos-cartucho (menor TMPR).

O planejamento das ações que permitirão alcançar os objetivos citados pode ser visto nos gráficos a seguir:

- Aumento da relação quantidade de selos instalados/tipo de selos por fabricante (Figura A2.9).

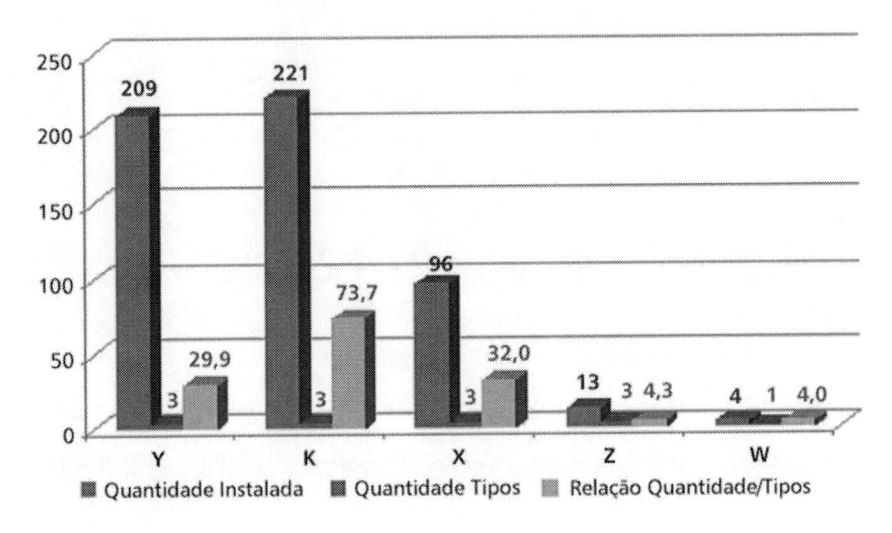

	Y	K	X	Z	W
Quantidade Instalada	209	221	96	13	4
Quantidade Tipos	3	3	3	3	1
Relação Quantidade/Tipos	29,9	73,7	32,0	4,3	4,0

Figura A2.9.

Esta figura se relaciona com a Figura A2.6, que mostra a situação anterior.

- Redução dos tamanhos de selos instalados.

Conforme mencionado anteriormente, a existência de uma grande multiplicidade no tamanho de selo nos fez definir uma padronização para a refinaria, com múltiplos de 1/4" ou 5mm. Desse modo, planejamos uma redução de 50% nos tamanhos de selos existentes atualmente.

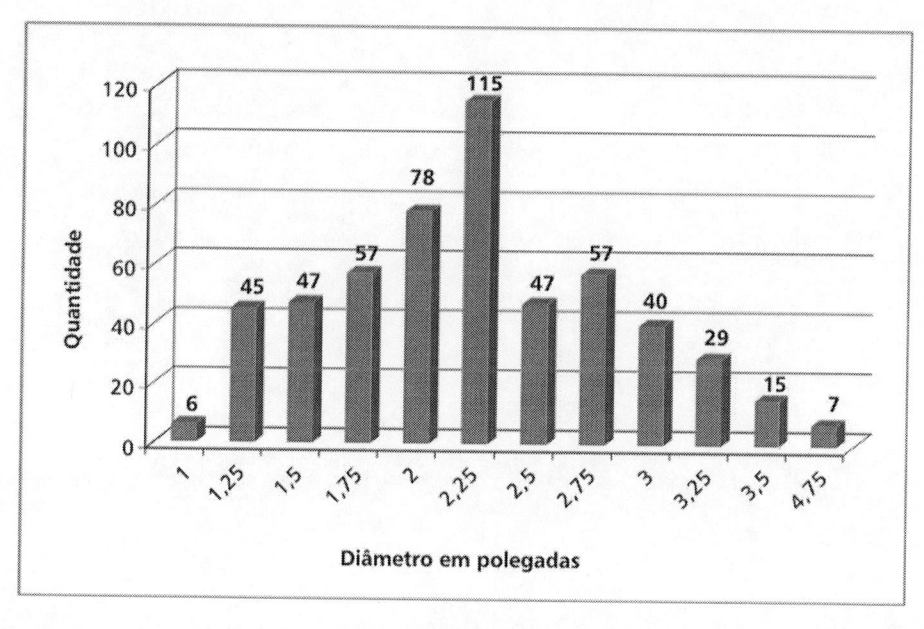

Figura A2.10.

- Redução dos itens em estoque (Figura A2.11).

    A Figura A2.11, que apresenta a situação desejada para o número de itens em estoque, se relaciona com o gráfico da Figura A2.7. Isso representa uma primeira estimativa do que pode ser reduzido com a padronização. Entretanto, essa redução poderá ser ainda maior, caso seja modificada a política de estoque, armazenando-se subconjuntos, ou selos completos, ao invés de componentes isolados. A redução ainda pode ser mais drástica se o(s) fabricante(s) se comprometer(em) a executar recuperações de cartuchos completos em tempo reduzido.

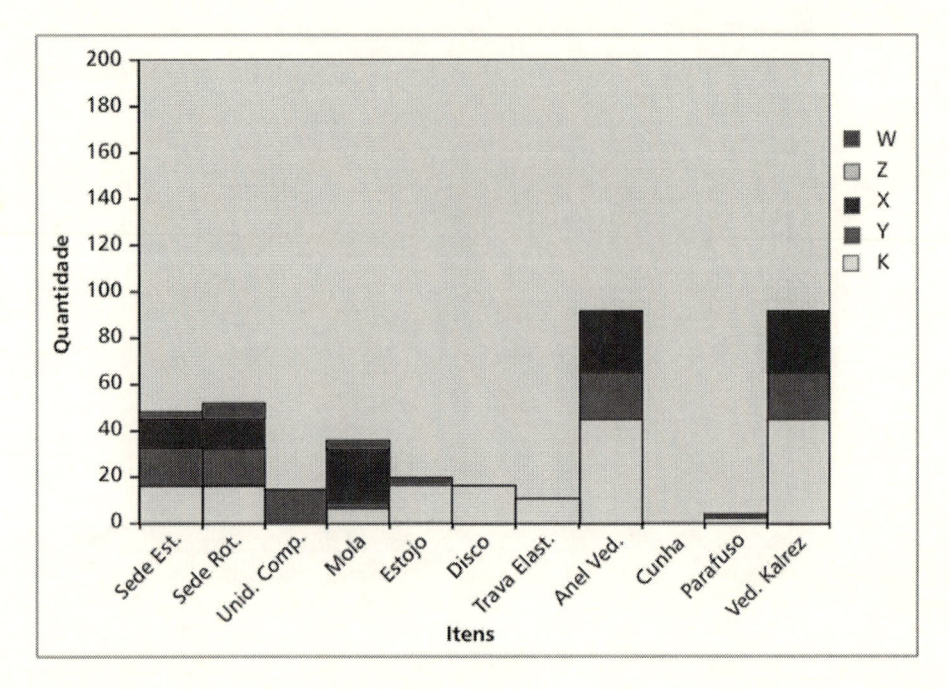

Figura A2.11.

- Custo de estoque desejado por fabricante de selo.

    A tabela abaixo indica o valor de estoque que se relaciona com o gráfico da Figura A2.11. Convém frisar que, conforme dito anteriormente, essa redução se refere à primeira estimativa.

    Situação desejada.

    Dados base 31.03.93.

    Valores em US$.

	FABRICANTE K	TOTAL Y	X	Z	US$
109.000,00	99.000,00	47.000,00	5.000,00	260.000,00	

4. Plano de Ação

Baseados nas tendências mundiais, corroboradas pelo API 682 (American Petroleum Institute – Norma para Selos Mecânicos 1a edição, outubro de 1994) e aliadas à experiência da Regap e Petrobras no assunto, definimos um elenco de selos, como os mais recomendáveis para nossas aplicações.

Para tal, foi elaborada uma "Carta para Aplicação de Selos Mecânicos", para a Regap, que contém os selos típicos dos diversos fabricantes para as várias faixas de temperatura e pressão.

Os selos recomendados incorporam as tecnologias mais modernas.

Essa carta tem dois objetivos fundamentais:

a) Orientar a manutenção como deve ser a padronização nos equipamentos já instalados nas plantas.

b) Definir para a área de engenharia (projeto) de novas instalações os selos que devem ser adquiridos.

Essa sistemática é de fundamental importância. Se o projeto continuar comprando sem uma diretriz básica, a manutenção receberá selos diversos, que prejudicarão a padronização em andamento, e certamente influirão negativamente na confiabilidade dos equipamentos das plantas, estoques etc.

Todas as bombas da refinaria foram analisadas dentro desse trabalho. Entretanto, o planejamento prevê uma 1a etapa, onde estão contempladas ações em 30% de bombas, privilegiando nesse número aquelas que apresentam maior quantidade de um mesmo diâmetro de selo mecânico, e as de menor confiabilidade.

Como já havíamos solicitado aos fabricantes de selo mecânico estudo de padronização para todas as bombas da refinaria, dentro de parâmetros prefixados – Carta de Aplicação da Regap, API 682 (selo-cartucho, eliminação de inserto, eliminação de teflon, novos materiais – carbeto de silício, kalrez etc.), tínhamos todos os elementos para preparar uma especificação técnica, para compor o edital de concorrência que faria a primeira aquisição de selos para a população anteriormente mencionada.

Os principais pontos do edital de concorrência foram os seguintes:

1. Especificação Técnica

De modo a classificar os fabricantes, quando da análise técnica das propostas, foram definidos os itens a seguir, com os devidos critérios (nota × peso) para pontuação:

- Qualidade (ISO 9001, 9002, CRCC).
- Suporte de serviço (tempo de atendimento ao cliente).
- Prazo de entrega de selos recuperados pelo fabricante.
- Padrão técnico (taxa de falhas/fabricante).
- Grau de padronização apresentado pelo fabricante.

Alguns pontos eliminatórios, listados abaixo, faziam parte do edital:

- Ter instalação fabril no Brasil.
- Garantir entrega conforme cronograma da Petrobras – Regap.
- Prazo mínimo de garantia dos novos selos de 36 meses.
- Além disso, faziam parte do edital os seguintes pontos relevantes:
- Acompanhamento pelo fabricante da montagem dos novos selos.
- Desenhos de todos os novos selos, em aplicativo Auto Desk, Auto Cad 12.0 *for Windows*, impressos e em arquivo de disquete 3.1/2 HD.
- Apresentação de programa de treinamento e reciclagem para técnicos e mecânicos da Regap.

Com isso, foi possível criar um Índice Técnico, capaz de comparar os concorrentes, dado pela fórmula a seguir:

$$IT \text{ (índice técnico)} = \frac{PT \text{ (pontuação técnica da proponente)}}{MPT \text{ (maior pontuação técnica, entre os licitantes)}} \times 100$$

Sendo PT = (qualidade × 2 + suporte de serviço × 2 + prazo de recuperação × 4 + padrão técnico × 4 + grau de padronização × 4).

2. Índice de Preço

Este índice se refere à somatória de preços, para os seguintes itens:

- Selos novos a serem instalados.
- Selos-reserva para colocação em estoque (selos completos).
- Valor de recuperação de uma quantidade definida de selos.

$$IP = \frac{\text{Menor valor-base total, entre os licitantes} \times 100}{\text{Valor-base total da proponente}}$$

3. Avaliação Final e Classificação

O julgamento final e a classificação das propostas foram efetuados de acordo com a especificação técnica e o estabelecido nas instruções para cotação, sendo vencedora a proposta que apresentou maior avaliação final, conforme definido pela fórmula abaixo:

$$\text{Avaliação Final (AV)} = [(0{,}60 \text{ IT}) + (0{,}40 \text{ IP})]$$

Uma vez definido o vencedor, foi assinado um contrato de fornecimento onde estão colocados, de modo claro, todas as exigências e demais aspectos técnicos comerciais. Todo o detalhamento para esse lote já foi estabelecido, e a instalação foi iniciada em junho de 1996.

5. Conclusões

Esse tipo de trabalho carrega em seu bojo outros efeitos de capital importância na manutenção moderna:

a) Treinamento de pessoal.

b) Motivação do grupo, na busca de confiabilidade, manutenibilidade e disponibilidade.

c) Envolvimento de várias áreas na empresa.

d) Modificação da relação cliente-fornecedor (Petrobras-Fabricantes de selos).

e) Modernização da planta.

f) Mudança de paradigma na relação suprimento/manutenção/fabricantes.

Trabalhos desse tipo envolvem muita pesquisa, análise, estudos e comparações, necessitando de período de tempo longo para seu desenvolvimento e conclusão. No nosso caso, as principais fases do trabalho foram:

- LEVANTAMENTO DE DADOS E PESQUISA – 1992/1993.
- ESTUDO, PLANEJAMENTO PRELIMINAR E ANÁLISE DE VIABILIDADE TÉCNICO-ECONÔMICA – 1994/1995.
- AÇÕES DE MELHORIA EM 30% DA POPULAÇÃO DE SELOS – 1995/1996.
- PROCESSO DE CONCORRÊNCIA PARA AQUISIÇÃO DE SELOS – 1995/1996.
- IMPLEMENTAÇÃO DAS MODIFICAÇÕES – 1996/1997.

É importante ressaltar que ao longo do trabalho tivemos uma colaboração crescente dos fabricantes de selos, sempre prontos a responder a nossas constantes solicitações. Digna de nota também foi a ajuda que tivemos de outros setores da refinaria, notadamente da área de Suprimento. Essa união de esforços, na busca de melhores resultados, significou uma quebra de paradigma na relação habitual fabricantes-refinaria, manutenção-suprimento.

Em resumo, esse é um trabalho característico de Engenharia de Manutenção que, usando ferramentas da qualidade aliadas à experiência dos homens de manutenção da empresa, é capaz de estabelecer e realizar melhorias substanciais para a planta, e definir critérios técnicos que servirão de base para novos projetos.

6. Resultados do Trabalho

A aplicação do que foi planejado neste trabalho teve início em 1996, beneficiando 136 bombas consideradas mais problemáticas na planta, e já foi concluída.

Os resultados desse trabalho, analisando somente o aspecto de disponibilidade, ajudaram a melhorar o TMEF de bombas centrífugas.

Quando mencionamos que as providências relacionadas à melhoria nos selos mecânicos ajudaram na melhoria do TMEF significa que outras medidas, tomadas em paralelo, contribuíram para o aumento do TMEF, dentre as quais:

- Instalação de selos de vedação herméticos (tipo Inpro-Seal) nas caixas de mancais.
- Continuação do programa de substituição de acoplamentos para o tipo de lâminas flexíveis, em inoxidável, não lubrificado.
- Utilização de alinhamento a *laser* para todas as máquinas da planta.

Ainda no sentido de melhorar a confiabilidade das bombas, a Regap está iniciando a instalação de sistemas de lubrificação por névoa de óleo (*oil mist*) para as bombas centrífugas e seus acionadores nas unidades de processo.

Bibliografia

1. NASCIF XAVIER, Júlio de Aquino e DE CAUX, José Eduardo. Trabalho sobre Selos Mecânicos – dezembro 1994 – Petrobras-Regap--Diman-Semec.

2. DE CAUX, José Eduardo e SILVA, Tulio Neymer Gomes. Curso de Selos Mecânicos Padronização 1ª etapa – Petrobras-Regap-Diman--Semec – agosto, 1995.

3. NAU, B. S. Rotary Mechanical Seals in Process Duties – an assessment of the state of the art – Proc. Inst. Mech. Engineers Volume 199 A1 Cop. 1985.

4. FLITNEY, R. K. Reliability of Seals in Centrifugal Process Pumps – Process Engineering July 1987 – 11th International Conference on Fluid Sealing, Apr. 87.

5. BATTILANA, Raymond E. Better Seals Will Boost Pump Performance, Chemical Engineering, July 1989.

6. D. SUMMERS-SMITH. Performance of Mechanical Seals in Centrifugal Process Pumps – 9th International Conference on Fluid Sealing, April 1-3, 1981.

7. ADAMS, W. V. Controlling Fugitive Emissions from Mechanical Seals, Hydrocarbon Processing, March 1992.

8. John Crane do Brasil – O decreto do ar limpo de 1990 (*Clean Air Act*).

9. Norma API 682 1a edição, outubro 1994.

10. Catálogos de Fabricantes de Selos Mecânicos:

    Borg Warner

    Burgmann

    Chestertron

    Durametallic

    Flexibox

    John Crane

    Sealol

Parte 2

PADRONIZAÇÃO DE SELOS MECÂNICOS NA REGAP

Betim, Setembro – 2006 – Revisado em 11/08/08
José Eduardo de Caux – Petrobras – Regap/MI/ED
João Luiz Paes Rouxinol – Petrobras – Regap/MI/SU
Vagner José de Oliveira – Petrobras – Regap/MI/SU

SINOPSE

Entre os equipamentos dinâmicos das refinarias, as bombas centrífugas são os que provocam maior indisponibilidade nas unidades de processo, e na análise das falhas se constata que selos mecânicos representam o item "A" em falha de bombas centrífugas.

Devido à importância, estudamos as causas das falhas dos selos da Regap para aumentar a confiabilidade, a segurança das instalações e o TMEF (Tempo Médio Entre Falhas) e reduzir o TMPR (Tempo Médio Para Reparo) dos selos mecânicos da Regap e destacamos que a não-padronização dos selos mecânicos contribuía em muito para a indisponibilidade das bombas, pois, com a diversidade de tipos e tamanhos de selos era elevado o número de itens no estoque, equipamentos idênticos com selos completamente diferentes, trabalhando sob condições semelhantes.

A falta de um componente do selo atrasava a montagem da bomba, gerando compras urgentes ou improvisações de componentes.

No desenvolvimento dos estudos, todos os selos instalados na Regap foram analisados, permitindo assim estabelecer a estratégia de padronização.

Objetivo

Padronizar os selos, visando aumentar a continuidade operacional das unidades de processo da Regap, facilitando e, ainda, agilizando os trabalhos de manutenção e contribuindo com a política de redução de estoque.

Assim, estabelecemos a meta de instalar selos cartuchos em todas as bombas da Regap, permitindo o uso de selos reservas completos, ao invés de componentes isolados. A padronização, além de definir pelo uso de selos cartuchos, teve como premissa a equalização e redução do número total de tipos de selos na refinaria, pois tínhamos bombas com mesma aplicação utilizando selos diferentes, com o que se reduziu a variedade de tipos e tamanhos de selos utilizados, e a redução de itens de estoque está sendo drástica.

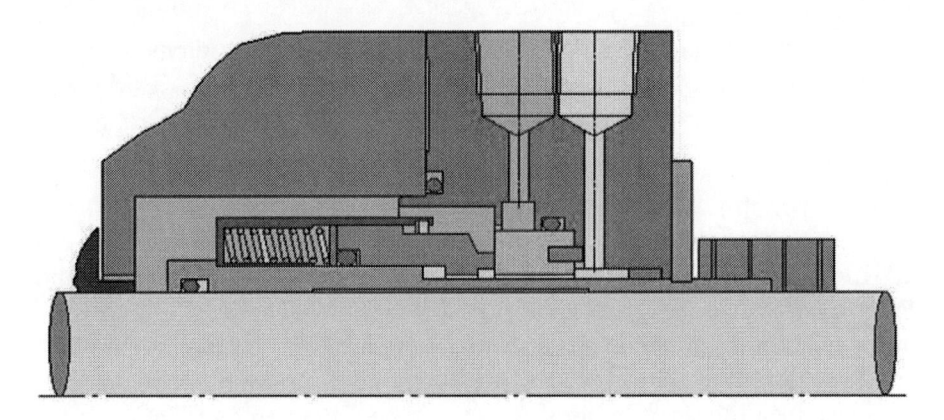

Figura A2.12 – Selo Cartucho Simples de Mola Múltipla.

A adoção de selos tipo cartucho permitiu a eliminação dos estoques de peças sobressalentes, pelo fato de que passamos a ter conjuntos/cartuchos e não componentes. Por outro lado, também contribuiu para o aumento dos resultados esperados em termos de confiabilidade e continuidade operacional, pois ao termos conjunto/cartuchos e não componentes, as recuperações são em tempo reduzido, hoje em 60 horas.

Outros fatores relevantes que buscamos com esta padronização é a substituição dos selos antigos por melhores, adequando as condições operacionais atuais à norma API 682 (norma específica para selos).

Podemos descrever outros ganhos com a padronização:

- Menor agressão ao meio ambiente – (melhores projetos – emissões fugitivas).
- Aumento da disponibilidade das bombas centrífugas – (TMEF > 4 anos).
- Redução do custo manutenção.
- Melhoria da manutenibilidade, pela facilidade de montagem dos selos cartucho – (menor TMPR) e eliminação das improvisações.

Histórico

Iniciamos em 1993 este trabalho de engenharia de padronização e melhorias dos selos da Regap e no decorrer destes treze anos estamos substituindo os selos gradativamente, por oportunidade de manutenção.

Antes da padronização, estocávamos peças avulsas de selo, o que acarretava um volume intenso de compras, recebimento, armazenamento e preservação devido à grande quantidade de sobressalentes no estoque. Mesmo com esta situação de estoque, durante a montagem faltava alguma peça.

Um selo simples tem em média 25 peças, e a falta de uma durante a montagem gerava paralisação do serviço e compra urgente, atrasando e dificultando a manutenção. Às vezes, improvisávamos peças, o que poderia comprometer a performance do selo (continuidade operacional, segurança), caso não fosse bem estudada. Com mais de 680 itens no estoque ainda faltavam peças devido ao tempo de reposição. É evidente que quanto maior a falta de padronização, maior é a quantidade de itens no estoque, devido à diversidade de tipos e tamanhos, onerando os processos de aquisição e controle de estoques.

O exemplo mais expressivo que podemos citar da falta de padronização e na instalação de selos é o caso de uma família de 40 bombas idênticas (cx. mancal e cx. selagem) com 4 fabricantes, 9 modelos e 4 tamanhos diferentes, acarretando uma total falta de padronização dos componentes e gerando aproximadamente 152 itens no estoque para os 40 selos destas bombas.

Ao padronizar os selos desta família de bombas, fizemos um estudo técnico e especificamos um único projeto/cartucho que atende a todas as condições operacionais das bombas e à norma API 682, ou seja, um tipo de selo cartucho (desenho para todas) e com isto, temos somente um item (NM) no estoque.

Situação	No Itens em estoque para selos para 645 selos instalados
Anterior	680**
Atual	150**

** Componentes de selo no estoque.
** Selos cartuchos completos no estoque.

A manutenção de uma bomba para revisar o selo levava em média três dias ou mais, devido às dificuldades para desmontar, limpar, recuperar, requisitar os componentes dos selos e ajuste de usinagem (luva, sobreposta, eixo).

Com o selo cartucho este reparo é feito em torno de 8 horas, pois substituímos o selo completo, devolvemos a bomba rapidamente para a operação e em seguida enviamos o selo removido para reparo com o fabricante.

Este ganho é muito importante não só pela redução do tempo, mas pelo aumento da disponibilidade operacional, com impactos diretos nos resultados econômicos da Unidade. Caso a bomba em operação ou seu acionador viessem a falhar durante a realização de serviços de manutenção da bomba reserva, isto levaria à perda de produção, afetando assim os indicadores de desempenho da Unidade.

Outro ganho importante em trabalhar com selo reserva é a sequência do trabalho de manutenção. Hoje, uma equipe de mecânicos retira a bomba, desmonta e monta em seguida, o que não ocorria em alguns casos quando trabalhando com componentes de selos, pois ao faltar uma única peça do selo o serviço ficava paralisado aguardando a aquisição do item.

A equipe de manutenção, nesse tempo, era deslocada para outra atividade e, quando a peça chegava, às vezes outra equipe é que montava, e com isto a qualidade do serviço poderia ficar comprometida.

Por outro lado, a qualidade dos serviços e, consequentemente, a sua confiabilidade são bastante aumentadas, pois montar um selo convencional requer vários levantamentos dimensionais e ajustes. Caso não seja feito com critério e conhecimento leva a falhas prematuras do selo, reduzindo o TMEF das bombas. Com o selo cartucho, este risco é muito reduzido devido à facilidade de montagem do selo na bomba, onde ganhamos muito em manutenibilidade.

Figura A2.13 – Peças de um Selo Convencional (foto à esquerda) e Selo Cartucho Completo (foto à direita).

METODOLOGIA

Com base nas normas e nas tendências mundiais e aliadas à experiência da Regap e da Petrobras no assunto, definimos um elenco de tipos de selos e dimensões recomendáveis para nossas aplicações, e, para tal, foram elaborados os seguintes documentos:

1. Carta (identificador do tipo de selo) para aplicação de selos mecânicos, que contém os modelos de selos dos fabricantes para as várias faixas de produtos, temperatura e pressão. Nesta carta há dois ou três tipos de selos por fabricante, e os selos recomendados incorporam as tecnologias mais modernas (melhor projeto e inovações de materiais).

2. Tabela de grupos dimensionais de selos mecânicos, que atende todas as bombas da Regap. São 15 grupos dimensionais múltiplos de 1/4" ou milímetro correspondente.

3. Diretrizes para compra de selos mecânicos para as novas bombas da Regap, definindo assim um caminho e regras básicas para auxiliar as pessoas na especificação de compra e parecer técnico, seguindo a padronização adotada. Nestas diretrizes definimos os documentos e normas que deverão fazer parte da especificação para aquisição.

Os documentos e as normas têm os seguintes objetivos:

a) Orientar a manutenção quanto a como deve ser a padronização dos equipamentos instalados na planta.

b) Definir para as novas instalações os selos que devem ser adquiridos, pois em nada adianta padronizar os selos instalados e continuar recebendo novas bombas com selos não atendendo a padronização.

c) Facilitar a comparação de preço dos selos novos ou recuperados entre os fabricantes, por tipo e tamanho.

1) Primeira etapa da padronização:

Todas as bombas da Regap foram analisadas dentro desse trabalho, entretanto o planejamento da 1a etapa contemplou ações para 200 selos, sendo 115 selos de diâmetro de 2 1/4" (diâmetros anteriores de 2 1/8" – 2 1/4" – 54 e 58 mm), 45 selos classificados como crônicos na época e 40 selos de bombas com selos idênticos quanto aos modelo e tamanho, privilegiando aquelas que apresentam maior quantidade de um mesmo diâmetro de selo mecânico e as de menor disponibilidade, baixo TMEF.

Preparamos uma especificação técnica, para compor o edital de concorrência que faria a aquisição da 1a Etapa de selos para a população acima mencionada.

Os principais pontos do edital de concorrência foram os seguintes:

- Fabricantes cadastrados e com Qualidade (ISO 9001, 9002).
- Projetos dos selos cartuchos.
- Suporte de serviço (tempo de atendimento ao cliente).
- Prazo de entrega de selos recuperados pelo fabricante.
- Padrão técnico (taxa de falha por fabricante dos seus selos instalados) Regap.
- Grau de padronização apresentado pelo fabricante.

Estabelecemos no critério de julgamento das propostas a valorização da parte técnica em 60% e da parte comercial em 40%.

Realizamos a licitação e, depois de definido o vencedor, foi assinado um contrato de fornecimento dos selos novos e recuperações. onde foram colocados, de modo claro, todas as exigências e demais aspectos técnico-comerciais.

Todo o detalhamento para esse lote foi estabelecido e a instalação foi iniciada em junho de 1996.

2) Segunda e terceira etapas da padronização:

Com a implantação da padronização da 1a etapa, onde obtivemos resultados excelentes, partimos para as 2a e 3a etapas, com a padronização dos demais 386 selos.

Como nesse intervalo de tempo ocorreram fusões entre os fabricantes, convocamos estes para negociação direta, tomando por base os valores e as condições estabelecidas na 1a licitação. Assinamos em 11/12/2000 contrato com um dos fabricantes e em 23/01/2002 com o outro, onde negociamos o preço de selos novos e de recuperação, baseando-se na tabela de grupos dimensionais de selos, tendo o custo da recuperação ficado em 35% do preço de um selo novo.

Os projetos dos selos foram sendo apresentados pelos fabricantes de acordo com o padrão exigido e aprovados pelo setor de mecânica, sendo fabricados e instalados conforme planejamento.

Conforme quadro abaixo, demonstramos a situação atual da padronização na Regap, com 74% dos selos já padronizados (junho de 2008).

Situação Atual Padronização Selo da Regap – Junho 2008						
Fabricante	Quantidade Selo					
Selo	Instalados	A Instalar	Total	Cartuchos Reservas	Desenhos	P/Desenho Média
K + X	227	24	251	60	50	5,0
Y + W	38	41	79	28	25	3,2
Z	213	102	315	62	58	5,4
Total	478	167	645	150	133	4,8

Notas:

– Quantidade desenhos = quantidade NM

– Quantidade cartuchos reservas = No itens estoque

Para todos os selos padronizados, passamos a ter 1 selo cartucho no estoque por família de bombas, sendo que no caso de bombas biapoiadas são 2 selos.

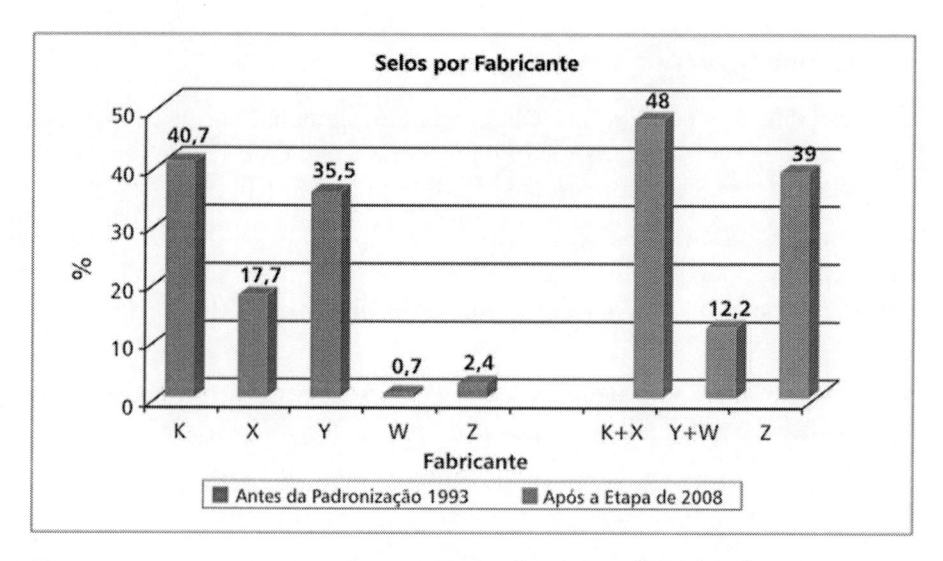

Figura A2.14 – Percentual de Selos por Fabricante Antes e Depois da 3ª Etapa.

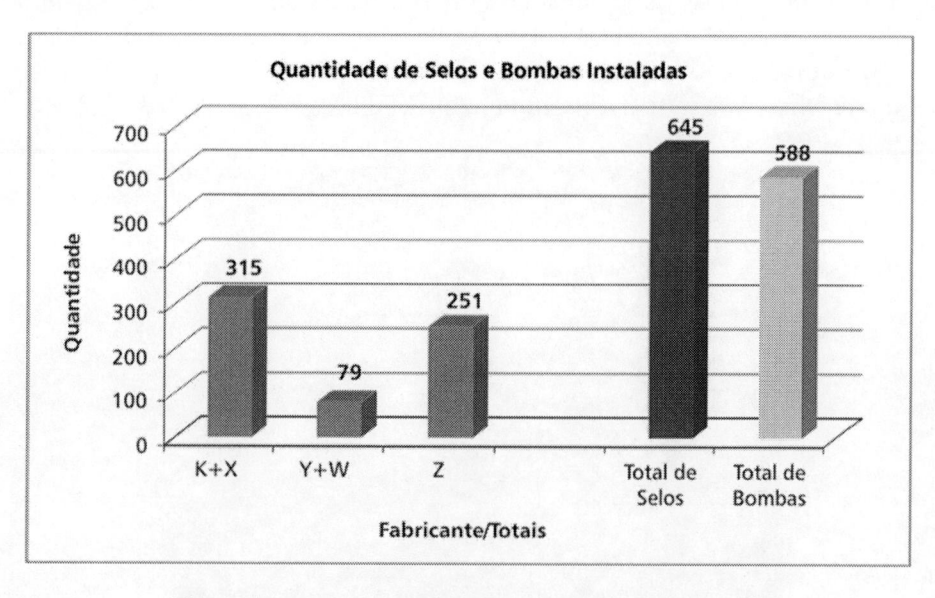

Figura A2.15 – Quantidade Instalada por Fabricante.

3) Recuperação dos selos:

Os contratos com os fabricantes contêm itens para aquisição do selo novo e itens para a recuperação e neste caso cada fabricante recupera o seu selo e os preços são com base no tamanho e nos tipos.

O retorno da bomba para a operação, após a troca do selo, é rápido (mesmo dia) porque é instalado o cartucho reserva e o selo a ser recuperado é enviado para o fabricante, que o devolve após 60 horas da entrega no seu centro de serviços.

A Regap é responsável pela entrega do selo no centro de serviço do fabricante e o fabricante é responsável pela entrega na Regap.

Para conseguir este tempo reduzido e o controle deste processo, estabelecemos um procedimento envolvendo o ED (Equipamentos Dinâmico), SU (Suprimento) e o fabricante.

Desenvolvemos uma caixa padronizada para transporte do selo da Regap ao fabricante, onde consta o NM (no Material) do selo e o desenho do fabricante. A tampa da caixa tem de um lado o endereço do reparo e do outro o endereço da Regap, facilitando e evitando erros no envio, manuseio, transporte e armazenamento (Figuras A2.16, A2.17 e A2.18).

Figura A2.16 – Embalagens dos Selos com Identificação.

Figura A2.17.

Figura A2.18.

As caixas são de cores diferentes e identificam o fabricante e o tipo de selo. Uma caixa desta na oficina do ED, no SU para recuperar ou no fabricante mais de um dia chama a atenção e incomoda, pois é preciso devolvê-la ao armazém (ED), enviar para reparo (SU) ou reparar (fabricante).

Foram selecionadas em um dos nossos armazéns três estantes próximas, para armazenagem dos selos cartuchos de cada fabricante, permitindo agilidade na identificação, maior controle do Suprimento e facilidade de localização e retirada em caso de emergência, nos finais de semana ou à noite. Caso o sistema informatizado não esteja disponível, o cartucho é localizado rapidamente.

Criamos um Relatório de Recuperação do Selo (Formato A4 frente e verso) que acompanha todo o processo desde a saída do selo a recuperar até o seu retorno e armazenamento após o reparo (Figuras A2.17 e A2.18).

Sequência do relatório:

- ED – O relatório (impresso padronizado Regap/Fabricante) é preenchido inicialmente pelo Técnico do ED responsável pela manutenção do equipamento, e colocado no compartimento interno da caixa de madeira apropriado para conter um desenho do selo e o relatório de recuperação, sendo enviado ao SU para encaminhar ao fabricante.

- SU – A caixa ao chegar ao Suprimento é enviada no mesmo dia para o fabricante, onde o SU preenche outra parte deste relatório.

- FABRICANTE – O fabricante recebe a caixa identificada com o selo e recupera o cartucho completo conforme contrato. Preenche outra parte do relatório e despacha para a Regap.

- SU – O Suprimento, ao receber o selo, confere o mesmo, preenche outra parte do relatório, armazena o selo e envia o relatório para o Técnico do ED concluir a análise das falhas com base nos dados relatados, contribuindo assim para uma análise da falha do selo, com a participação da equipe da mecânica e do fabricante do selo, e a causa da falha contida neste relatório é transferida para o nosso banco de dados.

Para as bombas com mais de duas falhas em selo no ano, o fabricante, juntamente com a Regap, emite um relatório especial com a análise detalhada das falhas e as propostas de melhorias. Estas ações estão contribuindo em muito para a redução das falhas crônicas.

Resultados

Hoje, podemos confirmar o sucesso deste trabalho com:

- Aumento do TMEF dos equipamentos rotativos de 614 dias (1995) para 1.532 dias.
- Redução no índice de falhas em selos de 48% para 30%.
- Aumento da disponibilidade das bombas com selos modificados – (exemplo: posto de trabalho com 21 falhas em 24 meses).
- Redução do tempo de reparo de bombas para revisão do selo de 3 para 1 dia, reduzindo o custo de manutenção. No caso de falha das duas bombas de um processo (principal e reserva) a perda de produção de 1 dia pode chegar a US$ 260 mil.
- Redução de 680 itens no estoque para 150.
- Recuperação externa do selo reserva em 60 horas.
- Redução do processo de aquisição, recebimento, armazenamento e preservação.
- Eliminação de compras em emergências.
- Facilidade de montagem dos selos nas bombas e melhoria da manutenibilidade.
- *Situação anterior:*
- Vinte e seis postos de trabalho num total de 53 bombas com selos crônicos (*bad-actors*) com 4 ou mais falhas no período de 24 meses – Anos 1994 a 1996.

Caso mais crônico: 21 falhas no posto de trabalho em 24 meses.

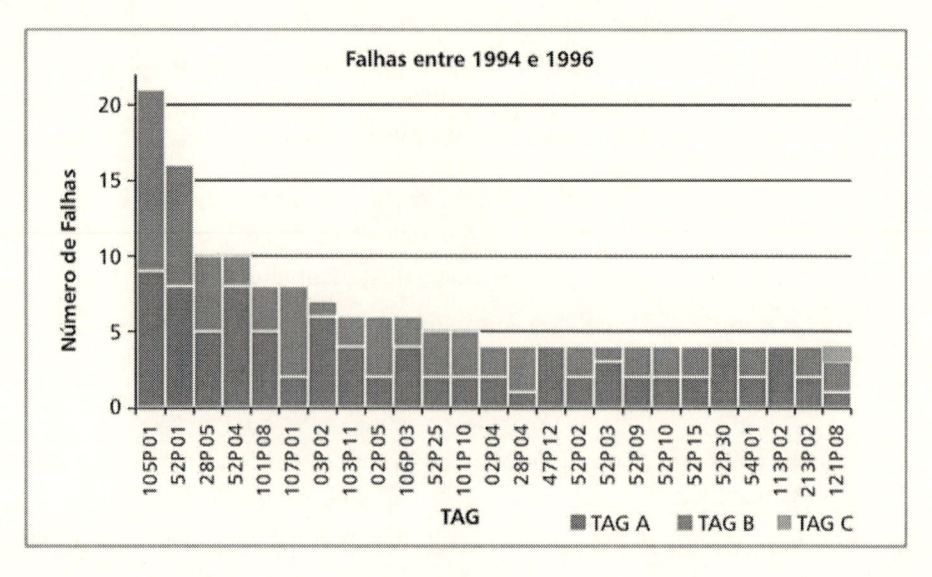

Figura A2.19.

Situação atual:

- Três postos de trabalho num total de 6 bombas com selos crônicos (*bad-actors*) com 4 ou mais falhas no período de 24 meses – Período junho de 2006 a maio de 2008.

  Caso mais crônico: 5 falhas no posto de trabalho. Atualmente estudamos e acompanhamos selos com mais de uma falha nos últimos 24 meses.

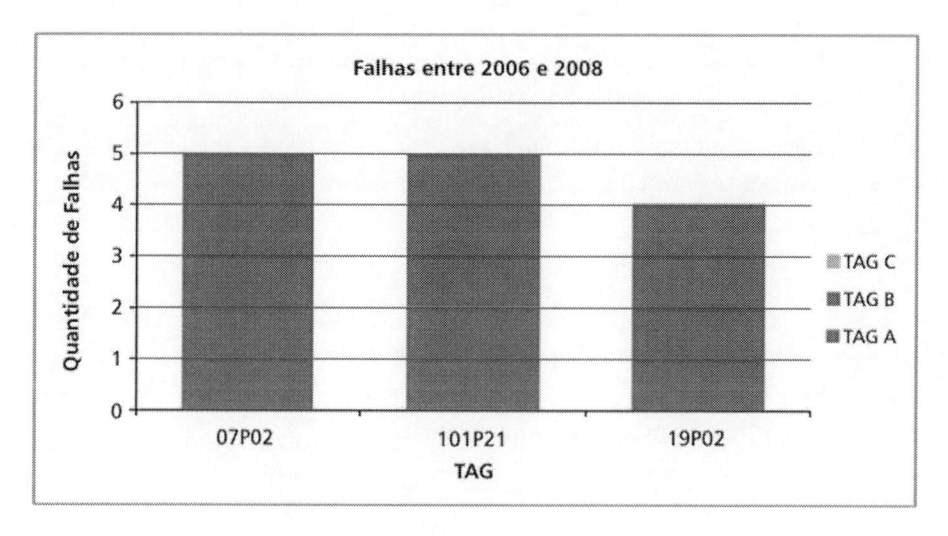

Figura A2.20.

CONCLUSÕES

Esse tipo de trabalho carrega em seu bojo efeitos de capital importância na manutenção:

- Motivação do grupo, na busca da disponibilidade e da manutenibilidade.
- Envolvimento de várias áreas na empresa.
- Modificação da relação cliente/fornecedor (Petrobras – fabricantes de selos).
- Modernização da planta e menor agressão ao meio ambiente.
- Mudança de paradigma na relação suprimento/manutenção/fabricantes.
- Motivação para implementar trabalhos similares para outros componentes.

É importante ressaltar que é um trabalho de equipe, MECÂNICA/SUPRIMENTOS (Gerentes, Engenheiros, Técnicos, Compradores, Mecânicos e Supridores da Petrobras e Contratadas), pois somos os responsáveis por conduzir e pelo sucesso de um trabalho técnico e de tamanha importância e complexidade para a Regap.

Digna de nota também é a ajuda que estamos tendo dos fabricantes de selos, sempre prontos a responder a nossas constantes solicitações.

Notas:

- Técnica difundida nos encontros de Gerentes do AB-RE/ES/TED, e já implantada por outras unidades da Petrobras, Copesul e AçoMinas/Gerdau.

- Parte deste trabalho técnico referente à primeira etapa de padronização foi apresentada no 11o Congresso Brasileiro de Manutenção – Abraman em outubro de 1996 por José Eduardo de Caux e Júlio Nascif.

Anexo 3

Procedimentos

![] PETROBRAS	Padrão Técnico	PROCEDIMENTO OPERACIONAL		Nº PO 5108C fl:1/4
REGAP / MI / ED	Elaborado por Ulysses S. Fontes	Data 27/02/97	Aprovação Fábio S. Dutra	Palavras Chave Vibração Manutenção Preditiva
	Revisado por Eduardo de Caux	Data 09/07/01	Data Aprovação 25/07/01	
TÍTULO: MEDIÇÃO DE VIBRAÇÃO COM CANETAS SKF			Ref: TP-5100	Produto
QUEM EXECUTA: OPERAÇÃO E MECÂNICOS		QUANDO: AVALIAÇÃO DE VIBRAÇÃO DE EQUIPAMENTOS DINÂMICOS		

Material e Condições Necessárias

- Caneta de medição de vibração SKF – CMVP50.
- Equipamento em regime de trabalho normal.

Atividades

A caneta de medição de vibração SKF – CMVP50 é uma ferramenta capaz de medir a severidade de vibrações (Nível Global) e também medir vibrações em altas frequências, o que nos permite acompanhar a curva de tendência e problemas em equipamentos.

1. Descrição Funcional

Quando são realizadas medições, o sinal de entrada do sensor da caneta de vibração é processado para produzir duas medições diferentes para cada ponto de medição da máquina: valor global de vibração e envelope de aceleração. Na tela de cristal líquido da caneta de vibração são mostrados simultaneamente os dois valores medidos (Nível Global e Envelope de Aceleração):

- Nível Global:

    A caneta de vibração nos fornece o valor global da velocidade de vibração (mm/s RMS) na faixa de frequência entre 10 e 1.000 Hz.

- Envelope de Aceleração:

    O envelope de aceleração serve para medir sinais de vibração respectivos de alta frequência, causados tipicamente por problemas em rolamentos e engrenamentos. E nos fornece um sinal de vibração em aceleração (g), na faixa de frequência de 10 Khz a 30 Khz.

2. Descrição da Tarefa

(Como fazer coleta de vibrações utilizando a caneta de vibração):

- Aperte a tecla ON da caneta de vibração.
- Pressione a ponta do sensor contra um ponto específico na máquina, conforme o desenho a seguir:

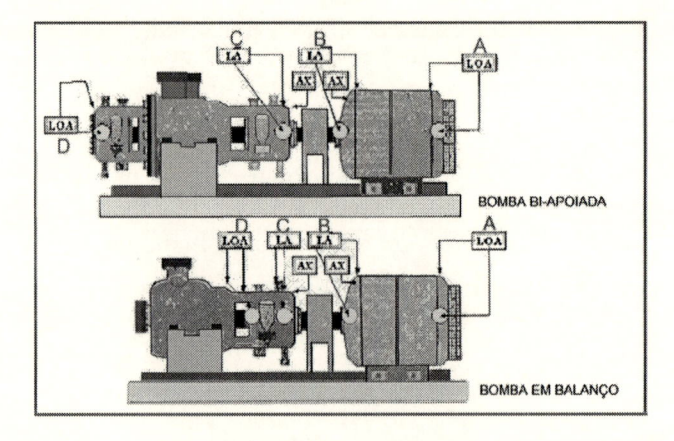

Alan Kardec & Julio Nascif

- Normalmente, os pontos de medição estão identificados por pequenas superfícies planas e circulares nos pontos indicados no desenho acima.

- Manter a caneta sempre a 90° em relação à superfície de medição. A pressão deve ser de aproximadamente 0,5 a 2kg. Após a estabilização dos valores na tela faça a leitura de vibração e anote-a num quadro, conforme modelo a seguir:

A	B	C	D
H			
V			
AX			
AX			

A	Lado oposto ao acoplamento do motor
B	Lado do acoplamento do motor
C	Lado do acoplamento da bomba
D	Lado oposto ao acoplamento da bomba
H	Sentido horizontal (perpendicular ao eixo do equip.)
V	Sentido vertical (perpendicular ao eixo do equip.)
AX	Sentido axial (paralelo ao eixo do equipamento)

- As vibrações obtidas não devem exceder um valor global de vibração de 4,6 mm/s RMS, conforme norma ISO 3945, e não deve exceder um valor para envelope de aceleração de 6g.

3. Indicações quea Caneta de Vibração Fornece no Display:

BATT = Substituição de bateria (providenciar troca).

HOLD = Manter o valor no *display*.

OVER = Saturação do valor coletado.

4. Especificações da Caneta de Vibração

Faixa de medição: 0,1 a 55,0 mm/s RMS no nível global.

0,1 a 19,99g no envelope de aceleração.

Faixa de frequência: 10 a 1.000 Hz p/valor global de vibração.

10 KHz a 30 KHz p/envelope de aceleração.

Ciclo de amostragem: Aproximadamente 1 segundo.

Autodesligamento: A caneta é desligada aproximadamente 2 minutos após a última medição.

Condições ambientais: −10 a +50°C e 20 a 90% de umidade relativa.

Resultados Esperados

Informações do comportamento vibratório do equipamento avaliado.

Disposição

As vibrações obtidas não devem exceder um valor global de vibração de 4,6 mm/s RMS, conforme norma ISO 3945. Quando exceder este valor, comunicar ao supervisor e solicitar/efetuar troca de equipamento. Durante o HA, solicitar avaliação de espectro de vibração pelo ED/preditiva, ramal 4181. Caso necessário, após confirmação do diagnóstico, emitir ST no SIGMA para reparo.

PETROBRAS	Padrão Técnico	PROCEDIMENTO OPERACIONAL		Nº PO 5405C fl:1/4
REGAP / MI / ED	Elaborado por Ulysses S. Fontes	Data 27/02/97	Aprovação Fábio S. Dutra	Palavras Chave Manutenção Lubrificação
	Revisado por Eduardo de Caux	Data 09/07/01	Data Aprovação 25/07/01	
TÍTULO: VERIFICAÇÃO DA LUBRIFICAÇÃO A ÓLEO DE EQUIPAMENTOS DINÂMICOS			Ref: TP-5400	Equipamentos dinâmicos
QUEM EXECUTA: OPERAÇÃO		QUANDO: Na verificação das condições operacionais dos equipamentos dinâmicos		

Material e Condições Necessárias

- Chave inglesa de 6" (seis polegadas).
- Funil.
- Equipamento do qual deve ser coletado o óleo pode se encontrar em operação ou parado.

- Óleo lubrificante (verifique qual o óleo na plaqueta de identificação ou tabela de lubrificante/tag, fixada próximo ao equipamento).

Atividades

1. Informações sobre Lubrificação a Óleo

O uso correto do óleo de boa qualidade é um pré-requisito para se obter longa vida útil de funcionamento regular dos mancais dos equipamentos rotativos. O óleo não deve conter substâncias estranhas (contaminação) como ácidos, resinas, água, partículas metálicas etc.

O óleo lubrificante está em contato com partes metálicas dos equipamentos, estando sujeito a ficar impregnado de partículas desprendidas de elementos móveis etc. Quando isso ocorre, os elementos da máquina em movimento sofrem desgaste excessivo, deixando alojadas ou em suspensão as partículas, o que torna a lubrificação precária.

O operador deve fazer uma inspeção visual dos lubrificantes e detectar irregularidades. Uma inspeção periódica diária fazendo uma análise prática e consistente nos lubrificantes dos equipamentos é de grande valia, pois ao se detectar algum defeito mecânico no início evita-se que a máquina entre em colapso.

2. Inspeção do Óleo Lubrificante

A inspeção consiste em retirar uma pequena amostra de óleo do equipamento e fazer uma análise visual do mesmo. Esta amostra é retirada pelo dreno da caixa de mancal da seguinte maneira:

- Aliviar o dreno com chave inglesa 6" e coletar pequena quantidade de óleo em um recipiente limpo (exemplo: copinho de café de 50 ml) e fechar o dreno. Se existir partículas em suspensão estas poderão ser detectadas (exemplo: limalha metálica gera partículas brilhantes). Também pela cor do óleo teremos informações (exemplo: escurecimento pode indicar oxidação do óleo).

- Outra maneira prática de analisar a contaminação é colocar um pouco de amostra em recipiente transparente e olhar contra a luz. Pode-se assim verificar com maior nitidez a contaminação.

- A contaminação com água é fácil de ser verificada: quando se abre o dreno da caixa de mancal sai primeiramente água e, depois, o óleo. Outra forma é colher amostra em recipiente transparente é deixá-la em repouso por algum tempo e a água se separará do óleo devido à diferença de densidade.

- Quando se nota contaminação no óleo lubrificante por limalha ou água emulsionada, recomenda-se fazer uma troca da carga por óleo novo e fazer uma inspeção diária mais apurada. Se persistir a contaminação, devem ser feitos a verificação da causa e o reparo do equipamento para sanar o problema.

Após a inspeção, conferir se o dreno está fechado.

3. Procedimento para Completar o Nível de Óleo

3.1. Caixa de mancal com sistema copo nivelador:

- Retirar o copo, enchê-lo de óleo e recolocá-lo no suporte. Se necessário, encher o copo novamente até nivelar. Nunca repor óleo pelo bujão de respiro quando o sistema for de copo nivelador.

3.2. Equipamento com visor de nível:

- Verificar o nível pelo visor e completar pelo bujão de respiro. O bujão de respiro fica localizado na parte superior da caixa de mancal e o bujão de dreno na parte inferior.

4. Procedimento para Troca de Óleo

- Certificar-se de que o equipamento está parado e fora de partida automática.

- Abrir o dreno da caixa de mancal e deixar todo o óleo escoar, fechar o dreno e colocar um pouco de óleo limpo pelo bujão de respiro. Se possível, girar o equipamento manualmente para lavar o mancal.

- Abrir o dreno e deixar escorrer todo o óleo de lavagem, fechar o dreno, tirar o copo nivelador, colocar óleo novo pelo bujão de respiro até vazar pelo suporte do copo nivelador. Colocar o bujão de respiro, encher o copo nivelador e enroscá-lo no suporte.

- Abrir novamente o bujão de dreno até o óleo começar a ser reposto no interior da caixa de mancal pelo copo nivelador. Neste momento fechar o bujão de dreno. Completar o copo nivelador.

- Verificar novamente se o dreno da caixa de mancal está bem fechado.

5. Óleo Utilizado no Equipamento

- Próximo aos pontos de aplicação de lubrificante de cada equipamento da área estão afixadas plaquetas de alumínio com o código do respectivo lubrificante. Também existem tabelas de lubrificantes para cada TAG de posse do supervisor de cada área. Observar bem estes detalhes para não colocar lubrificante inadequado no equipamento.

- Os copos niveladores de óleo têm gravado o TAG do equipamento. Não usar copo de um equipamento em outro, pois são peças individuais, não devem ser trocadas. O nível da caixa de mancal é ajustado bomba por bomba, individualmente. Se os copos forem trocados, o nível de óleo nas caixas de mancais poderá ficar falso e levar à falha da bomba.

Resultados Esperados

- Manter o equipamento lubrificado dentro das condições ideais de funcionamento.

Disposição

- Quando se nota contaminação no óleo lubrificante por limalha ou por água emulsionada, recomenda-se fazer uma troca da carga por óleo novo e fazer uma inspeção diária mais apurada.

- Se persistir a contaminação devem ser feitos a verificação da causa e o reparo do equipamento para sanar o problema. Para esta avaliação, entrar em contato com o supervisor/fiscal do ED ou com o ED/preditiva/lubrificação, ramal 4181.

Confirmado o diagnóstico de problema no equipamento, emitir ST no SIGMA para reparo do mesmo.

Anexo 4

ASPECTOS MOTIVACIONAIS

Luiz Alberto Verri*

1. INTRODUÇÃO

Da mesma forma que se faz um plano de manutenção preditiva ou um planejamento de paradas, é necessário também planejar e executar ações visando a motivação do pessoal da Manutenção, já que, como se repete há anos, o homem é a peça-chave para o sucesso de qualquer atividade.

A seguir, listamos algumas das ações que podem ser implementadas, lembrando que cada um deve utilizar sua criatividade para fazer seu plano.

2. COMUNICAÇÃO

2.1. Criação de lista de distribuição no correio eletrônico da empresa, composta de toda a lotação da Manutenção. Divulgação de elo-gios, perdas operacionais, acidentes ou incidentes, indicadores (reforçar os positivos) e outros fatos considerados relevantes.

2.2. Presença obrigatória, no mínimo semanal, do Gerente de Manutenção nas oficinas de manutenção, armazéns e área industrial, trocando informações com executantes, supervisores, técnicos, engenheiros e Gerentes Setoriais.

2.3. Manter e dar prioridade total, evitando o seu cancelamento, à realização da reunião semanal do Gerente de Manutenção com os Gerentes Setoriais, privilegiando a passagem de informações relevantes.

2.4. Sempre que tiver oportunidade e/ou for necessário, fornecer *FAST feedback* para os subordinados, tanto positivos como para melhoria. "FAST" vem do inglês e significa: rápido, exato, com certeza do que está falando e no momento adequado.

3. Valorização

3.1. Abrir espaço na reunião semanal da Manutenção para que cada Setor, obrigatoriamente, "tenha a sua vez de falar", fornecendo notícias específicas sobre ele.

3.2. Induzir cada Gerente Setorial a contar sua história profissional e aspectos pessoais, em reunião específica. Nessa mesma reunião, explicitar as regras de convivência e os objetivos da área de Manutenção.

3.3. Aumentar a citação favorável, em público, dos profissionais que realizaram este ou aquele trabalho relevante.

3.4. Realizar inspeção sistemática nos Setores, com calendário fixo, convidando sempre um Gerente de outro Setor e dois funcionários de nível médio de outros Setores. Os objetivos dessa inspeção são:

- ✓ Conhecer a rotina do Setor, valorizar e integrar todos os envolvidos.

- ✓ Promover a melhoria contínua, através de olhos críticos de outras pessoas não acostumadas com a rotina do Setor.

3.5. Sempre que pertinente, manter um programa de treinamento em cursos e seminários para os Gerentes, bem como mandá-los como representantes de suas áreas de atuação, e, também, para os engenheiros e pessoal de nível médio. Todos os participantes de cursos externos podem e devem dar um *feedback* do curso para a pessoa que o indicou. Para eventos maiores como, por exemplo, o Seminário Anual de Manutenção, o participante deve preparar uma palestra específica para todo o efetivo da área.

3.6. Pontualidade nos compromissos com subordinados, no mesmo nível com seus pares e superiores hierárquicos.

3.7. Valorizar o tempo dos Gerentes de Setores da Manutenção, através de objetividade no tratamento dos assuntos, minimizando o número de reuniões e mantendo-os informados da agenda do Gerente de Manutenção.

3.8. Sempre que houver um trabalho de excelência dentro do âmbito da Gerência, repassar o crédito publicamente a quem de direito.

4. RELACIONAMENTO

4.1. Realizar eventos para celebrar com a equipe o sucesso obtido em empreendimentos importantes para a Unidade de Negócios, tais como paradas programadas para manutenção de Unidades de Processo.

4.2. Pelo menos uma vez por mês, almoçar no canteiro junto com uma das empresas contratadas da Manutenção, em conjunto com o fiscal do contrato.

4.3. Participar, com periodicidade mínima trimestral, de reunião interna dos Setores.

Anexo 5: Estudo de Caso

ANÁLISE DAS MICROFALHAS DE VIRADOR DE VAGÕES: O MÉTODO ABC DE TRATAMENTO DE FALHAS

João Esmeraldo Silva[1]
Antonio de Souza Tavares Júnior[2]

1. INTRODUÇÃO

Esse estudo de caso foi realizado no virador de vagões da Vale no porto de São Luiz-MA.

O desafio da Engenharia da Manutenção é desenvolver e/ou utilizar técnicas estruturadas que permitam operar instalações industriais de modo seguro, com maior eficiência e máxima disponibilidade dos equipamentos, porém com custos de manutenção adequados (LAFRAIA, 2001). Portanto, a função empresarial da Engenharia de Manutenção é consultiva, tendo por objetivo apoiar e dar suporte à gerência de manutenção para melhorar ou corrigir a utilização e o controle das técnicas de manutenção e também introduzir novas tecnologias de manutenção (VALE, 2004). Em resumo, as principais atribuições da Engenharia de Manutenção são (ESMERALDO, 2009):

- Prospectar as novas tecnologias e ferramentas de manutenção.
- Aperfeiçoar a organização dos sistemas de manutenção.
- Aperfeiçoar as técnicas, os métodos de trabalho e os procedimentos e planos de manutenção.

- Elaborar e implantar a Política de Manutenção mais adequada a cada um dos processos industriais e respectivos equipamentos.
- Desenvolver e aplicar novas ideias.
- Fazer análise das causas básicas das falhas, buscando soluções definitivas.

De modo abrangente, em qualquer ramo de negócio nesse limiar do Século XXI, o grande desafio é projetar e construir sistemas que assegurem elevada confiabilidade, aqui entendida como sendo a probabilidade do componente ou sistema cumprir a função requerida com sucesso, por um período de tempo previsto, sob as condições de operação especificadas. Entretanto, ocorrem falhas, ou seja, ocorre uma interrupção ou alteração da capacidade de um determinado componente desempenhar uma função requerida ou esperada pelo usuário (MOUBRAY, 1991).

Em síntese, a missão da Manutenção torna-se mais complexa porque exige uma investigação detalhada das causas fundamentais das falhas com o firme propósito de eliminá-las para preservar as capacidades funcionais de equipamentos e sistemas em operação (SIQUEIRA, 2005).

2. A Engenharia de Confiabilidade

A engenharia de confiabilidade é o ramo da engenharia voltado para o estudo da confiabilidade de sistemas de forma geral, durante o seu ciclo de vida.

Basicamente, o papel da engenharia da confiabilidade é determinar os requisitos de manutenção para modos de falha que possam causar falhas funcionais de quaisquer itens físicos em seu ambiente operacional (SAE JA 1011). Nesse sentido, pode-se afirmar que os objetivos da engenharia da confiabilidade são (Norma IEC 603300-3-11):

- Preservar as funções dos equipamentos, com a segurança requerida.
- Restaurar a confiabilidade e a segurança projetadas, após a deterioração.
- Otimizar a disponibilidade.

- Atuar sobre os modos de falha.
- Realizar apenas as atividades que precisam ser feitas.
- Documentar as razões para a escolha das atividades.
- Minimizar o custo do ciclo de vida do ativo.

Com base nessas definições é possível inferir que para atuar nessa área os profissionais têm que ter visão global dos campos da engenharia para poder "ver" o "sistema", compreendê-lo como um todo e conseguir investigar os fenômenos geradores de falhas.

3. Operações Integradas de Produção na Cadeia de 3. Minério de Ferro do Sistema Norte

A Província Mineral de Carajás foi descoberta em 1967 e está localizada na região central do estado do Pará. Mas, para explorá-la foi necessário construir um sistema integrado de produção que abrange: as operações de mina, as operações ferroviárias e portuárias, composto, respectivamente, pelas minas a céu aberto e a planta industrial de tratamento de minério de ferro, pela Estrada de Ferro Carajás e pelo Terminal Marítimo de Ponta da Madeira, em São Luís (MA).

Nas operações de produção são executadas as seguintes atividades:

- Em Carajás: lavra, beneficiamento do minério, estocagem dos produtos acabados, embarque dos produtos nos vagões.
- Na Estrada de Ferro Carajás, que possui 892 quilômetros de extensão: escoamento da produção.
- No Terminal de Ponta da Madeira: descarga dos vagões, empilhamento no pátio de estocagem, recuperação (retirada) e embarque nos navios.

3.1. Terminal Marítimo de Ponta da Madeira

O Terminal Marítimo de Ponta da Madeira (TMPM), Figura 1, é responsável pelo escoamento de 86% de toda a carga movimentada no Maranhão. Ele possui três píeres, com profundidade de 23m (píer I, um dos mais profundos do mundo), 18m (píer II) e 21m (píer III) e seis silos de estocagem de grãos, com capacidade estática de 122.500 toneladas.

A partir do terminal, são exportadas 100 milhões de toneladas de minério de ferro por ano para clientes no mundo inteiro.

O calcanhar de Aquiles da cadeia de produção são os viradores de vagão (*car dumpers*) por estarem localizados na entrada do porto, conforme destacado no círculo de cor vermelha na Figura A5.1.

Isso significa que se pararem de funcionar, os sistemas anteriores e posteriores à cadeia também, paulatinamente, param e/ou diminuem a velocidade. Obviamente, a diminuição da velocidade do sistema de produção gera atrasos que impactam diretamente nos volumes de embarque e no faturamento.

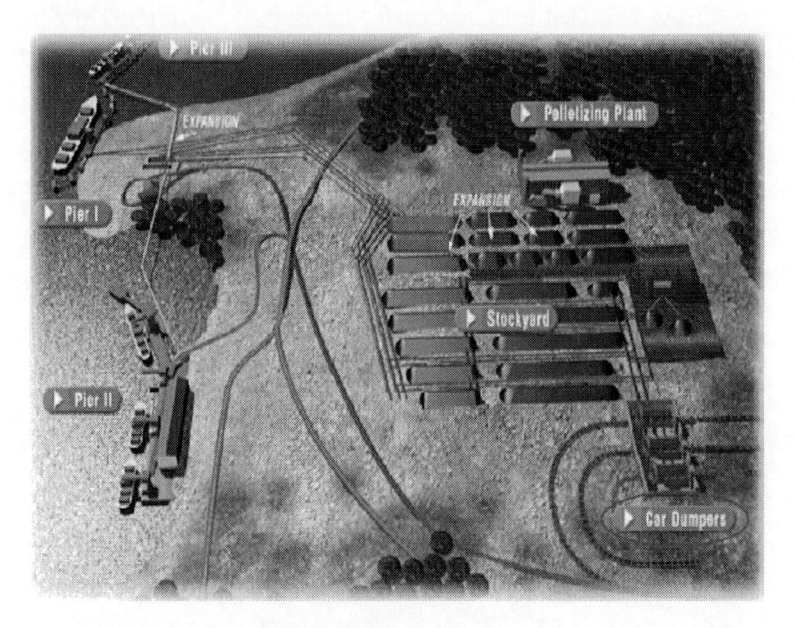

Figura A5.1 – Terminal Marítimo de Ponta da Madeira – TMPM.
Fonte: Pinheiro, 2008.

Portanto, o principal problema do Porto é "não ter desculpa" por não atender a demanda de embarque. Quer dizer, atrasos no descarregamento, nas movimentações de pátio e/ou no carregamento de navios geram o aumento do tempo de espera na fila de navios e elevada aglomeração de embarcações na zona de fundeio.

Em resumo, o atraso no embarque das encomendas nos navios acarreta prejuízos devido às multas e penalidades contratuais.

4. Análise das Microfalhas de Virador de Vagões: 4. O Método ABC de Tratamento de Falhas

O TMPM possui cinco Viradores de Vagão (VV), ilustrado na Figura A5.2. Esse equipamento possui sistemas de acionamentos elétricos, mecânicos, hidráulicos, pneumáticos e de controle e automação. O regime de operação é de vinte e quatro horas por dia e trezentos e sessenta e cinco dias por ano, ou seja, em turnos ininterruptos. O tempo de ciclo operacional de cada virador é de oitenta e cinco segundos para cada desembarque, ou seja, cerca de quarenta e duas operações por hora.

Figura A5.2 – Viradores de Vagão – VV.
Fonte: Marclinge Pereira, 2006.

Para o monitoramento e o controle das operações integradas de produção, são utilizadas diversas ferramentas de controle operacional que são gerenciadas por vários indicadores de performance. Desses, destacamos dois: o de Disponibilidade Física (DF) dos ativos e o de Utilização (DU).

Esses indicadores são úteis para verificar as condições operacionais do sistema de virador de vagões e sua influência na cadeia produtiva.

Para que o sistema funcione de forma otimizada existe um planejamento de produção acurado/sincronizado ao longo de toda a cadeia. Esse planejamento é controlado por meio de reuniões diárias, com a participação dos principais *stakholders*, ou seja, das partes interessadas, da operação e da manutenção.

4.1. Descrição do Problema

A execução dos serviços de manutenção impacta diretamente na disponibilidade física (DF) e na disponibilidade de utilização (DU) dos ativos. E, também, quanto menor for a confiabilidade dos ativos e pior a manutenibilidade, mais esses indicadores serão afetados negativamente.

É o caso dos VVs do TMPM que no início do ano de 2010 demandavam mais de mil horas por mês de manutenção corretiva. Esse quadro crônico estava impactando diretamente o OEE (*Overall Equipment Effectiveness* ou Rendimento Global da Instalação) do sistema da descarga, principalmente no indicador DF, gerando perdas consideráveis na produção do sistema.

Inicialmente, para investigar o problema utilizamos uma ferramenta denominada perfil de perdas, Figura A5.3, na qual são levantadas as ocorrências de falha e, em seguida, classificadas e estratificadas por tipo e por frequência de ocorrência. A partir disso os problemas são investigados e analisados para que sejam tomadas as ações a fim de solucioná-los.

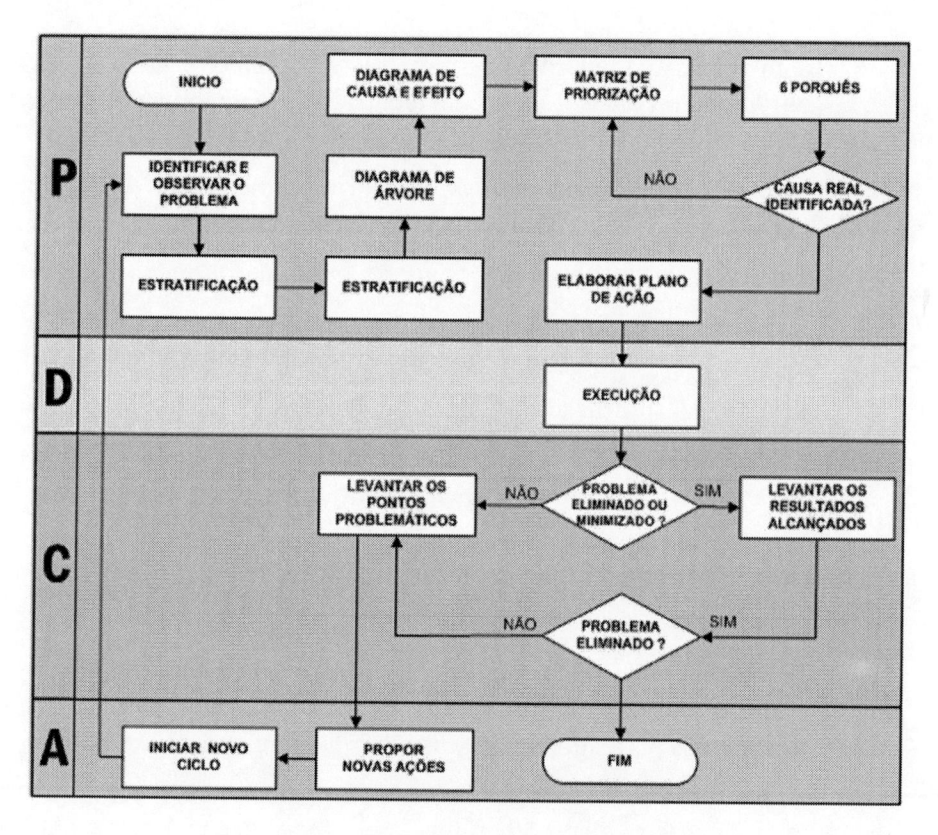

Figura A5.3 – Fluxograma de Perfil de Perdas.
Fonte: adaptado de Mello, p. 32, 2007.

Para resolver esse problema foi criado um Grupo de Análise de Falhas (GAF) com o objetivo de investigar as origens dessa elevada taxa de manutenção corretiva. Criou-se uma rotina de reuniões de investigação/análises da seguinte forma:

- Reunião do Grupo de Análise de Falhas (GAF): com o objetivo de analisar em campo as informações obtidas na estratificação, com participação dos Inspetores, Técnicos, Engenheiros e Supervisores.

- Reunião de Análise Crítica Semanal (RAC): com o objetivo de realizar *follow-up* das análises, com a participação de toda a liderança da Manutenção coordenada pelo Gerente Geral de Manutenção.

Tais reuniões promoveram um maior aprimoramento da equipe na tarefa de analisar as falhas e melhorar o gerenciamento da rotina.

O trabalho foi desenvolvido ao longo de 2 (dois) anos e estruturado conforme as seguintes fases:

- Fase 1 – Criação do Novo Modelo para Tratamento de Falhas.
- Fase 2 – Estruturação da Curva de Corretiva e Consolidação da Nova Metodologia de Estratificação.
- Fase 3 – Criação do Grupo de Análise das Microfalhas.

4.2. Fase 1: Criação do Novo Modelo para Tratamento de Falhas

A Fase 1 foi marcada pela criação de um novo modelo para tratamento de falha com o propósito de aprimorar a investigação dos problemas e encontrar soluções para aumentar a disponibilidade física da descarga.

Anteriormente, a estratificação era feita de maneira global com o uso de diagrama de árvore e isto dificultava a execução das análises. Então, optou-se por detalhar a estratificação separando as falhas em cada tipo de equipamento. Em seguida, procurou-se investigar os detalhes de cada tipo de falha. Posteriormente, a investigação concentrou-se nos modos de falha de cada sistema de cada equipamento.

Nessa fase 1, a sistemática adotada facilitou a detecção das falhas que geravam maior perda de Disponibilidade Física e isto ajudou a estabelecer as prioridades de análise e de intervenções de manutenção. Os resultados obtidos nessa fase estão ilustrados na Figura A5.4.

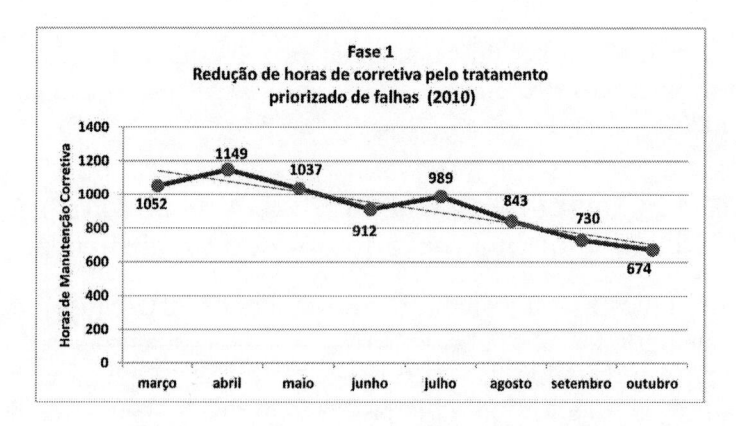

Figura A5.4 – Horas de Manutenção Corretiva de Março a Outubro de 2010.

Pode-se observar que ao priorizar as principais falhas e a implantação das soluções, obteve-se uma redução significativa no número de horas de manutenção corretiva dos VVs. Verificou-se uma redução de 1.149h em abril de 2010 para 674h em outubro de 2010, ou seja, aproximadamente de 42%, em seis meses de trabalho.

Essa conquista gerou o aumento da Disponibilidade Física (DF) no sistema da descarga do porto. Antes, a DF era de 48,70% e subiu para 69,53%, ou seja, 20% de ganho no período, ilustrado na Figura A5.5.

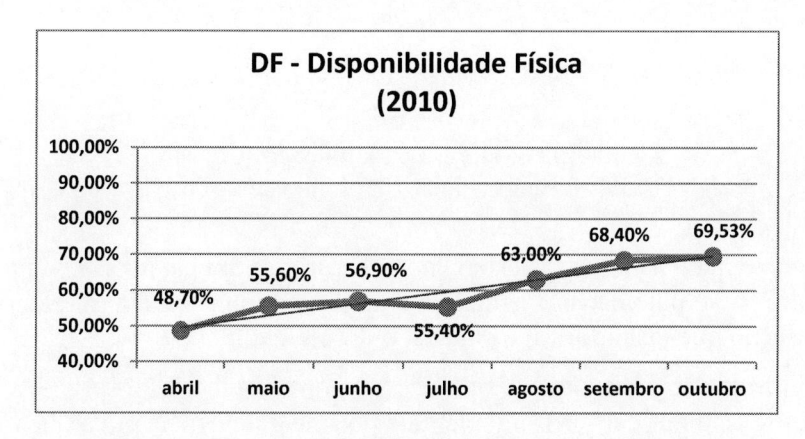

Figura A5.5 – DF dos Viradores de Vagão no Período de Abril a Outubro de 2010.

Esse resultado foi obtido mantendo-se a mesma quantidade de horas de manutenção preventiva do sistema por mês de aproximadamente 240h/mês.

4.3. Fase 2: Estabilização da Curva da Corretiva e 4.3. Consolidação da Nova Metodologia de Estratificação

Nos seis meses de trabalho, entre novembro de 2010 e junho de 2011, denominado de fase 2, o objetivo era a busca da estabilização das horas de corretiva no sistema. Nesse período, observou-se que a melhoria da sistemática de tratamento de perdas fez com que a quantidade de horas de corretiva ficasse entre 740h e 630h, ilustrado na Figura A5.6.

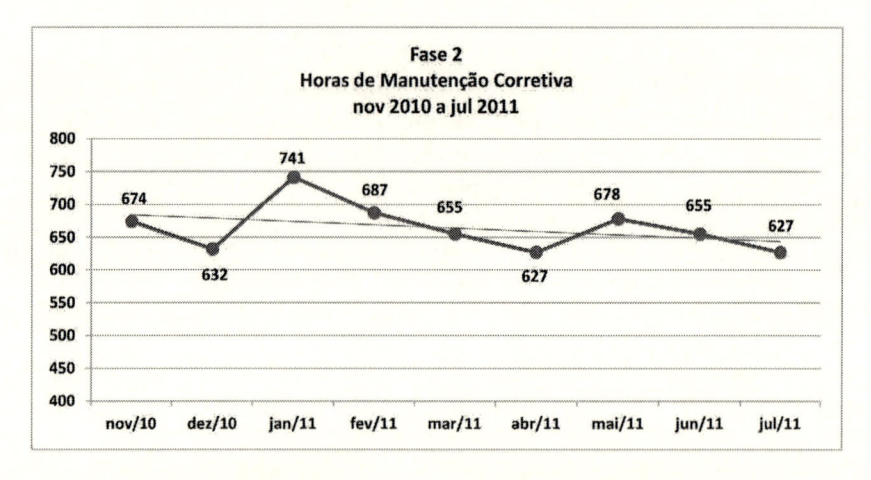

Figura A5.6 – Horas de Manutenção Corretiva de Novembro de 2010 a Junho de 2011.

Isto demonstrou certa "estabilidade", porém num patamar ainda muito alto. Esse patamar não era suficiente para atingir a **meta** do plano de produção que vislumbrava a expansão do mercado.

Entretanto, constatou-se que ocorreu uma melhoria no processo de investigação das causas fundamentais porque a tendência era a queda da quantidade de horas de corretiva. Em outras palavras, houve uma consolidação da metodologia.

4.4. Fase 3: Criação do Grupo de Análise das Microfalhas

Apesar da evolução da eliminação das falhas, o quadro em que se encontrava a DF dos viradores de vagão ainda estava aquém das expectativas dos gestores da área de manutenção e da operação da planta. Apesar dos esforços, não havia certeza de quais eram os fenômenos que estavam mantendo as corretivas ainda em patamares tão elevados.

Em uma das reuniões de investigação optou-se por desmembrar os estudos das ocorrências de falhas em três categorias, de modo semelhante à teoria "ABC" de gestão de estoques, com o principal objetivo de conhecer melhor as características dos fenômenos relacionadas ao problema. Com esse propósito dividimos as falhas da Descarga em três grupos, em função do tempo médio de reparo (MTTR):

CATEGORIA	Tempo médio de reparo "t" Horas
A	$t < 1$
B	$1 \leq t \leq 4$
C	$t > 4$

Figura A5.7 – Classificação ABC do Tempo Médio de Reparo dos Viradores de Vagão.

A estratificação, ilustrada na Figura A5.7, indicou que categoria "A", ou seja, intervenções de manutenção com duração inferior a 1 hora de trabalho, era a que representava aproximadamente 80% das falhas do sistema. Essa era a origem dos problemas: as microfalhas.

Para facilitar a compreensão da situação levantou-se a curva "ABC" com base na quantidade total de horas de manutenção corretiva, mês a mês, porém desmembrando-a em função das categorias de MTTR estipuladas pela Engenharia da Confiabilidade, como ilustrado na Figura A5.8:

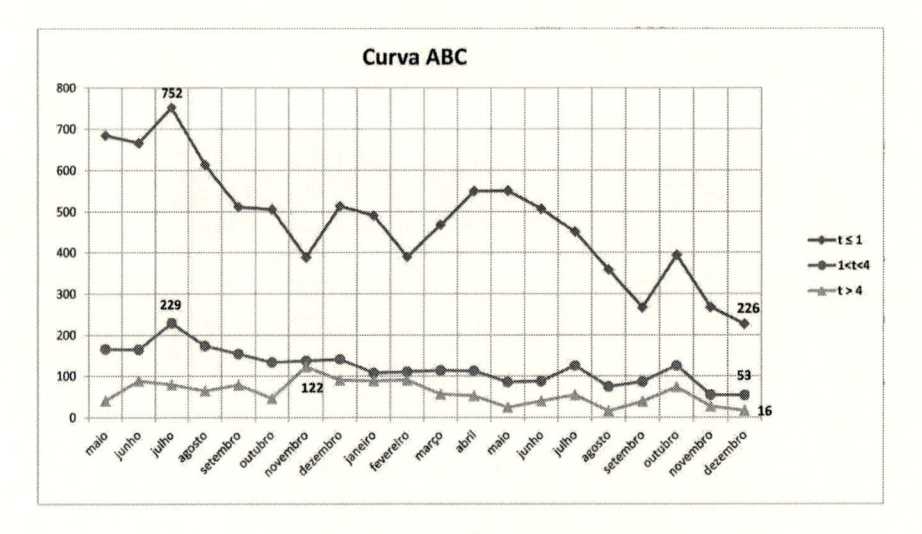

Figura A5.8: Curva "ABC" de MTTR.

Ao analisar a curva "ABC" percebe-se claramente que o maior número de problemas se concentrava na curva "A": as microfalhas do sistema.

Então, em face dessa realidade, a equipe de Engenharia da Confiabilidade criou uma nova metodologia de estudo/intervenção para cuidar diariamente dos problemas da curva "A". Forças-tarefa entraram em ação por meio de reuniões de: integração, análise dos problemas prioritários e de tratamento de análise de falhas, ilustrado na Figura A5.9.

Os membros das forças-tarefa e suas respectivas atribuições, bem como o desencadear de cada rotina estão listados a seguir:

- A **reunião de integração** aborda exclusivamente a curva "A" com frequência diária com as equipes da inspeção, engenharia, confiabilidade, preventiva e corretiva, objetivando uma análise D-1 e realizando ações de "ver e agir". Desta forma, busca-se eliminar as pequenas anomalias dos ativos. Exemplo: Ajuste de um sensor de posicionamento.

- **Problemas Prioritários** aborda a curva "B", onde os engenheiros de manutenção das áreas atuam em problemas crônicos do sistema.

- **TAF (Tratamento de Análise de Falhas)** aborda a curva "C", fazendo o tratamento das grandes falhas (especiais), por meio de tratamento pontual a estas falhas, com apoio da Engenharia. Exemplos: Queda de estruturas dos viradores.

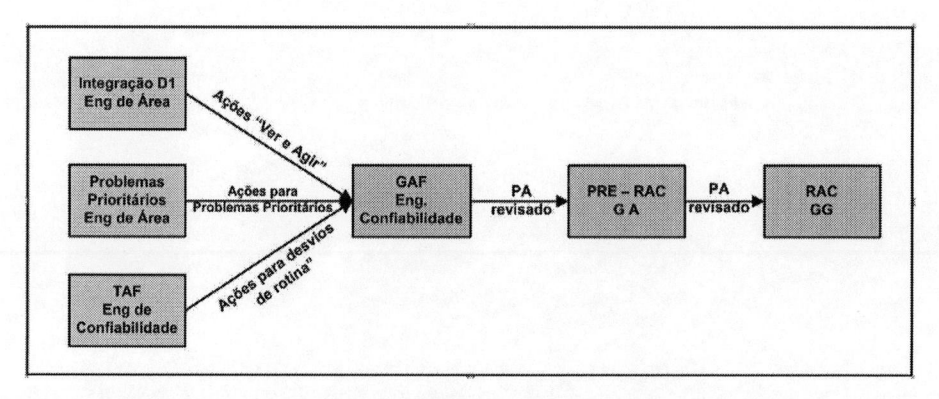

Figura A5.9 – Rotina das Forças-tarefa.

Essas rotinas serviram para o detalhamento do processo de tratamento das perdas dia após dia.

- Nas quartas-feiras de cada semana o Grupo de Tratamento de Perdas (GAF) fazia a avaliação de todo o sistema.

- Nas quintas-feiras era o momento da Pré-Reunião de Análise Crítica (PRÉ-RAC). Nesse dia eram efetuadas as análises dos problemas críticos ocorridos na semana, eram apresentadas para os

Gerentes de cada Área de Manutenção os quais eram incumbidos de validar as ações propostas para solucionar os problemas.

- Nas sextas-feiras, os líderes das forças-tarefa apresentavam ao Gerente Geral de Manutenção as ações propostas com as respectivas estimativas de ganhos que poderiam ser obtidos de acordo com as ações elaboradas. Enfim, a Reunião de Análise Crítica (RAC) era utilizada para agilizar a tomada de decisão gerencial e, também, para obter todos os recursos necessários para implantar as ações.

Ao final, corrigindo diariamente as pequenas anomalias, conseguiu-se, em dezembro de 2011, reduzir a quantidade de horas de corretiva de cerca de 1.200 horas para menos de 300h/mês de corretiva, dando sustentabilidade aos indicadores de produção. Um ganho de mais de 50% entre as fases 02 e 03. Os ganhos obtidos em cada uma das fases estão ilustrados na Figura A5.10:

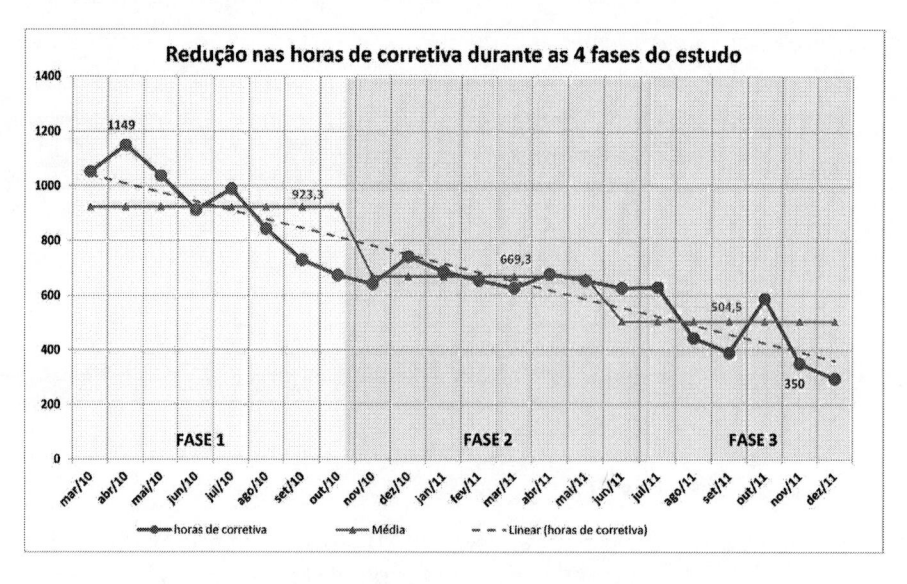

Figura A5.10: Ganhos Obtidos em Cada Fase de Trabalho.

Uma síntese dos resultados alcançados, até o presente momento, é apresentada na tabela da página seguinte.

Ao longo de quase dois anos de trabalho foi possível implantar várias melhorias no sistema de viradores de vagão do Terminal da Ponta da Madeira, as quais propiciaram redução significativa na quantidade de horas de manutenção corretiva e no aumento das Disponibilidades Física e Intrínsecas do sistema de VVs.

O grande resultado obtido foi a quebra do recorde da capacidade produtiva de descarga de minério no porto com a marca de dez milhões de toneladas por mês.

ITEM	QUESITO	ANTES (MAR/2010)	DEPOIS (DEZ/2011)
1	Quantidade de horas de manutenção corretiva	1.052	295
2	Disponibilidade física	48%	79,6%
3	Disponibilidade intrínseca	42%	82%
4	Capacidade produtiva de descarga	8.000.000 t/mês	10.000.000 t/mês

Tabela: síntese dos resultados operacionais e de manutenção alcançados

5. Conclusões

O retorno do investimento feito para a implantação/consolidação da Engenharia de Manutenção e da Confiabilidade no Terminal da Ponta da Madeira da Vale resultou em grandes melhorias do sistema de produção, o que certamente se propagou à montante e à jusante da Cadeia Produtiva de Produção Integrada de minério de ferro do Sistema Norte da Vale.

A Engenharia da Confiabilidade proporciona as condições ideais para o estudo aprofundado dos fenômenos geradores de falhas nos sistemas/componentes dos equipamentos. Porém requer uma visão ampla da Engenharia e é exatamente esse o grande desafio: integrar os diversos campos de conhecimento da engenharia na busca de soluções de problemas de variadas naturezas.

Uma das lições aprendidas é que não se pode desprezar as microfalhas do sistema. Às vezes elas passam despercebidas por serem aparentemente "desprezíveis". Portanto, é necessário ficar bastante atento à frequência de ocorrências. Em alguns casos, elas reduzem drasticamente a Disponibilidade Física e a Disponibilidade de Utilização. Além disso, aumentam os custos de manutenção por causa da quantidade excessiva de intervenções corretivas. Esse era o nosso caso.

Finalmente, é preciso considerar que o trabalho ainda não foi concluído apesar de ter obtido resultados iniciais satisfatórios. Ainda existe muita coisa a ser investigada e há a necessidade de maior aprimoramento das metodologias e técnicas que foram utilizadas no decorrer dos estudos.

A coesão das equipes e a aglutinação das ideias desde o pessoal de inspeção, execução, planejamento e controle da manutenção, engenharia de manutenção/da confiabilidade e os gestores proporcionaram as conquistas obtidas. É um trabalho de todos e os méritos também, indistintamente.

BIBLIOGRAFIA

AFFONSO, Luís Otávio Amaral. *Equipamentos mecânicos: análise de falhas e solução de problemas*. 2a ed. Rio de Janeiro: Qualitymark, 2006.

ESMERALDO, João da Silva. *Notas de Aula de Engenharia de Manutenção, mimeo*. Curso de Engenharia de Manutenção. Escola de Minas, Universidade Federal de Ouro Preto, 2009.

IEC 603300-3-11. Gestion de la sureté de fonctionnement – Partie 3-11: Guide d'application – Maintenance base sur la fiabilité. Commision Electrotechnique Internationale, Geneveza, Switzerland.

LAFRAIA, João Ricardo Barusso. *Manual de Confiabilidade, Manutenabilidade e Disponibilidade*. Rio de Janeiro: Qualitymark, 2001.

MELLO, Raphael Ferreira de. Perfil de perdas de produção devido à manutenção corretiva: um estudo de caso da planta de finos ITB01 da mina de Brucutu da CVRD. Monografia (Especialização em Sistemas Mínero-Metalúrgico). Escola de Minas, Universidade Federal de Ouro Preto, 2007.

MIRSHAWKA, Victor e OLMEDO, Napoleão Lupes. *Manutenção – Combate aos Custos da Não-eficácia – a Vez do Brasil.* São Paulo: Makron Books, 1993.

MOUBRAY, John. *Reliability Centred Maintenance.* Butterworth Heinemann, 1991.

SAE JA 1011. SAE International. Evaluation criteria for reliability-centered maintenance (RCM) Standart. Warrendale, PA, USA, 1999.

SIQUEIRA, Iony Patriota de. *Manutenção Centrada na Confiabilidade: Manual de Implementação.* Rio de Janeiro: Qualitymark, 2005.

VALE. Manual do SGM: sistema de gerenciamento da manutenção – RL– 100T-7000-0900, Rev. 2, 2003.

ÍNDICE

A

Alinhamento de Eixos Cardan, 420
Alinhamento de Eixos, 417
Alinhamento de Furos, 424
Alinhamento de Polias, 424
Alinhamento de Rolos, 421
Análise do Lubrificante, 412
Análise Físico-Química, 412
Ativos, 54

B

Benchmark, 19, 20
Benchmarking, 19, 20
Boroscópio, 389

C

Câmeras de Amplificação de Movimento, 360
Centro de Manutenção x Faturamento, 28
Ciclo de Vida dos Ativos, 10, 12
Competitividade, 26
Conceito Atual de Manutenção, 32
Contrato por Resultado, 16
Corrente Parasita, 405
Custo de Ciclo de Vida (LCC), 55
Custo de Ciclo de Vida -LCC, 54
Custos – Comparação, 95

D

Demanda de Serviços, 34
Desenvolvimento Sustentável, 52
Detecção de Vazamentos, 391
Doenças graves das organizações, 24

E

Engenharia de Manutenção, 91
Estroboscópio, 390
Evolução da Manutenção – Tabela 1.1, 9

Evolução dos Indicadores Estratégicos x Tipos de Manutenção, 42
Expansão Térmica, 426

F

Ferramentas de Gestão, 17
Ferrografia, 414
Fitas Indicadoras, 380

G

Gerenciamento de Ativos, 51
Gerenciamento de Processos, 245
Gestão de Ativos
Gestão de Ativos – Evolução, 50
Gestão Estratégica, 15
Gestão pela Qualidade Total, 225

I-L

Implantação, 57
Industria 4.0, 7,8
Inspeção Radiográfica, 407
  Radiografia em Tempo Real, 409
  Emissão Acústica, 410
  Medidor de Pulsos de Choque, 410
Inspeção Visual, 388
Internet das Coisas (Internet of Things – IOT), 4

Lápis/Giz Indicador de Temperatura, 382
Líquido Penetrante, 400

M

Manutenção – A Primeira Geração, 2
Manutenção – A Quarta Geração, 5
Manutenção – A Quinta Geração, 6
Manutenção – A Segunda Geração, 3
Manutenção – A Sexta Geração, 7
Manutenção – A Terceira Geração, 3
Manutenção Corretiva, 72
Manutenção Detectiva, 83
Manutenção Estratégica, 17
Manutenção Inteligente, 7, 40
Manutenção Preditiva, 80
Manutenção Prescritiva, 7, 8, 40
Manutenção Prescritiva, 85
Manutenção Preventiva, 77
Manutenção
  Planejamento, 105
  Custos, 106-117
  Estrutura Organizacional, 117, 120
  Sistemas de Controle, 123
  Planejamento e Controle, 123
  Solicitação de Serviço, 125

Planejamento de Serviços, 127
Detalhamento de Serviços, 127
Microdetalhamento, 128
Orçamentação de Serviços, 128
Facilitação de Serviços, 129
Programação de Serviços, 130
Gerenciamento de Execução, 131
Registro de Serviços, 132
Administração da Carteira de Serviços, 132
Padrões de Serviço, 133
Gerenciamento de Recursos, 133
Sistemas Informatizados, 134
Seleção CMMS/EAM, 139
Planejamento das Paradas, 146
Manutenibilidade, 151, 172
Confiabilidade, 157
Falha, 161
Desempenho, 161
Taxa de falhas, 162
Disponibilidade, 165
TMEF, 170
TMPR, 170
Manutenibilidades – Melhoria, 174
Suporte Logístico, 178
Capacitação do Pessoal, 178
Melhorias Práticas, 182
FMEA, 184

Análise Causa Raiz da Falha, 190
RCFA, 190
MASP, 195
Método de Análise e Solução de Problemas, 195
RCM, 200
MCC, 200
Manutenção Centrada na Confiabilidade, 200
Falha Operacional, 203
Falhas Evidentes, 204
Falhas Ocultas, 204
Curvas de Falha, 205
Curva P-F, 210
Medição de Espessura, 395
Medição Temperatura por Radiação, 383
Melhores Práticas – Best Practices, 22
Missão da Manutenção, 33
Monitoramento Contínuo, 329
Monitoramento de Compressores Alternativos, 366
Monitoramento de Máquinas de Uso Geral, 375
Monitoramento de Vibração do Eixo, 332
Monitoramento em Equipamentos Móveis de Mineração, 372
Monitoramento em Trens, 369
Monitoramento Objetivo, 325

Monitoramento Subjetivo, 324
Motores Elétricos – Análise e Diagnóstico, 429
   Rolamentos e Engrenagens, 433
   Análise de Vibração, 433
   Análise PeakVue, 436
   Análise por Envelope, 438
   Redução de Prêmio de Seguros, 440
   Monitoramento Remoto, 443

N-P

Normas ABNT, 39
Paradigma Moderno, 25
Partículas Magnéticas, 402
PDCA, 45
Pirômetro de Radiação, 384
Pirômetro Ótico, 384
Planejamento Estratégico, 18
Políticas e Diretrizes, 48
Polivalência, 272
Práticas Básicas, 254
   5S, 255
   TPM, 261
Práticas de Manutenção, 97
Principais Técnicas Preditivas, 335
Produtividade, 27
Produto da Manutenção. 30

S

Sistemas de Monitoração e Sensores, 334
Sistemas de Monitoramento, 364
Sistemas Infravermelho, 384

T

Técnicas Preditivas, 323
Temperatura, 378
Terceirização da Manutenção, 46
Terceirização, 280
   Conceituação, 281
   Franquia, 280
   Concessão Pública, 280
   Parceria Público Privada (PPP), 279
   Serviços Temporários, 281
   Atividades Fim, 285
   Atividades Meio, 285
   Atividades Acessórias, 285
   Vantagem, 289
   Desvantagem, 290
   Tendências, 292
   Formas de Contratação, 293
   Contratação por Mão de Obra, 295
   Contrato por Serviços, 297
   Contrato por Resultados, 299
   Aspectos Legais, 306

Questionamentos Jurídicos e Sindicais, 314
Modelo de Contratação por Resultados, 319
Termômetro de Contato, 379
Termômetro Infravermelho, 384
Termovisores e Termografia, 385
Tinta Termossensível, 383
Tipos de Manutenção, 39
Tipos de Manutenção, 65
Trabalho em equipe, 42

U

Ultrassom, 397
Unidade de Alta Performance 12

V

Vibração, 335
   Sensores de Vibração, 336
   Probe – Proximitor, 338
   Sensor Eletrodinâmico, 339
   Acelerômetro, 340

Como Medir Vibração, 342
Medição de Vibração no Eixo, 344
Medição de Vibração na Carcaça, 348
Identificação de Mancais, 351
Instrumentos – Medição, Análise e Registro da Vibração, 351
Vibrômetro, 351
Caneta de Medição de Vibração, 354
Analisador de Vibração, 355
Coletores e Analisadores, 359
Vibrações Padrões
   API, 451
   ISO, 452
   IRD, 454
   API610 – 455
   AMC/ISO, 459
Vibrômetros Laser, 362

QUALITYMARK EDITORA

Entre em sintonia com o Mundo

Qualitymark Editora Ltda.

Rua José Augusto Rodrigues, 64 – sl. 101
Polo Cine e Vídeo – Jacarepaguá
22275-047 – Rio de Janeiro – RJ
Tels.: (21) 3597-9055 / 3597-9056
Vendas: (21) 3296-7649

E-mail: quality@qualitymark.com.br
www.qualitymark.com.br

Dados Técnicos:

• Formato:	16 x 23 cm
• Mancha:	12 x 19 cm
• Fonte Títulos:	Humnst777 BT
• Fonte Texto:	Life BT
• Corpo:	11
• Entrelinha:	13
• Total de Páginas:	560
• 5ª Edição:	2019